21世纪高等院校财政学专业教材新系

预算会计

（第二版）

BUDGET ACCOUNTING

王银梅 编著

东北财经大学出版社
Dongbei University of Finance & Economics Press

大连

图书在版编目（CIP）数据

预算会计/王银梅编著. —2版.—大连：东北财经大学出版社，2017.6

（21世纪高等院校财政学专业教材新系）

ISBN 978-7-5654-2746-6

Ⅰ.预…　Ⅱ.王…　Ⅲ.预算会计–高等学校–教材　Ⅳ.F810.6

中国版本图书馆CIP数据核字（2017）第086803号

东北财经大学出版社出版

（大连市黑石礁尖山街217号　邮政编码　116025）

网　　址：http：//www.dufep.cn

读者信箱：dufep@dufe.edu.cn

大连日升彩色印刷有限公司印刷　　　东北财经大学出版社发行

幅面尺寸：185mm×260mm　字数：669千字　印张：27.75　插页：1

2017年6月第2版　　　　　　　　　　2017年6月第2次印刷

责任编辑：孙晓梅　　　　　　　　　　责任校对：惠恩乐

封面设计：冀贵收　　　　　　　　　　版式设计：钟福建

定价：48.00元

第二版前言

随着经济社会的发展，2000年前后，我国在财税领域推进了部门预算、国库集中支付、政府收支分类、非税收入和政府采购制度等一系列改革。近年来，我国经济社会发展进入新常态，十八届三中全会提出建立现代财政制度的目标，而建立现代财政制度的核心是建立全面规范、公开透明的现代预算制度，这就需要预算会计信息能够准确和全面地反映各级政府整体财务状况和运转情况，反映政府资产、负债和行政成本等存量信息，提高政府公共服务能力，满足财政长期可持续发展的要求，以有效发挥预算会计的作用。在此背景下，预算会计的主体地位日趋突显。为了适应新要求、新趋势，我国对预算会计进行了一系列改革，于2014年前后陆续公布并实施了《事业单位会计制度》《事业单位财务规则》《事业单位会计准则》《行政单位会计制度》《行政单位财务规则》《财政总预算会计制度》《政府会计准则——基本准则》等。这些制度和准则均体现了"预算管理和财务管理"的双向要求，为构建权责发生制政府综合财务报告制度、促进财政长期可持续发展奠定了基础。预算会计制度及准则的全面改革给预算会计教学和培训工作提出了新的要求和挑战，也对教材编写工作提出了更高的要求。

本书顺应时代需求，依据《事业单位会计制度》《行政单位会计制度》《财政总预算会计制度》，并辅之以最新的《事业单位财务规则》《事业单位会计准则》《行政单位财务规则》《政府会计准则——基本准则》编写而成。全书共分四篇二十三章。第一篇为总论，介绍了我国预算会计的基本理论、基本核算程序和方法以及规范体系。后三篇分别介绍了财政总预算会计、行政单位会计和事业单位会计具体核算业务的理论及实务。

本书具有以下特点：一是体系新。本书的编写依据是最新出台并实施的相关会计制度、财务规则及会计准则，这使本书能有效适应预算会计制度改革对预算会计教学、培训工作的新要求。二是内容全。本书包含总论和我国预算会计主会计系统的三大会计，即财政总预算会计、行政单位会计和事业单位会计；在内容方面，包含我国预算会计的相关基础知识，以及各主体会计的财务管理要求、具体核算业务和财务会计报告的编制与分析。三是文字简练、通俗易懂。起点较低是本书的又一大特点。编者根据多年的教学经验和不同读者的需求，尽量用通俗易懂的方式和简练的文字进行内容的表述，避免晦涩难懂，即使是没有会计基础知识的读者也能够读懂本书。四是图文并茂。很多人觉得会计学习具有一定的难度，为了便于读者看懂并理解会计核算业务，以最短的时间取得实效，本书在每一篇开始，首先介绍会计核算体系，包括会计科目和核算思路，并尽可能采用图示来表述会计核算思路，用图示加文字解说的形式帮助读者理解、掌握预算会计知识。五是理论与实务紧密结合。本书在注重理论讲授的同时，突出预算会计教学的技能性、操作性和实践性，列举大量的例题进行实务性讲解，并在每章最后配有思考与练习题，以供读者进行巩固性理论思考和实务训练。

需要指出的是，由于目前国家未出台预算会计营改增方面的会计调整政策，因此所有修改均是在原有预算会计制度的基础上，根据营改增的相关规定，借鉴财政部印发的《增值税会计处理规定》（财会〔2016〕22号）的相关内容而确定的。因此，可能会存在偏差，等预算会计调整政策正式出台后我们会再作修改。

本书既可作为应用型本科财经类专业的教材，也可作为高等职业院校财经类专业的教材，还可作为政府机关、事业单位等财会人员培训、自学的参考用书。此外，本书的后三篇各会计系统具有相对独立性，读者在使用本书时无须遵循本书的篇章顺序，可以根据专业特点和需要进行取舍。比如，财政学专业应全面学习本书内容，公共管理和社会保障专业可侧重学习行政单位会计和财政总预算会计的内容，会计学专业可侧重学习事业单位会计的内容。

本书在编写出版过程中还凝结了其他人的智慧和辛劳。硕士生曲丰逸、张洁、任丽娟等同学承担了本书编写的一些前期工作，东北财经大学出版社在出版过程中给予了大力支持，此外，本书还参考借鉴了其他相关教材的内容，在此一并表示感谢。

由于编写时间仓促，加之编者水平有限，书中难免有误，敬请读者批评指正。

编著者

2017年3月

于中南财经政法大学

目录

第一篇 预算会计总论

第 一 章
预算会计概述

☞ **学习目的**

　　通过本章的学习，了解我国预算会计的概念，在与企业会计及西方国家预算会计比较的基础上，了解我国预算会计的内涵及特点，掌握我国预算会计的组成及分级，了解我国预算会计的核算目标及在国家预算管理中的重要地位和作用，了解我国预算会计规制体系的组成。

第一节　预算会计内涵及特点

一、预算会计的定义

　　根据我国官方组织出台的相关制度，可以将我国预算会计的定义归纳为：预算会计是以价值为手段、以货币为计量单位，连续、全面、系统、完整地记录、核算、反映、监督各级政府及预算单位资金活动过程和结果以及财务状况的专业会计的总称。其目的是向会计信息使用者提供政府预算执行情况、财务状况等会计信息，反映政府公共受托责任的履行情况。

　　我国预算会计以货币为主要计量单位，对政府预算执行过程中的预算资金和其他资金活动过程进行核算、反映和监督。它的目的在于通过向会计信息使用者提供政府预算执行情况和财务状况等相关会计信息，加强对预算资金的管理和监督，提高财政资金的使用效益。我国现行预算会计具有双重目标：一是反映政府预算执行情况，为预算管理服务；二是反映政府财务状况，为政府财务管理服务。

　　在国际上，预算会计和政府与非营利组织会计的概念是有区别的。从定义上看，我国现行的预算会计相当于西方的政府与非营利组织会计。这是因为，无论在理论上还是在实务中，我国预算会计的核算范围都与西方国家政府与非营利组织会计的核算范围相似。

二、预算会计和政府与非营利组织会计

　　目前，国际上关于预算会计的标准定义为：预算会计是用于追踪拨

款和拨款使用的政府会计。预算会计是用以追踪支出周期各阶段交易的信息系统，这种追踪对于确保预算执行的控制、记录和报告是必不可少的。这里的支出周期是指预算经由立法机关批准后，预算资金从国库进入最终收款人（商品与劳务供应者）的过程，这一过程通常由分配拨款与拨付资金、承诺、核实以及付款四个阶段构成。[①]

在西方发达国家，支出周期不仅被作为构建预算会计概念框架的基础，也被作为界定"预算会计"与"政府与非营利组织会计"的重要尺度。在这些国家，"预算会计"特指政府会计中用于追踪支出周期各阶段交易的部分。在各项政府活动中，凡是与支出周期各阶段不相关的交易或会计事项，就不属于预算会计的核算范围，而由政府会计来反映。也就是说，预算会计追踪的是支出周期各阶段发生的财政资金流动——流量，一旦流量转化为存量——典型的是支出变为资产，预算会计就不再予以追踪，而由政府会计来"接管"。因此，在西方发达国家，政府会计是包括预算会计的一个重要会计分支。

综上，预算会计一般是指记录预算资金及其执行情况的会计。政府与非营利组织会计是把所有政府单位及政府构成实体作为核算范围，全面反映政府各种受托责任的会计，特指与企业会计相对应的，专门用以记录、计量和报告公共部门财务交易或事项的会计系统，有时也称为公共部门会计。

因此，我国的预算会计与西方的预算会计名称一样，核算内容与作用却不一样；与西方的政府与非营利组织会计名称不一样，核算内容与作用却相似。虽然如此，但也不能将我国的预算会计与西方的政府与非营利组织会计简单地等同起来，两者在会计主体、会计对象、会计基础等方面存在一定的差异性。

三、预算会计与企业会计

预算会计是我国两大会计系统之一。按照会计主体性质的不同，可分为两大会计系统：一个是以公共部门为主体的预算会计，另一个是以私人部门为主体的企业会计。

我国的预算会计是与企业会计相对应的会计系统，两者存在较大差异。企业会计核算反映的资金活动和业务来源于对经济起基础调节作用的市场，属于市场活动领域，其会计主体使用的是私人资金、提供的产品属于私人产品，在账务处理中需要对成本和利润进行计量和核算。而预算会计核算反映的资金活动和业务来源于对经济起宏观调控作用的政府，属于公共活动领域，其会计主体使用的是公共资金、提供的产品属于公共产品，在账务处理中往往需要对收入和支出的执行结果进行计量和核算。

四、预算会计的特点

预算会计的特点主要是与企业会计相比较而言，我国预算会计的主要特点可以概括为公共性、非营利性和财政性。

（一）公共性

我国会计体系划分为预算会计和企业会计的直接依据就在于两者会计主体的不同。预算会计的会计主体为公共部门，属于公共部门会计；企业会计的会计主体为私人部门，属于私人会计。

---

① 王雍君.政府预算会计问题研究[M].北京：经济科学出版社，2004：8-9.

公共部门以实现政府公共职能为目的，为满足公共需求服务。其与私人部门相比存在很大的不同：一是公共部门经济活动的目的，不是为了获取利润或利润等价物，而是为了弥补市场缺陷，提供市场不能或不能有效提供的产品和劳务，以满足社会公共需求。二是公共部门的资金来源于市场主体的纳税、缴费和公债的认购，而不来源于产品和服务的出售，且资金运动不是持续性循环，而是间断性循环。公共部门每个会计年度都以收税、收费、发债等形式从市场上获得资金（即财政收入），再在提供公共产品和服务的过程中，以从市场上购买商品和劳务等形式消耗资金（即财政支出），财政收入和财政支出大致平衡，不需要预留下一个会计年度再生产的资金。到下一个会计年度，再进行财政收入和财政支出的循环。三是公共部门追求的目标不是利润最大化，而是社会效益最大化。四是公共部门收费的目的是提高公共产品的使用效率，解决"搭便车"问题，而不是回收成本赚取利润。五是公共部门衡量业绩的标准是公共事务的完成情况及绩效，而不是利润率。

预算会计的公共性特点使其会计核算与企业会计不同：

1.会计核算的任务不同。预算会计的核算任务主要是办理政府财政各项收支、资产负债的会计核算工作，反映政府财政预算执行情况和财务状况，以及年末是结余还是赤字。其不要求计算利润和核算成本。而企业会计的首要任务是反映主体的盈利和亏损情况，以及目前的财务状况。其要求计算利润和核算成本。

2.会计核算的方式不同。预算会计的核算以政府财政资金运动为主线，反映财政资金从哪里来，又到哪里去。对各项收入和支出的核算需要分门别类地归集起来，不仅通过会计科目以总分类账核算的形式归集，还通过政府预算科目以明细账核算的形式归集，最终为政府决算的编制服务。因此，在预算会计核算中均需要采用《政府收支分类科目》设置明细账。而企业会计则不同，其资金的流入通过销售商品和服务实现，其资金的流出是围绕产品和服务的生产而发生的，因此其核算以产品和服务为核心，核算产品成本是根本，一切核算任务均围绕产品展开。

3.会计核算的过程不同。企业会计的收入主要通过销售产品和服务取得，而产品和服务的生产需要先投入资金才能进行，形成事实上的"垫支"现象。因此，其资金运动是先支后收，相应地其会计核算中，应当把与业务相关的各项支出先计入物流成本，如产品成本，然后当产品和服务实现销售时，再计算收入。而预算会计则不同，其资金运动是先收后支，基本不存在或很少存在"垫支"现象，在核算中应当把与公务执行相关的支出直接列作支出。

4.会计核算成果的使用不同。企业会计通常为经营者和投资者服务，会计核算结果必须如实地反映各种资产、资本和负债的变动情况，体现盈利能力和经营状况，为经营者和投资者决策服务。预算会计的核算结果主要反映预算执行情况和公共部门受托情况，为各相关部门监督、管理和政府决策服务。

（二）非营利性

预算会计的非营利性源自于其会计主体是不以营利为目的的公共部门。所谓营利，包括两方面的内涵：一是经营的目的在于获得利润；二是追求资本的扩张和资产增值。

企业会计的主体是市场主体，是以营利为目的的私人组织。企业要想生存和发展下去，就必须出售自己的产品和劳务，借以获得货币资金。企业产品在定价上必须是营利的，不仅要计算成本和税金，还要计算利润，以获取更大的资本。相应地，在会计方面应当正确地计算产品成本和利润。如果企业不以高于成本价，即营利价格来出售产品，就无法实现营利的目的，这样不仅不能扩大再生产，连简单再生产都难以维持，最终导致企业无法生存，更谈不上发展。因此，企业会计具有营利性。

预算会计则不同，公共部门的生存和发展依靠的是公共权力，其资金主要通过税收等强制、无偿方式来获得，不用通过出售其产品和服务来弥补生产成本。而且公共部门提供的是公共产品，公共产品的特殊性意味着不可能用营利价格来出售产品。相应地，在会计方面不需要正确地计算产品成本和利润，但需要正确地反映资金的流动情况和结余情况。

预算会计的非营利性决定其在会计制度的设置方面，除了与企业会计有共性外，还存在其特殊性：

1.不设所有者权益会计要素，而设净资产会计要素。所有者权益是指企业资产扣除负债后由所有者享有的剩余权益。其包括实收资本（或股本）、资本公积、其他综合收益、盈余公积和未分配利润。在股份制企业又称为股东权益。政府不存在拥有剩余索取权的股东，尽管从理论上说政府代表全民，但实际上缺少界定清晰的所有者权益，这导致政府会计要素中没有所有者权益项目，而只有净资产要素。

2.不设利润类科目，而设结余类科目。利润类科目是经营结果，结余类科目是预算执行结果。

3.以资金核算为中心设置会计科目体系。在预算会计中，虽然财产也占有重要地位，但预算会计的体系仍然是以资金为中心设计的，以收入和支出为中心建立科目体系。

4.采用收付实现制会计基础。在会计核算中，预算会计基本上以收付实现制为基础，只有少数会计事项采用权责发生制。

（三）财政性

预算会计的财政性特点包括三层意思：一是预算会计本身就是财政管理的延伸，是财政管理不可或缺的一部分；二是预算会计必须严格地遵守财政指令和财经纪律；三是预算会计所管理的资金绝大部分属于财政性资金。

预算会计的财政性特点使其在法律规范、资金管理等方面具有特殊性：

1.受财政管理相关法律法规的规范。预算会计除了受会计法律法规方面的规范外，还受财政管理相关法律法规的约束，而且这些约束具有很强的刚性。

2.资金用途具有强限制性。预算会计的支出有严格的规定，不得随意改变资金的使用方向。预算会计的资金用途事先由经人大审批确立的预算来确定，该规定具有法律效力，不得随意更改；如果确需更改，必须经法定程序进行调整。

3.会计目标具有双重性。预算会计既要提供收支执行情况的会计信息，又要提供反映财政受托责任的财务状况信息。因此，预算会计在账务处理上采用了"双分录"特殊方式。预算会计"双分录"会计核算方法是对政府会计主体发生的资产、负债等会计业务采用权责发生制为基础的会计核算，对收入、支出等会计业务采用收付实现制为基础的会计核算。如果一笔业务同时存在收入、支出和非货币资产或负债变化，则采用"双分录"分别进行核算。

第二节　预算会计体系

一、我国政府财政资金的流程

我国预算会计核算反映政府财政资金活动过程和结果，那么首先向大家介绍我国政府财政资金的流动过程，以便于大家对我国预算会计体系各组成部分有一个感性的认识，进而理解各项会计所处的环节和具体任务，以助于对本教材后三篇会计制度的理解和掌握。图1-1简单描述了我国政府财政资金的流动过程。

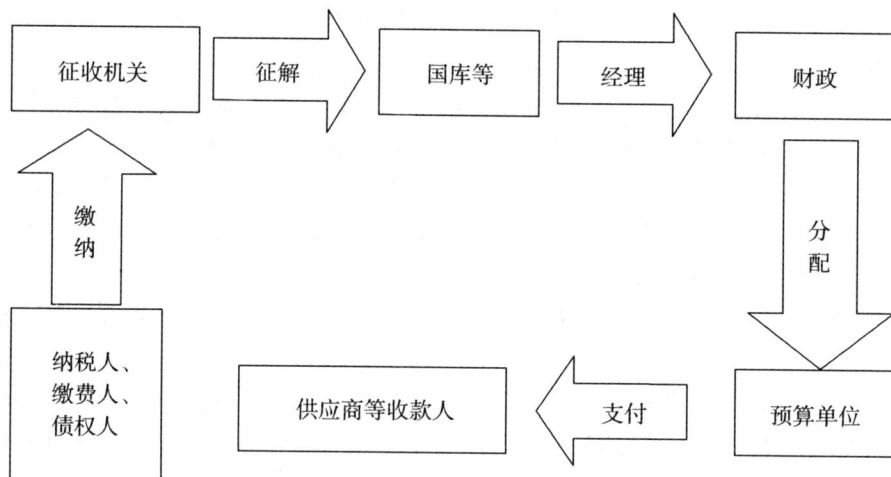

图1-1　政府财政资金流动过程图

图1-1是一个近乎封闭的图形——政府财政资金来源于市场，最后又回归到市场。我国政府财政资金流动过程大致划分为以下阶段：（1）征收机关征解财政资金。由各征收机关通过征收等方式从纳税人、缴费人等市场主体手中取得财政资金，并报解给国库。（2）国库经理财政资金。国库对入库的财政资金负有出纳的职责，我国国库目前由中国人民银行经理。（3）财政分配资金。各级政府的财政部门根据人大审批确立的预算向各预算单位分配财政资金。（4）各预算单位使用财政资金。各预算单位在执行各项职能和任务的过程中，通过购买商品和劳务等形式将财政资金支付给供应商等收款人。资金又回归到市场，财政资金流程终止。

二、我国预算会计的组成体系

我国现行预算会计是把所有政府单位及政府构成实体纳入核算范围，全面反映政府各种受托责任的会计系统，其需要整体反映政府财政资金的运动过程和结果。因此，在会计体系设置上，遵循财政资金的流动程序和特点设置相应会计，核算反映各自所处环节的资金活动过程和结果。

根据我国政府财政资金流动各阶段，从财政收入的征解开始，我国目前依次设置的会计有：收入征解会计（征解阶段）、国库会计（存库阶段）、财政总预算会计（分配阶段）、行政单位会计、事业单位会计、基建会计（使用阶段）。

在上述会计组成部分中，我们往往将财政总预算会计、行政单位会计、事业单位会计称为预算会计的三个主系统，国库会计、收入征解会计和基建会计分别为预算资金收入、出纳和支出等环节参与总预算执行的会计，形成预算会计的辅助系统。简言之，我国预算会计是以财政总预算会计为核心、单位会计为基础，参与预算执行会计为辅助而形成的会计体系。

（一）财政总预算会计

财政总预算会计也称财政总会计，是各级政府财政核算、反映、监督政府一般公共预算资金、政府性基金预算资金、国有资本经营预算资金、社会保险基金预算资金以及财政专户管理资金、专用基金和代管资金等资金活动的专业会计。它是以各级政府为会计主体，以整个政府财政资金为核算对象，反映政府财政资金活动过程和结果的会计。财政总会计的基本任务是记录和反映政府财政资金的收支运动和分配情况。在我国，财政总会计的任务由各级财政部门施行。

财政总会计只核算反映政府财政资金的收支结存，而不直接反映财政资金的使用活动，因此财政总会计不存在现金和实物等项目的核算。

目前，我国社会保险基金预算资金会计不适用《财政总预算会计制度》，其会计制度由财政部另行规定。

（二）预算单位会计

预算单位是执行或辅助执行政府职能的单位，其资金来自于财政拨款或部分来自于财政拨款。具体而言，主要有行政单位和事业单位。

1.行政单位会计。行政单位是指执行政府职能，为社会提供公共服务，管理公共事务的组织。在我国，行政单位是指政府各行政执行机关和实行行政业务管理的其他机关，包括法院、检察院、人大、政协以及中共和各民主党派的党委机关。行政单位会计是指对行政单位的资金运动进行记录、核算和反映的会计。

2.事业单位会计。事业单位是指辅助执行政府某些具体职能的非权力机关，通常包括文化、教育、科学、体育、卫生等事业单位。事业单位为社会提供准公共产品，其资金来源主要有两个方面：一是财政拨款；二是事业性收费。此外，有些事业单位还有来源于市场经营活动取得的经营性资金。事业单位会计是指对事业单位的资金运动进行记录、核算和反映的会计。

（三）辅助会计

辅助会计是参与政府预算执行的各特种业务会计，包括收入征解会计、国库会计和基建会计。

1.收入征解会计。收入征解会计是指征收机构设置的用以记录和核算财政收入缴纳、报解的专业会计。收入征解会计核算的结果必须定期与国库、财政部门的预算会计进行对账，其会计任务由各征收机关施行。

2.国库会计。国家金库简称"国库"，是负责集中办理国家预算资金收纳和拨付的专职机构。国家的一切预算收入全部缴入国库，国家的一切预算支出全部通过国库拨付。国库工作是国家预算执行中的一个重要组成部分。国库会计是国库部门设置的，用于核算财政资金入库、出库、退库和解缴情况的专门会计，它属于预算会计的专门会计。其会计任务由各级国库开户银行施行，我国为中国人民银行。

3.基建会计。基建会计即基本建设拨、贷款会计，是反映和核算预算内用于基本建设支出的专门会计，主要核算基本建设有偿资金、无偿投资和资本金的投入使用情况。

三、我国预算会计的主体及客体

（一）预算会计的主体

会计主体是会计为之服务的单位。我国预算会计体系中各组成部分服务的单位是不同的，因此预算会计的主体也不一样。这里主要介绍三个主会计系统的主体。

财政总预算会计的主体是各级政府。行政单位会计的主体是其为之服务的各级行政单位。事业单位会计的主体是各级国有事业单位。

（二）预算会计的客体

预算会计的客体也是其核算对象，是预算会计所要核算、反映和监督的内容。一般来说，会计核算有两个基本对象，即资金和财产。其中，财产包括物资和固定资产。会计是一种反映和监督单位经营活动的重要工具，它主要是通过特定的会计方法来进行的。通过会计核算，达到两个基本目的：一是确定本单位的资金运动状况；二是确定本单位的收支和财务状态。由于每个单位的钱与物是不断变动的，因此，会计上总是把钱和货币化的物作为自己的核算对象。一般地说，会计核算应当以资金和财产为其核算对象。[①]

目前，随着政府预算管理改革的逐步深入，预算会计的核算目的由单纯反映资金运动状况过渡到既要反映预算执行情况也要反映财务状况。因此，我国现行预算会计以资金和财产为核算对象。具体而言，财政总预算会计的核算对象是各级政府预算资金；行政单位会计的核算对象是单位预算资金，以及由此引起的财产变化情况；事业单位会计的核算对象是单位预算资金和业务资金，以及由此引起的财产变化情况。

四、我国预算会计的分级

（一）财政总预算会计系统分五级

各级政府财政总预算会计组成和分级的依据是政权结构和行政区划，并遵循责权利相结合的原则，实行一级政府一级财权、一级财权一级政府预算、一级政府预算一级财政总预算会计。

国家组织由中央政府和地方政府组成，我国政府具体设五级，即中央政府，省级政府（包括自治区和直辖市），设区的市级政府（包括自治州，以下简称市级政府），县级政府（包括自治县、不设区的市和市辖区），乡级政府（包括民族乡、镇）。省以下均属地方政府。因此，从中央到地方的财政部门自上而下分别设置中央、省、市、县、乡五级政府财政总预算会计，包括中央财政总预算会计和地方财政总预算会计。各级总预算会计设置在本级政府财政部门预算管理机构，即中央政府由财政部的预算司、省级政府由财政厅的预算处、市县级政府由财政局的预算科、乡级政府由政府所的预算股等执行。

1.中央财政总预算会计负责反映和控制中央政府履行其职能时的财政收支及运用情况，即财政资金及相应资金来源的情况，包括中央政府对其直属机构及下级政府的财政拨款，直属机构及下级政府对中央政府的财政上缴收入情况。

---

① 马国贤.预算会计[M].北京：中国财政经济出版社，2003：5.

2.省级财政总预算会计负责反映和控制省级政府履行其职能时的财政收支及运用情况，即财政资金及相应资金来源的情况，包括省级政府对其直属机构及下级政府的财政缴拨款，省级政府与中央政府的财政解拨款。

3.市级财政总预算会计负责反映和控制市级政府履行其职能时的财政收支及运用情况，即财政资金及相应资金来源的情况，包括市级政府与其上级政府、直属机构、下级政府的财政解缴拨款。

4.县级财政总预算会计负责反映和控制县级政府履行其职能时的财政收支及运用情况，即财政资金及相应资金来源的情况，包括县级政府与其下级政府、直属机构、上级政府的财政解缴拨款。

5.乡级财政总预算会计负责反映和控制乡级政府履行其职能时的财政收支及运用情况，即财政资金及相应资金来源的情况，包括乡级政府与其所属机构的财政缴拨款，乡级政府与其上级政府的财政解拨款，乡级政府自筹资金收入。

（二）预算单位会计系统分三级

根据现行的行政管理体制和预算领拨款关系，单位会计管理一般分为主管会计单位、二级会计单位和基层会计单位三级。

1.主管会计单位，简称"主管单位"，也称主管部门会计单位。与同级财政部门直接发生经费领报关系或建立财务关系，并有所属会计单位的，为主管会计单位。主管会计单位是执行政府具体职能的机构，同时也管理下属的单位会计。主管会计单位直接与同级财政总预算会计发生财政收支关系，负责核定直属单位的资金来源和运用计划，并核定其财政拨款或补助数额。

主管单位一定是一级预算单位，一级预算单位不一定是主管单位。只有有下一级预算单位，并直接从财政部门领拨经费的，才是主管单位；没有下一级预算单位的，则是基层单位。

2.二级会计单位，简称"二级单位"。与主管会计单位或上级会计单位发生经费领报关系、财务收支计划与会计决算审批关系，并有所属会计单位的，为二级会计单位。二级会计单位下边没有所属会计单位的，视同基层单位。二级会计单位是主管会计单位所属的独立从事公共劳务活动的经济核算单位，它与主管会计单位发生延伸的财政关系，并与下属单位发生财政延伸关系以及管理下属的单位会计。这就是说，二级会计单位并不与财政部门直接发生关系，而是通过主管单位会计发生间接联系。

3.三级会计单位，简称"基层单位"，也称基层会计单位。与主管会计单位或二级会计单位直接发生经费领报关系、财务收支计划与会计决算审批关系，下面没有附属会计单位的，为三级会计单位。三级会计单位是二级会计单位的所属单位，下面不再有其管辖的会计单位。基层会计单位是独立从事公共劳务活动的经济核算单位，通常与二级会计单位或主管会计单位发生直接的财政关系。

除上述会计单位外，对于不具备独立核算条件的行政事业单位，称为报销冷冻，也称报账单位。报销单位实行单据报账制度，其会计核算和经费领报由其所属会计单位负责。

（三）国库会计系统分四级

国库制度分为独立金库制和委托金库制。根据《国家金库条例》规定，我国的国库业务由中国人民银行经理，在不设中国人民银行机构的地方，其国库业务可委托当地的中国工商银行或中国农业银行办理，业务上受上级国库领导。

国库机构按照国家财政管理体制设立，原则上一级财政设立一级国库，分设总库、分库、中心支库和支库四级，包括中央国库和地方国库。支库是基层国库。乡（镇）一级财政，有的设有国库，大部分地方尚未设立国库。各级国库对同级政府财政负责。

国库会计主要是为预算管理服务的，同时也为金融管理提供某些资料。操作的实际情况是：国库部门每月要报给中国人民银行的会计部门一个资金平衡表，对财政部门则要报日报、旬报和月报表；送银行的报表是根据银行的十几个会计科目编报，送财政部门的报表是有多少个预算科目就要根据多少个科目编报，预算科目调整或增减，国库会计要相应作出调整或增减。因此，国库会计虽然设在银行，但它属于预算会计序列。

（四）政府预算收入征解会计系统分两部分

1.税收会计。税收是国家预算的重要组成部分，税收会计是对工商税收的资金运动进行反映和监督的必要手段。国家税务总局决定从1996年1月1日起在全国税务系统范围内全面进行税收会计改革。改革的主要内容是：一是扩大核算范围，从应征款开始，对税源进行全过程核算；二是分户核算，按纳税人设立专户，全程监控；三是采用国际上通用的借贷记账法。税收会计适用的范围包括各级国税、地税机构征管的工商税收类、企业所得税类等多种税收。

2.关税会计。关税是按照国家规定，对进出国境的货物和物品所征收的一种税收。它是中央预算收入的一个组成部分。关税在贯彻国家对外贸易政策，维护国家主权和民族利益，促进对外交往等方面，具有重要的作用。

按照海关系统财务管理体制规定，海关总署为一级关税会计单位，有所属单位的直属海关为二级会计单位，无所属单位的海关为基层会计单位。当地无国库或国库经收处的海关，所征税款汇解上一级海关记账，不作为关税会计单位管理。

（五）基本建设会计分两部分

基建支出预算在国家预算中占有较大比重，正确分配和执行国家基建预算，对调整产业结构，进行生产力布局，合理分配和使用预算资金，有计划地吸引和引导预算外资金投向基础设施、基础产业，保证国民经济稳定发展，具有十分重要的作用。

第三节　预算会计规制体系

预算会计规制是指对预算会计活动进行规范的法律、法规、条例、制度等的总称。我国预算会计规制体系包括三个层次：第一层次是预算会计工作的基本法；第二层次是预算会计的行政法规；第三层次是预算会计的规章制度。

一、预算会计工作的基本法

预算会计工作的基本法是指由全国人民代表大会常务委员会制定颁布的，管理会计工作、调整会计关系的法律总规范，是制定预算会计行政法规和会计规章制度的法律依据。预算会计工作的基本法包括《中华人民共和国会计法》（以下简称《会计法》）和《中华人民共和国预算法》（以下简称《预算法》）。

（一）中华人民共和国会计法

《会计法》是我国会计工作的基本法规，经1985年1月21日第六届全国人民代表大会常务委员会第九次会议通过。为适应我国市场经济发展的需要，分别于1993年12月和1999年10月对《会计法》进行了两次修订。

《会计法》全文共7章52条，包括总则，会计核算，公司、企业会计核算的特点规定，会计监督，会计机构和会计人员，法律责任，附则。制定《会计法》的目的是规范和加强会计工作，保障会计人员依法行使职权，发挥会计工作在维护社会主义市场经济秩序、加强经济管理、提高经济效益中的作用。《会计法》作为专门规范会计工作的国家法律，是一切会计工作最重要的根本大法。

国家机关、社会团体、企业、事业单位及其他经济组织都必须遵照《会计法》办理会计事务。凡是有关会计工作的法规、准则、制度、规定，都要以此为依据。预算会计作为我国会计的一大会计体系，必然受《会计法》的规范。

（二）中华人民共和国预算法

《预算法》是我国预算管理的基本法规，经1994年3月22日第八届全国人民代表大会第二次会议通过，并于1995年1月1日起施行。此后，历经四次审议，第十二届全国人民代表大会常务委员会第十次会议于2014年8月31日表决通过《全国人大常委会关于修改〈预算法〉的决定》，并决议于2015年1月1日起施行。

《预算法》全文共11章101条，包括总则、预算管理职权、预算收支范围、预算编制、预算审查和批准、预算执行、预算调整、决算、监督、法律责任、附则。制定《预算法》的目的是规范预算行为，加强预算管理，严肃财经纪律。预算会计作为核算、监督国家预算执行和行政事业单位收支预算执行的专业会计，必须认真贯彻执行《预算法》的规定，依法理财。

二、预算会计的行政法规

会计的行政法规是指由国家最高行政机关——国务院发布，或由国务院批准财政部发布的，指导、规范会计工作的准则、条例、制度等行政法规。行政法规是基本法律规范的具体化，以会计基本法为指导，同时又统驭具体的会计规章制度，是有关会计规章制度的制定依据。

预算会计的行政法规主要有《政府会计准则——基本准则》《财政总预算会计制度》《行政单位财务规则》《行政单位会计制度》《事业单位会计准则》《事业单位会计制度》等。

（一）政府会计准则——基本准则

《政府会计准则——基本准则》于2015年10月23日由中华人民共和国财政部令第78号公布，共6章62条，包括总则、政府会计信息质量要求、政府预算会计要素、政府财务会计要素、政府决算报告和财务报告、附则。该准则自2017年1月1日起施行。

制定《政府会计准则——基本准则》的目的在于规范政府的会计核算，保证会计信息质量，适用于各级政府、各部门、各单位（统称政府会计主体）。这里所说的各部门、各单位是指与本级政府财政部门直接或者间接发生预算拨款关系的国家机关、军队、政党组织、社会团体、事业单位和其他单位。军队、已纳入企业财务管理体系的单位和执行《民间非营利组织会计制度》的社会团体，不适用该准则。

（二）财政总预算会计制度

《财政总预算会计制度》是规范财政总预算会计的制度，于1997年6月经国务院批准由财政部发布，并于1998年1月1日起执行。为了适应财政改革的需要，进一步规范各级政府财政总预算会计核算，提高会计信息质量，充分发挥总预算会计的职能作用，财政部于2015年10月对《财政总预算会计制度》进行了修订，修订后的《财政总预算会计制度》于2016年1月1日起施行。

《财政总预算会计制度》适用于中央，省、自治区、直辖市，设区的市、自治州，县、自治县、不设区的市、市辖区、乡、民族乡、镇等各级政府财政部门的总预算会计，共13章63条，包括总则，会计信息质量要求，资产，负债，净资产，收入，支出，会计科目，会计结账和结算，总会计报表，信息化管理，会计监督，附则。

（三）行政单位财务规则和会计制度

1.行政单位财务规则

《行政单位财务规则》经2012年12月5日财政部部务会议审议通过，于2012年12月6日由中华人民共和国财政部令第71号公布，共11章63条，包括总则、单位预算管理、收入管理、支出管理、结转和结余管理、资产管理、负债管理、行政单位划转撤并的财务处理、财务报告和财务分析、财务监督、附则，并于2013年1月1日起施行。

制定《行政单位财务规则》的目的在于规范行政单位财务行为，加强行政单位财务管理和监督，提高资金使用效益，保障行政单位工作任务的完成，适用于各级各类国家机关、政党组织（统称行政单位）的财务活动。

2.行政单位会计制度

《行政单位会计制度》经国务院批准财政部发布，于1998年1月1日起在全国统一施行。为了进一步规范行政单位的会计核算，提高会计信息质量，财政部于2013年12月对《行政单位会计制度》进行了修订，修订后的《行政单位会计制度》于2014年1月1日起施行。

修订后的《行政单位会计制度》共10章46条，包括总则、会计信息质量要求、资产、负债、净资产、收入、支出、会计科目、财务报表、附则。制定《行政单位会计制度》的目的在于规范行政单位会计核算，保证会计信息质量，适用于各级各类国家机关、政党组织（统称行政单位）。

（四）事业单位会计准则、财务规则和会计制度

1.事业单位会计准则

《事业单位会计准则》经2012年12月5日中华人民共和国财政部部务会议修订通过，于2012年12月6日由中华人民共和国财政部令第72号公布，共9章49条，包括总则、会计信息质量要求、资产、负债、净资产、收入、支出或者费用、财务会计报告、附则，并于2013年1月1日起施行。1997年5月28日财政部印发的《事业单位会计准则（试行）》（财预字〔1997〕286号）同时予以废止。

制定《事业单位会计准则》的目的在于规范事业单位会计核算，保证会计信息质量，促进公益事业健康发展，适用于各级各类事业单位。

2.事业单位财务规则

现行的《事业单位财务规则》是对1997年《事业单位财务规则（试行）》（财政部令第8号）的修订，于2012年2月7日由中华人民共和国财政部令第68号发布，共12章68条，包括总则、单位预算管理、收入管理、支出管理、结转和结余管理、专用基金管理、资产管理、负债管理、事业单位清算、财务报告和财务分析、财务监督、附则，并于2012年4月1日起施行。

制定《事业单位财务规则》的目的在于进一步规范事业单位财务行为，加强事业单位财务管理和监督，提高资金使用效益，保障事业单位健康发展，适用于各级各类事业单位的财务活动。

3.事业单位会计制度

现行的《事业单位会计制度》由财政部对1997年《事业单位会计制度》（财预字〔1997〕288号）修订而成。修订后的《事业单位会计制度》由5部分组成，包括总说明、会计科目名称和编号、会计科目使用说明、会计报表格式、财务报表编制说明，并于2013年1月1日起施行。

制定《事业单位会计制度》的目的在于规范事业单位的会计核算，保证会计信息质量，适用于各级各类事业单位。但按规定执行《医院会计制度》等行业事业单位会计制度的事业单位，纳入企业财务管理体系执行企业会计准则或小企业会计准则的事业单位，不适用该制度。

三、预算会计的规章制度

会计的规章制度是由财政部发布，或由财政部与其他部门联合发布，或由国务院主管业务部门制定、财政部同意发布的，就会计工作中某些方面所制定的具体制度或具体规范性文件，包括会计基础工作规范、事业单位的行业会计制度、税收会计制度、国库会计制度、基建会计制度、会计电算化工作规范、会计从业资格管理办法、会计档案管理办法等。近几年，为了加强政府宏观调控能力，国家对会计制度进行了改革，先后推行了部门预算、国库集中收付、政府采购等制度。

此外，国务院主管部门以及省、自治区、直辖市财政部门根据《会计法》和有关的法规、条例、规章、制度，结合本地区、本部门的实际情况制定的补充规定和实施办法等，也构成了预算会计法规体系的组成部分。

思考与练习题

一、思考题
1.什么是预算会计？如何理解？
2.与企业会计相比，我国预算会计有哪些特点？
3.我国预算会计体系的组成及分级如何？
4.我国预算会计的规制有哪些？
二、单项选择题
1.我国财政总预算会计的主体是（　　）。

A.财政部门　　　　　B.各级政府　　　　　C.政府机关　　　　　D.行政单位

2.我国财政总预算会计分为（　　）级。

A.五　　　　　　　　B.四　　　　　　　　C.三　　　　　　　　D.二

3.我国单位会计分为（　　）级。

A.五　　　　　　　　B.四　　　　　　　　C.三　　　　　　　　D.二

4.财政部门的预算资金，以及由此引起的财产变化情况属于（　　）的客体。

A.财政总预算会计　　B.行政单位会计　　　C.事业单位会计　　　D.国库会计

5.不具备独立核算条件的单位属于（　　）。

A.主管单位　　　　　B.二级单位　　　　　C.基层单位　　　　　D.报销单位

6.我国《行政会计制度》于（　　）开始施行。

A.2012年1月1日　　　　　　　　　　　　B.2013年1月1日

C.2014年1月1日　　　　　　　　　　　　D.2015年1月1日

7.我国现行的《财政总预算会计制度》于（　　）开始施行。

A.2013年1月1日　　　　　　　　　　　　B.2014年1月1日

C.2015年1月1日　　　　　　　　　　　　D.2016年1月1日

三、多项选择题

1.下列属于我国预算会计主体范围的有（　　）。

A.财政部门　　　　　B.政府　　　　　　　C.行政单位　　　　　D.事业单位

2.与企业会计相比，我国预算会计具有（　　）特点。

A.公共性　　　　　　B.非营利性　　　　　C.营利性　　　　　　D.财政性

3.我国预算会计的主会计系统包括（　　）。

A.财政总预算会计　　B.行政单位会计　　　C.事业单位会计　　　D.收入征解会计

4.根据独立核算条件划分，我国单位会计可分为（　　）。

A.报销单位会计　　　B.主管单位会计　　　C.二级单位会计　　　D.基层单位会计

5.我国预算会计规制的基本法有（　　）。

A.《合同法》　　　　B.《经济法》　　　　C.《会计法》　　　　D.《预算法》

四、论述题

请阐述我国预算会计与企业会计及西方国家预算会计概念的区别与联系。

第 二 章

预算会计基本理论及工具

☞ **学习目的**

通过本章的学习，在理解预算会计基本原理的基础上，了解预算会计假设前提及核算原理，掌握预算会计应遵循的原则、会计要素、记账方法和财务处理程序。

第一节　预算会计假设及原则

一、会计假设

会计假设是组织预算会计工作必须具备的前提条件。预算会计基本假设包括以下四个方面：

（一）会计主体

会计主体是指预算会计工作特定的空间范围，也就是会计人员为之服务的、从事独立的非营利性经济活动的法定组织、机构或单位。预算会计主体的特征有：第一，该会计主体是依法组成的；第二，该会计主体的活动方式是非市场机制的。预算会计主会计系统包括财政总预算会计、行政单位会计和事业单位会计，其会计主体各不相同。财政总预算会计的主体是各级政府，而不是各级政府的财政部门。行政、事业单位会计的主体是各行政、事业单位。

（二）持续经营

持续经营是指预算会计主体的经济活动是连续、无限期进行的。财政总预算会计和行政单位会计统称为政府会计，在客观上具有很强的持续运行的确定性；绝大多数事业单位会计具有稳定的财政来源，不以营利为目的，也不依赖于盈利生存，在客观上也具有较强的持续运行能力。

（三）会计分期

会计分期是指预算会计核算的时间范围，也就是将会计主体持续不断的运行活动人为地分为相等的期间，据此分阶段结算账目，按期编报会计报表，从而及时向各方面提供有关会计信息。最常见的会计分期是1年，在我国，会计年度自公历每年的1月1日起至12月31日止。

（四）货币计量

货币计量是指预算会计核算的价值尺度，也就是在预算会计核算中要以人民币作为记账本位币。如果发生外币收支，应当按照规定时间内中国人民银行公布的人民币外汇汇率折算为人民币核算。对于业务收支以人民币以外的货币为主的行政事业单位，可以选定其中一种作为记账本位币，但是在编报会计报表时，应当按照编报日期的人民币外汇汇率折算为人民币反映。

二、会计原则

会计原则是指在预算会计核算中必须遵循的规则。会计核算原则众多，大体上可分为两种类型：一类是会计信息的确认原则；另一类是会计信息的质量原则。

（一）会计信息的确认原则

1.限定性原则。这是指会计主体要按照国家有关方针政策和规章制度以及出资者的要求确认会计信息，并对基金进行单独核算。预算会计主体的经济活动是直接和间接履行政府职能的，因此其经济活动的范围和方向具有严格的政策性。这要求会计科目的设计便于同政府预算相衔接。基金是指具有专门用途的资金，在会计主体的资金来源和运用中占有重要的地位。预算会计主体对其资金要区分限制性资金和非限制性资金，在限制性资金中要区分永久限制性资金和暂时限制性资金，以便对基金进行专门的核算。限定性原则有利于正确反映公众的利益和其承担的费用。

2.结账基础以收付实现制为主，权责发生制为辅。结账基础亦称会计核算基础，是指计算、记录、确定本期收益和费用支出的会计处理原则。

一是收付实现制，也称现收现付制或现金制，它以现金的实收实付为基础，对于一些赊欠、往来会计事项则不列作当年收支，即会计主体确认每一会计期间的收入和费用是以发生货币实际收付的会计期间为依据，而不是以收付权责发生的会计期间为依据。凡是在当期发生的货币收入或费用，在会计上都作为当期收付处理，而不论其权责是否发生在当期。收付实现制是以会计期间发生的货币收付关系为依据来确认会计信息。预算单位不以营利为目的，应以本期实收的收入和实付的支出作为本期收支，而不能把本期应收未收或应付未付的款项列作本期预算收支，以便正确反映报告期的预算收支执行情况，及时编制会计报表和落实年度预算收支结余。我国总会计、行政单位会计和部分事业单位会计应以收付实现制为结账基础。事业单位除附属独立核算的经营单位和部分经营性业务外，一般不进行成本核算。政府会计实行收付实现制的国家较多，这种做法的会计操作简便，最能反映现金的流量与存量，但不能正确反映会计期间的经济活动情况。

二是权责发生制，也称应计制，它不仅以现金的实收实付为基础，还包括以赊欠、往来事项的会计记录为基础。权责发生制是指会计主体确认每一会计期间的收入和费用是以发生取得收入的权利和支付费用的责任为依据。凡是当期已经发生的收入权利或费用责任，不论是否发生货币收付都作为当期的收入和费用处理；凡不是当期发生的收入权利或费用责任，不论是否发生货币收付都不作为当期的收入和费用处理。各国企业会计由于核算成本、计算盈亏，一般都实行权责发生制。我国事业单位会计在从事市场生产经营活动中，为了对收支进行配比核算，核算业务成果可采用权责发生制。

3.历史成本原则。这是指预算会计主体在确认其财产物资的价值时以取得或购建时发生的实际成本核算。这里的实际成本是指在取得或购建财产物资时实际支付的价格。历史成本原则是以财产物资发生时的交易价格为依据，而不考虑以后市场价格的变动。这一原则有利于会计核算真实可靠，简便有效。

4.配比原则。这是指收入来源和其相应的费用开支应当相互配合，有利于对经济活动实行依法监督和成果监督。配比原则适用于事业单位的经营收支。

（二）会计信息的质量原则

1.完整性原则。这是指会计核算要将会计主体的所有财务收支进行核算，完整反映其经济活动的全貌。

2.真实性原则。这是指会计核算必须以实际发生的经济业务和证明经济业务发生的合法凭证为依据，如实反映预算的执行情况和结果，做到内容真实，数据准确，资料可靠，项目完整，手续完备。

3.相关性原则。这是指预算会计核算信息必须符合宏观经济管理的要求，满足各有关方面了解单位财务状况和收支情况的需要，利于行政事业单位加强内部财务管理和经济管理。

4.可比性原则。这是指会计核算必须符合国家的统一规定，提供相互可比的会计核算资料，不同单位会计指标应当口径一致，相互可比。

5.一贯性原则。这是指会计处理方法前后各期应当一致，不得随意变更。这样便于同一单位的不同会计期间的会计信息进行比较，从而对单位不同期间的财务状况有一个直观的了解。一贯性原则并不否定单位在必要时对会计处理方法作适当变更，单位可以根据实际情况变更会计处理方法，但应当将变更的情况、原因和对单位财务收支及结果的影响在财务报告中说明。

6.及时性原则。这是指行政事业单位各项经济业务应当及时进行会计核算。只有核算及时，信息传递及时，才能保证会计信息符合使用者需求。及时性原则的主要内容有：一是对会计事项的账务处理，应当在当期内进行，不能延至下一会计期间；二是会计报表应当在会计期间结束后，按规定日期呈报给上级主管部门、财政部门、出资者及各方利益关系人，不得影响有关各方使用报表。

7.明晰性原则。这是指会计记录和会计报表都应当清晰明了，便于理解和运用。因此，要求单位会计记录应准确清晰，账户对应关系明确，文字摘要清楚，数字金额准确，手续齐备，程序合理，以便信息使用者准确完整地把握信息的内容，更好地加以利用。

8.重要性原则。这是指会计报表应当全面反映事业单位的财务收支情况及其结果。对于重要的会计事项，要单独反映，并在会计报表中作重点说明；而对于次要的会计事项，在不影响会计信息真实性的情况下，可以适当简化会计核算，合并反映。

9.专款专用原则。这是指对指定用途的资金，应当按规定的用途使用，不得自行改变用途，这条原则是预算会计特有的原则。国家或某出资人为了发展某项事业而拨出的专门款项，为了保证达到预定目的或使该项事业顺利开展，就要求对该项资金使用情况进行监督，并设置专门账户进行单独反映。

10.历史成本原则。这是指单位的各项财产物资应当按照取得或构建时的实际成本计价，除国家另有规定外，不得自行调整其账面价值。

第二节　预算会计要素及科目

一、会计要素

会计要素是指对会计对象具体内容的基本分类，是构成会计科目体系不可或缺的因素。它是建立会计科目体系的基础，也是建立资产负债表的基础。要弄清会计科目体系的结构及各会计科目之间的关系，首先要弄清会计要素的内涵和分类方法。

我国在1997年出台的预算会计制度中，将预算会计的会计要素确定为资产、负债、净资产、收入和支出五大类，刚出台的各项新会计制度仍然沿用此五类会计要素。但是，从2015年10月23日公布的《政府会计准则——基本准则》来看，以后我国预算会计的改革趋势将与西方发达国家政府会计接轨，建立政府会计体系，将政府预算会计作为政府会计的组成部分，建立政府预算会计与政府财务会计。因此，下面将分别介绍我国现行会计制度下的会计要素和《政府会计准则——基本准则》中的会计要素。

（一）现行会计制度下会计要素的组成

我国现行预算会计制度确定资产、负债、净资产、收入、支出为五大会计要素。

1.资产。资产是指各级政府、各行政单位、各事业单位（以下简称预算会计主体）占有或者控制的能以货币计量的经济资源，包括各种财产、债权和其他权利。

资产有三个特性：一是经济资源。所谓经济资源是指财产等物质资源，且能给所有者或控制者带来相应的物质利益。二是产权明确。资产必须是其占有或者控制的财产、货币或经济权利。如果经济权利不归本预算会计主体所有，则不应记入本会计主体范围内嵌的资产类账户。三是必须能以货币计量。能以货币计量是记入资产类账户的必要条件。

2.负债。负债是指预算会计主体所承担的能以货币计量，需要以资产或劳务来偿付的债务，包括借入款项、应付账款、其他应付款、各种应缴款项等。

负债有三个特性：一是债务性。负债要有明确的债权人，且事实上构成了债权债务关系。二是可计量性。负债必须是可以用货币来计量的，否则不能在会计账户上以负债反映。三是偿还性。负债应当按照当时取得债务时所承诺的条件来偿还，要么用货币来偿还，要么用实物来偿还。

3.净资产。净资产是指预算会计主体所拥有的资产净值，从数量上等于资产减去负债后的差额，包括资金结余和基金。结余类是指收入减支出的结果；基金类是指上级政府或本级政府指定，或者财政部门拨款，用于指定用途的专门资金和事业单位滚存下来的一般性资金。

4.收入。收入是指政府财政为实现政府职能，根据法律法规等所筹集的资金，以及行政事业单位为开展业务活动，依法取得的非偿还性资金。收入是预算会计的重要核算对象之一，是支出的前提。

从性质来看，行政事业单位取得的收入是为了补偿支出，而不是为了营利；提供产品或劳务等活动的价格或收费标准不完全按照市场经济价值来决定，甚至无偿提供或免费服务。行政事业单位就其所提供的产品或劳务通常取得较低的收入或者不取得收入；政府拨款一方面是为了行政事业单位的存续发展，另一方面含有补贴性质，即有些拨款属于对低价格、低收费服务的一种弥补。

5.支出。支出是指政府财政为实现政府职能，对财政资金的分配和使用，或者行政事业单位为保障机构正常运转和完成工作任务，按照批准的预算所发生的资金耗费和损失。

在会计核算中，收入类科目通常按性质和来源设置，支出类科目通常按性质和支出用途设置。因此，通常收支项目不再具体挂钩。但对于财政总预算会计来说，为了加强对各项政府预算资金的管理，对主要收入项目，如一般公共预算本级收入、政府性基金预算本级收入、国有资本经营预算本级收入、财政专户管理资金收入、专用基金收入实行收支挂钩的核算办法，借以考核各账户的收支平衡情况，以满足政府预算管理的需要。

（二）《政府会计准则——基本准则》中的会计要素组成

根据2015年10月23日公布的《政府会计准则——基本准则》规定，按照政府预算会计和政府财务会计分别设置会计要素。

1.政府预算会计要素。政府预算会计要素包括预算收入、预算支出与预算结余。

（1）预算收入是指政府会计主体在预算年度内依法取得并纳入预算管理的现金流入。预算收入一般在实际收到时予以确认，以实际收到的金额计量。

（2）预算支出是指政府会计主体在预算年度内依法发生并纳入预算管理的现金流出。预算支出一般在实际支付时予以确认，以实际支付的金额计量。

（3）预算结余是指政府会计主体预算年度内预算收入扣除预算支出后的资金余额，以及历年滚存的资金余额。预算结余包括结余资金和结转资金。其中，结余资金是指年度预算执行终了，预算收入实际完成数扣除预算支出和结转资金后剩余的资金；结转资金是指预算安排项目的支出年终尚未执行完毕或者因故未执行，且下年需要按原用途继续使用的资金。

2.政府财务会计要素。政府财务会计要素包括资产、负债、净资产、收入和费用。

（1）资产是指政府会计主体过去的经济业务或者事项形成的，由政府会计主体控制的，预期能够产生服务潜力或者带来经济利益流入的经济资源。

服务潜力是指政府会计主体利用资产提供公共产品和服务以履行政府职能的潜在能力。

经济利益流入表现为现金及现金等价物的流入，或者现金及现金等价物流出的减少。

政府会计主体的资产按照流动性，分为流动资产和非流动资产。流动资产是指预计在1年内（含1年）耗用或者可以变现的资产，包括货币资金、短期投资、应收及预付款项和存货等。非流动资产是指流动资产以外的资产，包括固定资产、在建工程、无形资产、长期投资、公共基础设施、政府储备资产、文物文化资产、保障性住房和自然资源资产等。

（2）负债是指政府会计主体过去的经济业务或者事项形成的，预期会导致经济资源流出政府会计主体的现时义务。

现时义务是指政府会计主体在现行条件下已承担的义务。未来发生的经济业务或者事项形成的义务不属于现时义务，不应当确认为负债。

政府会计主体的负债按照流动性，分为流动负债和非流动负债。流动负债是指预计在1年内（含1年）偿还的负债，包括应付及预收款项、应付职工薪酬和应缴款项等。非流动负债是指流动负债以外的负债，包括长期应付款、应付政府债券和政府依法担保形成的债务等。

（3）净资产是指政府会计主体资产扣除负债后的净额。净资产金额取决于资产和负债的计量。

（4）收入是指报告期内导致政府会计主体净资产增加的，含有服务潜力或者经济利益的经济资源的流入。

（5）费用是指报告期内导致政府会计主体净资产减少的，含有服务潜力或者经济利益的经济资源的流出。

二、会计科目

会计科目是对会计对象的具体内容或用途进行分类的项目，是对会计要素进一步细分的结果。每一个经济类型就是一个会计科目，且每一个会计科目都有规定的名称和核算内容。

会计对象根据经济活动的内容进行分类，有利于反映和控制其经济活动。在会计核算中，会计科目是对账户设置的名称，因此会计科目和账户名称是一致的。会计科目由财政部制定颁发，统一实施。会计主体对会计科目的设置和使用，应当符合国家统一会计制度的规定。

预算会计的会计科目按照主要的预算会计主体，可分为政府财政总预算会计科目、行政单位预算会计科目和事业单位预算会计科目；按照经济内容或用途分类，可分为资产、负债、净资产、收入和支出五大类；按照核算层次或者会计核算对象内容反映的详细程度，可分为总账科目、二级科目和明细科目。总账科目是对会计核算对象内容进行总括分类的科目，又称总分类科目或一级科目，是设置总账的依据。二级科目与明细科目是对总账科目的进一步分类，用以详细反映核算对象的内容，对总账科目进行补充，是设置二级账与明细账的依据。

三、会计等式

会计等式是在反映和计量经济业务时，对会计要素用平衡方程的方式表示。会计等式表明了各项经济业务发生时会计要素的关系。会计等式是检验会计核算正确与否的参照式，有资金等式、结余等式和基本等式三种。

1.静态的资金等式。资金等式是反映资金来源和占用的等式，根据会计要素的定义可得等式（2-1）：

资产=负债+净资产　　　　　　　　　　　　　　　　　　　　　　　　　　（2-1）

等式（2-1）是表示某一时点上资产、负债和净资产的平衡关系，该等式在任何条件下均成立，是一个恒等式。因此，等式（2-1）是预算会计编制资产负债表的理论基础。由于该等式是静态的资金等式，因此相应地组成该等式的三大会计要素被称为静态的会计要素。

2.动态的结余等式。结余等式是反映业务活动收支关系的等式，根据会计要素的定义可得等式（2-2）：

结余=收入−支出　　　　　　　　　　　　　　　　　　　　　　　　　　　（2-2）

等式（2-2）是收支的执行结果，属于动态的等式，也是一个恒等式。等式（2-2）是编制收支执行情况表的理论基础。该等式中的收入、支出被称为动态的会计要素。

3.特定条件等式。特定条件等式是对等式（2-1）和等式（2-2）进行合并处理后得到的等式，表示为等式（2-3）：

资产+支出=负债+收入+净资产　　　　　　　　　　　　　　　　（2-3）

等式（2-3）全面反映了五大会计要素的关系，是等式（2-1）、等式（2-2）基础上的综合，是全面反映各要素之间转换关系的等式。

在等式（2-3）的推导过程中，将净资产划分为基金和结余之和，表示为等式（2-4）：

净资产=基金+结余　　　　　　　　　　　　　　　　　　　　　（2-4）

将等式（2-2）和等式（2-4）代入等式（2-1），移项后可得等式（2-5）：

资产+支出=负债+收入+基金　　　　　　　　　　　　　　　　　（2-5）

显然，要想全面反映五大会计要素，必须将等式（2-5）变为等式（2-3），必须满足特定的条件，使基金等于净资产，即结余为零。可见，等式（2-3）不是恒等式，其平衡关系的成立是有前提条件的。由于结余是对年度会计结账而言的，平时一般不涉及余额科目，等式（2-3）在平时是可以满足的，因此等式（2-3）是预算会计年终结账前资产负债表的理论基础。

根据等式（2-3）及年终结账前资产负债表的结构，可将等式（2-3）左边的会计要素称为资产部类要素，右边的会计要素称为负债部类要素。也就是说，资产和支出为资产部类要素，其核算方向同资产；负债、净资产和收入为负债部类要素，其核算方向同负债。

第三节　预算会计记账方法

记账方法是运用一定的记账符号、记账方向、记账规则，编制会计分录和登记账簿的方法，是会计核算的基本方法之一。会计有两大记账方法，即收付记账法和借贷记账法。我国现行预算会计采用借贷记账法。

一、记账符号

借贷记账法是以"借""贷"为记账符号，在经济业务引起资金变动的双方账户中作方向相反、金额相等的资金变动情况记录。"借""贷"记账符合具有抽象的双重含义，在不同的账户中有不同的定义。具体而言，在负债类、净资产类、收入类账户中，"借"被定义为减少，"贷"被定义为增加；在资产类、支出类账户中，"借""贷"双方被作相反的定义。同样，各类账户余额的"借""贷"方向亦不同，负债类、净资产类、收入类账户的余额一般在"贷方"；资产类、支出类账户的余额一般在"借方"。各类账户记账方向见表2-1。

二、记账规则

借贷记账法的规则是：有借必有贷，借贷必相等。对于每笔经济业务，都要在两个或两个以上账户的相反方向等额反映。该记账规则的恒等式如下：

表 2-1 各类账户记账方向

账户类别	借方	贷方	余额方向
资产类	＋	－	借方
负债类	－	＋	贷方
净资产类	－	＋	贷方
收入类	－	＋	平时余额在贷方，年终结账后一般无余额
支出类	＋	－	平时余额在借方，年终结账后一般无余额

说明："＋"号表示增加；"－"号表示减少。

第一，余额平衡公式。

所有账户的借方余额合计＝所有账户的贷方余额合计

第二，发生额平衡公式。

所有账户的借方本期发生额合计＝所有账户的贷方本期发生额合计

三、账户结构

各类会计要素下所设置的会计科目是开设账户的依据。通常，一个会计科目就是一个会计账户的名称。账户结构主要用来反映记账符号和记账方向的相互关系，通常用丁字账户形式加以表现。

（一）资产部类账户

资产部类账户包括资产和支出两类性质账户，其结构是借方记增加数，贷方记减少数，余额一般在借方。资产部类账户结构见表 2-2。

表 2-2 资产部类账户结构

借　　　　　　　　　　　　　　　　　　　　　　　　　　　　　　　　　　贷

借		贷	
期初余额			
本期发生额	＋	本期发生额	－
本期借方发生额合计		本期贷方发生额合计	
期末余额			

（二）负债部类账户

负债部类账户包括负债、净资产和收入三类性质账户，其结构是借方记减少数，贷方记增加数，余额一般在贷方。负债部类账户结构见表 2-3。

表 2-3 负债部类账户结构

借　　　　　　　　　　　　　　　　　　　　　　　　　　　　　　　　　　贷

借		贷	
		期初余额	
本期发生额	－	本期发生额	＋
本期借方发生额合计		本期贷方发生额合计	
		期末余额	

第四节　会计账务处理程序

账务处理程序也称会计核算组织程序，是指对会计数据进行记录、归类、汇总、陈报的步骤和方法。从原始凭证的整理、汇总，记账凭证的填制、汇总，日记账、明细分类账的登记，到会计报表编制的步骤和方法。账务处理程序的基本模式可以概括为：原始凭证—记账凭证—会计账簿—会计报表。[①]

一、会计账务处理总程序

我国各经济单位通常采用的账务处理程序主要有四种：记账凭证账务处理程序，汇总记账凭证账务处理程序，科目汇总表账务处理程序和多栏式日记账账务处理程序。由于预算会计采用的是记账凭证账务处理程序，因此下面仅介绍该种程序。

记账凭证账务处理程序是指对发生的经济业务事项，都要根据原始凭证或汇总原始凭证编制记账凭证，然后直接根据记账凭证逐笔登记总分类账的一种账务处理程序。它是基本的账务处理程序，其步骤如下：

第一步，经济业务发生取得原始凭证；

第二步，整理原始凭证，编制汇总原始凭证；

第三步，根据原始凭证或汇总原始凭证，编制记账凭证；

第四步，根据收款凭证、付款凭证逐笔登记库存现金日记账和银行存款日记账（该步骤只存在于单位会计中）；

第五步，根据原始凭证、汇总原始凭证和记账凭证，登记各种明细分类账；

第六步，根据记账凭证逐笔登记总分类账；

第七步，期末，根据总分类账和明细分类账的记录，编制会计报表和会计报告；

第八步，根据会计报表资料，进行会计分析。

记账凭证账务处理程序的特点是直接根据记账凭证逐笔登记总分类账。其优点是账务处理程序简单明了，易于理解，总分类账可以较详细地反映经济业务的发生情况。其缺点是登记总分类账的工作量较大。

二、会计凭证

（一）原始凭证

原始凭证又称单据，是在经济业务发生或完成时取得或填制的，用以记录或证明经济业务的发生或完成情况的文字凭证。它不仅可以用来记录经济业务发生或完成情况，还可以明确经济责任，是进行会计核算工作的原始资料和重要依据，是会计资料中最具有法律效力的一种文件。按照来源不同，可将原始凭证分为外来原始凭证和自制原始凭证：

1.外来原始凭证，是指在同外单位发生经济往来事项时，从外单位取得的凭证。如发票、飞机和火车的票据、银行收付款通知单，以及企业购买商品、材料时，从供货单位取得的发货票等。

---

① 李伯兴，周建龙.会计学基础[M].北京：中国财政经济出版社，2010：199-200.

2.自制原始凭证，是指在经济业务事项发生或完成时，由本单位内部经办部门或人员填制的凭证。如收料单、领料单、开工单、成本计算单、出库单等。

我国预算会计主体不同，原始凭证种类也不同，具体情况见各篇会计概述部分。

（二）记账凭证

记账凭证又称记账凭单，是会计人员根据审核无误的原始凭证按照经济业务事项的内容加以分类，并据以确定会计分录后所填制的会计凭证。它是登记账簿的直接依据。

三、会计账簿

会计账簿，简称账簿，是由具有一定格式、相互联系的账页所组成，用来序时、分类地全面记录经济业务事项的会计簿籍。设置和登记会计账簿，是重要的会计核算基础工作，是连接会计凭证和会计报表的中间环节。

填制会计凭证后还要设置和登记账簿，主要是由于二者虽然都用来记录经济业务，但具有不同的作用。在会计核算中，对每一项经济业务，都必须取得和填制会计凭证，因而会计凭证数量很多，又很分散，而且每张凭证只能记载个别经济业务的内容，所提供的资料是零星的，不能全面、连续、系统地反映和监督一个经济单位在一定时期内某一类和全部经济业务活动情况，且不便于日后查阅。因此，为了提供系统的会计核算资料，各会计主体必须在凭证的基础上运用设置和登记账簿的方法，把分散在会计凭证上的大量核算资料加以集中和归类整理，生成有用的会计信息，从而为编制会计报表、进行会计分析以及审计提供主要依据。

四、会计报表

会计报表是反映预算会计主体预算执行结果和财务状况的书面文件，包括主表和附注两部分。会计报表是预算会计主体财务报告的主要部分，是向外传递会计信息的主要手段，是根据日常会计核算资料定期编制的。会计报表是综合反映会计主体某一特定日期财务状况和某一会计期间预算执行情况的总结性书面文件。此外，财务报告仅仅依靠几张会计报表提供的信息已经不能满足或不能直接满足会计信息使用者的需求，因此还需要通过报表以外的附注和说明提供更多的信息。

预算会计各会计组成部分的会计报表的类别、格式及编制要求不太一样，具体内容详见各篇会计的会计报告章节。

思考与练习题

一、思考题

1.我国预算会计的假设前提有哪些？

2.我国预算会计信息的确认原则有哪些？

3.我国预算会计的基本要素有哪些？与企业会计相比有哪些不同？

4.我国预算会计的会计等式有哪些？

5.我国现行预算会计采用什么记账方法？其原则如何？

6.我国预算会计的账务处理程序是怎样的？

二、单项选择题

1.事业单位预付费用导致的现金流出确认为（　　　）。

A.资产　　　　　　　B.负债　　　　　　　C.支出　　　　　　　D.净资产

2.下列不属于预算会计基本要素的是（　　　）。

A.资产　　　　　　　B.负债　　　　　　　C.所有者权益　　　　D.净资产

3.会计分期确定预算会计核算的（　　　）范围。

A.空间　　　　　　　B.时间　　　　　　　C.广度　　　　　　　D.深度

4.预算会计主体在确认其财产物资的价值时以取得或购建时发生的实际成本核算，属于预算会计的（　　　）原则。

A.历史性　　　　　　B.配比　　　　　　　C.一贯性　　　　　　D.可比性

5.我国现行预算会计采用（　　　）记账方法。

A.收付　　　　　　　B.加减　　　　　　　C.借贷　　　　　　　D.增减

6.在借贷记账法下，资产部类的"借"表示（　　　）。

A.增加　　　　　　　B.减少　　　　　　　C.借入　　　　　　　D.借出

三、多项选择题

1.下列原则中属于我国预算会计信息确认原则的有（　　　）。

A.限制性原则　　　　B.一贯性原则　　　　C.历史成本原则　　　D.配比原则

2.下列要素中属于预算会计资产部类的会计要素有（　　　）。

A.资产　　　　　　　B.负债　　　　　　　C.收入　　　　　　　D.支出

3.下列要素中属于预算会计负债部类的会计要素有（　　　）。

A.资产　　　　　　　B.负债　　　　　　　C.收入　　　　　　　D.净资产

4.下列原则中属于我国预算会计信息质量原则的有（　　　）。

A.完整性原则　　　　B.真实性原则　　　　C.及时性原则　　　　D.可比性原则

5.我国预算会计的会计科目按照核算层次或会计核算对象内容反映的详细程度，可分为（　　　）。

A.资产类科目　　　　B.总账科目　　　　　C.二级科目　　　　　D.明细科目

四、论述题

请阐述我国预算会计设净资产要素，而不设所有者权益要素的原因。

第二篇　财政总预算会计

第 三 章

财政总预算会计概述

通过本章的学习，了解财政总预算会计的定义、主要任务，理解财政总预算会计的特点及核算原理。

第一节　财政总预算会计任务及特点

一、财政总预算会计的定义

财政总预算会计是各级政府财政核算、反映、监督政府一般公共预算资金、政府性基金预算资金、国有资本经营预算资金、社会保险基金预算资金以及财政专户管理资金、专用基金和代管资金等资金活动的专业会计。

社会保险基金预算资金的会计核算制度与其他资金不同，由财政部另行规定。

由于我国是一级政府一级总预算一级总预算会计，每个政府主体都有一套相对独立的财政总预算会计账。换言之，每个政府主体都以本政府范围为限设立各自的总预算会计账，用于核算反映本政府财政资金运动过程和结果。

二、财政总预算会计的任务

1.进行会计核算。办理政府财政各项收支、资产负债的会计核算工作，反映政府财政预算执行情况和财务状况。

2.严格财政资金收付调度管理。组织办理财政资金的收付、调拨，在确保资金安全性、规范性、流动性前提下，合理调度管理资金，提高资金使用效益。

3.规范账户管理。加强对国库单一账户、财政专户、零余额账户和预算单位银行账户等的管理。

4.实行会计监督，参与预算管理。通过会计核算和反映，进行预算执行情况分析，并对总预算、部门预算和单位预算执行实行会计监督。

5.协调预算收入征收部门、国家金库、国库集中收付代理银行、财政专户开户银行和其他有关部门之间的业务关系。

6.组织本地区财政总决算、部门决算编审和汇总工作。

7.组织和指导下级政府总会计工作。

三、财政总预算会计的特点

我国财政总预算会计主要反映政府财政资金收付调度管理的情况，其资金流动属于整个政府财政资金流动过程的统筹和分配环节，具有资金会计的特性。因此，财政总预算会计具有如下特殊性：

1.核算基础以收付实现制为主。财政总预算会计的核算业务绝大多数采用收付实现制，只有指定的少数事项采用权责发生制。

2.没有现金结算业务。财政总预算会计业务不经手现金，只进行预算资金的收支和划拨。

3.不进行成本核算。财政总预算会计没有成本核算业务。

4.无存货、固定资产等实物资产核算业务。财政总预算会计除了核算反映财政资金的收付，以及由此引起的债权、债务外，没有机构会计主体的实物性资产核算业务。

四、财政总预算会计信息质量要求

财政总预算会计的核算目标是向会计信息使用者提供政府财政预算执行情况、财务状况等会计信息，反映政府财政受托责任履行情况。会计信息使用者包括人民代表大会、政府及其有关部门、政府财政部门自身和其他会计信息使用者。在此核算目标下，其会计信息质量要求如下：

1.真实可靠性。总会计应当以实际发生的经济业务或者事项为依据进行会计核算，如实反映各项会计要素的情况和结果，保证会计信息真实可靠，全面反映政府财政的预算执行情况和财务状况等。

2.相关有用性。总会计提供的会计信息应当与政府财政受托责任履行情况的反映、会计信息使用者的监督、决策和管理需要相关，有助于会计信息使用者对政府财政过去、现在或者未来的情况作出评价或者预测。

3.及时性。总会计对于已经发生的经济业务或者事项，应当及时进行会计核算。

4.可比性。总会计提供的会计信息应当具有可比性。同一政府财政不同时期发生的相同或者相似的经济业务或者事项，应当采用一致的会计政策，不得随意变更。确需变更的，应当将变更的内容、理由和对政府财政预算执行情况、财务状况的影响在附注中予以说明。不同政府财政发生的相同或者相似的经济业务或者事项，应当采用统一的会计政策，确保不同政府财政的会计信息口径一致、相互可比。

5.清晰性。总会计提供的会计信息应当清晰明了，便于会计信息使用者理解和使用。

第二节　财政总预算会计的账务组织

一、会计科目

（一）会计科目内容

财政总预算会计科目表见表3-1。

表3-1 　　　　　　　　　　　　　　　财政总预算会计科目表

序号	科目编号	科目名称	序号	科目编号	科目名称
一、资产类			二、负债类		
1	1001	国库存款	16	2001	应付短期政府债券
2	1003	国库现金管理存款	17	2011	应付国库集中支付结余
3	1004	其他财政存款	18	2012	与上级往来
4	1005	财政零余额账户存款	19	2015	其他应付款
5	1006	有价证券	20	2017	应付代管资金
6	1007	在途款	21	2021	应付长期政府债券
7	1011	预拨经费	22	2022	借入款项
8	1021	借出款项	23	2026	应付地方政府债券转贷款
9	1022	应收股利	24	2027	应付主权外债转贷款
10	1031	与下级往来	25	2045	其他负债
11	1036	其他应收款	26	2091	已结报支出
12	1041	应收地方政府债券转贷款	四、收入类		
13	1045	应收主权外债转贷款	36	4001	一般公共预算本级收入
14	1071	股权投资	37	4002	政府性基金预算本级收入
15	1081	待发国债	38	4003	国有资本经营预算本级收入
三、净资产类			39	4005	财政专户管理资金收入
27	3001	一般公共预算结转结余	40	4007	专用基金收入
28	3002	政府性基金预算结转结余	41	4011	补助收入
29	3003	国有资本经营预算结转结余	42	4012	上解收入
30	3005	财政专户管理资金结余	43	4013	地区间援助收入
31	3007	专用基金结余	44	4021	调入资金

续表

序号	科目编号	科目名称	序号	科目编号	科目名称
32	3031	预算稳定调节基金	45	4031	动用预算稳定调节基金
33	3033	预算周转金	46	4041	债务收入
34	3081	资产基金	47	4042	债务转贷收入
	308101	应收地方政府债券转贷款	五、支出类		
	308102	应收主权外债转贷款	48	5001	一般公共预算本级支出
	308103	股权投资	49	5002	政府性基金预算本级支出
	308104	应收股利	50	5003	国有资本经营预算本级支出
35	3082	待偿债净资产	51	5005	财政专户管理资金支出
	308201	应付短期政府债券	52	5007	专用基金支出
	308202	应付长期政府债券	53	5011	补助支出
	308203	借入款项	54	5012	上解支出
	308204	应付地方政府债券转贷款	55	5013	地区间援助支出
	308205	应付主权外债转贷款	56	5021	调出资金
	308206	其他负债	57	5031	安排预算稳定调节基金
			58	5041	债务还本支出
			59	5042	债务转贷支出

（二）会计科目使用要求

1.会计科目与经济活动的关系。各级总预算会计应当对有关法律、法规允许进行的经济活动，按照《财政总预算会计制度》的规定使用会计科目进行核算，不得以《财政总预算会计制度》规定的会计科目及使用说明作为进行有关经济活动的依据。

2.总账科目的设置。各级总预算会计应当按照《财政总预算会计制度》的规定设置和使用会计科目，不需使用的总账科目可以不用。

3.明细科目的设置。在不影响会计处理和编报会计报表的前提下，各级总预算会计可以根据实际情况自行增设《财政总预算会计制度》规定以外的明细科目，或者自行减少、合并《财政总预算会计制度》规定的明细科目。

4.科目编号。各级总预算会计应当使用《财政总预算会计制度》统一规定的会计科目编号，不得随意打乱重编。

二、会计凭证

（一）原始凭证

原始凭证是在经济业务发生或完成时取得或填制的，用来记录或证明经济业务的发生或完成情况的具有法律效力的文字凭据，是进行会计核算的原始资料和主要依据。财政总预算会计的原始凭证主要有：

1.国库报来的各种收入日报表及其附件，如各种"缴款书""收入退还书""更正通知书"等；

2.各种拨款和转账收款凭证，如预算拨款凭证、各种银行汇款凭证等；

3.主管部门报来的各种非包干专项拨款支出报表和基本建设支出月报；

4.其他足以证明会计事项发生经过的凭证和文件。

（二）记账凭证

记账凭证是根据审核无误的原始凭证加以归类整理填制的，用以确定会计分录并作为登记账簿的书面凭证。财政总预算会计记账凭证的参考格式主要有两种，分别见表3-2和表3-3。

表3-2

记账凭证

年　　月　　日

总号＿＿＿＿　分号＿＿＿＿

对方单位	摘要	借方		贷方		金额	记账符号	附凭证　张
		科目编号	科目名称	科目编号	科目名称			

会计主管　　　　记账　　　　稽核　　　　出纳　　　　制单

表3-3

记账凭证

年　　月　　日

总号＿＿＿＿　分号＿＿＿＿

摘要	总账科目	明细科目	借方金额	贷方金额	记账符号	附凭证　张

会计主管　　　　记账　　　　稽核　　　　制单

记账凭证的编制方法如下：

（1）各级总预算会计应根据审核无误的原始凭证，归类整理编制记账凭证。记账凭证的各项内容必须填列齐全，经复核后凭以记账。制证人必须签名或盖章。属于预拨经费转列支出、年终结账和更正错误的记账凭证可不附原始凭证，但应经会计主管人员签章。

（2）记账凭证应按照会计事项发生的日期，顺序整理制证记账。按照制证的顺序，每月从第1号起编一个连续号。

（3）记账凭证的日期，按以下规定填列：月份终了尚未结账前，收到上月份的收入凭证，可填列所属月份的最末一日。结账后，按实际处理账务的日期填列。根据支出月报的银行支出数编制的记账凭证，填列会计报表所属月份的最末一日；办理年终结账的记账凭证，填列实际处理账务的日期，并注上"上年度"字样。凭证编号仍按上年12月份的顺序号连续编列。其余会计事项，一律按发生的日期填列。

（4）记账凭证每月应按顺序号整理，连同所附的原始凭证加上封面，装订成册保管。记账凭证封面样式见表3-4。

表3-4　　　　　　　　　　　　　　　（财政部门名称）

记账凭证封面

时　间	年　　月份
册　数	本月共　　册　　本册是第　　册
张　数	本册自第　　号到第　　号

会计主管　　　　　　　装订人

三、会计账簿

（一）账簿种类

1.总账。总账用以核算资金活动的总括情况，平衡账务，控制和核对各种明细账。总账格式采用三栏式账簿，按会计科目名称设置账户。

2.明细账。明细账用以对总账有关科目进行明细核算。明细账格式可选用三栏式账簿或多栏式账簿，主要设置如下：

（1）收入明细账，包括一般公共预算本级收入明细账、政府性基金预算本级收入明细账、国有资本经营预算本级收入明细账、财政专户管理资金收入、专用基金收入明细账、上解收入明细账、补助收入明细账、地区间援助收入明细账、债务收入明细账、债务转贷收入明细账等。

（2）支出明细账，包括一般公共预算本级支出明细账、政府性基金预算本级支出明细账、国有资本经营预算本级支出明细账、财政专户管理资金支出明细账、专用基金支出明细账、上解支出明细账、补助支出明细账、地区间援助支出明细账、债务还本支出明细账、债务转贷支出明细账等。

（3）往来款项明细账，包括借出款明细账、其他应付款明细账、与下级往来明细账、应收地方政府债券转贷款明细账、应收主权外债转贷款明细账等。

会计账簿格式，三栏式账簿见表3-5，多栏式账簿见表3-6。

表3-5　　　　　　　　　　　　　　　**总账**

本账页数　　　　　　　　　　　　　　　　　　　　　　会计科目：

本户页数　　　　　　　　　　　　　　　　　　　　　　户名：

年		凭证号	摘要	借方金额	贷方金额	余额	
月	日					借或贷	金额

表3-6 明细账

明细科目或户名： 第 页

年		摘要	借方	贷方	余额	借（贷）方余额分析
月	日					

说明：各种收支明细账可采用本账格式。本账作支出明细核算时，"借（贷）方余额分析"栏以借方为主；本账作收入明细核算时，"借（贷）方余额分析"栏以贷方为主。

（二）账簿使用要求

1.会计账簿的使用，以每一会计年度为限。每一账簿启用时，应填写"经管人员一览表"和"账簿目录"，附于账簿扉页上。

2.手工记账必须使用蓝、黑色墨水书写，不得使用铅笔、圆珠笔。红色墨水除登记收入负数使用外，只能在划线、改错、冲账时使用。账簿必须按照编定的页数连续记载，不得隔页、跳行。如因工作疏忽发生跳行或隔页时，应当将空行、空页划线注销，并由记账人员签名或盖章。登记账簿要及时准确，日清月结，文字和数字的书写要清晰整洁。

3.会计账簿应根据已经审核过的会计凭证登记。记账时，将记账凭证的编号记入账簿内，记账后，在记账凭证上用"√"符号注明，表示已登记入账。

4.各种账簿记录应按月结账，求出本期发生额和余额。

四、财政总预算会计核算原理

财政总预算会计的任务是把财政代表本级政府总管财政资金的每笔业务活动，按照现行《财政总预算会计制度》的规定，如实地转化为会计信息。由于财政总管财政资金处于整个政府财政资金运动过程的分配环节，反映的只是整个政府财政资金入库（或财政专户）和出库（或财政专户）的资金情况，因此财政总预算会计没有实物资产和现金类货币资产，其原始凭证也只是一些入库（或财政专户）和出库（或财政专户）的报表及拨款凭证。此外，由于我国各级政府除了本级政府内部的财政资金业务外，还存在与上、下级政府之间的资金业务往来，因此财政总预算会计还反映本级政府与上、下级政府之间资金往来的业务活动。

财政总预算会计资金流动及入账原理如图3-1所示。

收入征收机构将财政资金征收起来后，按要求解缴到国库或财政专户，国库或财政专户报知财政部门，财政总预算会计即作收；财政部门根据预算将财政资金分配给各预算单位，各预算单位使用财政资金时，国库或财政专户拨付财政资金，财政资金出库，财政总预算会计即作支。除了本级政府内部的这种入、出库资金流动外，还有上、下级政府与本级政府之间的资金流动。本级政府的财政资金流向上级政府，财政总预算会计称作"上解"，当上解业务发生时，本级财政总预算作"上解支出"，上级财政总预算会计作"上解收入"。反之，上级政府财政资金流向本级政府，财政总预算会计称作"补助"，当补助业务发生时，上级财政总预算会计作"补助支出"，本级财政总预算会计作"补助收入"。简言之，财政总预算会计资金流动只是各级政府财政资金的总流控制，并不涉及实际意义上的收支业务活动。

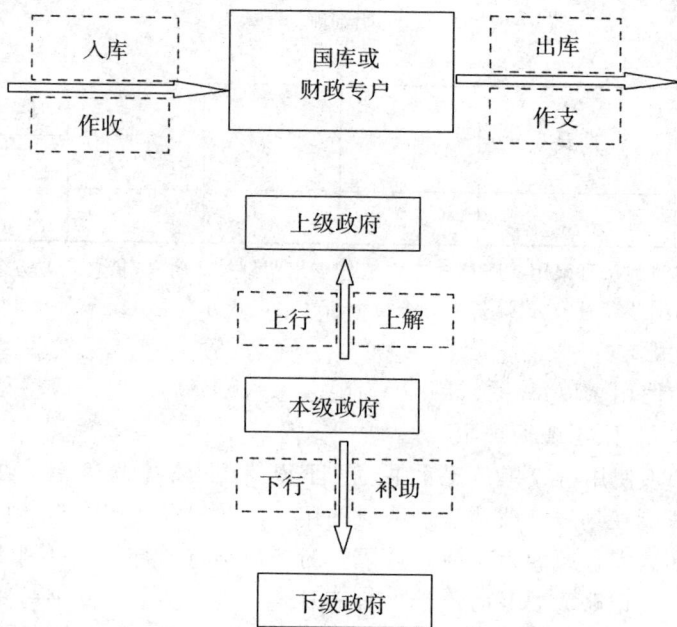

图3-1　财政总预算会计资金流动及入账原理图

思考与练习题

一、思考题

1.财政总预算会计的概念是什么？

2.财政总预算会计的任务有哪些？

3.财政总预算会计科目的使用要求有哪些？

4.简述财政总预算会计的原始凭证种类。

5.简述财政总预算会计的特点。

二、单项选择题

1.我国财政总预算会计的核算基础以（　　）为主。

A.收付实现制　　　　　　　　　　B.权责发生制

C.修正的收付实现制　　　　　　　D.修正的权责发生制

2.我国财政总预算会计没有（　　）结算业务。

A.存款　　　　　B.现金　　　　　C.收入　　　　　D.支出

3."有价证券"属于财政总预算会计（　　）类会计科目。

A.资产　　　　　B.负债　　　　　C.净资产　　　　D.费用

4."已结报支出"属于财政总预算会计（　　）类会计科目。

A.资产　　　　　B.负债　　　　　C.净资产　　　　D.支出

5.具体执行各级财政总预算会计核算任务的部门是（　　）。

A.各级政府办　　　　　　　　　　B.各级党委办

C.各级人大常委　　　　　　　　　D.各级财政部门

三、多项选择题

1.下列属于财政总预算会计信息使用者的有（　　　）。

A.人民代表大会　　　　　　　　　B.政府及其有关部门

C.政府财政部门　　　　　　　　　D.其他使用者

2.下列属于财政总预算会计信息质量要求的有（　　　）。

A.真实可靠性　　　B.相关有用性　　　C.及时性　　　D.可比性

3.下列会计科目属于财政总预算会计资产类科目的有（　　　）。

A."待发国债"　　　B."股权投资"　　　C."资产基金"　　　D."预算周转金"

4.财政总预算会计的存款类账户包括（　　　）。

A.国库存款　　　　　　　　　　　B.银行存款

C.国库现金管理存款　　　　　　　D.其他财政存款

5.财政总预算会计的明细账包括（　　　）。

A.收入明细账　　　B.支出明细账　　　C.往来款项明细账　　　D.现金明细账

四、论述题

阐述财政总预算会计的核算原理。

第 四 章

财政总预算会计资产的核算

☞ 学习目的

通过本章的学习，了解财政总预算会计资产的概念和内容，了解财政总预算会计资产的管理方式和要求，掌握各类资产账户的管理要求和核算方法，重点掌握"双分录"原则和方法。

第一节　财政总预算会计资产概述

一、财政资产的定义

财政总预算会计核算的资产是指政府财政占有或控制的，能以货币计量的经济资源。

财政总预算会计核算的资产按照流动性，分为流动资产和非流动资产。流动资产是指预计在1年内（含1年）变现的资产；非流动资产是指流动资产以外的资产。

二、财政资产的内容

财政总预算会计核算的资产具体包括财政存款、有价证券、应收股利、借出款项、暂付及应收款项、预拨经费、应收转贷款和股权投资等。

财政存款是指政府财政部门代表政府管理的国库存款、国库现金管理存款以及其他财政存款等。财政存款的支配权属于同级政府财政部门，并由总会计负责管理，统一在国库或选定的银行开立存款账户，统一收付，不得透支，不得提取现金。

有价证券是指政府财政按照有关规定取得并持有的政府债券。

应收股利是指政府因持有股权投资应当收取的现金股利或利润。

借出款项是指政府财政按照对外借款管理相关规定借给预算单位临时急需，并需按期收回的款项。

暂付及应收款项是指政府财政业务活动中形成的债权，包括与下级往来和其他应收款等。暂付及应收款项应当及时清理结算，不得长期挂账。

预拨经费是指政府财政在年度预算执行中预拨出应在以后各月列支以及会计年度终了前根据"二上"预算预拨出的下年度预算资金。预拨经费（不含预拨下年度预算资金）应在年终前转列支出或清理收回。

应收转贷款是指政府财政将借入的资金转贷给下级政府财政的款项，包括应收地方政府债券转贷款、应收主权外债转贷款等。

股权投资是指政府持有的各类股权投资资产，包括国际金融组织股权投资、投资基金股权投资、国有企业股权投资等。

三、财政资产的确认

财政总预算会计对符合资产定义的经济资源，应当在取得对其相关的权利，并且能够可靠地进行货币计量时确认。确认应当按照取得或发生时的实际金额进行计量。

符合资产定义并确认的资产项目，应当列入资产负债表。

四、财政资产会计科目表

财政总预算会计资产类会计科目见表4-1。

表4-1 财政总预算会计部分资产科目表[①]

序号	科目编号	会计科目名称	核算内容
1	1001	国库存款	核算政府财政存放在国库单一账户的款项
2	1003	国库现金管理存款	核算政府财政实行国库现金管理业务存放在商业银行的款项
3	1004	其他财政存款	核算政府财政未列入"国库存款""国库现金管理存款"科目反映的各项存款
4	1006	有价证券	核算政府财政按照有关规定取得并持有的有价证券金额
5	1007	在途款	核算决算清理期和库款报解整理期内发生的需要通过本科目过渡处理的属于上年度收入、支出等业务的资金数
6	1011	预拨经费	核算政府财政预拨给预算单位尚未列为预算支出的款项
7	1021	借出款项	核算政府财政按照对外借款管理相关规定借给预算单位临时急需的并需按期收回的款项
8	1022	应收股利	核算政府因持有股权投资应当收取的现金股利或利润
9	1031	与下级往来	核算本级政府财政与下级政府财政的往来待结算款项
10	1036	其他应收款	核算政府财政临时发生的其他应收、暂付、垫付款项
11	1071	股权投资	核算政府持有的各类股权投资，包括国际金融组织股权投资、投资基金股权投资和企业股权投资等
12	1081	待发国债	核算为弥补中央财政预算收支差额，中央财政预计发行国债与实际发行国债之间的差额

① 在财政总预算会计的科目核算讲解中，考虑到内容的连贯性及易理解性，本书将专用基金、预稳定调节基金、政府债券、主权外债等内容的核算作为专题集中介绍，因此，这里的资产科目表剔除掉专题介绍部分的科目。后几章的负债、收入、支出和净资产科目的介绍亦是如此。

第二节 货币资产的核算

一、财政性存款

财政性存款是指政府财政部门代表政府管理的国库存款、国库现金管理存款以及其他财政存款等。财政存款的支配权属于同级政府财政部门，并由财政总预算会计负责管理，统一在国库或选定的银行开立存款账户，统一收付，不得透支，不得提取现金。

（一）国库存款

1.核算内容：本科目核算政府财政存放在国库单一账户的款项。其期末借方余额反映政府财政国库存款的结存数。

2.主要账务处理：

（1）收到预算收入时，借记本科目，贷记有关预算收入科目。当日收入数为负数时，以红字记入（采用计算机记账的，用负数反映）。

【例4-1】某市财政局收到国库报来的"预算收入日报表"，其中一般公共预算收入250万元，政府性基金预算收入60万元。

借：国库存款	3 100 000
贷：一般公共预算本级收入	2 500 000
政府性基金预算本级收入	600 000

（2）收到国库存款利息收入时，借记本科目，贷记"一般公共预算本级收入"科目。

【例4-2】某市财政局收到库款利息收入2万元。

借：国库存款	20 000
贷：一般公共预算本级收入	20 000

（3）收到缴入国库的来源不清的款项时，借记本科目，贷记"其他应付款"等科目。

【例4-3】某市财政局收到国库报表列示，收到市公安局缴来不明性质的款项8万元。

借：国库存款	80 000
贷：其他应付款——市公安局	80 000

（4）国库库款减少时，按照实际支付的金额，借记有关科目，贷记本科目。

【例4-4】某市财政局根据支付中心报来的预算支出结算清单上列示的市教委发生直接支付经费10万元，记支出账。

借：一般公共预算本级支出——财政直接支付	100 000
贷：国库存款	100 000

（5）外币业务的核算。发生外币业务，在登记外币金额的同时，一般应当按照业务发生当日中国人民银行公布的汇率中间价，将有关外币金额折算为人民币金额记账。期末，应当按照期末中国人民银行公布的汇率中间价进行折算，因汇率变动产生的差额记入有关支出等科目。

【例4-5】某市财政局国库收到美元款15万美元，当日汇率中间价为6.20。

借：国库存款——美元户（150 000×6.20）	930 000
贷：一般公共预算本级收入（150 000×6.20）	930 000

【例4-6】年终，某市财政计算一般公共预算资金的美元汇兑损失为1万元，政府性基金预算资金的英镑汇兑溢出16 000元。

借：一般公共预算本级支出 10 000
　　贷：国库存款——美元户 10 000
借：国库存款——英镑户 16 000
　　贷：政府性基金预算本级支出 16 000

（二）国库现金管理存款

1.核算内容：本科目核算政府财政实行国库现金管理业务存放在商业银行的款项。其期末借方余额反映政府财政实行国库现金管理业务持有的存款。

2.主要账务处理：

（1）按照国库现金管理有关规定，将库款转存商业银行时，按照存入商业银行的金额，借记本科目，贷记"国库存款"科目。

【例4-7】某市财政局按照国库现金管理有关规定，将库款1 000万元转存商业银行。

借：国库现金管理存款 10 000 000
　　贷：国库存款 10 000 000

（2）国库现金管理存款收回国库时，按照实际收回的金额，借记"国库存款"科目，按照原存入商业银行的存款本金金额，贷记本科目，按照两者的差额，贷记"一般公共预算本级收入"科目。

【例4-8】某市财政局将国库现金管理存款收回国库，实际收回1 200万元，该笔存款原存入商业银行的本金为1 000万元。

借：国库存款 12 000 000
　　贷：国库现金管理存款 10 000 000
　　　　一般公共预算本级收入 2 000 000

（三）其他财政存款

1.核算内容：本科目核算政府财政未列入"国库存款""国库现金管理存款"科目反映的各项存款。其期末借方余额反映政府财政持有的其他财政存款。本科目应当按照资金性质和存款银行等进行明细核算。

2.主要账务处理：

（1）财政专户收到款项时，按照实际收到的金额，借记本科目，贷记有关科目。

【例4-9】某市财政收到财政专户管理资金150万元。

借：其他财政存款 1 500 000
　　贷：财政专户管理资金收入 1 500 000

（2）其他财政存款产生的利息收入，除规定作为专户资金收入外，其他利息收入都应缴入国库纳入一般公共预算管理。按照规定作为专户资金收入的，借记本科目，贷记"应付代管资金"或有关收入科目。按照规定应缴入国库的，借记本科目，贷记"其他应付款"科目。其他财政存款利息收入缴入国库时，借记"其他应付款"科目，贷记本科目；同时，借记"国库存款"科目，贷记"一般公共预算本级收入"科目。

【例4-10】某市财政代管资金专户计提利息20万元，该利息按规定作为专户收入。

借：其他财政存款 200 000

   贷：应付代管资金 200 000

【例4-11】某市财政其他财政存款产生利息收入25万元，按规定应缴入国库。

（1）计提利息时：

借：其他财政存款 250 000

   贷：其他应付款 250 000

（2）利息缴入国库时：

借：其他应付款 250 000

   贷：其他财政存款 250 000

借：国库存款 250 000

   贷：一般公共预算本级收入 250 000

（3）其他财政存款减少时，按照实际支付的金额，借记有关科目，贷记本科目。

【例4-12】某市财政专户管理资金安排支出30万元。

借：财政专户管理资金支出 300 000

   贷：其他财政存款 300 000

二、有价证券

1.含义：有价证券是指政府财政按照有关规定取得并持有的政府债券。

2.管理原则：（1）各级政府只能用结余资金购买国家指定的有价证券。（2）按取得时实际支付的价款记账，应视同货币保管，不能列作支出。（3）当期取得利息及转让收入与账面成本的差额，计入当期相关收入。

3.核算内容：本科目核算政府财政按照有关规定取得并持有的有价证券金额。其期末借方余额反映政府财政持有的有价证券金额。本科目应当按照有价证券种类和资金性质进行明细核算。

4.主要账务处理：本科目只能核算本金数。

（1）购入有价证券时，按照实际支付的金额，借记本科目，贷记"国库存款""其他财政存款"等科目。

【例4-13】某市财政用国库款购入有价证券200万元。

借：有价证券 2 000 000

   贷：国库存款 2 000 000

（2）转让或到期兑付有价证券时，按照实际收到的金额，借记"国库存款""其他财政存款"等科目，按照有价证券的账面余额，贷记本科目，按照其差额，贷记"一般公共预算本级收入"等科目。

【例4-14】某市财政将到期的有价证券进行兑付，实际收到款项210万元存入国库，该批证券本金数为200万元。

借：国库存款 2 100 000

   贷：有价证券 2 000 000

      一般公共预算本级收入 100 000

三、在途款

1.核算内容：本科目核算决算清理期和库款报解整理期内发生的需要通过本科目过渡处理的属于上年度收入、支出等业务的资金数。其期末借方余额反映政府财政持有的在途款。

2.主要账务处理：决算清理期和库款报解整理期内收到属于上年度收入时，在上年度账务中，借记本科目，贷记有关收入科目。收回属于上年度拨款或支出时，在上年度账务中，借记本科目，贷记"预拨经费"或有关支出科目。冲转在途款时，在本年度账务中，借记"国库存款"科目，贷记本科目。

【例4-15】某市财政在库款报解整理期内的1月3日，根据国库报来的预算收入日报表列示，收到上年度收入23万元。

（1）在上年12月31日的旧账上补记：

借：在途款 230 000

　　贷：一般公共预算本级收入 230 000

（2）在本年1月3日的新账上冲转：

借：国库存款 230 000

　　贷：在途款 230 000

【例4-16】某市财政在决算清理期内的1月5日，收回属于上年度多拨经费5万元。

（1）在上年12月31日的旧账上补记：

借：在途款 50 000

　　贷：预拨经费 50 000

（2）在本年1月5日的新账上冲转：

借：国库存款 50 000

　　贷：在途款 50 000

【例4-17】某市财政在决算清理期内的1月10日，收回上年度的一笔公共预算支出12万元。

（1）在上年12月31日的旧账上补记：

借：在途款 120 000

　　贷：一般公共预算本级支出 120 000

（2）在本年1月10日的新账上冲转：

借：国库存款 120 000

　　贷：在途款 120 000

第三节　暂付及应收款的核算

暂付及应收款项属于往来结算中形成的债权性质的款项，属于往来待结算款项，包括借出款项、与下级往来、应收股利和其他应收款。

一、借出款项

1.核算内容：本科目核算政府财政按照对外借款管理相关规定借给预算单位临时急需的，并需按期收回的款项。其期末借方余额反映政府财政借给预算单位尚未收回的款项。本科目应当按照借款单位等进行明细核算。

2.主要账务处理：

（1）款项借出时，按照实际支付的金额，借记本科目，贷记"国库存款"等科目。

【例4-18】8月，市财政局经研究决定，将预算资金50万元借给市科委作为购买设备的临时用款。

借：借出款项——市科委　　　　　　　　　　　　　　　　　　500 000

　　贷：国库存款　　　　　　　　　　　　　　　　　　　　　　　500 000

（2）收回借款时，按照实际收到的金额，借记"国库存款"等科目，贷记本科目。

【例4-19】9月，市财政局收到市科委归还所借的50万元预算资金。

借：国库存款　　　　　　　　　　　　　　　　　　　　　　　500 000

　　贷：借出款项——市科委　　　　　　　　　　　　　　　　　　500 000

二、与下级往来

1.核算内容：本科目核算本级政府财政与下级政府财政的往来待结算款项。其期末借方余额反映下级政府财政欠本级政府财政的款项；期末贷方余额反映本级政府财政欠下级政府财政的款项。如发生贷方余额，在编制资产负债表时应以负数反映。本科目应当按照下级政府财政、资金性质等进行明细核算。

2.主要账务处理：

（1）借给下级政府财政款项时，借记本科目，贷记"国库存款"科目。

【例4-20】某省财政厅签发付款凭证，通知国库将预算资金100万元借给所属的甲县财政局。

借：与下级往来——甲县财政局　　　　　　　　　　　　　　1 000 000

　　贷：国库存款　　　　　　　　　　　　　　　　　　　　　　1 000 000

（2）体制结算中应当由下级政府财政上交的收入数，借记本科目，贷记"上解收入"科目。

【例4-21】年终体制结算中，计算出A区财政局应上解本级财政而未解的预算收入数60万元。

借：与下级往来——A区财政局　　　　　　　　　　　　　　600 000

　　贷：上解收入——A区财政局　　　　　　　　　　　　　　　600 000

（3）体制结算中应当补助下级政府财政的支出，借记"补助支出"科目，贷记本科目。

【例4-22】年终体制结算中，本级财政应拨而未拨下级政府的补助款26万元。

借：补助支出　　　　　　　　　　　　　　　　　　　　　　260 000

　　贷：与下级往来　　　　　　　　　　　　　　　　　　　　　260 000

（4）给下级政府的借款收回或转作补助支出，借记"国库存款""补助支出"等有关科目，贷记本科目。

【例4-23】将【例4-20】中借给甲县财政局的100万元借款中的60万元收回，余下的款项转作对甲县财政局的补助款。

借：国库存款　　　　　　　　　　　　　　　　　　　　　600 000

　　补助支出　　　　　　　　　　　　　　　　　　　　　400 000

　　贷：与下级往来　　　　　　　　　　　　　　　　　　　　　1 000 000

（5）发生上解多交应当退回的，按照应当退回的金额，借记"上解收入"科目，贷记本科目。

【例4-24】A区财政局给本级财政的上解款多出50万元，应予以退回。

借：上解收入　　　　　　　　　　　　　　　　　　　　　500 000

　　贷：与下级往来——A区财政局　　　　　　　　　　　　　　500 000

（6）发生补助多补应当退回的，按照应当退回的金额，借记本科目，贷记"补助支出"科目。

【例4-25】本级财政给B区财政局的补助款多出70万元，应予以收回。

借：与下级往来——B区财政局　　　　　　　　　　　　　700 000

　　贷：补助支出　　　　　　　　　　　　　　　　　　　　　700 000

（7）冲转上述上解、补助等待结算款。与下级往来应及时清理结算，属于转作补助支出的部分，应在当年结清，其他年末不能结清的余额，结转下年。待结算款的结清原则是：应解未解的予以收回；应补未补的予以拨付；多解的予以退回；多补的予以收回。

三、应收股利

1.核算内容：本科目核算政府因持有股权投资应当收取的现金股利或利润。其期末借方余额反映政府尚未收回的现金股利或利润。本科目应当按照被投资主体进行明细核算。

2.主要账务处理：

（1）持有股权投资期间被投资主体宣告发放现金股利或利润的，按照应上缴政府财政的部分，借记本科目，贷记"资产基金——应收股利"科目；同时，按照相同的金额，借记"资产基金——股权投资"科目，贷记"股权投资——损益调整"科目。

借：应收股利

　　贷：资产基金——应收股利

同时，

借：资产基金——股权投资

　　贷：股权投资——损益调整

（2）实际收到现金股利或利润，借记"国库存款"等科目，贷记有关收入科目；同时，按照相同的金额，借记"资产基金——应收股利"科目，贷记本科目。

借：国库存款等

　　贷：有关收入科目

同时，

借：资产基金——应收股利

　　贷：应收股利

"应收股利"科目账务处理的例解，参见"股权投资"科目。

四、其他应收款

1.核算内容：本科目核算政府财政临时发生的其他应收、暂付、垫付款项。项目单位拖欠外国政府和国际金融组织贷款本息和相关费用导致相关政府财政履行担保责任，代偿的贷款本息费，也通过本科目核算。本科目应及时清理结算，年终，原则上应无余额。本科目应当按照资金性质、债务单位等进行明细核算。

2.主要账务处理：

（1）发生其他应收款项时，借记本科目，贷记"国库存款""其他财政存款"等科目。

【例4-26】在某项直接支付的政府采购活动中，本级财政根据政府采购合同约定，将预算资金50万元划入政府采购资金专户。

借：其他应收款——政府采购款　　　　　　　　　　　　　500 000

　　贷：国库存款　　　　　　　　　　　　　　　　　　　　　500 000

借：其他财政存款　　　　　　　　　　　　　　　　　　　500 000

　　贷：其他应付款——政府采购款　　　　　　　　　　　　　500 000

（2）收回或转作预算支出时，借记"国库存款""其他财政存款"或有关支出科目，贷记本科目。

【例4-27】将【例4-26】中根据规定政府采购资金专户的预算资金划款给商品供应商，并将财政安排的预算资金列报支出。

（1）划款时：

借：其他应付款——政府采购款　　　　　　　　　　　　　500 000

　　贷：其他财政存款　　　　　　　　　　　　　　　　　　　500 000

（2）列报支出时：

借：一般公共预算本级支出　　　　　　　　　　　　　　　500 000

　　贷：其他应收款——政府采购款　　　　　　　　　　　　　500 000

（3）政府财政对使用外国政府和国际金融组织贷款资金的项目单位履行担保责任，代偿贷款本息费时，借记本科目，贷记"国库存款""其他财政存款"等科目。政府财政行使追索权，收回项目单位贷款本息费时，借记"国库存款""其他财政存款"等科目，贷记本科目。政府财政最终未收回项目单位贷款本息费，经核准列支时，借记"一般公共预算本级支出"等科目，贷记本科目。

【例4-28】某政府财政为本级政府某项目单位的外国贷款承担担保责任，该项贷款到期，该项目单位无力偿还本息，由本级财政履行担保责任代为偿还贷款本息共计1 000万元，该笔款项来源于一般公共预算资金。

借：其他应收款　　　　　　　　　　　　　　　　　　　10 000 000

　　贷：国库存款　　　　　　　　　　　　　　　　　　　10 000 000

【例4-29】接【例4-28】，半年后，该政府行使追索权收回垫付的所有本息款，并存入国库。

借：国库存款 10 000 000
  贷：其他应收款 10 000 000

【例4-30】接【例4-28】，半年后，该政府财政确定项目单位无力偿还代垫的本息款，经研究核准转作支出。

借：一般公共预算本级支出 10 000 000
  贷：其他应收款 10 000 000

第四节 其他资产的核算

本节主要介绍的其他资产包括预拨经费、股权投资和待发国债。

一、预拨经费

（一）预拨经费的内涵及其管理

预拨经费是指政府财政在年度预算执行中预拨出应在以后各月列支以及会计年度终了前根据"二上"预算预拨出的下年度预算资金。目前，主要在两种情况下采取预拨经费的方式：第一种是拨给偏远地区的经常经费，月初不能如期到位，可提前在上月预拨；第二种是列入下年预算的农田水利经费，需要在当年入冬前备料或施工的，可在当年提前预拨。

预拨经费因预算所属时期不同，如果将应列下月（下年）的经费在本月（本年）列报，就会造成本月（本年）经费偏多和下月（下年）经费偏少，从而造成预算执行结果不实的情况。因此，财政机关对预拨经费必须严格控制。同时，财政总预算会计拨出预拨经费时，不能直接列支，而应作为预拨款项处理，在拨款凭证中注明"预拨××时期的××经费"。

（二）预拨经费的核算

1.核算内容：本科目核算政府财政预拨给预算单位尚未列为预算支出的款项。其借方余额反映政府财政年末尚未转列支出或尚待收回的预拨经费数。预拨经费（不含预拨下年度预算资金）应当在年终前转列支出或清理收回。本科目应当按照预拨经费种类、预算单位等进行明细核算。

2.主要账务处理：

（1）拨出款项时，借记本科目，贷记"国库存款"科目。

【例4-31】11月，某市财政局以预算资金预拨给市水利局下年水利建设经费900万元。

借：预拨经费——市水利局 9 000 000
  贷：国库存款 9 000 000

（2）转列支出或收回预拨款项时，借记"一般公共预算本级支出""政府性基金预算本级支出""国库存款"等科目，贷记本科目。

【例4-32】接【例4-31】，下年1月，将上年预拨预算经费中的800万元转列预算支出，另外的100万元收回。

借：一般公共预算本级支出 8 000 000
  国库存款 1 000 000
  贷：预拨经费 9 000 000

二、股权投资

（一）股权投资的内涵及其管理

股权投资是指政府持有的各类股权投资资产，包括国际金融组织股权投资、投资基金股权投资、国有企业股权投资等。

股权投资一般采用权益法进行核算管理。权益法是指投资以初始投资成本计量后，在投资持有期间根据享有的被投资单位所有者权益份额的变动对投资的账面价值进行调整的方法。由于权益变动的原因不同，相应地，在调整账面价值时所使用的明细科目也不同。因此，在核算时，往往使用不同的明细科目表示变动的原因，主要有"投资成本""损益调整""其他权益变动"等明细科目。

政府存在股权投资资产时，除了用"股权投资"账户记录股权投资的持有和变动情况外，还需要用"资产基金"账户记录股权投资资产（与其相关的资金收支纳入预算管理）在净资产中占用的金额。因此，在核算股权投资资产时，需要用"双分录"的形式表示。

（二）股权投资的核算

1.核算内容：本科目核算政府持有的各类股权投资。其期末借方余额反映政府持有的各种股权投资金额。本科目应当按照"国际金融组织股权投资""投资基金股权投资""企业股权投资"设置一级明细科目。在一级明细科目下，可根据管理需要，按照被投资主体进行明细核算。对每一被投资主体，还可按照"投资成本""收益转增投资""损益调整""其他权益变动"进行明细核算。

2.主要账务处理：

（1）国际金融组织股权投资相关账务处理。

①政府财政代表政府认缴国际金融组织股本时，按照实际支付的金额，借记"一般公共预算本级支出"等科目，贷记"国库存款"科目；根据股权投资确认相关资料，按照确定的股权投资成本，借记本科目，贷记"资产基金——股权投资"科目。

【例4-33】财政部代表中央政府认缴国际货币基金组织股本，实际支付100亿元，股权投资确认资料确定的股权投资成本为98亿元。该笔资金来源于一般公共预算资金。

（1）按照实际支付的金额：

借：一般公共预算本级支出   1 000 000 000

   贷：国库存款   1 000 000 000

（2）根据股权投资确认相关资料，按照确定的股权投资成本：

借：股权投资——国际金融组织股权投资——国际货币基金组织

          980 000 000

   贷：资产基金——股权投资   980 000 000

②从国际金融组织撤出股本时，按照收回的金额，借记"国库存款"科目，贷记"一般公共预算本级支出"科目；根据股权投资清算相关资料，按照实际撤出的股本，借记"资产基金——股权投资"科目，贷记本科目。

【例4-34】财政部从某国际金融组织撤回股本，实际收到资金1 000亿元，股权投资清算资料显示该笔股本为1 010亿元。

（1）按照收回的金额：

借：国库存款　　　　　　　　　　　　　　　　　　　　10 000 000 000

　　贷：一般公共预算本级支出　　　　　　　　　　　　　　　　10 000 000 000

（2）根据股权投资清算相关资料，按照实际撤出的股本：

借：资产基金——股权投资　　　　　　　　　　　　　　10 100 000 000

　　贷：股权投资——国际金融组织股权投资——×国际金融组织　10 100 000 000

（2）投资基金股权投资相关账务处理。

①政府财政对投资基金进行股权投资时，按照实际支付的金额，借记"一般公共预算本级支出"等科目，贷记"国库存款"等科目；根据股权投资确认相关资料，按照实际支付的金额，借记本科目（投资成本），按照确定在被投资基金中占有的权益金额与实际支付金额的差额，借记或贷记本科目（其他权益变动），按照确定在被投资基金中占有的权益金额，贷记"资产基金——股权投资"科目。

【例4-35】某政府财政用一般公共预算资金对投资基金进行股权投资，支付投资额1 000万元，占有该基金20%份额，通过股权投资确认资料显示，该投资基金净资产公允价值为6 000万元。

（1）按照实际支付的金额：

借：一般公共预算本级支出　　　　　　　　　　　　　　　10 000 000

　　贷：国库存款　　　　　　　　　　　　　　　　　　　　　10 000 000

（2）按照股权投资确认资料：

借：股权投资——投资基金股权投资——×基金（投资成本）　10 000 000

　　股权投资——投资基金股权投资——×基金（其他权益变动）

　　　　　　　　　　　　　　　　　　　　　　　　　　　　2 000 000

　　贷：资产基金——股权投资　　　　　　　　　　　　　　　12 000 000

②年末，根据政府财政在被投资基金当期净利润或净亏损中占有的份额，借记或贷记本科目（损益调整），贷记或借记"资产基金——股权投资"科目。

【例4-36】在【例4-35】的投资中，年末该基金获得盈利，净利润为350万元。

借：股权投资——投资基金股权投资——×基金（损益调整）　700 000

　　贷：资产基金——股权投资　　　　　　　　　　　　　　　700 000

若当年亏损350万元，则作相反的会计分录。

③政府财政将归属财政的收益留作基金滚动使用时，借记本科目（收益转增投资），贷记本科目（损益调整）。

【例4-37】该政府财政将【例4-36】中归属的70万元收益的40万元留作基金滚动使用。

借：股权投资——投资基金股权投资——×基金（收益转增投资）　400 000

　　贷：股权投资——投资基金股权投资——×基金（损益调整）　　400 000

④被投资基金宣告发放现金股利或利润时，按照应上缴政府财政的部分，借记"应收股利"科目，贷记"资产基金——应收股利"科目；同时，按照相同的金额，借记"资产基金——股权投资"科目，贷记本科目（损益调整）。

【例4-38】接【例4-35】，投资基金宣告发放现金股利，应上缴该级政府财政30

万元。

```
借：应收股利                                                300 000
    贷：资产基金——应收股利                                      300 000
借：资产基金——股权投资                                      300 000
    贷：股权投资——投资基金股权投资——×基金（损益调整）            300 000
```

⑤被投资基金发生除净损益以外的其他权益变动时，按照政府财政持股比例计算应享有的部分，借记或贷记本科目（其他权益变动），贷记或借记"资产基金——股权投资"科目。

【例4-39】接【例4-35】，股权投资由于公允价值的变动，导致该基金价值上涨，按照该笔投资占有的份额，本投资价值上涨10万元。

```
借：股权投资——投资基金股权投资——×基金（其他权益变动）       100 000
    贷：资产基金——股权投资                                     100 000
```

⑥被投资基金存续期满、清算或政府财政从投资基金退出需收回出资时，政府财政按照实际收回的资金，借记"国库存款"等科目，按照收回的原实际出资部分，贷记"一般公共预算本级支出"等科目，按照超出原实际出资的部分，贷记"一般公共预算本级收入"等科目；根据股权投资清算相关资料，按照因收回股权投资而减少在被投资基金中占有的权益金额，借记"资产基金——股权投资"科目，贷记本科目。

【例4-40】接【例4-35】，股权投资存续期满，该政府财政收回所有投资。实际收回资金1 500万元，存入国库。截至收回投资时，占有该项投资权益金额2 000万元。

```
借：国库存款                                             15 000 000
    贷：一般公共预算本级支出                                  10 000 000
        一般公共预算本级收入                                  5 000 000
借：资产基金——股权投资                                   20 000 000
    贷：股权投资——投资基金股权投资——×基金                  20 000 000
```

（3）企业股权投资相关账务处理。

企业股权投资是近来各级政府的改革尝试，是把以前政府无偿补助给企业的资金，改变为政府对企业的投资。企业股权投资的账务处理，根据管理条件和管理需要，参照投资基金股权投资的账务处理。

三、待发国债

1.核算内容：本科目核算为弥补中央财政预算收支差额，中央财政预计发行国债与实际发行国债之间的差额。其期末借方余额反映中央财政尚未使用的国债发行额度。本科目只适用于中央财政。

2.主要账务处理：年度终了，实际发行国债收入用于债务还本支出后，小于为弥补中央财政预算收支差额中央财政预计发行国债时，按照两者的差额，借记本科目，贷记相关科目；实际发行国债收入用于债务还本支出后，大于为弥补中央财政预算收支差额中央财政预计发行国债时，按照两者的差额，借记相关科目，贷记本科目。

【例4-41】年末，财政部对国债发行情况进行清理，发现该年预计发行国债1 000亿元，实际发行国债收入1 500亿元，该年债务还本支出800亿元。

借：待发国债　　　　　　　　　　　　　　　　　　　3 000 000 000

　贷：债务收入　　　　　　　　　　　　　　　　　　　　3 000 000 000

实际发行国债收入用于债务还本支出后，大于为弥补中央财政预算收支差额中央财政预计发行国债时，按照两者的差额，作相反的会计分录。

思考与练习题

一、思考题

1.简述财政资产的内容。

2.简述财政资产的确认原则。

3.简述有价证券的定义及管理原则。

4.简述在途款的核算范围及核算方法。

5.政府财政为什么会发生预拨经费事项？

6.简述财政总预算会计"股权投资"科目的明细科目设置规定。

二、单项选择题

1.国库存款发生外币业务，对于外汇资金需要折算（　　　）次。

A.一　　　　　　　B.两　　　　　　　C.三　　　　　　　D.零

2."国库现金管理存款"科目核算政府财政实行国库现金管理业务存放在（　　　）的款项。

A.中国人民银行　　B.商业银行　　　　C.财政专户　　　　D.国家金库

3."在途款"科目的同一笔核算业务，需要同时列（　　　）笔分录。

A.一　　　　　　　B.两　　　　　　　C.三　　　　　　　D.四

4.借出款项核算的是财政按规定借给（　　　）的临时急需，且需按期收回的款项。

A.下级财政　　　　B.直属预算单位　　C.上级财政　　　　D.本级企业

5.与下级往来核算的是本级财政与（　　　）的往来待结算款项。

A.下级财政　　　　B.直属预算单位　　C.上级财政　　　　D.本级企业

6.应收股利核算政府因持有（　　　）应当收取的现金股利或利润。

A.债券投资　　　　B.借款　　　　　　C.股权投资　　　　D.股票

7.预拨经费是财政本期预拨给预算单位（　　　）期的款项。

A.本　　　　　　　B.下　　　　　　　C.本期或下期　　　D.都不对

8."股权投资"科目进行账务处理时，采用（　　　）分录形式。

A.单　　　　　　　B.双　　　　　　　C.单或双　　　　　D.其他

9."待发国债"科目核算（　　　）财政预计发行国债与实际发行国债之间的差额。

A.中央　　　　　　　　　　　　　　　B.省级

C.市（县）级　　　　　　　　　　　　D.乡（镇）级

10."待发国债"科目的期末借方余额反映尚未使用的（　　　）。

A.已发行国债　　　　　　　　　　　　B.实际发行国债

C.国债发行额度　　　　　　　　　　　D.国债总额

三、多项选择题

1.财政性存款包括（　　）。

A.国库存款　　　　　　　　　　　B.其他财政存款

C.银行存款　　　　　　　　　　　D.国库现金管理存款

2.在（　　）内收到属于上年的收入，通过"在途款"科目核算。

A.预算编制期　　　　　　　　　　B.预算执行期

C.库款报解整理期　　　　　　　　D.决算清理期

3.在途款的核算范围包括特定时期的（　　）。

A.收到上年度收入　　　　　　　　B.收回上年度拨款

C.收回上年度支出　　　　　　　　D.收到来源不明款项

4.财政总预算会计的暂付及应收款项属于往来结算中形成的债权性质的款项，包括（　　）。

A.借出款项　　　B.与下级往来　　　C.应收股利　　　　D.其他应收款

5."股权投资"科目应当按照（　　）设置一级明细科目。

A.国际金融组织股权投资　　　　　B.投资基金股权投资

C.企业股权投资　　　　　　　　　D.外国政府股权投资

四、业务分录题

某市财政20××年发生以下经济业务，请对各经济业务进行账务处理。

1.收到国库报来的"预算收入日报表"及其附表，列示当日收到一般公共预算收入80万元，政府性基金预算收入30万元。

2.收到国库存款计息通知，当期计提国库存款利息收入5 000元。

3.收到国库报来的"预算收入日报表"及其附表，列示收到市教育局缴入国库的一笔9万元款项，来源不清。

4.查明第3题中的9万元不明款项，其中4万元属于教育局误缴款项，5万元属于一般行政事业性收费。

5.支付中心报来"预算支出结算清单"，列示市教委发生直接支付经费10万元，记支出账。

6.1月5日，收到国库报来的"预算收入日报表"及其附表，列示收到属于上年的一般预算收入11万元。

7.3月，经研究决算借给市民政局一笔急需款100万元，该笔款项约定借款期为3个月。

8.4月，签发付款凭证，通知国库将预算资金150万元借给所属A区财政局。

9.4月，进行某直接支付的政府采购，根据政府采购合同约定，将预算资金80万元划入政府采购资金专户。

10.为本级政府某直属项目单位承担担保责任的某项外国贷款到期，该项目单位无力偿还本息，本级财政履行担保责任代为偿还本息共计1 500万元。

11.5月，预拨给某直属单位6月经费30万元。

12.6月，按规定收回3月借给市民政局的借款。

13.用一般公共预算资金对投资基金进行股权投资，支付投资额2 000万元，占有该基金20%份额，通过股权投资确认资料显示，该投资基金净资产公允价值为8 000万元。

14.12月，股权投资由于公允价值的变动，导致第12题中的投资基金价值上涨，按照该笔投资占有的份额，本投资价值上涨10万元。

15.12月，年终体制结算时，发现所属A区财政局应解未解款35万元。

第 五 章
财政总预算会计负债的核算

☞ **学习目的**

通过本章的学习，了解财政总预算会计负债的概念和内容，了解财政总预算会计负债的管理方式和要求，掌握负债各账户的管理要求和核算方法，重点掌握"双分录"原则和方法。

第一节　财政总预算会计负债概述

一、财政负债的定义

财政负债是指政府财政承担的能以货币计量、需以资产偿付的债务。

由于财政总预算会计核算的是政府财政资金分配环节的活动过程和结果，因此其债务主要是发行公债、借款和各项资金调度而形成的。

二、财政负债的内容

财政负债按照流动性，分为流动负债和非流动负债。流动负债是指预计在1年内（含1年）偿还的负债；非流动负债是指流动负债以外的负债。

财政负债具体包括应付国库集中支付结余、暂收及应付款项、应付政府债券、借入款项、应付转贷款、其他负债、应付代管资金等。

应付国库集中支付结余是指国库集中支付中，按照财政部门批复的部门预算，当年未支而需结转下一年度支付的款项采用权责发生制列支后形成的债务。

暂收及应付款项是指政府财政业务活动中形成的债务，包括与上级往来和其他应付款等。暂收及应付款项应当及时清理结算。

应付政府债券是指政府财政采用发行政府债券方式筹集资金而形成的负债，包括应付短期政府债券和应付长期政府债券。

借入款项是指政府财政部门以政府名义向外国政府、国际金融组织等借入的款项，以及通过经国务院批准的其他方式借款形成的负债。

应付转贷款是指地方政府财政向上级政府财政借入转贷资金而形成的负债，包括应付地方政府债券转贷款和应付主权外债转贷款等。

其他负债是指政府财政因有关政策明确要求其承担支出责任的事项而形成的应付未付款项。

应付代管资金是指政府财政代为管理的、使用权属于被代管主体的资金。

三、财政负债的确认

财政总预算会计对符合条件的债务，应当在对其承担偿还责任，并且能够可靠地进行货币计量时确认。

符合负债定义并确认的负债项目，应当列入资产负债表。政府财政承担或有责任（偿债责任需要通过未来不确定事项的发生或不发生予以证实）的负债，不列入资产负债表，但应当在报表附注中披露。

财政总预算会计核算的负债，应当按照承担的相关合同金额或实际发生金额进行计量。

四、财政负债会计科目表

财政总预算会计负债类会计科目见表5-1。

表5-1　　　　　**财政总预算会计部分负债科目表**

序号	科目编号	科目名称	核算内容
1	2011	应付国库集中支付结余	核算政府财政采用权责发生制列支，预算单位尚未使用的国库集中支付结余资金
2	2012	与上级往来	核算本级政府财政与上级政府财政的往来待结算款项
3	2015	其他应付款	核算政府财政临时发生的暂收、应付和收到的不明性质款项
4	2017	应付代管资金	核算政府财政代为管理的、使用权属于被代管主体的资金
5	2022	借入款项	核算政府财政部门以政府名义向外国政府和国际金融组织等借入的款项，以及经国务院批准的其他方式借入的款项
6	2045	其他负债	核算政府财政因有关政策明确要求其承担支出责任的事项而形成的应付未付款项

第二节　应付及暂收类负债的核算

应付及暂收款项是指政府财政业务活动中形成的债务，包括其他应付款和与上级往来。

一、其他应付款

1.核算内容：本科目核算政府财政临时发生的暂收、应付和收到的不明性质款项。税务机关代征入库的社会保险费、项目单位使用并承担还款责任的外国政府和国际金融组织贷款，也通过本科目核算。其期末贷方余额反映政府财政尚未结清的其他应付款项。本科目应当按照债权单位或资金来源等进行明细核算。

2.主要账务处理：

（1）收到暂存款项时，借记"国库存款""其他财政存款"等科目，贷记本科目。

【例5-1】某市财政收到国库报表列示，收到市公安局缴来不明性质的款项8万元。

借：国库存款   80 000

  贷：其他应付款——市公安局   80 000

（2）暂存款项清理退还或转作收入时，借记本科目，贷记"国库存款""其他财政存款"或有关收入科目。

【例5-2】接【例5-1】，市公安局缴来不明性质的款项8万元中，有3万元属于误缴款项，当即退还，另外5万元属于应该缴纳财政的一般公共预算资金。

借：其他应付款——市公安局   80 000

  贷：国库存款   30 000

    一般公共预算本级收入   50 000

（3）社会保险费代征入库时，借记"国库存款"科目，贷记本科目。社会保险费国库缴存社保基金财政专户时，借记本科目，贷记"国库存款"科目。

【例5-3】某市财政收到国库报来的日报表列明，收到本级税务机关代收的社会保险费2 000万元。

借：国库存款   20 000 000

  贷：其他应付款——社会保险费   20 000 000

该笔社会保险费缴存社保基金财政专户时，作相反的会计分录。

（4）与项目单位之间的有关外国政府和国际金融组织贷款资金往来情况：收到项目单位承担还款责任的外国政府和国际金融组织贷款资金时，借记"其他财政存款"科目，贷记本科目；付给项目单位时，借记本科目，贷记"其他财政存款"科目。收到项目单位偿还贷款资金时，借记"其他财政存款"科目，贷记本科目；付给外国政府和国际金融组织项目单位还款资金时，借记本科目，贷记"其他财政存款"科目。

【例5-4】某财政收到项目单位承担还款责任的外国政府和国际金融组织贷款资金1 500亿元。

借：其他财政存款   150 000 000 000

  贷：其他应付款——×项目资金   150 000 000 000

贷款付给项目单位时，作相反的会计分录。

【例5-5】接【例5-4】，项目贷款到期，收到项目单位偿还贷款本金1 500亿元。

借：其他财政存款   150 000 000 000

  贷：其他应付款——×项目资金   150 000 000 000

付给外国政府和国际金融组织项目单位还款资金时，作相反的会计分录。

二、与上级往来

1.核算内容：本科目核算本级政府财政与上级政府财政的往来待结算款项。其期末贷方余额反映本级政府财政欠上级政府财政的款项；借方余额反映上级政府财政欠本级政府财政的款项。本科目与"与下级往来"科目相对应，属于往来性质的待结算款项。本科目应当按照往来款项的类别和项目等进行明细核算。年度终了，本科目若为借方余额，则表现为债权，即上级财政欠本级财政的款项，在资产负债表上用负数表示。

2.主要账务处理：

（1）本级政府财政从上级政府财政借入款项或体制结算中发生应上交上级政府财政款项时，借记"国库存款""上解支出"等科目，贷记本科目。

【例5-6】某市财政向省财政借入款项100万元用于临时周转。

借：国库存款　　　　　　　　　　　　　　　　　　　　1 000 000

　贷：与上级往来——省财政　　　　　　　　　　　　　　　　1 000 000

【例5-7】体制结算中，某市财政应解未解省财政预算收入300万元。

借：上解支出　　　　　　　　　　　　　　　　　　　　3 000 000

　贷：与上级往来——省财政　　　　　　　　　　　　　　　　3 000 000

（2）本级政府财政归还借款、转作上级补助收入或体制结算中应由上级补给款项时，借记本科目，贷记"国库存款""补助收入"等科目。

【例5-8】体制结算中，省财政应补未补市财政款项500万元。

借：与上级往来——省财政　　　　　　　　　　　　　　5 000 000

　贷：补助收入　　　　　　　　　　　　　　　　　　　　　5 000 000

【例5-9】接【例5-6】，借款中30万元还给省财政，剩余资金转作对本市的补助。

借：与上级往来——省财政　　　　　　　　　　　　　　1 000 000

　贷：国库存款　　　　　　　　　　　　　　　　　　　　　300 000

　　补助收入　　　　　　　　　　　　　　　　　　　　　700 000

第三节　暂存及代管类负债的核算

暂存及代管款项是指暂时存放在财政或财政代为管理的款项，包括应付国库集中支付结余和应付代管资金。

一、应付国库集中支付结余

1.核算内容：本科目核算政府财政采用权责发生制列支，预算单位尚未使用的国库集中支付结余资金。其期末贷方余额反映政府财政尚未支付的国库集中支付结余。本科目应当根据管理需要，按照《政府收支分类科目》等进行明细核算。

2.主要账务处理：

（1）年末，对当年形成的国库集中支付结余采用权责发生制列支时，借记有关支出科目，贷记本科目。

【例5-10】某市财政年末结算，一般公共预算国库集中支付结余资金总额为500万元，其中行政运行350万元，机关服务150万元。

借：一般公共预算本级支出——行政运行　　　　　　　　3 500 000

　　　　　　　　　　　　——机关服务　　　　　　　　1 500 000

　　　　贷：应付国库集中支付结余　　　　　　　　　　　　　　　　5 000 000
　　（2）以后年度实际支付国库集中支付结余资金时，分以下情况处理：
　　①按照原结转预算科目支出的，借记本科目，贷记"国库存款"科目。
　　【例5-11】接【例5-10】，一般公共预算结余在本年度按预算科目发生支付。
　　　　借：应付国库集中支付结余　　　　　　　　　　　　　　　　5 000 000
　　　　　　贷：国库存款　　　　　　　　　　　　　　　　　　　　　　5 000 000
　　②调整支出预算科目的，应当按照原结转预算科目作冲销处理，借记本科目，贷记有关支出科目；同时，按照实际支出预算科目作列支账务处理，借记有关支出科目，贷记"国库存款"科目。因此，先冲销再列支。
　　【例5-12】假设【例5-10】中结转的结余在下年实际发生支出时，将"机关服务"科目调整为"一般行政管理事务"科目。
　　　　借：应付国库集中支付结余　　　　　　　　　　　　　　　　1 500 000
　　　　　　贷：一般公共预算本级支出——机关服务　　　　　　　　　1 500 000
　　　　借：一般公共预算本级支出——一般行政管理事务　　　　　　1 500 000
　　　　　　贷：国库存款　　　　　　　　　　　　　　　　　　　　　　1 500 000

二、应付代管资金

　　1.核算内容：本科目核算政府财政代为管理的、使用权属于被代管主体的资金。其期末贷方余额反映政府财政尚未支付的代管资金。本科目应当根据管理需要，进行相关明细核算。
　　2.主要账务处理：
　　（1）收到代管资金时，借记"其他财政存款"等科目，贷记本科目。
　　【例5-13】某市财政收到代管的住宅专项维修资金5 000元，存入财政专户。
　　　　借：其他财政存款　　　　　　　　　　　　　　　　　　　　5 000
　　　　　　贷：应付代管资金——住宅专项维修资金　　　　　　　　　　　5 000
　　（2）支付代管资金时，借记本科目，贷记"其他财政存款"等科目。
　　【例5-14】经某物业公司申请，拨付某小区房屋维修费2万元。
　　　　借：应付代管资金——住宅专项维修资金　　　　　　　　　　20 000
　　　　　　贷：其他财政存款　　　　　　　　　　　　　　　　　　　　20 000
　　（3）代管资金产生的利息收入按照相关规定仍属于代管资金的，借记"其他财政存款"等科目，贷记本科目。
　　【例5-15】某市财政住宅专项维修资金财政专户产生利息收入10万元，按照相关规定该利息收入仍属于代管资金。
　　　　借：其他财政存款　　　　　　　　　　　　　　　　　　　　100 000
　　　　　　贷：应付代管资金——住宅专项维修资金　　　　　　　　　100 000

第四节　借入款项及其他负债的核算

　　本节主要介绍借入款项和其他负债的核算管理。

一、借入款项

借入款项是指政府财政部门以政府名义向外国政府和国际金融组织等借入的款项，以及经国务院批准的其他方式借入的款项。

（一）核算内容

本科目核算政府财政部门以政府名义向外国政府和国际金融组织等借入的款项，以及经国务院批准的其他方式借入的款项。其期末贷方余额反映本级政府财政尚未偿还的借入款项本金和利息。

本科目应设置"应付本金""应付利息"明细科目，分别对借入款项的应付本金和应付利息进行明细核算，还应当按照债权人进行明细核算。债务管理部门应当设置相应的辅助账，详细记录每笔借入款项的期限、借入日期、偿还及付息情况等。

（二）主要账务处理

1.借入主权外债。

（1）本级政府财政收到借入的主权外债资金时，借记"其他财政存款"科目，贷记"债务收入"科目；根据债务管理部门转来的相关资料，按照实际承担的债务金额，借记"待偿债净资产——借入款项"科目，贷记本科目。

【例5-16】某省财政收到主权外债资金200亿元，根据债务管理部门显示本级财政承担债务金额50亿元。

借：其他财政存款　　　　　　　　　　　　　　2 000 000 000

　　贷：债务收入——主权外债　　　　　　　　　　　　　　2 000 000 000

借：待偿债净资产——借入款项　　　　　　　　500 000 000

　　贷：借入款项——应付本金　　　　　　　　　　　　　　500 000 000

（2）本级政府财政借入主权外债，且由外方将贷款资金直接支付给用款单位或供应商时，应根据以下情况分别处理：

①本级政府财政承担还款责任，贷款资金由本级政府财政同级部门（单位）使用的，本级政府财政部门根据贷款资金支付相关资料，借记"一般公共预算本级支出"等科目，贷记"债务收入"科目；根据债务管理部门转来的相关资料，按照实际承担的债务金额，借记"待偿债净资产——借入款项"科目，贷记本科目。

②本级政府财政承担还款责任，贷款资金由下级政府财政同级部门（单位）使用的，本级政府财政部门根据贷款资金支付相关资料及预算指标文件，借记"补助支出"科目，贷记"债务收入"科目；根据债务管理部门转来的相关资料，按照实际承担的债务金额，借记"待偿债净资产——借入款项"科目，贷记本科目。

③下级政府财政承担还款责任，贷款资金由下级政府财政同级部门（单位）使用的，本级政府财政部门根据贷款资金支付相关资料，借记"债务转贷支出"科目，贷记"债务收入"科目；根据债务管理部门转来的相关资料，按照实际承担的债务金额，借记"待偿债净资产——借入款项"科目，贷记本科目，同时，借记"应收主权外债转贷款"科目，贷记"资产基金——应收主权外债转贷款"科目。

（3）期末确认借入主权外债的应付利息时，根据债务管理部门计算出的本期应付未付利息金额，借记"待偿债净资产——借入款项"科目，贷记本科目（应付利息）。

（4）偿还本级政府财政承担的借入主权外债本金时，借记"债务还本支出"科目，贷记"国库存款""其他财政存款"等科目；根据债务管理部门转来的相关资料，按照实际偿还的本金金额，借记本科目（应付本金），贷记"待偿债净资产——借入款项"科目。

（5）偿还本级政府财政承担的借入主权外债利息时，借记"一般公共预算本级支出"等科目，贷记"国库存款""其他财政存款"等科目；实际偿还利息金额中属于已确认的应付利息部分，还应根据债务管理部门转来的相关资料，借记本科目（应付利息），贷记"待偿债净资产——借入款项"科目。

（6）偿还下级政府财政承担的借入主权外债本息时，借记"其他应付款"或"其他应收款"科目，贷记"国库存款""其他财政存款"等科目；根据债务管理部门转来的相关资料，按照实际偿还的本金及已确认的应付利息金额，借记本科目，贷记"待偿债净资产——借入款项"科目。

（7）被上级政府财政扣缴借入主权外债本息时，借记"其他应收款"科目，贷记"与上级往来"科目；根据债务管理部门转来的相关资料，按照实际扣缴的本金及已确认的应付利息金额，借记本科目，贷记"待偿债净资产——借入款项"科目。列报支出时，对应由本级政府财政承担的还本支出，借记"债务还本支出"科目，贷记"其他应收款"科目；对应由本级政府财政承担的利息支出，借记"一般公共预算本级支出"等科目，贷记"其他应收款"科目。

（8）债权人豁免本级政府财政承担偿还责任的借入主权外债本息时，根据债务管理部门转来的相关资料，按照被豁免的本金及已确认的应付利息金额，借记本科目，贷记"待偿债净资产——借入款项"科目。

债权人豁免下级政府财政承担偿还责任的借入主权外债本息时，根据债务管理部门转来的相关资料，按照被豁免的本金及已确认的应付利息金额，借记本科目，贷记"待偿债净资产——借入款项"科目；同时，借记"资产基金——应收主权外债转贷款"科目，贷记"应收主权外债转贷款"科目。

注意：关于借入主权外债账务处理的例解，详见后面具体专题介绍部分。

2.其他借入款项账务处理参照借入主权外债业务账务处理。

二、其他负债

（一）核算内容

本科目核算政府财政因有关政策明确要求其承担支出责任的事项而形成的应付未付款项。其期末贷方余额反映政府财政承担的尚未支付的其他负债余额。本科目应当按照债权单位和项目等进行明细核算。

（二）主要账务处理

1.有关政策已明确政府财政承担的支出责任，按照确定应承担的负债金额，借记"待偿债净资产"科目，贷记本科目。

【例5-17】根据相关政策规定，某市财政应承担某场自然灾害的应急救灾支出责任，根据本场灾情确定政府承担金额为100万元。

借：待偿债净资产——其他负债　　　　　　　　　　　　　　1 000 000
　　贷：其他负债——×救灾款
　　　　　　　　　　　　　　　　　　　　　　　　　　　　1 000 000

2.实际偿还负债时，借记有关支出等科目，贷记"国库存款"等科目；同时，按照相同的金额，借记本科目，贷记"待偿债净资产"科目。

【例5-18】通过国库，用一般公共预算资金拨付【例5-17】中的应急救灾款100万元。

借：一般公共预算本级支出　　　　　　　　　　　　　　　　　　1 000 000
　　贷：国库存款　　　　　　　　　　　　　　　　　　　　　　　　1 000 000
借：其他负债——×救灾款　　　　　　　　　　　　　　　　　　　1 000 000
　　贷：待偿债净资产——其他负债　　　　　　　　　　　　　　　　1 000 000

思考与练习题

一、思考题

1.财政负债的定义是什么？其包括哪些内容？

2.简述财政负债的确认原则。

3.简述"与下级往来"科目和"与上级往来"科目的联系与区别。

二、单项选择题

1."应付国库集中支付结余"科目核算政府财政采用（　　　）列支，预算单位尚未使用的国库集中支付结余资金。

A.收付实现制　　　　B.权责发生制　　　　C.暂存制　　　　D.透支方式

2."应付代管资金"科目核算政府财政代为管理的、使用权属于（　　　）的资金。

A.财政　　　　　　　B.预算单位　　　　　C.被代管主体　　　D.政府

3.借入款项是政府财政部门以（　　　）名义向外国政府和国际金融组织等借入的款项，以及经国务院批准的其他方式借入的款项。

A.财政　　　　　　　B.借款单位　　　　　C.政府　　　　　　D.人大

4."其他负债"科目核算政府财政因有关政策明确要求其承担（　　　）责任的事项而形成的应付未付款项。

A.支出　　　　　　　B.代管　　　　　　　C.收入　　　　　　D.拨款

5."其他负债"科目核算业务采用（　　　）分录的形式。

A.单　　　　　　　　B.双　　　　　　　　C.单或双　　　　　D.以上均不是

三、多项选择题

1.财政总预算会计的应付及暂收款项包括（　　　）。

A.应付账款　　　　　B.预收账款　　　　　C.与上级往来　　　D.其他应付款

2."与上级往来"科目的核算范围包括（　　　）。

A.向上级政府的临时借款　　　　　　B.对上级政府的应解未解款

C.上级政府对本级政府的应补未补款　D.向上级政府的国债转贷款

3.暂存及代管类负债包括（　　　）。

A.应付国库集中支付结余　　　　　　B.其他应付款

C.应付代管资金　　　　　　　　　　D.暂存款

4."借入款项"科目应当设置的明细科目有（　　　）。

A."应付本金"　　　　B."应付利息"　　　　C.债权人名称　　　　D.债务人名称

5.债务管理部门应当设置相应的辅助账,详细记录每笔借入款项的(　　　)。

A.期限　　　　　　　B.借入日期　　　　C.偿还情况　　　　D.付息情况

四、业务分录题

某市财政20××年发生以下经济业务,请对各经济业务进行账务处理。

1.收到国库报表列示,收到市公安局缴来不明性质款项10万元。

2.第1题中市公安局不明性质款项属于误缴,退回给市公安局。

3.收到国库报来的日报表列示,收到本级税务机关代收的社会保险费800万元。

4.收到为某项目单位承担还款责任的外国政府贷款资金1 000万元,存入财政专户。

5.将第4题中的外国政府贷款拨给项目单位。

6.第4题中外国政府贷款到期,收到项目单位缴来的贷款本金1 000万元,存入财政专户。

7.将第6题中项目单位缴来的贷款本金偿还给外国政府。

8.向省级财政借入临时急需款500万元,弥补某项目建设款的不足,款项已存入国库。

9.收到代管的住宅专项维修资金20万元,存入财政专户。

10.某物业公司申请住宅维修资金3万元,款项已拨付。

11.代管的住宅专项维修资金专户收到银行计息通知,当期利息收入2万元,按规定利息仍属于代管资金。

12.根据相关政策规定,某市财政应承担某场自然灾害的应急救灾支出责任,根据本场灾情确定政府承担金额为150万元。

13.通过国库,用一般公共预算资金拨付第12题中的应急救灾款150万元。

14.年末结算,一般公共预算国库集中支付结余资金总额为500万元,其中行政运行350万元,机关服务150万元。

15.年末体制结算,算出应解未解省级财政80万元。

16.年末体制结算,算出省级财政应补未补本级财政60万元。

第六章

财政总预算会计收入的核算

☞ **学习目的**

通过本章的学习，了解财政总预算会计收入的概念和内容，了解财政总预算会计收入的管理方式和要求，掌握收入各账户的管理要求和核算方法。

第一节　财政总预算会计收入概述

一、财政收入的定义及内容

财政收入是指政府财政为实现政府职能，根据法律法规等所筹集的资金。

财政总预算会计核算的收入包括一般公共预算本级收入、政府性基金预算本级收入、国有资本经营预算本级收入、财政专户管理资金收入、专用基金收入、转移性收入、债务收入和债务转贷收入等。

一般公共预算本级收入是指政府财政筹集的纳入本级一般公共预算管理的税收收入和非税收入。

政府性基金预算本级收入是指政府财政筹集的纳入本级政府性基金预算管理的非税收入。

国有资本经营预算本级收入是指政府财政筹集的纳入本级国有资本经营预算管理的非税收入。

财政专户管理资金收入是指政府财政纳入财政专户管理的教育收费等资金收入。

专用基金收入是指政府财政根据法律法规等规定设立的各项专用基金（包括粮食风险基金等）取得的资金收入。

转移性收入是指在各级政府财政之间进行资金调拨以及在本级政府财政不同类型资金之间调剂所形成的收入，包括补助收入、上解收入、调入资金和地区间援助收入等。其中，补助收入是指上级政府财政按照财政体制规定或因专项需要补助给本级政府财政的款项，包括上级税收返还、转移支付等。上解收入是指按照财政体制规定由下级政府财政上交给本级政府财政的款项。调入资金是指政府财政为平衡某类预算收支，从其他类型预算资金及其他渠道调入的资金。地区间援助收入是指受援方政府财政收到援助方政府财政转来的可统筹使用的各类援助、捐赠等资金收入。

债务收入是指政府财政根据法律法规等规定，通过发行债券、向外国政府和国际金融组织借款等方式筹集的纳入预算管理的资金收入。

债务转贷收入是指本级政府财政收到上级政府财政转贷的债务收入。

二、财政收入的确认

一般公共预算本级收入、政府性基金预算本级收入、国有资本经营预算本级收入、财政专户管理资金收入和专用基金收入应当按照实际收到的金额入账。转移性收入应当按照财政体制的规定或实际发生的金额入账。债务收入应当按照实际发行额或借入的金额入账。债务转贷收入应当按照实际收到的转贷金额入账。

已建乡（镇）国库的地区，乡（镇）财政的本级收入以乡（镇）国库收到数额为准。县（含县本级）以上各级财政的各项预算收入（含固定收入与共享收入）以缴入基层国库数额为准。

未建乡（镇）国库的地区，乡（镇）财政的本级收入以乡（镇）财政总预算会计收到县级财政返回数额为准。

三、财政收入的管理要求

财政总预算会计应当加强各项收入的管理，严格会计核算手续。对于各项收入的账务处理，必须以审核无误的国库入库凭证、预算收入日报表和其他合法凭证为依据。发现错误，应当按照相关规定及时通知有关单位共同更正。

对于已缴入国库和财政专户的收入退库（付），要严格把关，强化监督。凡不属于国家规定的退库（付）项目，一律不得冲退收入。属于国家规定的退库（付）事项，具体退库（付）程序按财政部的有关规定办理。

四、财政收入会计科目表

财政总预算会计收入类会计科目见表6-1。

表6-1　　　　　　　　　　　财政总预算会计部分收入科目表

序号	科目编号	科目名称	核算内容
1	4001	一般公共预算本级收入	核算政府财政筹集的纳入本级一般公共预算管理的税收收入和非税收入
2	4002	政府性基金预算本级收入	核算政府财政筹集的纳入本级政府性基金预算管理的非税收入
3	4003	国有资本经营预算本级收入	核算政府财政筹集的纳入本级国有资本经营预算管理的非税收入

续表

序号	科目编号	科目名称	核算内容
4	4005	财政专户管理资金收入	核算政府财政纳入财政专户管理的教育收费等资金收入
5	4011	补助收入	核算上级政府财政按照财政体制规定或因专项需要补助给本级政府财政的款项，包括税收返还、转移支付等
6	4012	上解收入	核算按照体制规定由下级政府财政上交给本级政府财政的款项
7	4013	地区间援助收入	核算受援方政府财政收到援助方政府财政转来的可统筹使用的各类援助、捐赠等资金收入
8	4021	调入资金	核算政府财政为平衡某类预算收支，从其他类型预算资金及其他渠道调入的资金

第二节　预算类收入的核算

预算类收入的核算包括三类，即一般公共预算本级收入、政府性基金预算本级收入、国有资本经营预算本级收入。

一、一般公共预算本级收入

1.核算内容：本科目核算政府财政筹集的纳入本级一般公共预算管理的税收收入和非税收入。本科目平时贷方余额反映一般公共预算本级收入的累计数，年终转账后一般无余额。本科目应当根据《政府收支分类科目》中"一般公共预算收入科目"规定进行明细核算。

2.主要账务处理：

（1）收到款项时，根据当日预算收入日报表所列一般公共预算本级收入数，借记"国库存款"等科目，贷记本科目。

【例6-1】国库报来预算收入日报表所列当日一般公共预算本级收入15万元。

借：国库存款　　　　　　　　　　　　　　　　　　　　　150 000

　　贷：一般公共预算本级收入　　　　　　　　　　　　　　　　　150 000

（2）年终转账时，本科目贷方余额全数转入"一般公共预算结转结余"科目，借记本科目，贷记"一般公共预算结转结余"科目。结转后，本科目无余额。

【例6-2】年终，"一般公共预算本级收入"科目的贷方余额为1 000万元。

借：一般公共预算本级收入　　　　　　　　　　　　　　10 000 000

　　贷：一般公共预算结转结余　　　　　　　　　　　　　　　　10 000 000

二、政府性基金预算本级收入

1.核算内容：本科目核算政府财政筹集的纳入本级政府性基金预算管理的非税收入。本科目平时贷方余额反映政府性基金预算本级收入的累计数，年终转账后一般无余额。本科目应当根据《政府收支分类科目》中"政府性基金预算收入科目"规定进行明细核算。

2.主要账务处理:

(1)收到款项时,根据当日预算收入日报表所列政府性基金预算本级收入数,借记"国库存款"等科目,贷记本科目。

【例6-3】国库报来预算收入日报表所列当日政府性基金预算本级收入20万元。

借:国库存款　　　　　　　　　　　　　　　　　　　　　　200 000

　　贷:政府性基金预算本级收入　　　　　　　　　　　　　　　200 000

(2)年终转账时,本科目贷方余额全数转入结余科目,借记本科目,贷记"政府性基金预算结转结余"科目。

【例6-4】年终,"政府性基金预算本级收入"科目的贷方余额为1 500万元。

借:政府性基金预算本级收入　　　　　　　　　　　　　15 000 000

　　贷:政府性基金预算结转结余　　　　　　　　　　　　　15 000 000

三、国有资本经营预算本级收入

1.核算内容:本科目核算政府财政筹集的纳入本级国有资本经营预算管理的非税收入。本科目平时贷方余额反映国有资本经营预算本级收入的累计数,年终转账后一般无余额。本科目应当根据《政府收支分类科目》中"国有资本经营预算收入科目"规定进行明细核算。

2.主要账务处理:

(1)收到款项时,根据当日预算收入日报表所列国有资本经营预算本级收入数,借记"国库存款"等科目,贷记本科目。

【例6-5】国库报来预算收入日报表所列当日国有资本经营预算本级收入30万元。

借:国库存款　　　　　　　　　　　　　　　　　　　　　　300 000

　　贷:国有资本经营预算本级收入　　　　　　　　　　　　　300 000

(2)年终转账时,本科目贷方余额全数转入结余科目,借记本科目,贷记"国有资本经营预算结转结余"科目。

【例6-6】年终,"国有资本经营预算本级收入"科目的贷方余额为2 000万元。

借:国有资本经营预算本级收入　　　　　　　　　　　　20 000 000

　　贷:国有资本经营预算结转结余　　　　　　　　　　　　20 000 000

第三节　财政专户管理资金收入的核算

一、财政专户管理资金收入核算内容

本科目核算政府财政纳入财政专户管理的教育收费等资金收入。本科目平时贷方余额反映财政专户管理资金收入的累计数,年终转账后一般无余额。

本科目应当按照《政府收支分类科目》中"收入分类科目"规定进行明细核算。同时,根据管理需要,按部门(单位)等进行明细核算。

二、财政专户管理资金收入主要账务处理

1.收到财政专户管理资金时，借记"其他财政存款"科目，贷记本科目。

【例6-7】某财政专户收到财政专户管理资金100万元。

借：其他财政存款　　　　　　　　　　　　　　　　　　　　　　1 000 000

　　贷：财政专户管理资金收入　　　　　　　　　　　　　　　　　　　　1 000 000

2.年终转账时，本科目贷方余额全数转入结余科目，借记本科目，贷记"财政专户管理资金结余"科目。

【例6-8】年终，财政专户管理资金收入贷方余额总计1 000万元，全部予以转账。

借：财政专户管理资金收入　　　　　　　　　　　　　　　　　　10 000 000

　　贷：财政专户管理资金结余　　　　　　　　　　　　　　　　　　　10 000 000

第四节　转移性收入的核算

一、上下级调拨收入

上下级调拨收入是指上下级财政之间的转移性收入，包括补助收入和上解收入。

（一）补助收入

1.核算内容：本科目核算上级政府财政按照财政体制规定或因专项需要补助给本级政府财政的款项，包括税收返还、转移支付等。本科目平时贷方余额反映补助收入的累计数，年终转账后一般无余额。本科目应当按照不同的资金性质设置"一般公共预算补助收入""政府性基金预算补助收入"等明细科目。

2.主要账务处理：

（1）收到上级政府财政拨入的补助款时，借记"国库存款""其他财政存款"等科目，贷记本科目。

【例6-9】某县财政收到上级拨入的补助款30万元。

借：国库存款　　　　　　　　　　　　　　　　　　　　　　　　300 000

　　贷：补助收入　　　　　　　　　　　　　　　　　　　　　　　　　300 000

（2）专项转移支付资金实行特设专户管理的，政府财政应当根据上级政府财政下达的预算文件确认补助收入。年度当中收到资金时，借记"其他财政存款"科目，贷记"与上级往来"等科目；年度终了，根据专项转移支付资金预算文件，借记"与上级往来"科目，贷记本科目。

【例6-10】8月，某市财政收到省财政的专项转移支付资金100万元存入特色专户。年末，根据相关文件转为收入。

（1）8月账务：

借：其他财政存款　　　　　　　　　　　　　　　　　　　　　　1 000 000

　　贷：与上级往来　　　　　　　　　　　　　　　　　　　　　　　　1 000 000

（2）年末账务：

借：与上级往来　　　　　　　　　　　　　　　　　　　　　　　1 000 000

　　　贷：补助收入　　　　　　　　　　　　　　　　　　　　　　　　1 000 000

（3）从"与上级往来"科目转入本科目时，借记"与上级往来"科目，贷记本科目。

【例6-11】某县财政接到通知，上月从省财政借入的临时借款60万元被转为对本县的补助款。

　　　借：与上级往来　　　　　　　　　　　　　　　　　　　　　　　600 000
　　　　　贷：补助收入　　　　　　　　　　　　　　　　　　　　　　600 000

（4）有主权外债业务的财政部门，贷款资金由本级政府财政同级部门（单位）使用，且贷款的最终还款责任由上级政府财政承担的，本级政府财政部门收到贷款资金时，借记"其他财政存款"科目，贷记本科目；外方将贷款资金直接支付给供应商或用款单位时，借记"一般公共预算本级支出"科目，贷记本科目。

【例6-12】某县财政从省财政获得主权外债贷款500万元，其中300万元由省财政直接拨付给本县财政直属的用款单位。根据文件规定，该笔贷款由省财政承担还款责任。

　　　借：其他财政存款　　　　　　　　　　　　　　　　　　　　　2 000 000
　　　　　一般公共预算本级支出　　　　　　　　　　　　　　　　　3 000 000
　　　　　贷：补助收入　　　　　　　　　　　　　　　　　　　　　5 000 000

（5）年终与上级政府财政结算时，根据预算文件，按照尚未收到的补助款金额，借记"与上级往来"科目，贷记本科目；退还或核减补助收入时，借记本科目，贷记"国库存款""与上级往来"等科目。

【例6-13】某县与上级财政年终结算时，根据预算文件规定上级财政还差20万元补助款未到位。

　　　借：与上级往来　　　　　　　　　　　　　　　　　　　　　　200 000
　　　　　贷：补助收入　　　　　　　　　　　　　　　　　　　　　200 000

（6）年终转账时，本科目贷方余额应根据不同资金性质分别转入对应的结转结余科目，借记本科目，贷记"一般公共预算结转结余""政府性基金预算结转结余"等科目。结转后，本科目无余额。

【例6-14】年终，"补助收入"科目的贷方余额为500万元，其中一般公共预算补助400万元，政府性基金预算补助100万元。

　　　借：补助收入——一般公共预算补助收入　　　　　　　　　　　4 000 000
　　　　　贷：一般公共预算结转结余　　　　　　　　　　　　　　　4 000 000
　　　借：补助收入——政府性基金预算补助收入　　　　　　　　　　1 000 000
　　　　　贷：政府性基金预算结转结余　　　　　　　　　　　　　　1 000 000

（二）上解收入

1.核算内容：本科目核算按照体制规定由下级政府财政上交给本级政府财政的款项。本科目平时贷方余额反映上解收入的累计数，年终转账后一般无余额。本科目应当按照不同资金性质设置"一般公共预算上解收入""政府性基金预算上解收入"等明细科目；同时，还应当按照上解地区进行明细核算。

2.主要账务处理：

（1）收到下级政府财政的上解款时，借记"国库存款"等科目，贷记本科目。

【例6-15】某市财政收到县财政的上解款90万元。

借：国库存款　　　　　　　　　　　　　　　　　　　　900 000

　　贷：上解收入　　　　　　　　　　　　　　　　　　　　　900 000

收入退还时，作相反的会计分录。

（2）年终与下级政府财政结算时，根据预算文件，按照尚未收到的上解款金额，借记"与下级往来"科目，贷记本科目；退还或核减上解收入时，借记本科目，贷记"国库存款""与下级往来"等科目。

【例6-16】年终结算，根据预算文件规定下级财政应解未解本级款100万元。

借：与下级往来　　　　　　　　　　　　　　　　　　1 000 000

　　贷：上解收入　　　　　　　　　　　　　　　　　　　　1 000 000

（3）年终转账时，本科目贷方余额应根据不同资金性质分别转入对应的结转结余科目，借记本科目，贷记"一般公共预算结转结余""政府性基金预算结转结余"等科目。结转后，本科目无余额。

【例6-17】年终，某市财政"上解收入"科目贷方余额为12亿元，其中一般公共预算上解收入8亿元，政府性基金预算上解收入4亿元。

借：上解收入——一般公共预算上解收入　　　　　　800 000 000

　　贷：一般公共预算结转结余　　　　　　　　　　　　800 000 000

借：上解收入——政府性基金预算上解收入　　　　　400 000 000

　　贷：政府性基金预算结转结余　　　　　　　　　　　400 000 000

二、横向政府间援助收入（地区间援助收入）

横向政府间援助收入是指不同地区间的援助性转移收入，即地区间援助收入。

1.核算内容：本科目核算受援方政府财政收到援助方政府财政转来的可统筹使用的各类援助、捐赠等资金收入。本科目平时贷方余额反映地区间援助收入的累计数，年终转账后一般无余额。本科目应当按照援助地区及管理需要进行相应的明细核算。

2.主要账务处理：

（1）收到援助方政府财政转来的资金时，借记"国库存款"科目，贷记本科目。

【例6-18】某省财政收到兄弟省转来的援助资金2 000万元存入国库。

借：国库存款　　　　　　　　　　　　　　　　　　20 000 000

　　贷：地区间援助收入　　　　　　　　　　　　　　　20 000 000

（2）年终转账时，本科目贷方余额全数转入"一般公共预算结转结余"科目，借记本科目，贷记"一般公共预算结转结余"科目。结转后，本科目无余额。

【例6-19】某省财政年末"地区间援助收入"科目贷方余额为3 000万元，全部予以转账。

借：地区间援助收入　　　　　　　　　　　　　　　30 000 000

　　贷：一般公共预算结转结余　　　　　　　　　　　30 000 000

三、本级调拨收入（调入资金）

本级调拨收入是指同一级政府财政内部不同资金之间的转移性收入，即调入资金。

1.核算内容：本科目核算政府财政为平衡某类预算收支，从其他类型预算资金及其他渠道调入的资金。本科目平时贷方余额反映调入资金的累计数，年终转账后一般无余额。本科目应当按照不同资金性质设置"一般公共预算调入资金""政府性基金预算调入资金"等明细科目。

2.主要账务处理：

（1）从其他类型预算资金及其他渠道调入一般公共预算时，按照调入的资金金额，借记"调出资金——政府性基金预算调出资金""调出资金——国有资本经营预算调出资金""国库存款"等科目，贷记本科目（一般公共预算调入资金）。

【例6-20】某市财政从政府性基金预算调入资金100万元，用于平衡一般公共预算收支。

借：调出资金——政府性基金预算调出资金　　　　　　　　　　1 000 000
　　贷：调入资金——一般公共预算调入资金　　　　　　　　　　　　1 000 000

（2）从其他类型预算资金及其他渠道调入政府性基金预算时，按照调入的资金金额，借记"调出资金——一般公共预算调出资金""国库存款"等科目，贷记本科目（政府性基金预算调入资金）。

【例6-21】某市财政从一般公共预算调入资金30万元，用于平衡政府性基金预算。

借：调出资金——一般公共预算调出资金　　　　　　　　　　　300 000
　　贷：调入资金——政府性基金预算调入资金　　　　　　　　　　　300 000

（3）年终转账时，本科目贷方余额分别转入相应的结转结余科目，借记本科目，贷记"一般公共预算结转结余""政府性基金预算结转结余"等科目。结转后，本科目无余额。

【例6-22】年终，"调入资金"科目贷方余额为500万元，其中一般公共预算调入资金300万元，政府性基金预算调入资金200万元。

借：调入资金——一般公共预算调入资金　　　　　　　　　　3 000 000
　　贷：一般公共预算结转结余　　　　　　　　　　　　　　　　3 000 000
借：调入资金——政府性基金预算调入资金　　　　　　　　　2 000 000
　　贷：政府性基金预算结转结余　　　　　　　　　　　　　　2 000 000

思考与练习题

一、思考题

1.财政收入的定义及内容是什么？

2.简述财政收入的确认原则。

3.简述财政收入的管理要求。

二、单项选择题

1.一般公共预算本级收入核算政府财政筹集的纳入本级（　　　）管理的税收收入和非税收入。

A.一般公共预算　　　　　　　　　　　B.政府性基金预算

C.公共预算　　　　　　　　　　　　　D.基金预算

2."一般公共预算本级收入"科目应当根据（　　　）中的"一般公共预算收入科目"

进行明细核算。

　　A.《预算收支分类科目》　　　　　　　B.《政府收支分类科目》

　　C.《财政总预算会计科目》　　　　　　D.《收支分类科目》

　　3.一般公共预算本级收入年终结账时，其余额应全数转入（　　　）。

　　A.一般公共预算结转结余　　　　　　　B.一般公共预算结余

　　C.一般公共预算结转　　　　　　　　　D.预算结余

　　4.财政专户管理资金存入（　　　）进行管理。

　　A.国库　　　　　　　　　　　　　　　B.财政专户

　　C.一般银行账户　　　　　　　　　　　D.小金库

　　5.上级政府拨付给本级财政的税收返还属于（　　　）收入。

　　A.补助　　　　　　　　　　　　　　　B.上解

　　C.一般公共预算本级　　　　　　　　　D.政府性基金预算本级

　　6.本级政府财政不同资金之间的调拨是为了（　　　）的需要。

　　A.平衡某预算收支　　　　　　　　　　B.提高资金支出速度

　　C.各类资金管理需要　　　　　　　　　D.提高财政调控力

三、多项选择题

　　1.实行国库集中收付制度的政府，一般公共预算收入款项的入库方式有（　　　）。

　　A.就地缴库　　　　B.集中汇缴　　　　C.直接缴库　　　　D.集中缴库

　　2.核算上下级政府间的转移收入的科目有（　　　）。

　　A."调入资金"　　　　　　　　　　　B."补助收入"

　　C."上解收入"　　　　　　　　　　　D."转移收入"

　　3."上解收入"科目的明细科目有（　　　）。

　　A."一般公共预算上解收入"　　　　　B."政府性基金预算上解收入"

　　C.上解地区名称　　　　　　　　　　　D.补助地区名称

四、业务分录题

　　某市财政20××年发生以下经济业务，请写出各经济业务的会计分录。

　　1.国库报来预算收入日报表所列当日一般公共预算本级收入为：增值税30万元，企业所得税20万元，车船税20万元。

　　2.国库报来预算收入日报表所列当日政府性基金预算本级收入为：外贸发展基金收入30万元，育林基金收入18万元。

　　3.国库报来预算收入日报表所列当日国有资本经营预算本级收入为：股息20万元，红利25万元，国有资本转让收入80万元。

　　4.收到纳入财政专户管理教育收费资金35万元，存入专户。

　　5.收到省级财政拨入的补助款56万元。

　　6.省级财政将上次借给本级财政的80万元临时急需款转为补助，不再需要本级财政归还。

　　7.收到所属甲县缴来的上解款78万元，存入国库。

　　8.接到国库通知，收到兄弟市转来的援助资金200万元。

　　9.从政府性基金预算资金中调出290万元，用于平衡一般公共预算收支。

10.从一般公共预算资金中调出45万元，用于平衡政府性基金预算收支。

11.年终进行结账，"一般公共预算本级收入""政府性基金预算本级收入""国有资本经营预算本级收入""财政专户管理资金收入"科目的贷方余额分别为5 000万元、980万元、680万元和350万元。全部予以转账。

第 七 章

财政总预算会计支出的核算

☞ **学习目的**

　　通过本章的学习，了解财政总预算会计支出的概念和内容，了解财政总预算会计支出的管理方式和要求，掌握支出各账户的管理要求和核算方法。

第一节　　财政总预算会计支出概述

一、财政支出的定义及内容

　　财政支出是指政府财政为实现政府职能，对财政资金的分配和使用。

　　财政总预算会计核算的支出包括一般公共预算本级支出、政府性基金预算本级支出、国有资本经营预算本级支出、财政专户管理资金支出、专用基金支出、转移性支出、债务转贷支出和债务还本支出等。

　　一般公共预算本级支出是指政府财政管理的由本级政府使用的列入一般公共预算的支出。

　　政府性基金预算本级支出是指政府财政管理的由本级政府使用的列入政府性基金预算的支出。

　　国有资本经营预算本级支出是指政府财政管理的由本级政府使用的列入国有资本经营预算的支出。

　　财政专户管理资金支出是指政府财政用纳入财政专户管理的教育收费等资金安排的支出。

　　专用基金支出是指政府财政用专用基金收入安排的支出。

　　转移性支出是指在各级政府财政之间进行资金调拨以及在本级政府财政不同类型资金之间调剂所形成的支出，包括补助支出、上解支出、调出资金、地区间援助支出等。其中，补助支出是指本级政府财政按照财政体制规定或因专项需要补助给下级政府财政的款项，包括对下级的税收返还、转移支付等。上解支出是指按照财政体制规定由本级政府财政上交给上级政府财政的款项。调出资金是指政府财政为平衡预算收支，从某类资金向其他类型预算调出的资金。地区间援助支出是指援助方政府财政安排用于受援方政府财政统筹使用的各类援助、捐赠等资金支出。

债务转贷支出是指本级政府财政向下级政府财政转贷的债务支出。

债务还本支出是指政府财政偿还本级政府承担的债务本金支出。

二、财政支出的管理要求

一般公共预算本级支出、政府性基金预算本级支出、国有资本经营预算本级支出一般应当按照实际支付的金额入账，年末可采用权责发生制将国库集中支付结余列支入账。从本级预算支出中安排提取的专用基金，按照实际提取金额列支入账。财政专户管理资金支出、专用基金支出应当按照实际支付的金额入账。转移性支出应当按照财政体制的规定或实际发生的金额入账。债务转贷支出应当按照实际转贷的金额入账。债务还本支出应当按照实际偿还的金额入账。

凡是属于预拨经费的款项，到期转列支出时，应当按照规定列报口径转列支出。

对于收回当年已列支出的款项，应冲销当年支出。对于收回以前年度已列支出的款项，除财政部门另有规定外，应冲销当年支出。

财政总预算会计应当加强支出管理，科学预测和调度资金，严格按照批准的年度预算和用款计划办理支出，严格审核拨付申请，严格按照预算管理规定和拨付实际列报支出，不得办理无预算、无用款计划、超预算、超用款计划的支出，不得任意调整预算支出科目。

对于各项支出的账务处理必须以审核无误的国库划款清算凭证、资金支付凭证和其他合法凭证为依据。

地方各级财政部门除国库集中支付结余外，不得采用权责发生制列支。权责发生制列支只限于年末采用，平时不得采用。

三、财政支出会计科目表

财政总预算会计支出类会计科目见表7-1。

表7-1　　　　　　　　　　　财政总预算会计部分支出科目表

序号	科目编号	科目名称	核算内容
1	5001	一般公共预算本级支出	核算政府财政管理的由本级政府使用的列入一般公共预算的支出
2	5002	政府性基金预算本级支出	核算政府财政管理的由本级政府使用的列入政府性基金预算的支出
3	5003	国有资本经营预算本级支出	核算政府财政管理的由本级政府使用的列入国有资本经营预算的支出
4	5005	财政专户管理资金支出	核算政府财政用纳入财政专户管理的教育收费等资金安排的支出

序号	科目编号	科目名称	核算内容
5	5011	补助支出	核算本级政府财政按照财政体制规定或因专项需要补助给下级政府财政的款项，包括对下级的税收返还、转移支付等
6	5012	上解支出	核算本级政府财政按照财政体制规定上交给上级政府财政的款项
7	5013	地区间援助支出	核算援助方政府财政安排用于受援方政府财政统筹使用的各类援助、捐赠等资金支出
8	5021	调出资金	核算政府财政为平衡预算收支，从某类资金向其他类型预算调出的资金

第二节　预算类支出的核算

一、一般公共预算本级支出

1.核算内容：本科目核算政府财政管理的由本级政府使用的列入一般公共预算的支出。本科目平时借方余额反映一般公共预算本级支出的累计数，年终转账后一般无余额。本科目应当根据《政府收支分类科目》中支出功能分类科目设置明细科目。同时，根据管理需要，按照支出经济分类科目、部门等进行明细核算。

2.主要账务处理：

（1）实际发生一般公共预算本级支出时，借记本科目，贷记"国库存款""其他财政存款"等科目。

【例7-1】某市财政总会计开出拨款凭证，由国库拨给市燃料公司经费50万元。

借：一般公共预算本级支出　　　　　　　　　　　　　　　　　500 000

　贷：国库存款　　　　　　　　　　　　　　　　　　　　　　　　500 000

（2）年度终了，对纳入国库集中支付管理的、当年未支而需结转下一年度支付的款项（国库集中支付结余），采用权责发生制确认支出时，借记本科目，贷记"应付国库集中支付结余"科目。

该项内容例解，详见第五章【例5-7】。

（3）年终转账时，本科目借方余额全数转入"一般公共预算结转结余"科目，借记"一般公共预算结转结余"科目，贷记本科目。结转后，本科目无余额。

【例7-2】年终，某市财政"一般公共预算本级支出"科目借方余额为3 500万元，全部予以转账。

借：一般公共预算结转结余　　　　　　　　　　　　　　　　35 000 000

　贷：一般公共预算本级支出　　　　　　　　　　　　　　　　　35 000 000

二、政府性基金预算本级支出

1.核算内容：本科目核算政府财政管理的由本级政府使用的列入政府性基金预算的支

出。本科目平时借方余额反映政府性基金预算本级支出的累计数，年终转账后一般无余额。本科目应当按照《政府收支分类科目》中支出功能分类科目设置明细科目。同时，根据管理需要，按照支出经济分类科目、部门等进行明细核算。

2. 主要账务处理：

（1）实际发生政府性基金预算本级支出时，借记本科目，贷记"国库存款"科目。

【例7-3】某市财政总会计开出拨款凭证，由国库拨给市水利建设资金300万元。

借：政府性基金预算本级支出　　　　　　　　　　　　　　　　3 000 000

　　贷：国库存款　　　　　　　　　　　　　　　　　　　　　　　　3 000 000

（2）年度终了，对纳入国库集中支付管理的、当年未支而需结转下一年度支付的款项（国库集中支付结余），采用权责发生制确认支出时，借记本科目，贷记"应付国库集中支付结余"科目。

（3）年终转账时，本科目借方余额全数转入"政府性基金预算结转结余"科目，借记"政府性基金预算结转结余"科目，贷记本科目。结转后，本科目无余额。

【例7-4】年终，某市财政"政府性基金预算本级支出"科目借方余额为5 400万元，全部予以转账。

借：政府性基金预算结转结余　　　　　　　　　　　　　　　54 000 000

　　贷：政府性基金预算本级支出　　　　　　　　　　　　　　　　54 000 000

三、国有资本经营预算本级支出

1. 核算内容：本科目核算政府财政管理的由本级政府使用的列入国有资本经营预算的支出。本科目平时借方余额反映国有资本经营预算本级支出的累计数，年终转账后一般无余额。本科目应当按照《政府收支分类科目》中支出功能分类科目设置明细科目。同时，根据管理需要，按照支出经济分类科目、部门等进行明细核算。

2. 主要账务处理：

（1）实际发生国有资本经营预算本级支出时，借记本科目，贷记"国库存款"科目。

【例7-5】某市财政总会计开出拨款凭证，由国库拨付国有资本经营预算支出7 800万元。

借：国有资本经营预算本级支出　　　　　　　　　　　　　　78 000 000

　　贷：国库存款　　　　　　　　　　　　　　　　　　　　　　　78 000 000

（2）年度终了，对纳入国库集中支付管理的、当年未支而需结转下一年度支付的款项（国库集中支付结余），采用权责发生制确认支出时，借记本科目，贷记"应付国库集中支付结余"科目。

（3）年终转账时，本科目借方余额全数转入"国有资本经营预算结转结余"科目，借记"国有资本经营预算结转结余"科目，贷记本科目。结转后，本科目无余额。

【例7-6】年终，某市财政"国有资本经营预算本级支出"科目借方余额为1.5亿元，全部予以转账。

借：国有资本经营预算结转结余　　　　　　　　　　　　　　150 000 000

　　贷：国有资本经营预算本级支出　　　　　　　　　　　　　　　150 000 000

第三节　财政专户管理资金支出的核算

一、财政专户管理资金支出核算内容

本科目核算政府财政用纳入财政专户管理的教育收费等资金安排的支出。本科目平时借方余额反映财政专户管理资金支出的累计数，年终转账后一般无余额。

本科目应当按照《政府收支分类科目》中支出功能分类科目设置明细科目。同时，根据管理需要，按照支出经济分类科目、部门（单位）等进行明细核算。

二、财政专户管理资金支出主要账务处理

1.发生财政专户管理资金支出时，借记本科目，贷记"其他财政存款"等科目。

【例7-7】某市财政专户管理的教育经费发生一笔40万元的支出。

借：财政专户管理资金支出　　　　　　　　　　　　　　　　400 000

　　贷：其他财政存款　　　　　　　　　　　　　　　　　　　　　　400 000

2.年终转账时，本科目借方余额全数转入"财政专户管理资金结余"科目，借记"财政专户管理资金结余"科目，贷记本科目。结转后，本科目无余额。

【例7-8】年末，某市财政"财政专户管理资金支出"科目借方余额为230万元，全部予以转账。

借：财政专户管理资金结余　　　　　　　　　　　　　　　2 300 000

　　贷：财政专户管理资金支出　　　　　　　　　　　　　　　　2 300 000

第四节　转移性支出的核算

一、上下级之间调拨支出

上下级之间调拨支出是指上下级政府财政之间的转移性支出，包括补助支出和上解支出。

（一）补助支出

1.核算内容：本科目核算本级政府财政按照财政体制规定或因专项需要补助给下级政府财政的款项，包括对下级的税收返还、转移支付等。本科目平时借方余额反映补助支出的累计数，年终转账后一般无余额。本科目应当按照不同资金性质设置"一般公共预算补助支出""政府性基金预算补助支出"等明细科目，同时还应当按照补助地区进行明细核算。

2.主要账务处理：

（1）发生补助支出或从"与下级往来"科目转入时，借记本科目，贷记"国库存款""其他财政存款""与下级往来"等科目。

【例7-9】某市财政对所属的A县返还税收款25万元。

借：补助支出——一般公共预算补助支出　　　　　　　　　　250 000

贷：国库存款 　　　　　　　　　　　　　　　　　　　　　　　　　　　　250 000

（2）专项转移支付资金实行特设专户管理的，本级政府财政应当根据本级政府财政下达的预算文件确认补助支出，借记本科目，贷记"国库存款""与下级往来"等科目。

该项内容的账务处理与补助收入中的专项转移支付相对应，详见第六章【例6-10】。补助收入是站在资金转入方作的账务处理，补助支出是站在资金转出方作的账务处理。

【例7-10】见【例6-10】，8月，某市财政收到省财政的专项转移支付资金100万元存入特色专户。年末，根据相关文件转为收入。省财政总预算会计作的账务处理如下：

①8月账务：

借：与下级往来 　　　　　　　　　　　　　　　　　　　　　　　　　1 000 000

　　贷：国库存款 　　　　　　　　　　　　　　　　　　　　　　　　　　1 000 000

②年末账务：

借：补助支出 　　　　　　　　　　　　　　　　　　　　　　　　　　1 000 000

　　贷：与下级往来 　　　　　　　　　　　　　　　　　　　　　　　　　1 000 000

（3）有主权外债业务的财政部门，贷款资金由下级政府财政同级部门（单位）使用，且贷款最终还款责任由本级政府财政承担的，本级政府财政部门支付贷款资金时，借记本科目，贷记"其他财政存款"科目；外方将贷款资金直接支付给用款单位或供应商时，借记本科目，贷记"债务收入""债务转贷收入"等科目；根据债务管理部门转来的相关外债转贷管理资料，按照实际支付的金额，借记"待偿债净资产"科目，贷记"借入款项""应付主权外债转贷款"等科目。

该项内容的账务处理与补助收入的同类业务相对应，详见第六章【例6-12】。

【例7-11】见【例6-12】，某县财政从省财政获得主权外债贷款500万元，其中300万元由省财政直接拨付给本县财政直属的用款单位。根据文件规定，该笔贷款由省财政承担还款责任。省财政总预算会计作的账务处理如下：

借：补助支出 　　　　　　　　　　　　　　　　　　　　　　　　　　5 000 000

　　贷：其他财政存款 　　　　　　　　　　　　　　　　　　　　　　　　3 000 000

　　　　债务收入 　　　　　　　　　　　　　　　　　　　　　　　　　　2 000 000

借：待偿债净资产 　　　　　　　　　　　　　　　　　　　　　　　　5 000 000

　　贷：借入款项 　　　　　　　　　　　　　　　　　　　　　　　　　　5 000 000

（4）年终与下级政府财政结算时，按照尚未拨付的补助金额，借记本科目，贷记"与下级往来"科目；退还或核减补助支出时，借记"国库存款""与下级往来"等科目，贷记本科目。

该项内容的账务处理与补助收入的内容相对应，详见第六章【例6-13】。

【例7-12】见【例6-13】，某县与上级财政年终结算时，根据预算文件规定上级财政还差20万元补助款未到位。上级财政总预算会计作的账务处理如下：

借：补助支出 　　　　　　　　　　　　　　　　　　　　　　　　　　200 000

　　贷：与下级往来 　　　　　　　　　　　　　　　　　　　　　　　　　200 000

（5）年终转账时，本科目借方余额根据不同资金性质分别转入对应的结转结余科目，借记"一般公共预算结转结余""政府性基金预算结转结余"等科目，贷记本科目。结转后，本科目无余额。

【例7-13】某市财政"补助支出"科目借方余额为2 400万元，其中一般公共预算补助支出900万元，政府性基金预算补助支出1 500万元，全数予以转账处理。

借：一般公共预算结转结余　　　　　　　　　　　　　9 000 000

　　贷：补助支出——一般公共预算补助支出　　　　　　　　　　　9 000 000

借：政府性基金预算结转结余　　　　　　　　　　　15 000 000

　　贷：补助支出——政府性基金预算补助支出　　　　　　　　　15 000 000

（二）上解支出

1.核算内容：本科目核算本级政府财政按照财政体制规定上交给上级政府财政的款项。本科目平时借方余额反映上解支出的累计数，年终转账后一般无余额。本科目应当按照不同资金性质设置"一般公共预算上解支出""政府性基金预算上解支出"等明细科目。

2.主要账务处理：

（1）发生上解支出时，借记本科目，贷记"国库存款""与上级往来"等科目。

【例7-14】某市财政向省财政上解体制款20万元。

借：上解支出　　　　　　　　　　　　　　　　　　200 000

　　贷：国库存款　　　　　　　　　　　　　　　　　　　　　200 000

（2）年终与上级政府财政结算时，按照尚未支付的上解金额，借记本科目，贷记"与上级往来"科目；退还或核减上解支出时，借记"国库存款""与上级往来"等科目，贷记本科目。

【例7-15】年终与上级政府财政结算，发现应解未解上级政府款项400万元。

借：上解支出　　　　　　　　　　　　　　　　　　4 000 000

　　贷：与上级往来　　　　　　　　　　　　　　　　　　　　4 000 000

（3）年终转账时，本科目借方余额根据不同资金性质分别转入对应的结转结余科目，借记"一般公共预算结转结余""政府性基金预算结转结余"等科目，贷记本科目。结转后，本科目无余额。

【例7-16】年终，"上解支出"科目借方余额为1 000万元，其中一般公共预算上解支出300万元，政府性基金预算上解支出700万元。

借：一般公共预算结转结余　　　　　　　　　　　　3 000 000

　　贷：上解支出——一般公共预算上解支出　　　　　　　　　　3 000 000

借：政府性基金预算结转结余　　　　　　　　　　　7 000 000

　　贷：上解支出——政府性基金预算上解支出　　　　　　　　　7 000 000

二、横向政府间援助支出（地区间援助支出）

本科目核算援助方政府财政安排用于受援方政府财政统筹使用的各类援助、捐赠等资金支出。本科目应当按照受援地区及管理需要进行明细核算。

1.发生地区间援助支出时，借记本科目，贷记"国库存款"科目。

该项内容的账务处理与地区间援助收入相对应，详见第六章【例6-18】。

【例7-17】见【例6-18】，某省财政收到兄弟省转来的援助资金2 000万元存入国库。援助支出方总预算会计作的账务处理如下：

借：地区间援助支出　　　　　　　　　　　　　　　20 000 000

  贷：国库存款   20 000 000

  2.年终转账时，本科目借方余额全数转入"一般公共预算结转结余"科目，借记"一般公共预算结转结余"科目，贷记本科目。结转后，本科目无余额。

  【例7-18】某省财政"地区间援助支出"科目年末借方余额为3 600万元，全部予以转账。

  借：一般公共预算结转结余   36 000 000

   贷：地区间援助支出   36 000 000

三、本级调拨支出（调出资金）

  本科目核算政府财政为平衡预算收支，从某类资金向其他类型预算调出的资金。本科目应当设置"一般公共预算调出资金""政府性基金预算调出资金""国有资本经营预算调出资金"等明细科目。

  该项内容的账务处理与调入资金相对应，详见第六章【例6-20】、【例6-21】、【例6-22】。

思考与练习题

  一、思考题

  1.简述财政支出的定义及内容。

  2.简述财政支出的管理要求。

  3.简述财政支出与财政收入的关联性。

  4.简述财政总预算会计各支出科目的余额情况。

  二、单项选择题

  1.地方各级财政部门权责发生制列支只限于（　　　）采用。

  A.年度中间   B.平时   C.年末   D.平时或年末

  2.地方各级财政部门除了（　　　）外，不得采用权责发生制列支。

  A.国库集中支付结余   B.国库集中支付结转

  C.一般公共预算结余   D.政府性基金预算结余

  3."上解支出"科目核算本级政府财政按照（　　　）规定上交给上级政府财政的款项。

  A.政府文件规定 B.税收体制   C.财政体制   D.财政部

  4."补助支出"科目平时余额在（　　　）。

  A.借方   B.贷方   C.借方或贷方   D.无余额

  5.（　　　）科目核算援助方政府财政安排用于受援方政府财政统筹使用的各类援助、捐赠等资金支出。

  A."转移性支出"   B."捐赠支出"

  C."援助支出"   D."地区间援助支出"

  三、多项选择题

  1."政府性基金预算本级支出"科目可设置（　　　）明细科目。

A.《政府收支分类科目》中支出功能分类科目

B.《政府收支分类科目》中支出经济分类科目

C.部门

D.项目

2.核算上下级政府财政之间转移性支出的会计科目有（　　）。

A."调出资金"　　　　　　　　　　B."政府间援助支出"

C."补助支出"　　　　　　　　　　D."上解支出"

3."补助支出"科目应当按照不同资金性质设置（　　）等明细科目。

A."一般公共预算补助支出"　　　　B."政府性基金预算补助支出"

C.补助地区名称　　　　　　　　　D.补助项目名称

4."上解支出"科目应当按照不同资金性质设置（　　）等明细科目。

A.上解地区名称　　　　　　　　　B."一般公共预算上解支出"

C."政府性基金预算上解支出"　　　D.上解项目名称

5."调出资金"科目应当设置（　　）等明细科目。

A."一般公共预算调出资金"　　　　B."政府性基金预算调出资金"

C."国有资本经营预算调出资金"　　D."预算外调出资金"

四、业务分录题

某市财政20××年发生下列经济业务，请对各经济业务进行账务处理。

1.财政总预算会计开出拨款凭证，由国库拨给本市教育局经费34万元。

2.财政总预算会计开出拨款凭证，由国库拨给本市水利局专项建设资金500万元。

3.财政总预算会计开出拨款凭证，由国库拨付给某企业国有资本经营预算支出800万元。

4.财政专户管理的教育经费发生一笔30万元的支出。

5.对所属的B县拨出专项补助款50万元。

6.9月，对所属的C县拨付专项转移支付资金90万元。年末，根据相关文件转为支出。

7.向省财政拨付上解款项100万元。

8.向兄弟市拨付援助资金200万元。

9.从国有资本经营预算调出80万元款项，用于平衡一般公共预算。

10.年末结账时，"一般公共预算本级支出""政府性基金预算本级支出""国有资本经营预算本级支出""财政专户管理资金支出""补助支出""上解支出""地区间援助支出""调出资金"的余额分别为1 200万元、1 100万元、890万元、960万元、600万元（其中一般公共预算补助400万元，政府性基金预算补助200万元）、1 000万元（其中一般公共预算上解870万元，政府性基金预算上解130万元）、300万元和90万元（其中一般公共预算调出10万元，政府性基金预算调出50万元，国有资本经营预算调出30万元）。上述科目余额，全部进行转账。

第 八 章

财政总预算会计净资产的核算

☞ 学习目的

    通过本章的学习，了解财政总预算会计净资产的内涵和内容，了解财政总预算会计净资产的管理方式和要求，掌握净资产各账户的管理要求和核算方法。

第一节　财政总预算会计净资产概述

一、财政净资产的定义及内容

    财政净资产是指政府财政资产减去负债的差额，主要包括结转结余和基金。

    财政总预算会计核算的净资产包括一般公共预算结转结余、政府性基金预算结转结余、国有资本经营预算结转结余、财政专户管理资金结余、专用基金结余、预算稳定调节基金、预算周转金、资产基金和待偿债净资产。

    一般公共预算结转结余是指一般公共预算收支的执行结果。

    政府性基金预算结转结余是指政府性基金预算收支的执行结果。

    国有资本经营预算结转结余是指国有资本经营预算收支的执行结果。

    财政专户管理资金结余是指纳入财政专户管理的教育收费等资金收支的执行结果。

    专用基金结余是指专用基金收支的执行结果。

    预算稳定调节基金是指政府财政安排用于弥补以后年度预算资金不足的储备资金。

    预算周转金是指政府财政为调剂预算年度内季节性收支差额，保证及时用款而设置的库款周转资金。

    资产基金是指政府财政持有的债权和股权投资等资产（与其相关的资金收支纳入预算管理）在净资产中占用的金额。

待偿债净资产是指政府财政承担应付短期政府债券、应付长期政府债券、借入款项、应付地方政府债券转贷款、应付主权外债转贷款、其他负债等负债（与其相关的资金收支纳入预算管理）相应地需在净资产中冲减的金额。

二、结转结余的界定和管理要求

结转结余是财政收支的执行结果。其中，结转资金是指当年预算已执行但未完成或者因故未执行，下一年度需要按照原用途继续使用的资金；结余资金是指当年预算工作目标已完成或者因故终止，当年剩余的资金。

对于财政资金的各项结转结余实行分类管理，体现在年终转账上是各类收支分别转账到各类资金的结转结余中。比如一般公共预算本级收支应相应地转入一般公共预算结转结余中。

各项结转结余应每年结算一次。一般有两种结算结果：一是当年结转结余；二是滚存结转结余。当年结转结余等于当年的收入减去当年的支出；滚存结转结余是历年累积下来的结转结余。

对于结转结余，应当按照规定进行使用。各级政府上一年预算的结转资金，应当在下一年用于结转项目的支出；连续两年未用完的结转资金，应当作为结余资金管理。各级政府一般公共预算的结余资金，可以用来补充预算周转金和补充预算稳定调节基金。

三、财政净资产会计科目表

财政总预算会计净资产类会计科目见表8-1。

表8-1　　　　　　　　　　　**财政总预算会计部分净资产科目表**

序号	科目编号	科目名称	核算内容
1	3001	一般公共预算结转结余	核算政府财政纳入一般公共预算管理的收支相抵形成的结转结余
2	3002	政府性基金预算结转结余	核算政府财政纳入政府性基金预算管理的收支相抵形成的结转结余
3	3003	国有资本经营预算结转结余	核算政府财政纳入国有资本经营预算管理的收支相抵形成的结转结余
4	3005	财政专户管理资金结余	核算政府财政纳入财政专户管理的教育收费等资金收支相抵后形成的结余
5	3033	预算周转金	核算政府财政设置的用于调剂预算年度内季节性收支差额周转使用的资金
6	3081 308103 308104	资产基金 股权投资 应收股利	核算政府财政持有的股权投资、应收股利等资产（与其相关的资金收支纳入预算管理）在净资产中占用的金额
7	3082 308203 308206	待偿债净资产 借入款项 其他负债	核算政府财政因发生借入款项、其他负债等负债（与其相关的资金收支纳入预算管理）相应地需在净资产中冲减的金额

第二节　结转结余的核算

一、一般公共预算结转结余

1.核算内容：本科目核算政府财政纳入一般公共预算管理的收支相抵形成的结转结余。本科目年终贷方余额反映一般公共预算收支相抵后的滚存结转结余。

2.主要账务处理：

（1）年终转账时，根据下列情况分别进行处理：

①收入转账。将一般公共预算的有关收入科目贷方余额转入本科目的贷方，借记"一般公共预算本级收入""补助收入——一般公共预算补助收入""上解收入——一般公共预算上解收入""地区间援助收入""调入资金——一般公共预算调入资金""债务收入——一般债务收入""债务转贷收入——地方政府一般债务转贷收入""动用预算稳定调节基金"等科目，贷记本科目。

②支出转账。将一般公共预算的有关支出科目借方余额转入本科目的借方，借记本科目，贷记"一般公共预算本级支出""上解支出——一般公共预算上解支出""补助支出——一般公共预算补助支出""地区间援助支出""调出资金——一般公共预算调出资金""安排预算稳定调节基金""债务转贷支出——地方政府一般债务转贷支出""债务还本支出——一般债务还本支出"等科目。

一般公共预算本级收支、补助收支、上解收支、地区间援助收支、调入资金和调出资金等账户年终转账例解详见各相关章节，债务相关收支和预算稳定调节基金转账例解详见后面各章节专题，这里不赘述。

（2）设置和补充预算周转金时，借记本科目，贷记"预算周转金"科目。

【例8-1】某市财政用当年一般预算结转结余资金80万元补充预算周转金。

借：一般公共预算结转结余　　　　　　　　　　　　　　　　　800 000
　　贷：预算周转金　　　　　　　　　　　　　　　　　　　　　　800 000

二、政府性基金预算结转结余

1.核算内容：本科目核算政府财政纳入政府性基金预算管理的收支相抵形成的结转结余。本科目年终贷方余额反映政府性基金预算收支相抵后的滚存结转结余。本科目应当根据管理需要，按照政府性基金的种类进行明细核算。

2.主要账务处理：政府性基金预算结转结余的账务主要是年终转账业务。

（1）收入转账。将政府性基金预算的有关收入科目贷方余额按照政府性基金种类分别转入本科目下相应明细科目的贷方，借记"政府性基金预算本级收入""补助收入——政府性基金预算补助收入""上解收入——政府性基金预算上解收入""调入资金——政府性基金预算调入资金""债务收入——专项债务收入""债务转贷收入——地方政府专项债务转贷收入"等科目，贷记本科目。

（2）支出转账。将政府性基金预算的有关支出科目借方余额按照政府性基金种类分别转入本科目下相应明细科目的借方，借记本科目，贷记"政府性基金预算本级支出""上解支出——政府性基金预算上解支出""补助支出——政府性基金预算补助支出""调出资金——政府性基金预算调出资金""债务还本支出——专项债务还本支出""债务转贷支出——地方政府专项债务转贷支出"等科目。

政府性基金预算本级收支、补助收支、上解收支、调入资金和调出资金等账户年终转账例解详见各相关章节，债务相关收支转账例解详见后面各章节专题，这里不赘述。

三、国有资本经营预算结转结余

1.核算内容：本科目核算政府财政纳入国有资本经营预算管理的收支相抵形成的结转结余。本科目年终贷方余额反映国有资本经营预算收支相抵后的滚存结转结余。

2.主要账务处理：国有资本经营预算结转结余的账务主要是年终转账业务。

（1）收入转账。将国有资本经营预算的有关收入科目贷方余额转入本科目贷方，借记"国有资本经营预算本级收入"等科目，贷记本科目。

（2）支出转账。将国有资本经营预算的有关支出科目借方余额转入本科目借方，借记本科目，贷记"国有资本经营预算本级支出""调出资金——国有资本经营预算调出资金"等科目。

国有资本经营预算收支的年终转账例解详见各相关章节，这里不赘述。

四、财政专户管理资金结余

1.核算内容：本科目核算政府财政纳入财政专户管理的教育收费等资金收支相抵后形成的结余。本科目年终贷方余额反映政府财政纳入财政专户管理的资金收支相抵后的滚存结余。本科目应当根据管理需要，按照部门（单位）等进行明细核算。

2.主要账务处理：年终转账时，将财政专户管理资金的有关收入科目贷方余额转入本科目贷方，借记"财政专户管理资金收入"等科目，贷记本科目；将财政专户管理资金的有关支出科目借方余额转入本科目借方，借记本科目，贷记"财政专户管理资金支出"等科目。年终转账例解详见各相关章节，这里不赘述。

第三节 其他净资产的核算

一、预算周转金

（一）预算周转金的定义

预算周转金是指各级政府为调剂预算年度内季节性收支差额，保证及时用款而设置的周转金。

（二）预算周转金的设置

预算周转金应当根据《中华人民共和国预算法》的要求设置。根据国务院规定，预算周转金的额度应当逐步达到本级政府预算支出总额的4%。其资金主要来源于两方面：（1）从本级一般公共预算结转结余中设置和补充；（2）由上级财政部门拨入。一般来说，成立新的一级财政时，由于原来没有预算周转金，上级财政在财力许可的范围内给予若干周转金。随着财政收支逐步增大，周转金需要逐步增加，本级财政应当从本级的结转结余中逐步补充预算周转金。

（三）预算周转金的管理

各级预算周转金由本级政府财政部门管理，不得挪作他用。根据实际需要，将闲置不用的预算周转金调入预算稳定调节基金。

预算周转金存入国库存款之中，不另设存款户。周转动用时，仍作贷记"国库存款"科目处理，不能贷记"预算周转金"科目。若"国库存款"科目余额小于"预算周转金"科目，即表明预算周转金已经动用。

（四）预算周转金的核算

1.核算内容：本科目核算政府财政设置的用于调剂预算年度内季节性收支差额周转使用的资金。本科目期末贷方余额反映预算周转金的规模。

2.主要账务处理：

（1）收到上级财政拨来预算周转金时，借记"国库存款"科目，贷记本科目。

【例8-2】某县财政收到上级财政拨来的预算周转金100万元存入国库。

借：国库存款　　　　　　　　　　　　　　　　　　　　1 000 000

　　贷：预算周转金　　　　　　　　　　　　　　　　　　　　　1 000 000

（2）用一般公共预算结转结余设置和补充预算周转金时，借记"一般公共预算结转结余"科目，贷记本科目。

该项内容例解，参见【例8-1】。

（3）将预算周转金调入预算稳定调节基金时，借记本科目，贷记"预算稳定调节基金"科目。

【例8-3】某市财政将闲置不用的预算周转金70万元调入预算稳定调节基金。

借：预算周转金　　　　　　　　　　　　　　　　　　　700 000

　　贷：预算稳定调节基金　　　　　　　　　　　　　　　　　700 000

二、资产基金

本科目核算政府财政持有的应收地方政府债券转贷款、应收主权外债转贷款、股权投资和应收股利等资产（与其相关的资金收支纳入预算管理）在净资产中占用的金额。本科目期末贷方余额反映政府财政持有的应收地方政府债券转贷款、应收主权外债转贷款、股权投资和应收股利等资产（与其相关的资金收支纳入预算管理）在净资产中占用的金额。本科目应当设置"应收地方政府债券转贷款""应收主权外债转贷款""股权投资""应收股利"等科目进行明细核算。

资产基金的账务处理与其相应资产科目的变动紧密相关，具体处理方法详见各相应资产科目的核算。

三、待偿债净资产

本科目核算政府财政因发生应付政府债券、借入款项、应付地方政府债券转贷款、应付主权外债转贷款、其他负债等负债（与其相关的资金收支纳入预算管理）相应地需在净资产中冲减的金额。本科目期末借方余额反映政府财政承担应付政府债券、借入款项、应付地方政府债券转贷款、应付主权外债转贷款和其他负债等负债（与其相关的资金收支纳入预算管理）而相应需冲减净资产的金额。本科目应当设置"应付短期政府债券""应付长期政府债券""借入款项""应付地方政府债券转贷款""应付主权外债转贷款""其他负债"等科目进行明细核算。

待偿债净资产的账务处理与其相应负债科目的变动紧密相关，具体处理方法详见各相应负债科目的核算。

思考与练习题

一、思考题

1. 什么是财政总预算会计净资产？其内容有哪些？
2. 什么是预算周转金？其作用及管理要求是什么？
3. 什么是财政总预算会计的资产基金？其作用是什么？
4. 什么是财政总预算会计的待偿债净资产？其作用是什么？
5. 什么是财政总预算会计的结转结余？其管理要求是什么？

二、单项选择题

1. 财政总预算会计的各项结转结余应当（　　）结算一次。

A.每旬　　　　B.每月　　　　C.每季　　　　D.每年

2. 各级政府上一年预算的结转资金应当在下一年用于结转项目的支出，但连续（　　）年未用完的结转资金应当作为结余资金管理。

A.两年　　　　B.三年　　　　C.四年　　　　D.五年

3. 财政总预算会计"一般公共预算结转结余"科目的贷方余额反映一般公共预算收支相抵后的（　　）结转结余。

A.上年　　　　B.当年　　　　C.滚存　　　　D.以上都不是

4. 预算周转金是各级政府为调剂（　　），保证及时用款而设置的周转金。

A.年度内各月收支差额　　　　　B.年度内季节性收支差额
C.年度性收支差额　　　　　　　D.年终预算收支差额

5. 根据国务院规定，预算周转金的额度应当逐步达到本级政府预算支出总额的（　　）。

A.1%　　　　B.2%　　　　C.3%　　　　D.4%

6. 各级政府根据实际需要可以将闲置不用的预算周转金调入（　　）。

A.一般公共预算　　　　　　　B.政府性基金预算
C.国有资本经营预算　　　　　D.预算稳定调节基金

三、多项选择题

1. 财政总预算会计每次结算结转结余后，一般有（　　）等结果。

A.上年结转结余　B.当年结转结余　C.滚存结转结余　D.下年结转结余

2. 各级政府一般公共预算的结余资金，可以用来补充（　　）。

A.预算周转金　B.资产基金　C.专用基金　D.预算稳定调节基金

3. 下列资产需要用"资产基金"科目来核算其在净资产中占用金额的有（　　）。

A.应收地方政府债券转贷款　　　B.应收主权外债转贷款
C.股权投资　　　　　　　　　　D.应收股利

4.财政总预算会计"资产基金"科目应当设置（　　　）明细科目。

A."应收地方政府债券转贷款" B."应收主权外债转贷款"

C."股权投资" D."应收股利"

5.下列负债需要用"待偿债净资产"科目核算其应需在净资产中冲减金额的有（　　　）。

A.应付政府债券 B.借入款项

C.应付地方政府债券转贷款 D.其他负债

四、业务分录题

某市财政20××年发生以下经济业务，请对各经济业务进行账务处理。

1.年末，用当年一般预算结转结余资金67万元补充预算周转金。

2.收到国库通知，省级财政拨来预算周转金320万元。

3.经研究决定，将闲置不用的预算周转金30万元调入预算稳定调节基金。

4.省级财政抽回之前拨付的预算周转金30万元。

5.年末，各有关账户余额见表8-2。根据各账户余额编制年终转账的会计分录。

表8-2　　　　　　　　　　　　　　各相关收支类账户余额表　　　　　　　　　　　　单位：万元

账户名称	余额	账户名称	余额
一般公共预算本级收入	16 800	一般公共预算本级支出	17 000
政府性基金预算本级收入	8 000	政府性基金预算本级支出	7 900
国有资本经营预算本级收入	6 700	国有资本经营预算本级支出	4 500
财政专户管理资金收入	900	财政专户管理资金支出	800
补助收入 其中：一般公共预算补助收入 　　　政府性基金预算补助收入	 1 000 600	补助支出 其中：一般公共预算补助支出 　　　政府性基金预算补助支出	 760 480
上解收入 其中：一般公共预算上解收入 　　　政府性基金预算上解收入	 7 700 2 100	上解支出 其中：一般公共预算上解支出 　　　政府性基金预算上解支出	 9 000 4 000
地区间援助收入	890	地区间援助支出	0
调入资金 其中：一般公共预算调入资金 　　　政府性基金预算调入资金	 990 0	调出资金 其中：一般公共预算调出资金 　　　政府性基金预算调出资金 　　　国有资本经营预算调出资金	 0 300 690

第 九 章

财政总预算会计核算专题

☞ **学习目的**

通过本章的学习，了解财政总预算会计专用基金、政府债券、主权外债、预算稳定调节基金等的内涵和内容，了解其管理方式和要求，掌握其相关账户的管理要求和核算方法。

本章将专题介绍专用基金、预算稳定调节基金、财政国库支付执行机构会计和政府债券及主权外债等的管理和核算。

第一节 专用基金专题

一、专用基金概述

专用基金是指财政总预算会计管理的粮食风险基金等各项专用基金。专用基金要求专款专用，通常被称为专款。专用基金的会计制度适用《财政总预算会计制度》。

目前我国统一的专用基金只有"粮食风险基金"，另外部分省市还有"农业发展基金""水资源建设专项基金"等。

二、专用基金会计科目表

专用基金相关会计科目见表 9-1。

表 9-1 　　　　　　　　　　**专用基金会计科目表**

类别	会计科目		核算内容
	编号	名称	
净资产类	3007	专用基金结余	核算总预算会计管理的专用基金收支的年终执行结果
收入类	4007	专用基金收入	核算财政部门按规定设置或取得的专用基金收入
支出类	5007	专用基金支出	核算各级财政部门用专用基金收入安排的支出

三、专用基金的核算

（一）专用基金收入

专用基金收入是指财政部门按规定设置或从上级财政部门拨入有专门用途的粮食风险基金等。

专用基金收入与政府性基金预算收入的区别在于：政府性基金预算收入是按规定取得并纳入预算管理的基金；而专用基金收入是由财政部门按规定设置或取得并单独管理的资金。

各级政府财政设置"专用基金收入"科目，核算政府财政按法律法规和国务院、财政部规定设置或取得的粮食风险基金等专用基金收入。本科目平时贷方余额反映取得专用基金收入的累计数，年终转账后一般无余额。本科目应当按照专用基金的种类进行明细核算。专用基金收入以总预算会计实际收到数额为准。

"专用基金收入"科目的主要账务处理如下：

（1）通过预算支出安排取得专用基金收入转入财政专户的，借记"其他财政存款"科目，贷记本科目；同时，借记"一般公共预算本级支出"等科目，贷记"国库存款""补助收入"等科目。退回专用基金收入时，借记本科目，贷记"其他财政存款"科目。

【例9-1】从上级财政部门收到粮食风险基金46万元，根据国家规定将基金存在指定银行财政专户。

　　借：其他财政存款　　　　　　　　　　　　　　　　　　　　460 000
　　　　贷：专用基金收入——粮食风险基金　　　　　　　　　　　　　460 000

退回上级拨付的专用基金收入时，作相反的会计分录。

【例9-2】经研究，由本级一般公共预算资金安排粮食风险基金24万元，根据国家规定将基金存在指定银行财政专户。

　　借：一般公共预算本级支出　　　　　　　　　　　　　　　　　240 000
　　　　贷：国库存款　　　　　　　　　　　　　　　　　　　　　　240 000
　　借：其他财政存款　　　　　　　　　　　　　　　　　　　　　240 000
　　　　贷：专用基金收入——粮食风险基金　　　　　　　　　　　　　240 000

退回专用基金收入时，作相反的会计分录。

（2）通过预算支出安排取得专用基金收入仍存在国库的，借记"一般公共预算本级支出"等科目，贷记本科目。

【例9-3】经研究决算，由本级预算支出安排其他专用基金50万元，该基金仍然存在国库。

　　借：一般公共预算本级支出　　　　　　　　　　　　　　　　　500 000
　　　　贷：专用基金收入　　　　　　　　　　　　　　　　　　　　500 000

（3）年终转账时，本科目贷方余额全数转入"专用基金结余"科目，借记本科目，贷记"专用基金结余"科目。结转后，本科目无余额。

该项内容例解，参见【例9-5】。

（二）专用基金支出

专用基金支出是指财政部门用专用基金收入安排的相应支出。作为具有特定用途的资金，专用基金在管理与核算上必须遵循先收后支、量入为出的原则。

各级政府财政设置"专用基金支出"科目，核算政府财政用专用基金收入安排的支出。本科目平时借方余额反映专用基金支出的累计数，年终转账后一般无余额。本科目应当根据专用基金的种类设置明细科目；同时，根据管理需要，按部门等进行明细核算。

"专用基金支出"科目的主要账务处理如下：

（1）发生专用基金支出时，借记本科目，贷记"其他财政存款"等科目。退回专用基金支出时，作相反的会计分录。

【例9-4】某市财政将粮食风险基金用于粮食库存费用补贴11万元。

借：专用基金支出——粮食风险基金　　　　　　　　　　　　　　110 000

　　贷：其他财政存款　　　　　　　　　　　　　　　　　　　　　110 000

专用基金支出收回时，作相反的会计分录。

（2）年终转账时，本科目借方余额全数转入"专用基金结余"科目，借记"专用基金结余"科目，贷记本科目。结转后，本科目无余额。

该项内容例解，参见【例9-5】。

（三）专用基金结余

专用基金结余是指专用基金收支的执行结果，是各级财政总预算会计管理的专用基金收入和支出年终相抵后的差额。

各级政府财政设置"专用基金结余"科目，核算政府财政管理的专用基金收支相抵形成的结余。本科目年终贷方余额反映政府财政管理的专用基金收支相抵后的滚存结余。本科目应当根据专用基金的种类进行明细核算。

"专用基金结余"科目的主要账务处理如下：

年终转账时，将专用基金的有关收入科目贷方余额转入本科目贷方，借记"专用基金收入"等科目，贷记本科目；将专用基金的有关支出科目借方余额转入本科目借方，借记本科目，贷记"专用基金支出"等科目。

【例9-5】年终转账时，将"专用基金收入"科目余额900万元，"专用基金支出"科目余额870万元办理结转。

借：专用基金收入　　　　　　　　　　　　　　　　　　　　9 000 000

　　贷：专用基金结余　　　　　　　　　　　　　　　　　　　　9 000 000

借：专用基金结余　　　　　　　　　　　　　　　　　　　　8 700 000

　　贷：专用基金支出　　　　　　　　　　　　　　　　　　　　8 700 000

第二节　财政国库支付执行机构会计专题

一、财政国库支付执行机构会计概述

各级政府财政进行国库集中收付制度改革后，按要求在财政部门内部设立财政国库支付执行机构，简称支付中心，负责财政资金的集中支付。

财政国库支付执行机构（即支付中心）会计是财政总预算会计的延伸，适用《财政总预算会计制度》。政府财政根据各自业务管理的需要，也可以不设置支付中心会计。

二、财政国库支付执行机构会计科目表

财政国库支付执行机构专有会计科目见表9-2。

表9-2   财政国库支付执行机构会计科目表

类别	会计科目		核算内容
	编号	名称	
资产类	1005	财政零余额账户存款	核算财政国库支付执行机构在代理银行办理财政直接支付的业务
负债类	2091	已结报支出	核算政府财政国库支付执行机构已清算的国库集中支付支出数额

三、财政国库支付执行机构主要账务处理

1.财政国库支付执行机构为预算单位直接支付款项时，根据"财政直接支付凭证"回执联（第四联），按部门分"类""款""项"列报预算支出，其会计分录为：

借：一般公共预算本级支出——财政直接支付

政府性基金预算本级支出——财政直接支付

国有资本经营预算本级支出——财政直接支付

贷：财政零余额账户存款

【例9-6】某市财政国库支付执行机构为本级甲预算单位直接支付购买设备一台，价款5万元，该设备属于一般公共预算范畴。

借：一般公共预算本级支出——财政直接支付   50 000

贷：财政零余额账户存款   50 000

2.财政国库支付执行机构每日将按部门分"类""款""项"汇总的"预算支出结算清单"与中国人民银行国库划款凭证核对无误后，送财政总预算会计结算资金，其会计分录为：

借：财政零余额账户存款

贷：已结报支出——财政直接支付

【例9-7】某市财政国库支付执行机构于7月4日列出该天"预算支出结算清单"，并与中国人民银行国库划款凭证核对无误，清单列示当天财政直接支付总额度为320万元。该清单已送财政总预算会计办理结算。

借：财政零余额账户存款   3 200 000

贷：已结报支出——财政直接支付   3 200 000

3.财政国库支付执行机构对于授权支付的款项，根据代理银行报来的"财政支出日报表"与中国人民银行国库划款凭证核对无误后，列报支出并登记预算单位支出明细账，其会计分录为：

借：一般公共预算本级支出——财政授权支付

政府性基金预算本级支出——财政授权支付

国有资本经营预算本级支出——财政授权支付

贷：已结报支出——财政授权支付

【例9-8】某市财政国库支付执行机构根据代理银行报来的"财政支出日报表"，列示当日授权支付额度为130万元，其中一般预算本级支出90万元，政府性基金预算本级支出40万元，与中国人民银行国库划款凭证核对无误后，列报当日授权支付支出。

借：一般公共预算本级支出——财政授权支付　　　　　　　　900 000
　　政府性基金预算本级支出——财政授权支付　　　　　　　400 000
　贷：已结报支出——财政授权支付　　　　　　　　　　　　　　1 300 000

4.年终，财政国库支付执行机构将支出与有关方面核对一致后进行转账，其会计分录为：

借：已结报支出
　贷：一般公共预算本级支出
　　　政府性基金预算本级支出
　　　国有资本经营预算本级支出

【例9-9】某市财政国库支付执行机构进行年终转账工作，其中一般公共预算本级支出总计2 000万元，政府性基金预算本级支出总计1 780万元，国有资本经营预算本级支出总计960万元，将各支出与有关方面核对一致后进行转账。

借：已结报支出　　　　　　　　　　　　　　　　　　　　47 400 000
　贷：一般公共预算本级支出　　　　　　　　　　　　　　　　20 000 000
　　　政府性基金预算本级支出　　　　　　　　　　　　　　　17 800 000
　　　国有资本经营预算本级支出　　　　　　　　　　　　　　9 600 000

5.财政国库支付执行机构对财政部门批准下达各预算单位零余额账户的用款额度，不作正式的会计分录，但需要备查登记。

第三节　预算稳定调节基金专题

一、预算稳定调节基金概述

预算稳定调节基金是指政府财政安排用于弥补以后年度预算资金不足的储备资金。2014年修订的《预算法》规定，各级一般公共预算按照国务院的规定可以设置预算稳定调节基金，用于弥补以后年度预算资金的不足。各级一般公共预算年度执行中有超收收入的，只能用于冲减赤字或者补充预算稳定调节基金。各级一般公共预算的结余资金，应当补充预算稳定调节基金。

省、自治区、直辖市一般公共预算年度执行中出现短收，通过调入预算稳定调节基金、减少支出等方式仍不能实现收支平衡的，省、自治区、直辖市政府报本级人民代表大会或者其常务委员会批准，可以增列赤字，报国务院财政部门备案，并应当在下一年度预算中予以弥补。

各级政府设置的预算稳定调节资金存入国库进行管理。预算稳定调节基金单设科目，安排基金时在支出方反映，调入使用基金时在收入方反映，基金的安排使用纳入预算管理，接受各级人民代表大会及其常务委员会的监督。

二、预算稳定调节基金会计科目表

预算稳定调节基金相关会计科目见表9-3。

表9-3   预算稳定调节基金会计科目表

分类	会计科目		核算内容
	编号	名称	
净资产类	3031	预算稳定调节基金	核算政府财政设置的用于弥补以后年度预算资金不足的储备资金
收入类	4031	动用预算稳定调节基金	核算政府财政为弥补本年度预算资金的不足，调用的预算稳定调节基金
支出类	5031	安排预算稳定调节基金	核算政府财政按照有关规定安排的预算稳定调节基金

三、预算稳定调节基金的核算

（一）预算稳定调节基金

1.核算内容：本科目核算政府财政设置的用于弥补以后年度预算资金不足的储备资金。本科目期末贷方余额反映预算稳定调节基金的规模，即"预算稳定调节基金"科目贷方余额体现一级政府预算稳定调节基金规模的大小。

2.主要账务处理：

（1）使用超收收入或一般公共预算结余补充预算稳定调节基金时，借记"安排预算稳定调节基金"科目，贷记本科目。

【例9-10】某省财政用当年超收收入500万元，补充本级政府预算稳定调节基金。

借：安排预算稳定调节基金   5 000 000

  贷：预算稳定调节基金   5 000 000

（2）将预算周转金调入预算稳定调节基金时，借记"预算周转金"科目，贷记本科目。

【例9-11】某省财政，由于预算周转金出现较大规模的剩余，经研究决定，转入70万元预算周转金用于增设预算稳定调节基金。

借：预算周转金   700 000

  贷：预算稳定调节基金   700 000

（3）调用预算稳定调节基金时，借记本科目，贷记"动用预算稳定调节基金"科目。

【例9-12】某省财政，由于当年出现赤字，经研究决定，动用预算稳定调节基金150万元来弥补财政赤字。

借：预算稳定调节基金   1 500 000

  贷：动用预算稳定调节基金   1 500 000

（二）动用预算稳定调节基金

1.核算内容：本科目核算政府财政为弥补本年度预算资金的不足，调用的预算稳定调节基金。本科目平时贷方余额反映动用预算稳定调节基金的累计数，年终转账后，本科目一般无余额。

2.主要账务处理：

（1）调用预算稳定调节基金时，借记"预算稳定调节基金"科目，贷记本科目。

该项内容例解，参见【例9-12】。

（2）年终转账时，本科目贷方余额全数转入"一般公共预算结转结余"科目，借记本科目，贷记"一般公共预算结转结余"科目。结转后，本科目无余额。

【例9-13】某省财政年末"动用预算稳定调节基金"账户贷方余额为1 000万元，全额进行转账。

借：动用预算稳定调节基金　　　　　　　　　　　　　　　　　10 000 000

　贷：一般公共预算结转结余　　　　　　　　　　　　　　　　　　　10 000 000

（三）安排预算稳定调节基金

1.核算内容：本科目核算政府财政按照有关规定安排的预算稳定调节基金。本科目平时借方余额反映安排预算稳定调节基金的累计数，年终转移后，本科目一般无余额。

2.主要账务处理：

（1）补充预算稳定调节基金时，借记本科目，贷记"预算稳定调节基金"科目。

该项内容例解，参见【例9-10】。

（2）年终转账时，本科目借方余额全数转入"一般公共预算结转结余"科目，借记"一般公共预算结转结余"科目，贷记本科目。结转后，本科目无余额。

【例9-14】某省财政年末"安排预算稳定调节基金"账户借方余额为1 500万元，全额进行转账。

借：一般公共预算结转结余　　　　　　　　　　　　　　　　　15 000 000

　贷：安排预算稳定调节基金　　　　　　　　　　　　　　　　　　　15 000 000

第四节　政府债券与主权外债专题

本节主要介绍政府债券的发行、转贷、使用、还本付息等，以及主权外债的借、转贷、使用、还本付息等内容。

一、政府债券

政府债券是政府财政部门以政府名义发行的国债和地方政府债券。根据2014年新《预算法》的规定，地方政府具有发债权，但仅限于省级政府，省级以下（不含省级）政府只能通过转贷的形式获得政府债券收入。目前，我国政府债券从性质上看有两种主要类型：一种是一般政府债券，另一种是专项政府债券。债务项目没有收益、计划偿债来源主要依靠一般公共预算收入的债券为一般政府债券，如义务教育债务。一般政府债券纳入一般公共预算进行管理。债务项目有一定收益、计划偿债来源主要依靠项目收益对应的政府性基金收入或专项收入、能够实现风险内部化的债券为专项政府债券，如土地储备债务。

专项政府债券纳入政府性基金预算进行管理。

根据2014年新《预算法》的规定，各级政府获取政府债券收入的途径有两种：一种是自行发债，只有省级以上（含省级）政府才能自行发债；另一种是转贷获得，一般是省级以下（不含省级）政府采用转贷方式获得债务收入。

二、主权外债

主权外债是主权国家对外的债务。具体来说，可以利用的主权外债主要有两种：外国政府贷款和国际金融组织贷款。

1.外国政府贷款。外国政府贷款是指外国政府向发展中国家提供的长期优惠性贷款。它具有政府间开发援助或部分赠与的性质，在国际统计上又称为双边贷款，与多边贷款共同组成官方信贷。外国政府贷款主要用于基础设施建设、环境保护等公共财政领域。外国政府贷款利息很低，期限在30年左右，申请期限在1年以内。

2.国际金融组织贷款。向我国提供多边贷款的国际金融组织主要是世界银行、国际农业发展基金组织、亚洲开发银行和地区金融机构贷款。国际金融组织贷款条件比较优惠，主要表现在贷款利率低于市场利率，甚至免收利息，贷款期限及宽限期均较长，借款者主要承担贷款货币汇率变动的风险。国际金融组织贷款立项认真、严格，一般是与特定的工程项目相联系：要求贷款国必须提供详尽的有关贷款项目资料；要求贷款必须如期归还，不可中途改变还款日期；批准项目的手续十分严密，历时较长，一般从项目的提出到签约需1.5～2年。

《财政总预算会计制度》所说的主权外债指的是统借自还主权外债。所谓统借自还主权外债是指由财政部代表国家统一借入，由地方财政部门、中央或地方项目单位负责偿还的外国政府贷款和国际金融组织贷款。

根据预算管理的有关规定，财政部门按照分级负责、分类管理、全面反映的原则开展贷款预算管理工作。分级负责是指财政部门根据还款责任的归属级次实行预算管理。分类管理是指根据地方财政部门承担还款责任、担保责任的不同情况，实行有区别的预算管理。地方财政部门承担还款责任的，贷款的收入、分配和还本付息付费全过程纳入预算管理；地方财政部门承担担保责任的，对于因履行担保责任发生涉及预算资金收支的过程实行预算管理。全面反映是指全国年度统借自还主权外债收支的情况，在全国预算（草案）中单独设表反映，并向全国人民代表大会及其常务委员会报告；各地区年度统借自还主权外债收支的情况，在地方同级预算（草案）中单独设表反映，并向同级人民代表大会及其常务委员会报告。

地方各级财政部门负责汇编本地区年度统借自还主权外债收支表，并由省级财政部门向财政部报送全省（自治区、直辖市、计划单列市）年度统借自还主权外债收支表。地方各级财政部门不承担还款责任、担保责任的贷款，由财政部汇总统计收支情况。除与贷款方的相关协议有约定外，贷款资金支付、收回，应纳入财政总预算会计核算体系。

三、政府债券和主权外债会计科目表

政府债券和主权外债所涉及的主要会计科目见表9-4。

表9-4　　　　　　　　　　　　　　政府债券和主权外债会计科目表

类别	会计科目		核算内容
	编号	名称	
资产类	1041	应收地方政府债券转贷款	核算本级政府财政转贷给下级政府财政的地方政府债券资金的本金及利息
	1045	应收主权外债转贷款	核算本级政府财政转贷给下级政府财政的外国政府和国际金融组织贷款等主权外债资金的本金及利息
负债类	2001	应付短期政府债券	核算政府财政部门以政府名义发行的期限不超过1年（含1年）的国债和地方政府债券的应付本金和利息
	2021	应付长期政府债券	核算政府财政部门以政府名义发行的期限超过1年的国债和地方政府债券的应付本金和利息
	2026	应付地方政府债券转贷款	核算地方政府财政从上级政府财政借入的地方政府债券转贷款的本金和利息
	2027	应付主权外债转贷款	核算本级政府财政从上级政府财政借入的主权外债转贷款的本金和利息
净资产类	3081	资产基金	核算政府财政持有的应收地方政府债券转贷款等资产（与其相关的资金收支纳入预算管理）在净资产中占用的金额
	3082	待偿债净资产	核算政府财政因发生应付政府债券等负债（与其相关的资金收支纳入预算管理）相应地需在净资产中冲减的金额
收入类	4041	债务收入	核算政府财政按照国家法律、国务院规定以发行债券等方式取得的，以及向外国政府、国际金融组织等机构借款取得的纳入预算管理的债务收入
	4042	债务转贷收入	核算省级以下（不含省级）政府财政收到上级政府财政转贷的债务收入
支出类	5041	债务还本支出	核算政府财政偿还本级政府财政承担的纳入预算管理的债务本金支出
	5042	债务转贷支出	核算本级政府财政向下级政府财政转贷的债务支出

四、政府债券的账务处理

政府债券业务核算的基本原则是采用"双分录"。取得政府债券资金时，列债务性收入增加的同时，还要列债券类负债的增加；将政府债券转贷给下级政府产生政府债券债权时，在列债务性支出增加的同时，还要列债券类资产的增加。

（一）省级以上（含省级）政府的正常处理业务

该部分主要介绍省级以上（含省级）政府在政府债券的发行、偿还、转贷等方面正常的账务处理业务。这里的正常处理业务是指各债务主体根据发债的正常程序取得债务资金，并能按期自行及时足额地还本付息。

1.发行债券的相关账务处理。发行债券业务涉及的主要会计科目有"债务收入""应付短期政府债券""应付长期政府债券"等。

"债务收入"科目核算政府财政按照国家法律、国务院规定以发行债券等方式取得的，以及向外国政府、国际金融组织等机构借款取得的纳入预算管理的债务收入。本科目平时贷方余额反映债务收入的累计数，年终转账后一般无余额。本科目应当按照《政府收支分类科目》中"债务收入"科目的规定进行明细核算。

"应付短期政府债券"科目核算政府财政部门以政府名义发行的期限不超过1年（含1年）的国债和地方政府债券的应付本金和利息。本科目期末贷方余额反映政府财政尚未偿还的短期政府债券本金和利息。本科目下应当设置"应付国债""应付地方政府一般债券""应付地方政府专项债券"等一级明细科目，在一级明细科目下，再分别设置"应付本金""应付利息"明细科目，分别核算政府债券的应付本金和利息。此外，债务管理部门还应当设置相应的辅助账，详细记录每期政府债券金额、种类、期限、发行日、到期日、票面利率、偿还本金及付息情况等。

"应付长期政府债券"科目核算政府财政部门以政府名义发行的期限超过1年的国债和地方政府债券的应付本金和利息。本科目期末贷方余额反映政府财政尚未偿还的长期政府债券本金和利息。本科目下应当设置"应付国债""应付地方政府一般债券""应付地方政府专项债券"等一级明细科目，在一级明细科目下，再分别设置"应付本金""应付利息"明细科目，分别核算政府债券的应付本金和利息。债务管理部门应当设置相应的辅助账，详细记录每期政府债券金额、种类、期限、发行日、到期日、票面利率、偿还本金及付息情况等。

收到政府债券发行收入时，按照实际收到的金额，借记"国库存款"科目，按照政府债券实际发行额，贷记"债务收入"科目，按照发行收入和发行额的差额，借记或贷记有关支出科目；根据债务管理部门转来的债券发行确认文件等相关资料，按照到期应付的政府债券本金金额，借记"待偿债净资产——应付短期政府债券/应付长期政府债券"科目，贷记"应付短期政府债券""应付长期政府债券"等科目。

（1）收到政府债券发行收入：

借：国库存款（实际收到金额）

　　贷：债务收入（政府债券实际发行额）

借或贷：有关支出科目（发行收入和发行额差额）

（2）按照到期应付的政府债券本金金额：

借：待偿债净资产——应付短期政府债券/应付长期政府债券

　　贷：应付短期政府债券/应付长期政府债券等——应付本金

2.计提应付利息的相关账务处理。计提应付利息业务涉及的主要会计科目有"应付短期政府债券"和"应付长期政府债券"。期末确认政府债券的应付利息时，根据债务管理部门计算出的本期应付未付利息金额，借记"待偿债净资产——应付短期政府债券/应付长期政府债券"科目，贷记"应付短期政府债券""应付长期政府债券"等科目。

借：待偿债净资产——应付短期政府债券/应付长期政府债券

　　贷：应付短期政府债券/应付长期政府债券等——应付利息

3.支付利息的相关账务处理。支付利息业务涉及的主要会计科目有"应付短期政府债券"和"应付长期政府债券"。实际支付本级政府财政承担的政府债券利息时，借记"一般公共预算本级支出""政府性基金预算本级支出"科目，贷记"国库存款"等科目；实际支付利息金额中属于已确认的应付利息部分，还应当根据债券兑付确认文件等相关债券管理资料，借记"应付短期政府债券""应付长期政府债券"等科目，贷记"待偿债净资产——应付短期政府债券/应付长期政府债券"科目。

（1）实际支付本级政府财政承担的政府债券利息：

借：一般公共预算本级支出/政府性基金预算本级支出

　　贷：国库存款等

（2）实际支付利息金额中属于已确认的应付利息部分：

借：应付短期政府债券/应付长期政府债券等

　　贷：待偿债净资产——应付短期政府债券/应付长期政府债券

4.偿还本金的相关账务处理。偿还本金业务涉及的主要会计科目有"债务还本支出""应付短期政府债券""应付长期政府债券"等。

"债务还本支出"科目核算政府财政偿还本级政府财政承担的纳入预算管理的债务本金支出。本科目平时借方余额反映本级政府财政债务还本支出的累计数，年终转账后一般无余额。本科目应当根据《政府收支分类科目》中"债务还本支出"科目的规定设置明细科目。

偿还本级政府财政承担的政府债券纳入预算管理的债务本金时，借记"债务还本支出"科目，贷记"国库存款""其他财政存款"等科目；根据债务管理部门转来的相关资料，按照实际偿还的本金金额，借记"应付短期政府债券""应付长期政府债券"等科目，贷记"待偿债净资产"科目。

（1）偿还本级政府财政承担的政府债券本金：

借：债务还本支出

　　贷：国库存款/其他财政存款等

（2）按照实际偿还的本金金额：

借：应付短期政府债券/应付长期政府债券等

　　贷：待偿债净资产——应付短期政府债券/应付长期政府债券

5.转贷政府债券的相关账务处理。转贷是指向下级政府财政转贷政府债券。与转贷相关的业务包括：将转贷债券资金划转给下级政府，计提转贷利息，收回转贷的本息，偿还下级政府承担的债券本息等。转贷政府债券业务涉及的主要会计科目有"债务转贷支出""应收地方政府债券转贷款""应付短期政府债券""应付长期政府债券"等。

"债务转贷支出"科目核算本级政府财政向下级政府财政转贷的债务支出。本科目平时借方余额反映债务转贷支出的累计数，年终转账后一般无余额。本科目应当设置"地方政府一般债务转贷支出""地方政府专项债务转贷支出"明细科目，同时还应当按照转贷地区进行明细核算。

"应收地方政府债券转贷款"科目核算本级政府财政转贷给下级政府财政的地方政府债券资金的本金及利息。本科目期末借方余额反映政府财政应收未收的地方政府债券转贷款本金和利息。本科目应当设置"应收地方政府一般债券转贷款""应收地方政府专项债券转贷款"明细科目,其下分别设置"应收本金""应收利息"明细科目,同时还应当按照转贷对象进行明细核算。

(1)向下级政府财政转贷地方政府债券资金。转贷时,借记"债务转贷支出"科目,贷记"国库存款"科目;根据债务管理部门转来的相关资料,按照到期应收回的转贷本金金额,借记"应收地方政府债券转贷款"科目,贷记"资产基金——应收地方政府债券转贷款"科目。

①按照转贷的金额:

借:债务转贷支出

　　贷:国库存款

②按照到期应收回的转贷本金金额:

借:应收地方政府债券转贷款——应收本金

　　贷:资产基金——应收地方政府债券转贷款

(2)计提转贷利息。期末确认地方政府债券转贷款的应收利息时,根据债务管理部门计算出的转贷款本期应收未收利息金额,借记"应收地方政府债券转贷款"科目,贷记"资产基金——应收地方政府债券转贷款"科目。

借:应收地方政府债券转贷款——应收利息

　　贷:资产基金——应收地方政府债券转贷款

(3)收回下级政府财政偿还的转贷款本息。收回时,按照收回的金额,借记"国库存款"等科目,贷记"其他应付款"或"其他应收款"科目;根据债务管理部门转来的相关资料,按照收回的转贷款本金及已确认的应收利息金额,借记"资产基金——应收地方政府债券转贷款"科目,贷记"应收地方政府债券转贷款"科目。

①按照收回的金额:

借:国库存款等

　　贷:其他应付款或其他应收款

②按照收回的转贷款本金及已确认的应收利息金额:

借:资产基金——应收地方政府债券转贷款

　　贷:应收地方政府债券转贷款——应收本金/应收利息

(4)本级政府财政偿还下级政府财政承担的地方政府债券本息。偿还时,借记"其他应付款"或"其他应收款"科目,贷记"国库存款"科目;根据债券兑付确认文件等相关债券管理资料,按照实际偿还的短期政府债券或长期政府债券本金及已确认的应付利息金额,借记"应付短期政府债券""应付长期政府债券"科目,贷记"待偿债净资产——应付短期政府债券/应付长期政府债券"科目。

①按照偿还的本息金额:

借:其他应付款或其他应收款

　　贷:国库存款

②按照实际偿还的政府债券本金及已确认的应付利息金额:

借:应付短期政府债券/应付长期政府债券

　　贷:待偿债净资产——应付短期政府债券/应付长期政府债券

【例9-15】某省财政于2015年6月底发行记账式固定利率附息专项债券60亿元,期限为3年，票面年利率为2.84%。本期债券于当年7月1日开始计息，利息按年支付，每年7月1日支付利息，2018年7月1日偿还本金并支付最后一年利息。该批债券发行完毕，实际取得债务资金65亿元。根据债务管理部门转来的相关资料，确认该批债券到期应偿还的政府债券本金为60亿元。经研究决定，向市级政府转贷该批政府债券40亿元，本级政府只承担20亿元的本金偿还责任。根据债务管理部门的相关资料确认，到期应向市级政府收回的转贷本金为40亿元。该批债券3年到期时，市级政府能如期足额转来债券本息资金。该省财政总会计对该项债券发行业务的账务处理如下：

（1）取得发行债券资金时：

借：国库存款　　　　　　　　　　　　　　　　　　　　　6 500 000 000

　贷：债务收入——地方政府债务收入——专项债务收入　　　　　　6 000 000 000

　　政府性基金预算本级支出　　　　　　　　　　　　　　　　500 000 000

借：待偿债净资产——应付长期政府债券　　　　　　　　　6 000 000 000

　贷：应付长期政府债券——应付地方政府专项债券——应付本金　　6 000 000 000

（2）向市级政府转贷债券时：

借：债务转贷支出——地方政府专项债券转贷支出——×市

　　　　　　　　　　　　　　　　　　　　　　　　　4 000 000 000

　贷：国库存款　　　　　　　　　　　　　　　　　　　　　4 000 000 000

借：应收地方政府债券转贷款——应收地方政府专项债券转贷款——应收本金

　　　　　　　　　　　　　　　　　　　　　　　　　4 000 000 000

　贷：资产基金——应收地方政府债券转贷款　　　　　　　　4 000 000 000

（3）2015年年底计提利息时：

应付利息＝60×2.84%×1/2＝0.852（亿元）

应收利息＝0.852×40/60＝0.568（亿元）

①计提应付利息时：

借：待偿债净资产——应付长期政府债券　　　　　　　　　　85 200 000

　贷：应付长期政府债券——应付地方政府专项债券——应付利息　　85 200 000

②计提转贷利息时：

借：应收地方政府债券转贷款——应收地方政府专项债券转贷款——应收利息

　　　　　　　　　　　　　　　　　　　　　　　　　56 800 000

　贷：资产基金——应收地方政府债券转贷款　　　　　　　　56 800 000

（4）2016年7月支付利息时：

应收转贷利息＝40×2.84%＝1.136（亿元）

应付本级承担利息＝20×2.84%＝0.568（亿元）

①收回市级政府转贷利息时：

借：国库存款　　　　　　　　　　　　　　　　　　　　　113 600 000

　贷：其他应付款　　　　　　　　　　　　　　　　　　　　113 600 000

借：资产基金——应收地方政府债券转贷款　　　　　　　　56 800 000

　贷：应收地方政府债券转贷款——应收地方政府专项债券转贷款——应收利息

　　　　　　　　　　　　　　　　　　　　　　　　　56 800 000

②支付本级政府承担利息时：

借：政府性基金预算本级支出 56 800 000

　　贷：国库存款 56 800 000

③支付转贷利息时：

借：其他应付款 113 600 000

　　贷：国库存款 113 600 000

借：应付长期政府债券——应付地方政府专项债券——应付利息

85 200 000

　　贷：待偿债净资产——应付长期政府债券 85 200 000

（5）2016年年底、2017年年底计提利息的账务处理同2015年年底；2017年7月支付利息的账务处理同2016年7月。

（6）2018年7月还本付息时：

①收回转贷债券本息时：

借：国库存款 4 113 600 000

　　贷：其他应付款 4 113 600 000

借：资产基金——应收地方政府债券转贷款 4 000 000 000

　　贷：应收地方政府债券转贷款——应收地方政府专项债券转贷款——应收本金

4 000 000 000

借：资产基金——应收地方政府债券转贷款 56 800 000

　　贷：应收地方政府债券转贷款——应收地方政府专项债券转贷款——应收利息

56 800 000

②支付本级政府承担本金时：

借：债务还本支出——地方政府还本支出——专项债务还本支出

2 000 000 000

　　贷：国库存款 2 000 000 000

③支付本级政府承担利息时：

借：政府性基金预算本级支出 56 800 000

　　贷：国库存款 56 800 000

④支付转贷债务本息时：

借：其他应付款 4 113 600 000

　　贷：国库存款 4 113 600 000

借：应付长期政府债券——应付地方政府专项债券——应付本金

6 000 000 000

　　贷：待偿债净资产——应付长期政府债券 6 000 000 000

借：应付长期政府债券——应付地方政府专项债券——应付利息

85 200 000

　　贷：待偿债净资产——应付长期政府债券 85 200 000

（二）省级以下（不含省级）政府的正常处理业务

该部分主要介绍省级以下（不含省级）政府在政府债券的转贷、偿还、再转贷等方面正常的账务处理业务。这里的正常处理业务同第（一）部分的解释。

1.收到转贷收入的相关账务处理。收到转贷收入业务涉及的主要会计科目有"债务转贷收入""应付地方政府债券转贷款"等。

"债务转贷收入"科目核算省级以下（不含省级）政府财政收到上级政府财政转贷的债务收入。本科目平时贷方余额反映债务转贷收入的累计数，年终转账后一般无余额。本科目应当设置"地方政府一般债务转贷收入""地方政府专项债务转贷收入"明细科目。

"应付地方政府债券转贷款"科目核算地方政府财政从上级政府财政借入的地方政府债券转贷款的本金和利息。本科目期末贷方余额反映本级政府财政尚未偿还的地方政府债券转贷款的本金和利息。本科目下应当设置"应付地方政府一般债券转贷款""应付地方政府专项债券转贷款"一级明细科目，在一级明细科目下，再分别设置"应付本金""应付利息"明细科目，分别对应付本金和利息进行明细核算。

收到地方政府债券转贷收入时，按照实际收到的金额，借记"国库存款"科目，贷记"债务转贷收入"科目；根据债务管理部门转来的相关资料，按照到期应偿还的转贷款本金金额，借记"待偿债净资产——应付地方政府债券转贷款"科目，贷记"应付地方政府债券转贷款"科目。

（1）按照实际收到的转贷金额：

借：国库存款

　　贷：债务转贷收入

（2）按照到期应偿还的转贷款本金金额：

借：待偿债净资产——应付地方政府债券转贷款

　　贷：应付地方政府债券转贷款——应付本金

2.计提应付利息的相关账务处理。计提应付利息业务涉及的主要会计科目有"应付地方政府债券转贷款"等。

期末确认地方政府债券转贷款的应付利息时，根据债务管理部门计算出的本期应付未付利息金额，借记"待偿债净资产——应付地方政府债券转贷款"科目，贷记"应付地方政府债券转贷款"科目。

借：待偿债净资产——应付地方政府债券转贷款

　　贷：应付地方政府债券转贷款——应付利息

3.偿还本金的相关账务处理。偿还本金业务涉及的主要会计科目有"债务还本支出""应付地方政府债券转贷款"等。这里的"债务还本支出"科目的使用同省级以上（含省级）政府。

偿还本级政府财政承担的地方政府债券转贷款本金时，借记"债务还本支出"科目，贷记"国库存款"等科目；根据债务管理部门转来的相关资料，按照实际偿还的本金金额，借记"应付地方政府债券转贷款"科目，贷记"待偿债净资产——应付地方政府债券转贷款"科目。

（1）偿还本级政府财政承担的地方政府债券转贷款本金：

借：债务还本支出

　　贷：国库存款等

（2）按照实际偿还的本金金额：

借：应付地方政府债券转贷款——应付本金

　　贷：待偿债净资产——应付地方政府债券转贷款

4.偿还利息的相关账务处理。偿还利息业务涉及的主要会计科目有"应付地方政府债券转贷款"等。

偿还本级政府财政承担的地方政府债券转贷款利息时，借记"一般公共预算本级支出""政府性基金预算本级支出"科目，贷记"国库存款"等科目；实际支付利息金额中属于已确认的应付利息部分，还应当根据债务管理部门转来的相关资料，借记"应付地方政府债券转贷款"科目，贷记"待偿债净资产——应付地方政府债券转贷款"科目。

（1）偿还本级政府财政承担的地方政府债券转贷款利息：

借：一般公共预算本级支出/政府性基金预算本级支出

　　贷：国库存款等

（2）实际支付利息金额中属于已确认的应付利息部分：

借：应付地方政府债券转贷款

　　贷：待偿债净资产——应付地方政府债券转贷款

5.转贷业务的相关账务处理。省级以下（不含省级）政府向下级政府转贷政府债券的业务基本同省级以上（含省级）政府。在账务处理方面，转贷的第（1）~（3）完全同省级以上（含省级）政府，只有第（4）略有不同，因此这里只介绍第（4）。

偿还下级政府财政承担的地方政府债券转贷款本息时，借记"其他应付款"或"其他应收款"科目，贷记"国库存款"等科目；根据债务管理部门转来的相关资料，按照实际偿还的本金及已确认的应付利息金额，借记"应付地方政府债券转贷款"科目，贷记"待偿债净资产——应付地方政府债券转贷款"科目。

（1）偿还下级政府财政承担的地方政府债券转贷款本息：

借：其他应付款或其他应收款

　　贷：国库存款等

（2）按照实际偿还的本金及已确认的应付利息金额：

借：应付地方政府债券转贷款

　　贷：待偿债净资产——应付地方政府债券转贷款

【例9-16】接【例9-15】，假设接受转贷债券的市级政府，又将40亿元中的30亿元转贷给区级政府财政，由区级政府承担30亿元债券的本息责任。本市级政府只承担10亿元债券的本息责任。债券到期时，区级政府财政能按期足额偿还本息。

该市级财政总会计对该项债券业务的账务处理如下：

①收到转贷资金时：

借：国库存款　　　　　　　　　　　　　　　　　4 000 000 000

　　贷：债务转贷收入——地方政府专项债务转贷收入　　　　　4 000 000 000

借：待偿债净资产——应付地方政府债券转贷款　　　4 000 000 000

　　贷：应付地方政府债券转贷款——应付地方政府专项债券转贷款——应付本金

　　　　　　　　　　　　　　　　　　　　　　　　　　4 000 000 000

②向区级政府转贷债券时：

借：债务转贷支出——地方政府专项债券转贷支出——×区

3 000 000 000

　　贷：国库存款 3 000 000 000

借：应收地方政府债券转贷款——应收地方政府专项债券转贷款——应收本金

3 000 000 000

　　贷：资产基金——应收地方政府债券转贷款 3 000 000 000

③2015年年底计提利息时：

应付转贷利息 = 40×2.84%×1/2 = 0.568（亿元）

应收转贷利息 = 30×2.84%×1/2 = 0.426（亿元）

借：待偿债净资产——应付地方政府债券转贷款 56 800 000

　　贷：应付地方政府债券转贷款——应付地方政府专项债券转贷款——应付利息

56 800 000

借：应收地方政府债券转贷款——应收地方政府专项债券转贷款——应收利息

42 600 000

　　贷：资产基金——应收地方政府债券转贷款 42 600 000

④2016年7月支付利息时：

应收转贷利息 = 30×2.84% = 0.852（亿元）

应付本级承担利息 = 10×2.84% = 0.284（亿元）

借：国库存款 85 200 000

　　贷：其他应付款 85 200 000

借：资产基金——应收地方政府债券转贷款 42 600 000

　　贷：应收地方政府债券转贷款——应收地方政府专项债券转贷款——应收利息

42 600 000

借：政府性基金预算本级支出 28 400 000

　　贷：国库存款 28 400 000

借：其他应付款 85 200 000

　　贷：国库存款 85 200 000

借：应付地方政府债券转贷款——应付地方政府专项债券转贷款——应付利息

56 800 000

　　贷：待偿债净资产——应付地方政府债券转贷款 56 800 000

⑤2016年年底、2017年年底计提利息的账务处理同2015年年底；2017年7月支付利息的账务处理同2016年7月。

⑥2018年7月还本付息时：

借：国库存款 3 085 200 000

　　贷：其他应付款 3 085 200 000

借：资产基金——应收地方政府债券转贷款 3 000 000 000

　　贷：应收地方政府债券转贷款——应收地方政府专项债券转贷款——应收本金

3 000 000 000

借：资产基金——应收地方政府债券转贷款 42 600 000

    贷：应收地方政府债券转贷款——应收地方政府专项债券转贷款——应收利息

          42 600 000

借：债务还本支出——地方政府还本支出——专项债务还本支出

          1 000 000 000

    贷：国库存款 1 000 000 000

借：政府性基金预算本级支出 28 400 000

    贷：国库存款 28 400 000

借：其他应付款 3 085 200 000

    贷：国库存款 3 085 200 000

借：应付地方政府债券转贷款——应付地方政府专项债券转贷款——应付本金

          4 000 000 000

    贷：待偿债净资产——应付地方政府债券转贷款 4 000 000 000

借：应付地方政府债券转贷款——应付地方政府专项债券转贷款——应付利息

          56 800 000

    贷：待偿债净资产——应付地方政府债券转贷款 56 800 000

该区级财政总会计对该项债券业务的账务处理如下：

①收到转贷资金时：

借：国库存款 3 000 000 000

    贷：债务转贷收入——地方政府专项债务转贷收入 3 000 000 000

借：待偿债净资产——应付地方政府债券转贷款 3 000 000 000

    贷：应付地方政府债券转贷款——应付地方政府专项债券转贷款——应付本金

          3 000 000 000

②2015年年底计提利息时：

应付转贷利息 = 30×2.84%×1/2 = 0.426（亿元）

借：待偿债净资产——应付地方政府债券转贷款 42 600 000

    贷：应付地方政府债券转贷款——应付地方政府专项债券转贷款——应付利息

          42 600 000

③2016年7月支付利息时：

应付本级承担利息 = 30×2.84% = 0.852（亿元）

借：政府性基金预算本级支出 85 200 000

    贷：国库存款 85 200 000

借：应付地方政府债券转贷款——应付地方政府专项债券转贷款——应付利息

          42 600 000

    贷：待偿债净资产——应付长期政府债券 42 600 000

④2016年年底、2017年年底计提利息的账务处理同2015年年底；2017年7月支付利息的账务处理同2016年7月。

⑤2018年7月还本付息时：

借：债务还本支出——地方政府还本支出——专项债务还本支出

　　　　　　　　　　　　　　　　　3 000 000 000

　　贷：国库存款　　　　　　　　　　　　　　　　　　3 000 000 000

借：政府性基金预算本级支出　　　　　　　85 200 000

　　贷：国库存款　　　　　　　　　　　　　　　　　　85 200 000

借：应付地方政府债券转贷款——应付地方政府专项债券转贷款——应付本金

　　　　　　　　　　　　　　　　　3 000 000 000

　　贷：待偿债净资产——应付地方政府债券转贷款　　3 000 000 000

借：应付地方政府债券转贷款——应付地方政府专项债券转贷款——应付利息

　　　　　　　　　　　　　　　　　42 600 000

　　贷：待偿债净资产——应付地方政府债券转贷款　　42 600 000

（三）定向承销发行政府债券置换存量债务

2015年5月，财政部、中国人民银行、银监会联合印发《关于2015年采用定向承销方式发行地方政府债券有关事宜的通知》（财库〔2015〕102号），明确2015年省、自治区、直辖市（含经省政府批准自办债券发行的计划单列市）人民政府（以下简称省级政府）在财政部下达的置换债券限额内采用定向承销方式发行一定额度地方债，用于置换部分存量债务。

采用定向承销方式发行地方债，即省级政府面向地方政府存量债务中特定债权人，采取簿记建档方式发行地方债，用以置换本地区地方政府相应的存量债务。

定向承销方式发行债券置换存量债务涉及的主要会计科目有"债务收入""债务转贷收入""债务还本支出""债务转贷支出""应付短期政府债券""应付长期政府债券""应收地方政府债券转贷款""应付地方政府债券转贷款"等。

1.省级财政部门定向发行短期债券。省级财政部门采用定向承销方式发行短期地方政府债券置换存量债务时，根据债权债务确认相关资料，按照置换本级政府存量债务的额度，借记"债务还本支出"科目，贷记"债务收入"科目；根据债务管理部门转来的相关资料，按照置换本级政府存量债务的额度，借记"待偿债净资产——应付短期政府债券"科目，贷记"应付短期政府债券"科目。

【例9-17】某省财政部门2016年以定向承销方式发行短期政府债券80亿元，用于置换本级政府存量债务。根据相关凭证，该省财政总会计的账务处理如下：

借：债务还本支出——地方政府债务还本支出　　8 000 000 000

　　贷：债务收入——地方政府债务收入　　　　　　　8 000 000 000

借：待偿债净资产——应付短期政府债券　　8 000 000 000

　　贷：应付短期政府债券　　　　　　　　　　　　　8 000 000 000

2.省级财政部门定向发行长期债券。省级财政部门采用定向承销方式发行长期地方政府债券置换存量债务时，根据债权债务确认相关资料，按照置换本级政府存量债务的额度，借记"债务还本支出"科目，按照置换下级政府存量债务的额度，借记"债务转贷支出"科目，按照置换存量债务的总额度，贷记"债务收入"科目；根据债务管理部门转来的相关资料，按照置换存量债务的总额度，借记"待偿债净资产——应付长期政府债券"科目，贷记"应付长期政府债券"科目；同时，按照置换下级政府存量债务的额度，借记

"应收地方政府债券转贷款"科目，贷记"资产基金——应收地方政府债券转贷款"科目。

【例9-18】某省财政部门2016年以定向承销方式发行长期政府债券100亿元，其中用于置换本级政府存量债务40亿元，用于置换下级政府存量债务60亿元。根据相关凭证，该省财政总会计的账务处理如下：

借：债务还本支出——地方政府债务还本支出 4 000 000 000
　　债务转贷支出 6 000 000 000
　　贷：债务收入——地方政府债务收入 10 000 000 000
借：待偿债净资产——应付长期政府债券 10 000 000 000
　　贷：应付长期政府债券 10 000 000 000
借：应收地方政府债券转贷款 6 000 000 000
　　贷：资产基金——应收地方政府债券转贷款 6 000 000 000

3.省级以下（不含省级）财政部门。省级以下（不含省级）财政部门采用定向承销方式发行地方政府债券置换存量债务时，根据上级财政部门提供的债权债务确认相关资料，按照置换本级政府存量债务的额度，借记"债务还本支出"科目，按照置换下级政府存量债务的额度，借记"债务转贷支出"科目，按照置换存量债务的总额度，贷记"债务转贷收入"科目；根据债务管理部门转来的相关资料，按照置换存量债务的总额度，借记"待偿债净资产——应付地方政府债券转贷款"科目，贷记"应付地方政府债券转贷款"科目；同时，按照置换下级政府存量债务的额度，借记"应收地方政府债券转贷款"科目，贷记"资产基金——应收地方政府债券转贷款"科目。

【例9-19】接【例9-18】，某市财政接受省财政部门60亿元定向承销转贷债券后，将其中的35亿元继续转贷给其区级财政，用于置换区级财政存量债务。

（1）市级财政总会计根据相关凭证作的账务处理如下：

借：债务还本支出——地方政府债务还本支出 2 500 000 000
　　债务转贷支出 3 500 000 000
　　贷：债务转贷收入 6 000 000 000
借：待偿债净资产——应付地方政府债券转贷款 6 000 000 000
　　贷：应付地方政府债券转贷款 6 000 000 000

（2）区级财政总会计根据相关凭证作的账务处理如下：

借：债务还本支出——地方政府债务还本支出 3 500 000 000
　　贷：债务转贷收入 3 500 000 000
借：待偿债净资产——应付地方政府债券转贷款 3 500 000 000
　　贷：应付地方政府债券转贷款 3 500 000 000

（四）各级政府的非正常处理业务

这里所说的非正常处理业务是指各级政府在偿还债务过程中，不能按照正常的程序及时足额地偿还本级政府承担的债务，由上级政府通过年终结算的方式扣缴本级政府未按时上缴的债务款项。

通过年终结算扣缴债务款业务涉及的主要会计科目有"与下级往来""与上级往来""应收地方政府债券转贷款""应付地方政府债券转贷款""债务还本支出"等。

通过年终结算扣缴未按时上缴款时，各级政府具体的账务处理如下：

1.扣缴业务中的上级政府财政（扣缴人）。扣缴下级政府财政的转贷款本息时，按照扣缴的金额，借记"与下级往来"科目，贷记"其他应付款"或"其他应收款"科目；根据债务管理部门转来的相关资料，按照扣缴的转贷款本金及已确认的应收利息金额，借记"资产基金——应收地方政府债券转贷款"科目，贷记"应收地方政府债券转贷款"科目。

（1）扣缴下级政府财政的转贷款本息：

借：与下级往来

　　贷：其他应付款或其他应收款

（2）按照扣缴的转贷款本金及已确认的应收利息金额：

借：资产基金——应收地方政府债券转贷款

　　贷：应收地方政府债券转贷款——应收本金/应收利息

2.扣缴业务中的下级政府财政（被扣缴人）。被上级政府财政扣缴地方政府债券转贷款本息时，借记"其他应收款"科目，贷记"与上级往来"科目；根据债务管理部门转来的相关资料，按照实际扣缴的本金及已确认的应付利息金额，借记"应付地方政府债券转贷款"科目，贷记"待偿债净资产——应付地方政府债券转贷款"科目。列报支出时，对本级政府财政承担的还本支出，借记"债务还本支出"科目，贷记"其他应收款"科目；对本级政府财政承担的利息支出，借记"一般公共预算本级支出""政府性基金预算本级支出"科目，贷记"其他应收款"科目。

（1）被上级政府财政扣缴地方政府债券转贷款本息：

借：其他应收款

　　贷：与上级往来

按照实际扣缴的本金及已确认的应付利息金额：

借：应付地方政府债券转贷款

　　贷：待偿债净资产——应付地方政府债券转贷款

（2）列报支出时，对本级政府财政承担的还本支出：

借：债务还本支出

　　贷：其他应收款

对本级政府财政承担的利息支出：

借：一般公共预算本级支出/政府性基金预算本级支出

　　贷：其他应收款

【例9-20】假设【例9-15】和【例9-16】中的市级政府和区级政府，2018年7月债务到期时不能按期上缴偿还资金，省政府通过年终结算扣缴的方式扣缴了转贷给市级政府的债务本息41.136亿元，市级政府又以年终结算扣缴的方式扣缴了转贷给区级政府的债务本息30.852亿元。省、市、区政府财政总会计的具体账务处理如下：

（1）省政府财政总会计：

①扣缴时，根据扣缴金额：

借：与下级往来——×市　　　　　　　　　　　　　　　4 113 600 000

　　贷：其他应付款　　　　　　　　　　　　　　　　　　　　　4 113 600 000

②根据债务管理部门转来的相关资料，按照扣缴的转贷款本金及已确认的应收利息金额：

借：资产基金——应收地方政府债券转贷款　　　　　4 056 800 000

　　贷：应收地方政府债券转贷款——应收本金　　　　　　　　　4 000 000 000

　　　　　　　　　　　　　　　——应收利息　　　　　　　　　　56 800 000

（2）市级政府财政总会计：

①被省政府扣缴时，根据扣缴金额：

借：其他应收款　　　　　　　　　　　　　　　　4 113 600 000

　　贷：与上级往来——省财政　　　　　　　　　　　　　　　4 113 600 000

根据债务管理部门转来的相关资料，按照实际扣缴的本金及已确认的应付利息金额：

借：应付地方政府债券转贷款　　　　　　　　　　4 056 800 000

　　贷：待偿债净资产——应付地方政府债券转贷款　　　　　　4 056 800 000

②扣缴区级政府债务款时，根据扣缴金额：

借：与下级往来——×区　　　　　　　　　　　　3 085 200 000

　　贷：其他应收款　　　　　　　　　　　　　　　　　　　　3 085 200 000

根据债务管理部门转来的相关资料，按照实际扣缴的本金及已确认的应付利息金额：

借：资产基金——应收地方政府债券转贷款　　　　3 042 600 000

　　贷：应收地方政府债券转贷款——应收本金　　　　　　　　3 000 000 000

　　　　　　　　　　　　　　　——应收利息　　　　　　　　　42 600 000

③列报支出时，对本级政府财政承担的还本支出：

借：债务还本支出　　　　　　　　　　　　　　　1 000 000 000

　　贷：其他应收款　　　　　　　　　　　　　　　　　　　　1 000 000 000

对本级政府财政承担的利息支出：

借：政府性基金预算本级支出　　　　　　　　　　　28 400 000

　　贷：其他应收款　　　　　　　　　　　　　　　　　　　　　28 400 000

（3）区级政府财政总会计：

①被市级政府扣缴时，根据扣缴金额：

借：其他应收款　　　　　　　　　　　　　　　　3 085 200 000

　　贷：与上级往来——×市　　　　　　　　　　　　　　　　3 085 200 000

根据债务管理部门转来的相关资料，按照实际扣缴的本金及已确认的应付利息金额：

借：应付地方政府债券转贷款　　　　　　　　　　3 042 600 000

　　贷：待偿债净资产——应付地方政府债券转贷款　　　　　　3 042 600 000

②列报支出时，对本级政府财政承担的还本支出：

借：债务还本支出　　　　　　　　　　　　　　　3 000 000 000

　　贷：其他应收款　　　　　　　　　　　　　　　　　　　　3 000 000 000

对本级政府财政承担的利息支出：

借：政府性基金预算本级支出　　　　　　　　　　　85 200 000

　　贷：其他应收款　　　　　　　　　　　　　　　　　　　　　85 200 000

五、主权外债的账务处理

主权外债的核算原则及原理同政府债券。

（一）省级以上（含省级）政府的正常处理业务

1.借入外债。借入主权外债业务涉及的主要会计科目有"债务收入""借入款项"等。

"借入款项"科目核算政府财政部门以政府名义向外国政府和国际金融组织等借入的款项，以及经国务院批准的其他方式借入的款项。本科目期末贷方余额反映本级政府财政尚未偿还的借入款项本金和利息。本科目应当设置"应付本金""应付利息"明细科目，分别对借入款项的应付本金和利息进行明细核算，还应当按照债权人进行明细核算。债务管理部门应当设置相应的辅助账，详细记录每笔借入款项的期限、借入日期、偿还及付息情况等。

政府财政向外国政府、国际金融组织等机构借款时，按照借入的金额，借记"国库存款""其他财政存款"等科目，贷记"债务收入"科目；根据债务管理部门转来的相关资料，按照实际承担的债务金额，借记"待偿债净资产——借入款项"科目，贷记"借入款项"科目。

（1）按照借入的金额：

借：国库存款/其他财政存款等

　　贷：债务收入

（2）按照实际承担的债务金额：

借：待偿债净资产——借入款项

　　贷：借入款项——应付本金

2.确认应付利息。确认主权外债应付利息业务涉及的主要会计科目有"借入款项"等。

期末确认借入主权外债的应付利息时，根据债务管理部门计算出的本期应付未付利息金额，借记"待偿债净资产——借入款项"科目，贷记"借入款项"科目。

借：待偿债净资产——借入款项

　　贷：借入款项——应付利息

3.偿还本金。偿还主权外债本金业务涉及的主要会计科目有"债务还本支出""借入款项"等。

偿还本级政府财政承担的借入主权外债本金时，借记"债务还本支出"科目，贷记"国库存款""其他财政存款"等科目；根据债务管理部门转来的相关资料，按照实际偿还的本金金额，借记"借入款项"科目，贷记"待偿债净资产——借入款项"科目。

（1）偿还本级政府财政承担的借入主权外债本金：

借：债务还本支出

　　贷：国库存款/其他财政存款等

（2）按照实际偿还的本金金额：

借：借入款项——应付本金

　　贷：待偿债净资产——借入款项

4.偿还利息。偿还主权外债利息业务涉及的主要会计科目有"借入款项"等。

偿还本级政府财政承担的借入主权外债利息时，借记"一般公共预算本级支出"等科目，贷记"国库存款""其他财政存款"等科目；实际偿还利息金额中属于已确认的应付利息部分，还应当根据债务管理部门转来的相关资料，借记"借入款项"科目，贷记"待偿债净资产——借入款项"科目。

（1）偿还本级政府财政承担的借入主权外债利息：

借：一般公共预算本级支出等

　　贷：国库存款/其他财政存款等

（2）实际偿还利息金额中属于已确认的应付利息部分：

借：借入款项——应付利息

　　贷：待偿债净资产——借入款项

5.转贷。这里的主权外债转贷是指本级政府财政向下级政府财政转贷主权外债资金，且主权外债最终还款责任由下级政府财政承担。主权外债转贷业务包括支付转贷资金、计提应收利息、收回本息、偿还本息等，涉及的主要会计科目有"债务转贷支出""应收主权外债转贷款""借入款项"等。

"应收主权外债转贷款"科目核算本级政府财政转贷给下级政府财政的外国政府和国际金融组织贷款等主权外债资金的本金及利息。本科目期末借方余额反映政府财政应收未收的主权外债转贷款本金和利息。本科目应当设置"应收本金""应收利息"明细科目，并按照转贷对象进行明细核算。

（1）本级政府财政支付转贷资金时，根据转贷资金支付的相关资料，借记"债务转贷支出"科目，贷记"其他财政存款"科目；根据债务管理部门转来的相关资料，按照实际持有的债权金额，借记本科目，贷记"资产基金——应收主权外债转贷款"科目。

①根据转贷资金支付相关资料：

借：债务转贷支出

　　贷：其他财政存款

②按照实际持有的债权金额：

借：应收主权外债转贷款——应收本金

　　贷：资产基金——应收主权外债转贷款

（2）期末确认主权外债转贷款的应收利息时，根据债务管理部门计算出转贷款的本期应收未收利息金额，借记本科目，贷记"资产基金——应收主权外债转贷款"科目。

借：应收主权外债转贷款——应收利息

　　贷：资产基金——应收主权外债转贷款

（3）收回转贷给下级政府财政主权外债的本息时，按照收回的金额，借记"其他财政存款"科目，贷记"其他应付款"或"其他应收款"科目；根据债务管理部门转来的相关资料，按照实际收回的转贷款本金及已确认的应收利息金额，借记"资产基金——应收主权外债转贷款"科目，贷记本科目。

①按照收回的本息金额：

借：其他财政存款

　　贷：其他应付款或其他应收款

②按照实际收回的转贷款本金及已确认的应收利息金额：

借：资产基金——应收主权外债转贷款

　　贷：应收主权外债转贷款——应收本金/应收利息

（4）偿还下级政府财政承担的借入主权外债的本息时，按照偿还的金额，借记"其他应付款"或"其他应收款"科目，贷记"国库存款""其他财政存款"等科目；根据债务管理部门转来的相关资料，按照实际偿还的本金及已确认的应付利息金额，借记"借入款项"科目，贷记"待偿债净资产——借入款项"科目。

①按照偿还的本息金额：

借：其他应付款或其他应收款

　　贷：国库存款/其他财政存款等

②按照实际偿还的本金及已确认的应付利息金额：

借：借入款项

　　贷：待偿债净资产——借入款项

【例9-21】某省政府财政通过财政部从世界银行贷入主权外债人民币200亿元，贷款期限为15年，年利率6%。根据债务管理部门转来的相关资料显示，实际承担的债务金额仍为200亿元。该省财政将其中的150亿元转贷给市级政府财政，并由市级政府财政承担偿还本息责任。每年年底计提并支付利息，各级政府均能按期支付利息和本金。该项主权外债业务均通过财政专户单独储存管理。该项主权外债业务的账务处理如下：

（1）借入主权外债时，按照借入的金额：

借：其他财政存款　　　　　　　　　　　　　　　　　20 000 000 000

　　贷：债务收入——国外债务收入　　　　　　　　　　　　　　20 000 000 000

根据债务管理部门转来的相关资料，按照实际承担的债务金额：

借：待偿债净资产——借入款项　　　　　　　　　　　20 000 000 000

　　贷：借入款项——应付本金——世界银行　　　　　　　　　　20 000 000 000

（2）转贷给市级政府时，按照支付资金：

借：债务转贷支出　　　　　　　　　　　　　　　　　15 000 000 000

　　贷：其他财政存款　　　　　　　　　　　　　　　　　　　　15 000 000 000

根据债务管理部门转来的相关资料，按照实际持有的债权金额：

借：应收主权外债转贷款——应收本金——×市　　　　15 000 000 000

　　贷：资产基金——应收主权外债转贷款　　　　　　　　　　　15 000 000 000

（3）每年年末确认利息时：

应付利息＝200×6%＝12（亿元）

应收利息＝150×6%＝9（亿元）

根据债务管理部门计算出的本期应付未付利息金额：

借：待偿债净资产——借入款项　　　　　　　　　　　1 200 000 000

　　贷：借入款项——应付利息——世界银行　　　　　　　　　　1 200 000 000

根据债务管理部门计算出转贷款的本期应收未收利息金额：

借：应收主权外债转贷款——应收利息——×市　　　　900 000 000

　　贷：资产基金——应收主权外债转贷款　　　　　　　　　　　900 000 000

（4）每年年末偿还利息时：

收回下级财政交来的利息资金时，按照收回的金额：

借：其他财政存款　　　　　　　　　　　　　　　　　900 000 000

　　贷：其他应付款　　　　　　　　　　　　　　　　　　　　　900 000 000

借：资产基金——应收主权外债转贷款　　　　　　　　　　900 000 000

　　贷：应收主权外债转贷款——应收利息——×市　　　　　　　　　900 000 000

偿还本级政府承担的利息时：

借：一般公共预算本级支出　　　　　　　　　　　　　　　300 000 000

　　贷：其他财政存款　　　　　　　　　　　　　　　　　　　　300 000 000

偿还市级政府承担的利息时：

借：其他应付款　　　　　　　　　　　　　　　　　　　　900 000 000

　　贷：其他财政存款　　　　　　　　　　　　　　　　　　　　900 000 000

借：借入款项——应付利息——世界银行　　　　　　　1 200 000 000

　　贷：待偿债净资产——借入款项　　　　　　　　　　　　　1 200 000 000

（5）到期偿还本金时：

收回市级政府承担的债务本金时：

借：其他财政存款　　　　　　　　　　　　　　　　　15 000 000 000

　　贷：其他应付款　　　　　　　　　　　　　　　　　　　15 000 000 000

借：资产基金——应收主权外债转贷款　　　　　　　15 000 000 000

　　贷：应收主权外债转贷款——应收本金——×市　　　　　15 000 000 000

偿还本级政府承担的债务本金时：

借：债务还本支出　　　　　　　　　　　　　　　　　5 000 000 000

　　贷：其他财政存款　　　　　　　　　　　　　　　　　　5 000 000 000

根据债务管理部门转来的相关资料，按照实际偿还的本金金额：

借：借入款项——应付本金——世界银行　　　　　　20 000 000 000

　　贷：待偿债净资产——借入款项　　　　　　　　　　　20 000 000 000

（二）省级以下（不含省级）政府的正常处理业务

1.收到转贷主权外债。收到转贷主权外债业务涉及的主要会计科目有"债务转贷收入""应付主权外债转贷款"等。

"应付主权外债转贷款"科目核算本级政府财政从上级政府财政借入的主权外债转贷款的本金及利息。本科目期末贷方余额反映本级政府财政尚未偿还的主权外债转贷款本金和利息。本科目应当设置"应付本金""应付利息"明细科目，分别对应付本金和利息进行明细核算。

收到上级政府财政转贷的主权外债资金时，借记"其他财政存款"科目，贷记"债务转贷收入"科目；根据债务管理部门转来的相关资料，按照实际承担的债务金额，借记"待偿债净资产——应付主权外债转贷款"科目，贷记"应付主权外债转贷款"科目。

（1）收到上级政府财政转贷的主权外债资金：

借：其他财政存款

　　贷：债务转贷收入

（2）按照实际承担的债务金额：

借：待偿债净资产——应付主权外债转贷款

　　贷：应付主权外债转贷款——应付本金

2.期末确认主权外债转贷款应付利息。期末确认主权外债转贷款应付利息业务涉及的主要会计科目有"应付主权外债转贷款"等。

期末确认主权外债转贷款的应付利息时，按照债务管理部门计算出的本期应付未付利息金额，借记"待偿债净资产——应付主权外债转贷款"科目，贷记"应付主权外债转贷款"科目。

借：待偿债净资产——应付主权外债转贷款
　　贷：应付主权外债转贷款——应付利息

3.偿还本级政府财政承担的借入主权外债转贷款本金。偿还本级政府财政承担的借入主权外债转贷款本金涉及的主要会计科目有"债务还本支出""应付主权外债转贷款"等。

偿还本级政府财政承担的借入主权外债转贷款的本金时，借记"债务还本支出"科目，贷记"其他财政存款"等科目；根据债务管理部门转来的相关资料，按照实际偿还的本金金额，借记"应付主权外债转贷款"科目，贷记"待偿债净资产——应付主权外债转贷款"科目。

（1）偿还本级政府财政承担的借入主权外债转贷款的本金：

借：债务还本支出
　　贷：其他财政存款等

（2）按照实际偿还的本金金额：

借：应付主权外债转贷款——应付本金
　　贷：待偿债净资产——应付主权外债转贷款

4.偿还本级政府财政承担的借入主权外债转贷款利息。偿还本级政府财政承担的借入主权外债转贷款利息涉及的主要会计科目有"应付主权外债转贷款"等。

偿还本级政府财政承担的借入主权外债转贷款的利息时，借记"一般公共预算本级支出"等科目，贷记"其他财政存款"等科目；实际偿还利息金额中属于已确认的应付利息部分，还应当根据债务管理部门转来的相关资料，借记"应付主权外债转贷款"科目，贷记"待偿债净资产——应付主权外债转贷款"科目。

（1）偿还本级政府财政承担的借入主权外债转贷款的利息：

借：一般公共预算本级支出等
　　贷：其他财政存款等

（2）实际偿还利息金额中属于已确认的应付利息部分：

借：应付主权外债转贷款——应付利息
　　贷：待偿债净资产——应付主权外债转贷款

5.转贷。省级以下政府主权外债转贷业务在支付转贷资金、期末计提应收利息、收回转贷本息的账务处理上同省级以上政府，即第（1）～（3）同省级以上政府。偿还下级政府承担的本息不同，即第（4）有所不同。具体的账务处理如下：

偿还下级政府财政承担的借入主权外债转贷款的本息时，借记"其他应付款"或"其他应收款"科目，贷记"其他财政存款"等科目；根据债务管理部门转来的相关资料，按照实际偿还的本金及已确认的应付利息金额，借记"应付主权外债转贷款"科目，贷记"待偿债净资产——应付主权外债转贷款"科目。

（1）偿还下级政府财政承担的借入主权外债转贷款的本息：

借：其他应付款或其他应收款

贷：其他财政存款等

（2）按照实际偿还的本金及已确认的应付利息金额：

借：应付主权外债转贷款——应付本金/应付利息

贷：待偿债净资产——应付主权外债转贷款

【例9-22】接【例9-21】，市级政府收到省政府转贷的主权外债150亿元，将其中的90亿元再转贷给区级政府。区级政府能按期上交债务本息。

市级政府相关业务的账务处理如下：

（1）收到转贷主权外债时，按照实际收到金额：

借：其他财政存款	15 000 000 000
贷：债务转贷收入	15 000 000 000

根据债务管理部门转来的相关资料，按照实际承担的债务金额：

借：待偿债净资产——应付主权外债转贷款	15 000 000 000
贷：应付主权外债转贷款——应付本金	15 000 000 000

（2）将主权外债转贷给区级政府时，按照支付资金：

借：债务转贷支出	9 000 000 000
贷：其他财政存款	9 000 000 000

根据债务管理部门转来的相关资料，按照实际持有的债权金额：

借：应收主权外债转贷款——应收本金——×区	9 000 000 000
贷：资产基金——应收主权外债转贷款	9 000 000 000

（3）期末确认主权外债转贷款利息时：

应收转贷利息 = 90×6% = 5.4（亿元）

按照债务管理部门计算出的本期应付未付利息金额：

借：待偿债净资产——应付主权外债转贷款	900 000 000
贷：应付主权外债转贷款——应付利息	900 000 000

按照债务管理部门计算出转贷款的本期应收未收利息金额：

借：应收主权外债转贷款——应收利息——×区	540 000 000
贷：资产基金——应收主权外债转贷款	540 000 000

（4）每年年末偿还利息时：

收回区级财政交来的利息资金时，按照收回的金额：

借：其他财政存款	540 000 000
贷：其他应付款	540 000 000
借：资产基金——应收主权外债转贷款	540 000 000
贷：应收主权外债转贷款——应收利息——×区	540 000 000

偿还本级政府承担的利息时：

借：一般公共预算本级支出	360 000 000
贷：其他财政存款	360 000 000

偿还区级政府承担的利息时：

借：其他应付款	540 000 000
贷：其他财政存款	540 000 000

借：应付主权外债转贷款——应付利息　　900 000 000

　贷：待偿债净资产——应付主权外债转贷款　　900 000 000

（5）到期偿还本金时：

收回区级政府承担的债务本金时：

借：其他财政存款　　9 000 000 000

　贷：其他应付款　　9 000 000 000

借：资产基金——应收主权外债转贷款　　9 000 000 000

　贷：应收主权外债转贷款——应收本金——×区　　9 000 000 000

偿还本级政府承担的债务本金时：

借：债务还本支出　　6 000 000 000

　贷：其他财政存款　　6 000 000 000

根据债务管理部门转来的相关资料，按照实际偿还的本金金额：

借：应付主权外债转贷款——应付本金　　15 000 000 000

　贷：待偿债净资产——应付主权外债转贷款　　15 000 000 000

区级政府相关业务的账务处理如下：

（1）收到转贷主权外债资金时，按照实际收到金额：

借：其他财政存款　　9 000 000 000

　贷：债务转贷收入　　9 000 000 000

根据债务管理部门转来的相关资料，按照实际承担的债务金额：

借：待偿债净资产——应付主权外债转贷款　　9 000 000 000

　贷：应付主权外债转贷款——应付本金　　9 000 000 000

（2）期末确认主权外债转贷款利息时：

应付转贷利息＝90×6%＝5.4（亿元）

按照债务管理部门计算出的本期应付未付利息金额：

借：待偿债净资产——应付主权外债转贷款　　540 000 000

　贷：应付主权外债转贷款——应付利息　　540 000 000

（3）每年年末偿还利息时，按照偿付利息金额：

借：一般公共预算本级支出　　540 000 000

　贷：其他财政存款　　540 000 000

借：应付主权外债转贷款——应付利息　　540 000 000

　贷：待偿债净资产——应付主权外债转贷款　　540 000 000

（4）到期偿还本金时，按照偿付的债务本金：

借：债务还本支出　　9 000 000 000

　贷：其他财政存款　　9 000 000 000

根据债务管理部门转来的相关资料，按照实际偿还的本金金额：

借：应付主权外债转贷款——应付本金　　9 000 000 000

　贷：待偿债净资产——应付主权外债转贷款　　9 000 000 000

（三）外方将贷款资金直接支付给用款单位或供应商

在主权外债借贷的实际操作中，存在外方将贷款资金直接支付给用款单位或供应商的情况，相应地各级政府财政总会计的账务处理方式也不同。

1.省级以上（含省级）政府的账务处理。其涉及的主要会计科目有"债务收入""借入款项""债务转贷支出""应收主权外债转贷款"等。

（1）本级政府财政承担还款责任，贷款资金由本级政府财政同级部门（单位）使用的，本级政府财政部门根据贷款资金支付相关资料，借记"一般公共预算本级支出"等科目，贷记"债务收入"科目；根据债务管理部门转来的相关资料，按照实际承担的债务金额，借记"待偿债净资产——借入款项"科目，贷记"借入款项"科目。

本级政府财政根据贷款资金支付相关资料：

借：一般公共预算本级支出等

　　贷：债务收入

按照实际承担的债务金额：

借：待偿债净资产——借入款项

　　贷：借入款项——应付本金

（2）本级政府财政承担还款责任，贷款资金由下级政府财政同级部门（单位）使用的，本级政府财政部门根据贷款资金支付相关资料及预算指标文件，借记"补助支出"科目，贷记"债务收入"科目；根据债务管理部门转来的相关资料，按照实际承担的债务金额，借记"待偿债净资产——借入款项"科目，贷记"借入款项"科目。

本级政府财政根据贷款资金支付相关资料及预算指标文件：

借：补助支出

　　贷：债务收入

按照实际承担的债务金额：

借：待偿债净资产——借入款项

　　贷：借入款项——应付本金

下级政府财政根据贷款资金支付相关资料：

借：一般公共预算本级支出

　　贷：补助收入

（3）下级政府财政承担还款责任，贷款资金由下级政府财政同级部门（单位）使用的，本级政府财政部门根据贷款资金支付相关资料，借记"债务转贷支出"科目，贷记"债务收入"科目；根据债务管理部门转来的相关资料，按照实际承担的债务金额，借记"待偿债净资产——借入款项"科目，贷记"借入款项"科目；同时，借记"应收主权外债转贷款"科目，贷记"资产基金——应收主权外债转贷款"科目。

本级政府财政根据贷款资金支付相关资料：

借：债务转贷支出

　　贷：债务收入

按照实际承担的债务金额：

借：待偿债净资产——借入款项

　　贷：借入款项——应付本金

同时，

借：应收主权外债转贷款

贷：资产基金——应收主权外债转贷款

2.省级以下（不含省级）政府的账务处理。其涉及的主要会计科目有"债务转贷收入""应付主权外债转贷款""债务转贷支出""应收主权外债转贷款"等。

（1）上级政府财政承担还款责任，贷款资金由本级政府财政同级部门（单位）使用的，本级政府财政部门根据贷款资金支付相关资料，借记"一般公共预算本级支出"科目，贷记"补助收入"科目。

借：一般公共预算本级支出

　　贷：补助收入

（2）本级政府财政承担还款责任，贷款资金由本级政府财政同级部门（单位）使用的，本级政府财政部门根据贷款资金支付相关资料，借记"一般公共预算本级支出"等科目，贷记"债务转贷收入"科目；根据债务管理部门转来的相关资料，按照实际承担的债务金额，借记"待偿债净资产——应付主权外债转贷款"科目，贷记"应付主权外债转贷款"科目。

本级政府财政根据贷款资金支付相关资料：

借：一般公共预算本级支出等

　　贷：债务转贷收入

按照实际承担的债务金额：

借：待偿债净资产——应付主权外债转贷款

　　贷：应付主权外债转贷款

（3）本级政府财政承担还款责任，贷款资金由下级政府财政同级部门（单位）使用的，本级政府财政部门根据贷款资金支付相关资料及预算指标文件，借记"补助支出"科目，贷记"债务转贷收入"科目；根据债务管理部门转来的相关资料，按照实际承担的债务金额，借记"待偿债净资产——应付主权外债转贷款"科目，贷记"应付主权外债转贷款"科目。

本级政府财政根据贷款资金支付相关资料及预算指标文件：

借：补助支出

　　贷：债务转贷收入

按照实际承担的债务金额：

借：待偿债净资产——应付主权外债转贷款

　　贷：应付主权外债转贷款

（4）下级政府财政承担还款责任，贷款资金由下级政府财政同级部门（单位）使用的，本级政府财政部门根据贷款资金支付相关资料，借记"债务转贷支出"科目，贷记"债务转贷收入"科目；根据债务管理部门转来的相关资料，按照实际承担的债务金额，借记"待偿债净资产——应付主权外债转贷款"科目，贷记"应付主权外债转贷款"科目；同时，借记"应收主权外债转贷款"科目，贷记"资产基金——应收主权外债转贷款"科目。

本级政府财政根据贷款资金支付相关资料：

借：债务转贷支出

　　贷：债务转贷收入

按照实际承担的债务金额：

借：待偿债净资产——应付主权外债转贷款

贷：应付主权外债转贷款

同时，

借：应收主权外债转贷款

贷：资产基金——应收主权外债转贷款

【例9-23】某省财政通过财政部从世界银行借入主权外债资金人民币180亿元，所有贷款资金均由世界银行直接支付给用款单位。其中，70亿元由省政府财政承担还款责任，50亿元由市级政府财政承担还款责任，60亿元由区级政府财政承担还款责任。省政府财政承担还款责任的70亿元中，25亿元由省政府财政同级部门使用，45亿元由市级政府财政同级部门使用。市级政府财政承担还款责任的50亿元中，20亿元由市级政府财政同级部门使用，30亿元由区级政府财政同级部门使用。

省政府财政总会计相关业务的账务处理如下：

（1）省政府财政承担还款责任，省政府财政同级部门使用的，根据贷款资金支付相关资料：

借：一般公共预算本级支出 2 500 000 000

贷：债务收入——国外债务收入 2 500 000 000

根据债务管理部门转来的相关资料，按照实际承担的债务金额：

借：待偿债净资产——借入款项 2 500 000 000

贷：借入款项——应付本金——世界银行 2 500 000 000

（2）省政府财政承担还款责任，市级政府财政同级部门使用的，根据贷款资金支付相关资料及预算指标文件：

借：补助支出 4 500 000 000

贷：债务收入——国外债务收入 4 500 000 000

根据债务管理部门转来的相关资料，按照实际承担的债务金额：

借：待偿债净资产——借入款项 4 500 000 000

贷：借入款项——应付本金——世界银行 4 500 000 000

（3）下级（市、区两级）政府承担还款责任的，根据贷款资金支付相关资料：

借：债务转贷支出 11 000 000 000

贷：债务收入——国外债务收入 11 000 000 000

根据债务管理部门转来的相关资料，按照实际承担的债务金额：

借：待偿债净资产——借入款项 11 000 000 000

贷：借入款项——应付本金——世界银行 11 000 000 000

借：应收主权外债转贷款——×市 11 000 000 000

贷：资产基金——应收主权外债转贷款 11 000 000 000

市级政府财政总会计相关业务的账务处理如下：

（1）省政府财政承担还款责任，市级政府财政同级部门使用的，根据贷款资金支付相关资料：

借：一般公共预算本级支出 4 500 000 000

　　　　贷：补助收入　　　　　　　　　　　　　　　　　　　　　　　4 500 000 000

　　（2）市级政府财政承担还款责任，市级政府财政同级部门使用的，根据贷款资金支付相关资料：

　　　　借：一般公共预算本级支出　　　　　　　　　　2 000 000 000

　　　　　　贷：债务转贷收入　　　　　　　　　　　　　　　　　　　2 000 000 000

　　　　根据债务管理部门转来的相关资料，按照实际承担的债务金额：

　　　　借：待偿债净资产——应付主权外债转贷款　　　2 000 000 000

　　　　　　贷：应付主权外债转贷款——应付本金　　　　　　　　　　2 000 000 000

　　（3）市级政府财政承担还款责任，区级政府财政同级部门使用的，根据贷款资金支付相关资料及预算文件：

　　　　借：补助支出　　　　　　　　　　　　　　　　3 000 000 000

　　　　　　贷：债务转贷收入　　　　　　　　　　　　　　　　　　　3 000 000 000

　　　　根据债务管理部门转来的相关资料，按照实际承担的债务金额：

　　　　借：待偿债净资产——应付主权外债转贷款　　　3 000 000 000

　　　　　　贷：应付主权外债转贷款——应付本金　　　　　　　　　　3 000 000 000

　　（4）区级政府财政承担还款责任，区级政府财政同级部门使用的，根据转贷资金支付相关资料：

　　　　借：债务转贷支出　　　　　　　　　　　　　　6 000 000 000

　　　　　　贷：债务转贷收入　　　　　　　　　　　　　　　　　　　6 000 000 000

　　　　根据债务管理部门转来的相关资料，按照实际承担的债务金额：

　　　　借：待偿债净资产——应付主权外债转贷款　　　6 000 000 000

　　　　　　贷：应付主权外债转贷款——应付本金　　　　　　　　　　6 000 000 000

　　　　借：应收主权外债转贷款——应收本金——×区　　6 000 000 000

　　　　　　贷：资产基金——应收主权外债转贷款　　　　　　　　　　6 000 000 000

　　区级政府财政总会计相关业务的账务处理如下：

　　（1）市级政府财政承担还款责任，区级政府财政同级部门使用的，根据贷款资金支付相关资料：

　　　　借：一般公共预算本级支出　　　　　　　　　　6 000 000 000

　　　　　　贷：补助收入　　　　　　　　　　　　　　　　　　　　　6 000 000 000

　　（2）区级政府财政承担还款责任，区级政府财政同级部门使用的，根据贷款资金支付相关资料：

　　　　借：一般公共预算本级支出　　　　　　　　　　6 000 000 000

　　　　　　贷：债务转贷收入　　　　　　　　　　　　　　　　　　　6 000 000 000

　　　　根据债务管理部门转来的相关资料，按照实际承担的债务金额：

　　　　借：待偿债净资产——应付主权外债转贷款　　　6 000 000 000

　　　　　　贷：应付主权外债转贷款——应付本金　　　　　　　　　　6 000 000 000

（四）各级政府主权外债的非正常业务处理

　　这里的非正常业务是指下级政府财政不能按期偿还本息，上级政府财政总会计通过年终结算扣缴下级政府财政转贷本息的业务，以及外方债权人豁免债务本息资金的业务。

1.年终结算扣缴债务本息业务。其涉及的主要会计科目有"应收主权外债转贷款""应付主权外债转贷款""债务还本支出"等。

（1）上级政府财政扣缴下级政府财政的转贷款本息时，按照扣缴的金额，借记"与下级往来"科目，贷记"其他应付款"或"其他应收款"科目；根据债务管理部门转来的相关资料，按照扣缴的转贷款本金及已确认的应收利息金额，借记"资产基金——应收主权外债转贷款"科目，贷记"应收主权外债转贷款"科目。

上级政府财政按照扣缴的金额：

借：与下级往来

　　贷：其他应付款或其他应收款

按照扣缴的转贷款本金及已确认的应收利息金额：

借：资产基金——应收主权外债转贷款

　　贷：应收主权外债转贷款

（2）被上级政府财政扣缴借入主权外债转贷款的本息时，借记"其他应收款"科目，贷记"与上级往来"科目；根据债务管理部门转来的相关资料，按照被扣缴的本金及已确认的应付利息金额，借记"应付主权外债转贷款"科目，贷记"待偿债净资产——应付主权外债转贷款"科目。列报支出时，对本级政府财政承担的还本支出，借记"债务还本支出"科目，贷记"其他应收款"科目；对本级政府财政承担的利息支出，借记"一般公共预算本级支出"等科目，贷记"其他应收款"科目。

下级政府财政按照扣缴金额：

借：其他应收款

　　贷：与上级往来

按照被扣缴的本金及已确认的应付利息金额：

借：应付主权外债转贷款

　　贷：待偿债净资产——应付主权外债转贷款

列报支出时，对本级政府财政承担的还本支出：

借：债务还本支出

　　贷：其他应收款

对本级政府财政承担的利息支出：

借：一般公共预算本级支出等

　　贷：其他应收款

【例9-24】假设【例9-21】中，债务到期时，各下级政府不能按时支付债务本息资金，省政府通过年终结算扣缴的方式偿还转贷给市级政府财政的债务本息资金。

（1）省政府财政总会计的相关账务处理如下：

按照扣缴的金额：

借：与下级往来——×市　　　　　　　　　　　　　15 900 000 000

　　贷：其他应付款　　　　　　　　　　　　　　　　　　　15 900 000 000

根据债务管理部门转来的相关资料，按照扣缴的转贷款本金及已确认的应收利息金额：

借：资产基金——应收主权外债转贷款　　　　　　　　15 900 000 000

　　贷：应收主权外债转贷款——×市　　　　　　　　　　　　　　15 900 000 000

（2）市级政府财政总会计的相关账务处理如下：

按照被扣缴的金额：

借：其他应收款　　　　　　　　　　　　　　　　　　15 900 000 000

　　贷：与上级往来——省财政　　　　　　　　　　　　　　　　　15 900 000 000

根据债务管理部门转来的相关资料，按照被扣缴的本金及已确认的应付利息金额：

借：应付主权外债转贷款　　　　　　　　　　　　　　15 900 000 000

　　贷：待偿债净资产——应付主权外债转贷款　　　　　　　　　　15 900 000 000

列报支出时，对本级政府财政承担的还本支出：

借：债务还本支出　　　　　　　　　　　　　　　　　　6 000 000 000

　　贷：其他应收款　　　　　　　　　　　　　　　　　　　　　　　6 000 000 000

对本级政府财政承担的利息支出：

借：一般公共预算本级支出　　　　　　　　　　　　　　360 000 000

　　贷：其他应收款　　　　　　　　　　　　　　　　　　　　　　　360 000 000

【例9-25】假设【例9-22】中，债务到期时，区级政府不能按时偿还债务本息资金，市级政府财政通过年终结算扣缴的方式偿还区级政府财政的转贷款本息资金。

（1）市级政府财政总会计的相关账务处理如下：

按照扣缴的金额：

借：与下级往来——×区　　　　　　　　　　　　　　　9 540 000 000

　　贷：其他应收款　　　　　　　　　　　　　　　　　　　　　　　9 540 000 000

根据债务管理部门转来的相关资料，按照扣缴的转贷款本金及已确认的应收利息金额：

借：资产基金——应收主权外债转贷款　　　　　　　　　9 540 000 000

　　贷：应收主权外债转贷款　　　　　　　　　　　　　　　　　　　9 540 000 000

（2）区级政府财政总会计的相关账务处理如下：

按照被扣缴的金额：

借：其他应收款　　　　　　　　　　　　　　　　　　　9 540 000 000

　　贷：与上级往来——×市　　　　　　　　　　　　　　　　　　　9 540 000 000

根据债务管理部门转来的相关资料，按照被扣缴的本金及已确认的应付利息金额：

借：应付主权外债转贷款　　　　　　　　　　　　　　　9 540 000 000

　　贷：待偿债净资产——应付主权外债转贷款　　　　　　　　　　　9 540 000 000

列报支出时，对本级政府财政承担的还本支出：

借：债务还本支出　　　　　　　　　　　　　　　　　　9 000 000 000

　　贷：其他应收款　　　　　　　　　　　　　　　　　　　　　　　9 000 000 000

对本级政府财政承担的利息支出：

借：一般公共预算本级支出　　　　　　　　　　　　　　540 000 000

　　贷：其他应收款　　　　　　　　　　　　　　　　　　　　　　　540 000 000

2.豁免主权外债本息业务。其涉及的主要会计科目有"借入款项""应收主权外债转贷款""应付主权外债转贷款"等。

（1）省级以上（含省级）政府相关业务账务处理。

①债权人豁免本级政府财政承担偿还责任的借入主权外债本息时，根据债务管理部门转来的相关资料，按照被豁免的本金及已确认的应付利息金额，借记"借入款项"科目，贷记"待偿债净资产——借入款项"科目。

借：借入款项

　　贷：待偿债净资产——借入款项

②债权人豁免下级政府财政承担偿还责任的借入主权外债本息时，根据债务管理部门转来的相关资料，按照被豁免的本金及已确认的应付利息金额，借记"借入款项"科目，贷记"待偿债净资产——借入款项"科目；同时，借记"资产基金——应收主权外债转贷款"科目，贷记"应收主权外债转贷款"科目。

借：借入款项

　　贷：待偿债净资产——借入款项

同时，

借：资产基金——应收主权外债转贷款

　　贷：应收主权外债转贷款

（2）省级以下（不含省级）政府相关业务账务处理。上级政府财政豁免主权外债转贷款本息时，根据下列情况分别进行处理：

①豁免本级政府财政承担偿还责任的主权外债转贷款本息时，根据债务管理部门转来的相关资料，按照豁免转贷款的本金及已确认的应付利息金额，借记"应付主权外债转贷款"科目，贷记"待偿债净资产——应付主权外债转贷款"科目。

借：应付主权外债转贷款

　　贷：待偿债净资产——应付主权外债转贷款

②豁免下级政府财政承担偿还责任的主权外债转贷款本息时，根据债务管理部门转来的相关资料，按照豁免转贷款的本金及已确认的应付利息金额，借记"应付主权外债转贷款"科目，贷记"待偿债净资产——应付主权外债转贷款"科目；同时，借记"资产基金——应收主权外债转贷款"科目，贷记"应收主权外债转贷款"科目。

借：应付主权外债转贷款

　　贷：待偿债净资产——应付主权外债转贷款

同时，

借：资产基金——应收主权外债转贷款

　　贷：应收主权外债转贷款

【例9-26】假设【例9-21】中，主权外债到期时，所有的本金和最后一年的利息被债权人全部豁免。

（1）省政府财政总会计相关账务处理如下：

本级承担的债务，根据债务管理部门转来的相关资料，按照被豁免的本金及已确认的应付利息金额：

借：借入款项——世界银行　　　　　　　　　5 300 000 000

　　贷：待偿债净资产——借入款项　　　　　　　　　　　5 300 000 000

下级政府财政承担偿还责任的借入主权外债本息，根据债务管理部门转来的相关资料，按照被豁免的本金及已确认的应付利息金额：

借：借入款项——世界银行   15 900 000 000

    贷：待偿债净资产——借入款项   15 900 000 000

借：资产基金——应收主权外债转贷款   15 900 000 000

    贷：应收主权外债转贷款——×市   15 900 000 000

（2）市级政府财政总会计相关账务处理如下：

上级豁免本级政府财政承担偿还责任的主权外债转贷款本息，根据债务管理部门转来的相关资料，按照豁免转贷款的本金及已确认的应付利息金额：

借：应付主权外债转贷款   6 360 000 000

    贷：待偿债净资产——应付主权外债转贷款   6 360 000 000

上级豁免下级政府财政承担偿还责任的主权外债转贷款本息，根据债务管理部门转来的相关资料，按照豁免转贷款的本金及已确认的应付利息金额：

借：应付主权外债转贷款   9 540 000 000

    贷：待偿债净资产——应付主权外债转贷款   9 540 000 000

借：资产基金——应收主权外债转贷款   9 540 000 000

    贷：应收主权外债转贷款——×区   9 540 000 000

（3）区级政府财政总会计相关账务处理如下：

上级豁免本级政府财政承担偿还责任的主权外债转贷款本息，根据债务管理部门转来的相关资料，按照豁免转贷款的本金及已确认的应付利息金额：

借：应付主权外债转贷款   9 540 000 000

    贷：待偿债净资产——应付主权外债转贷款   9 540 000 000

六、政府债券和主权外债相关科目年终转账的账务处理

涉及年终转账的主要会计科目有"债务收入""债务转贷收入""债务还本支出""债务转贷支出"等。

1.债务收入。

（1）"专项债务收入"明细科目的贷方余额应当按照对应的政府性基金种类分别转入"政府性基金预算结转结余"相应明细科目：

借：债务收入——专项债务收入

    贷：政府性基金预算结转结余

（2）其他明细科目的贷方余额全数转入"一般公共预算结转结余"科目：

借：债务收入——其他明细科目

    贷：一般公共预算结转结余

2.债务转贷收入。

（1）"地方政府一般债务转贷收入"明细科目的贷方余额全数转入"一般公共预算结转结余"科目：

借：债务转贷收入——地方政府一般债务转贷收入

    贷：一般公共预算结转结余

（2）"地方政府专项债务转贷收入"明细科目的贷方余额按照对应的政府性基金种类分别转入"政府性基金预算结转结余"相应明细科目：

借：债务转贷收入——地方政府专项债务转贷收入

　　贷：政府性基金预算结转结余

3.债务还本支出。

（1）"专项债务还本支出"明细科目的借方余额应当按照对应的政府性基金种类分别转入"政府性基金预算结转结余"相应明细科目：

借：政府性基金预算结转结余

　　贷：债务还本支出——专项债务还本支出

（2）其他明细科目的借方余额全数转入"一般公共预算结转结余"科目：

借：一般公共预算结转结余

　　贷：债务还本支出——其他明细科目

4.债务转贷支出。

（1）"地方政府一般债务转贷支出"明细科目的借方余额全数转入"一般公共预算结转结余"科目：

借：一般公共预算结转结余

　　贷：债务转贷支出——地方政府一般债务转贷支出

（2）"地方政府专项债务转贷支出"明细科目的借方余额全数转入"政府性基金预算结转结余"科目：

借：政府性基金预算结转结余

　　贷：债务转贷支出——地方政府专项债务转贷支出

思考与练习题

一、思考题

1.什么是财政专用基金？如何管理财政专用基金？

2.财政专用基金收入与政府性基金预算收入的区别有哪些？

3.什么是预算稳定调节基金？其作用是什么？

4.预算稳定调节基金与预算周转金有什么联系和区别？

5.什么是政府债券？其类型有哪些？

6.什么是主权外债？其类型有哪些？

7.主权外债的预算管理原则是什么？

二、单项选择题

1.目前全国统一的专用基金只有（　　　）。

A.农业发展基金　　　　　　　　　　　B.水资源建设专项基金

C.粮食风险基金　　　　　　　　　　　D.水利建设专项基金

2."专用基金收入"科目应当按照（　　　）进行明细核算。

A.专用基金种类　　　　　　　　　　　B.专用基金来源

C.专用基金使用部门　　　　　　　　　D.专用基金管理部门

3.专用基金收入以财政总预算会计（　　）数额为准。

A.预计收到　　　　　B.实际收到　　　　　C.预算　　　　　D.决算

4.各级政府财政管理的专用基金收支相抵形成的剩余资金，记入（　　）科目。

A."专用基金"

B."政府性基金预算结转结余"

C."专用基金结余"

D."一般公共预算结转结余"

5.财政国库支付执行机构是（　　）。

A.独立核算的预算单位　　　　　B.财政部门内设机构

C.独立核算的企业单位　　　　　D.政府机关内设机构

6.各级政府设置的预算稳定调节资金存入（　　）进行管理。

A.国库　　　　　B.财政专户　　　　　C.小金库　　　　　D.以上都不是

7.根据现行《预算法》的规定，各级政府（　　）按照国务院的规定可以设置预算稳定调节基金。

A.一般公共预算　　　　　B.政府性基金预算

C.国有资本经营预算　　　　　D.社会保险基金预算

8.各级政府设置的预算稳定调节基金用于弥补（　　）预算资金的不足。

A.上年度　　　　　B.本年度季节性　　　　　C.本年度　　　　　D.以后年度

9."动用预算稳定调节基金"科目属于（　　）类账户。

A.资产类　　　　　B.负债类　　　　　C.收入类　　　　　D.支出类

10."安排预算稳定调节基金"科目属于（　　）类账户。

A.资产类　　　　　B.负债类　　　　　C.收入类　　　　　D.支出类

11.政府债券和主权外债在进行会计核算时所用到会计科目涉及（　　）类会计要素。

A.两　　　　　B.三　　　　　C.四　　　　　D.五

12.省级以下（不含省级）的地方政府只能通过（　　）获得政府债券收入。

A.自主发债　　　　　B.委托财政部代发

C.从上级政府转贷　　　　　D.从金融机构借入

三、多项选择题

1.财政国库支付执行机构的专有会计科目有（　　）。

A."预算单位零余额账户存款"　　　　　B."财政零余额账户存款"

C."已结报支出"　　　　　D."国库存款"

2.各级政府一般公共预算年度执行中有超收收入的，只能用于（　　）方面。

A.安排当年预算支出　　　　　B.安排下年预算支出

C.冲减赤字　　　　　D.补充预算稳定调节基金

3.各级政府预算稳定调节基金的主要资金来源有（　　）。

A.本级政府一般公共预算的结余资金

B.上级政府拨入的补助资金

C.本级政府一般公共预算年度执行的超收收入

D.本级政府各预算年度执行的超收收入

4.地方政府债券根据发行期限，可分为（　　）。

A.短期政府债券　　　　　B.中期政府债券

C.中长期政府债券 　　　　　　　　　D.长期政府债券

5.偿还本级政府财政承担的地方政府债券利息时，可以动用（　　　）资金。

A.一般公共预算 　　　　　　　　　　B.政府性基金预算

C.国有资本经营预算 　　　　　　　　D.社会保险基金预算

四、业务分录题

某市财政20××年发生以下经济业务，请编写各经济业务的相关会计分录。

1.从省财政厅收到粮食风险基金100万元，根据国家规定将基金存在指定的财政专户。

2.退回省财政厅拨付的粮食风险基金30万元。

3.经研究决定，将本级一般公共预算资金85万元安排粮食风险基金，将款项存入指定财政专户。

4.将本级一般公共预算资金安排入粮食风险基金的34万元剩余资金退回国库。

5.将粮食风险基金20万元用于粮食库存管理。

6.收回粮食库存管理剩余费用资金1.5万元。

7.财政国库支付执行机构为某预算单位直接支付发放工资73万元。

8.财政国库支付执行机构某日与财政总预算会计进行结算，"预算支出结算清单"上列示本日本级预算单位直接支付支出共计97万元，其中一般公共预算资金60万元，政府性基金预算资金37万元。

9.国库支付执行机构根据代理银行报来的"财政支出日报表"，列示当日授权支付额度为63万元，其中一般公共预算本级支出40万元，政府性基金预算本级支出23万元，与中国人民银行国库划款凭证核对无误后，列报当日授权支付支出。

10.用当年形成的超收收入230万元补充本级政府预算稳定调节基金。

11.将闲置的预算周转金42万元转入预算稳定调节基金。

12.为弥补本年度预算资金的不足，调用300万元预算稳定调节基金。

13.年终结账时，"专用基金收入""专用基金支出""动用预算稳定调节基金""安排预算稳定调节基金""债务转贷收入""债务还本支出""债务转贷支出"等账户余额分别为800万元、790万元、450万元、30万元、70亿元、35亿元、50亿元。

14.年终结账时，财政国库支付执行机构各类账户余额分别为"一般公共预算本级支出"120亿元、"政府性基金预算本级支出"80亿元、"国有资本经营预算本级支出"46亿元、"已结报支出"246亿元。

五、政府债券和主权外债专项业务训练题

1.某省财政于2016年6月底发行一期记账式固定利率附息专项债券80亿元，期限为3年，票面年利率为2.84%。本期债券于当年7月1日开始计息，利息按年支付，每年7月1日支付利息，2019年7月1日偿还本金并支付最后一年利息。该批债券发行完毕，实际取得债务资金85亿元。根据债务管理部门转来的相关资料，确认该批债券到期应偿还的政府债券本金数为80亿元。经研究决定，向市级政府转贷该批政府债券60亿元，本级政府只承担20亿元的本金偿还责任。根据债务管理部门的相关资料确认，到期应向市级政府收回的转贷本金数为60亿元。接受转贷债券的市级政府，又将60亿元中的50亿元转贷给区级政府财政，由区级政府承担50亿元债券的本息责任，本市级政府只承担

10亿元债券的本息责任。该批债券3年到期时，市级、区级政府财政都能如期足额转来债券本息资金。

请根据上述资料，编制各级财政总预算会计有关政府债券的会计分录。

2.某省财政于2016年以定向承销方式发行长期政府债券120亿元，其中用于置换本级政府存量债务50亿元，用于置换下级政府存量债务60亿元。某市级财政接受省财政60亿元定向承销转贷债券后，将其中的40亿元继续转贷给其区级财政，用于置换区级财政存量债务。

请根据上述资料，编制各级财政总预算会计有关政府债券存量置换的会计分录。

3.某省财政于2016年6月底发行一期记账式固定利率附息专项债券80亿元，期限为3年，票面年利率为2.84%。本期债券于当年7月1日开始计息，利息按年支付，每年7月1日支付利息，2019年7月1日偿还本金并支付最后一年利息。该批债券发行完毕，实际取得债务资金85亿元。根据债务管理部门转来的相关资料，确认该批债券到期应偿还的政府债券本金数为80亿元。经研究决定，向市级政府转贷该批政府债券60亿元，本级政府只承担20亿元的本金偿还责任。根据债务管理部门的相关资料确认，到期应向市级政府收回的转贷本金数为60亿元。接受转贷债券的市级政府，又将60亿元中的50亿元转贷给区级政府财政，由区级政府承担50亿元债券的本息责任，本市级政府只承担10亿元债券的本息责任。该批债券2019年7月债务到期时，市级政府和区级政府不能按期上缴偿还资金，省政府通过年终结算扣缴的方式扣缴了转贷给市级政府的债务本息资金，市级政府又以年终结算扣缴的方式扣缴了转贷给区级政府的债务本息资金。

请根据上述资料，编制各级财政总预算会计有关政府债券的会计分录。

4.某省政府财政通过财政部从世界银行贷入主权外债人民币2 000亿元，贷款期限为15年，年利率6%。根据债务管理部门转来的相关资料显示，实际承担的债务金额仍为2 000亿元。该省财政将其中的1 500亿元转贷给市级政府财政，并由市级政府财政承担偿还本息责任，每年年底计提并支付利息。市级政府收到省政府转贷的主权外债1 500亿元后，将其中的900亿元再次转贷给区级政府。各级政府均能按期支付利息和本金。该项主权外债业务均通过财政专户单独储存管理。

请根据以上资料，编制各级财政总预算会计有关主权外债的会计分录。

5.某省财政通过财政部从世界银行借入主权外债资金人民币210亿元，所有贷款资金均由世界银行直接支付给用款单位。其中，80亿元由省政府财政承担还款责任，60亿元由市级政府财政承担还款责任，70亿元由区级政府财政承担还款责任。省政府财政承担还款责任的80亿元中，30亿元由省政府财政同级部门使用，50亿元由市级政府财政同级部门使用。市级政府财政承担还款责任的60亿元中，25亿元由市级政府财政同级部门使用，35亿元由区级政府财政同级部门使用。

请根据以上资料，编制各级财政总预算会计有关主权外债的会计分录。

6.某省政府财政通过财政部从世界银行贷入主权外债人民币2 000亿元，贷款期限为15年，年利率6%。根据债务管理部门转来的相关资料显示，实际承担的债务金额仍为2 000亿元。该省财政将其中的1 500亿元转贷给市级政府财政，并由市级政府财政承担偿还本息责任，每年年底计提并支付利息。市级政府收到省政府转贷的主权外债

1 500亿元后，将其中的900亿元再次转贷给区级政府。各级政府均能按期支付利息和本金。债务到期时，各下级政府不能按时支付债务本息资金，省政府通过年终结算扣缴的方式偿还转贷给市级政府财政的债务本息资金，市级政府财政通过年终结算扣缴的方式偿还区级政府财政的转贷款本息资金。该项主权外债业务均通过财政专户单独储存管理。

请根据以上资料，编制各级财政总预算会计有关主权外债的会计分录。

第十章

财政总预算会计报告

☞ **学习目的**

通过本章的学习，掌握财政总预算会计年终清理、年终结算和年终结账的相关内容，掌握财政总预算会计报表的组成及编制方法，了解财政总预算会计报表的审核、汇总和分析。

第一节　财政总预算会计结账和结算

财政总预算会计应当按月和按年进行会计结账。具体结账方法，按照《会计基础工作规范》办理。财政总预算会计的年终结账，在年终清理和年终结算之后进行。

一、年终清理

预算年度结束后，政府财政部门应当及时进行年终清理及结算。年终清理的主要事项如下：

（一）核对年度预算

预算是预算执行和办理会计结算的依据。年终前，财政总预算会计应配合预算管理部门将本级政府财政全年预算指标与上、下级政府财政总预算和本级各部门预算进行核对，及时办理预算调整和转移支付事项。本年预算调整和对下级政府转移支付，一般截止到11月底；各项预算拨款，一般截止到12月25日。

（二）清理本年预算收支

认真清理本年预算收入，督促征收部门和国家金库年终前如数缴库。应在本年预算支领列报的款项，非特殊原因，应在年终前办理完毕。

清理财政专户管理资金和专用基金收支。凡属应列入本年的收入，应及时催收，并缴入国库或指定财政专户。

（三）组织征收部门和国家金库进行年度对账

财政总预算会计还应组织征收机关和国库的年度对账，发现有错、漏或串账的，应当及时更正。按照国库条例的规定，年度终了后，支库设置10天的"库款报解整理期"。财政部另行规定"清理期"的，则"清理期"的工作应在"库款报解整理期"结束后进行。国库经收处在12月31日发生的事项，均应在"库款报解整理期"内报达支库，列入当年决算。

国库要按规定的对账办法编制收入年报，送同级财政部门、征收机关核对签章，以保证财政收入数字的正确一致。

（四）清理核对当年拨款支出

财政总预算会计对本级各单位的拨款支出应与单位的拨款收入核对无误。属于应收回的拨款，应及时收回，并按收回数相应冲减预算支出。属于预拨下年度的经费，不得列入当年预算支出。

（五）核实股权、债权和债务

财政部门内部相关资产、债务，管理部门应于12月20日前向财政总预算会计提供与股权、债权、债务等核算和反映相关的资料。财政总预算会计对股权投资、借出款项、应收股利、应收地方政府债券转贷款、应收主权外债转贷款、借入款项、应付短期政府债券、应付长期政府债券、应付地方政府债券转贷款、应付主权外债转贷款、其他负债等余额应与相关管理部门进行核对，记录不一致的要及时查明原因，按规定调整账务，做到账实相符，账账相符。

（六）清理往来款项

政府财政要认真清理其他应收款、其他应付款等各种往来款项，在年度终了前予以收回或归还。应转作收入或支出的各项款项，要及时转入本年有关收支账。

财政总预算会计对年终决算清理期内发生的会计事项，应当划清会计年度。属于上年度的会计事项记入上年度会计账，属于新年度的会计事项记入新年度会计账，防止错记漏记。

二、年终结算

财政预算管理部门要在年终清理的基础上，于次年元月底前结清上下级政府财政的转移支付收支和往来款项，即年终结算。

（一）年终结算的定义

年终结算是指各级财政之间，在年终清理的基础上，按照预算管理体制及有关规定结清上下级财政总预算之间的预算调拨（上解、补助）收支和往来款项。从某种意义上讲，年终结算也是整个决算编制前年终清理工作的一项特殊的清理结算工作。

财政总预算会计要按照财政管理体制的规定，由上级财政与下级财政之间单独结算的事项，一并计算出全年应补助款数额和应上解款数额，与年度预算执行过程中已补助和已上解数额进行比较，结合往来款和借垫款情况，计算出全年最后应补或应退数额，填制"年终财政决算结算单"，经核对无误后，作为年终财政结算凭证，据以入账。

（二）年终结算的内容

在当前的分税制财政体制下，我国上、下级财政年终结算的主要内容有以下几项：

1.体制结算。体制结算是按照分税制财政体制规定，对涉及上、下级政府财政分配发文的一些财政收入和财政支出变化项目进行上解或补助的结算。其主要有：

（1）税收返还收入结算。税收返还是分税制财政体制下中央财政对地方财政转移支付的一种形式，是我国分税制改革过程中既保持地方既得利益，又逐步提高中央财政收入比重，增强中央政府宏观调控能力而实行的一项改革措施。根据国务院规定，中央财政对地方财政税收返还数额，以1993年为基数核定，按照1993年地方实际收入以及实行分税制中央与地方收入划分的情况，核定1993年中央从地方净上划的收入数额（100%消费税+75%增值税–中央下划收入）全额退还地方，保证现有地方既得财力，并以此作为以后中央对地方税收返还的基数。

为了调动地方政府发展生产、增加财源的积极性，处理好中央与地方政府的分配关系，1994年以后，税收返还数额在1993年基础上逐年递增，以本地区增值税和消费税增长率的1:0.3为系数给予增量返还，即两税收入每增长1%，中央财政对地方财政税收返还增长0.3%，若本年两税收入达不到上年两税基数，则相应扣减税收退还数额。税收返还的结算，应当在年终完成。因此，税收返还收入结算是指"两税"返还收入的结算。

1994年以后，中央对地方的税收返还额 R_n 的计算公式如下：

$$R_n = R_{n-1} + R_{n-1} \times 0.3 \times \frac{(C + 75\%V)_n - (C + 75\%V)_{n-1}}{(C + 75\%V)_{n-1}}$$

或

$$R_n = R_{n-1} \times (1 + 0.3r_n)$$

式中：R_n 为1994年以后的第 n 年的中央对地方的税收返还额；R_{n-1} 为第 $n-1$ 年的中央对地方的税收返还额；C为消费税收入；V为增值税收入；r_n 为第 n 年的中央"两税"的增长率。

（2）原体制补助或上解结算。实行分税制财政管理体制后，根据中央规定，原财政体制规定的补助和上解办法暂时不变，过渡一段时间再逐步进行规范。原财政体制规定中央对地方补助的，继续按规定补助；原财政体制规定地方上解的，仍按规定上解。自1995年起，对于原递增上解地区，取消递增上解，而按1994年实际数定额上解。

（3）企业事业单位上收、下划结算。财政体制一经确定，一定时期内不再改变。但政府在体制改革过程中有时采取事业单位下划或者上收、企业单位下放或者上收等措施，为此需要进行资金结算。这些项目的收支基数，原则上以上一年的入库数或实际开支数为基数进行结算，只有极少数项目按当年的决算数结算。

2.转移支付结算。转移支付结算是根据分税制财政体制本级财政对部分下级财政的一项结算补助，这些地方实行分税制财政体制后，其全部地方收入尚不能满足财政支出，财政收支基数有缺口，上级财政按照一定的经济政治原则确定的标准收入与标准支出的缺口而给予补助。

3.政策性拨款结算。政策性拨款结算是随着国家方针、政策的变化而变化，如为加速西部开发中央财政下达的各项政策性拨款、国家扶贫开发款等。有时这一结算也表现为收入，如中央确定的国家级经济技术开发区的税收优惠政策，预算执行中已经上缴而退还给地方的收入等。

4.预算执行情况变化结算。预算执行情况变化结算主要是按照财政体制规定，在预算执行中出现应由上一级财政开支的情况，年终单独结算。

5.专项拨款补助结算。专项拨款补助结算是根据财政体制规定，在划分财政收支包干基数时，对一些可变性较大、不固定的预算支出，不纳入收支包干基数，如特大自然灾害救济经费等，由中央财政在预算执行中采取专项拨款的方式，追加地方支出预算。这部分专项拨款在年终结算中作为专项补助，核对一致后列入结算。

6.上、下级往来结算。上、下级往来结算是上、下级财政资金往来结算，即按确定的补助上解数、上级财务已拨本级财政款项、预抵税收返还收入等，确定本级财政对上级财政的往来结算。与此同时，本级财政还应根据已确定的对下级财政的补助上解数、拨给下级财政的款项、下级财政上解款、预抵税收返还支出等，确定与下级财政的往来结算。

7.其他结算事项。除上述项目外的上级财政确定的项目。

在结算工作中，上级财政部门应根据年终财政体制结算项目填制"年终财政决算结算单"（见表10-1），作为下级财政结算的依据。各级财政总预算会计应根据经上级财政部门审批的"年终财政决算结算单"中核定的税收返还收入、原体制补助或上解、专项拨款补助、专项结算补助或上解等数额，通过"与上级往来"和"与下级往来"账户办理会计转账业务，以结清上、下级财政全年的预算资金账。

表10-1   **××××年×省财政决算结算单**

结算日期：   年   月   日   单位：万元

类别	项目	金额	类别	项目	金额
收入	中央核定预算收入数 决算收入数 超收数		省财政决算平衡情况	一、收入总计 决算收入数 上年结余收入 中央补助收入 调入资金	
支出	中央核算预算支出数 决算支出数 超支数			二、支出总计 决算支出 上解中央支出	
上解	省应上解中央款			三、年终滚存结余 结转下年支出 净结余	
补助	中央应补助省款		资金结算	1.省向中央借款 2.中央欠省补助款 3.省多上解中央款 最后结算中央应退补助数	

（三）"财政决算结算单"的主要内容

按照财政管理体制的规定，年度终了后，各级财政部门要按上级财政部门的要求，将财政总决算中涉及年终结算的各事项及有关的结算数据、结算资料、结算依据等按规定及时上报到上级财政部门。经上级财政部门按有关文件要求及规定审查同意后，再办理上级财政与下级财政之间的年终结算事项。同时，还要在年终结算办理完毕后，按确定的原则和要求编制"财政总决算结算单"，并以文件的形式正式通知下级财政部门，作为上级财政部门审定下级财政部门的决算收入、决算支出和各事项内容的意见，以及上级财政部门与下级财政部门之间本年度资金往来等结算的依据。"财政总决算结算单"编制完成后，本年度的财政决算工作才宣告结束。年终"财政总决算结算单"应当包括以下内容：

1.下级财政总决算的财政收入和财政支出总数。其主要包括本年收入、上级财政补助收入、下级上解收入、上年结余收入、调入资金、列收列支专项收入、本年支出、上解上级支出、补助下级支出、增设预算周转金、调出资金、列收列支专项支出、财政总收入、财政总支出以及一些特定的收支项目内容等。

2.上级补助收入和上解上级支出。其主要包括体制补助收入、税收返还收入、专项拨款收入、转移支付、各项结算补助、企业事业单位财务预算划转以及调整预算收入任务补助收入、其他补助、体制上解、专项上解、各项结算上解和其他上解等。

3.考核各级财政总决算平衡情况。"财政总决算结算单"应按资金来源和资金运用分类编列，依此计算出各级财政及本级财政的年终滚存结余、上年结余、结转下年支出、净结余及当年结余等，并计算出最后的平衡情况。计算财政结余情况可以用下列公式：

$$\frac{本级}{收入}+\frac{上级补助}{收入}+\frac{下级上解}{收入}-\frac{本级}{支出}-\frac{补助下级}{支出}-\frac{上解上级}{支出}+\frac{上年结余}{收入}=\frac{年终滚存结余}{（或年终滚存赤字）}$$

年终滚存结余−结转下年使用支出=净结余（或净赤字）

年终滚存结余−上年结余=当年结余（或当年赤字）

$$或\quad \frac{本级}{收入}+\frac{上级补助}{收入}+\frac{下级上解}{收入}-\frac{本级}{支出}-\frac{补助下级}{支出}-\frac{上解上级}{支出}=\frac{当年结余}{（或当年赤字）}$$

4.结清上级财政与下级财政之间的预算调度资金往来账务。根据以上确定的上级财政应补助下级财政收入、下级财政应上解上级财政支出以及上级财政已经拨付下级财政资金款和下级财政已经实际解缴上级财政资金款，计算出预算调度资金往来差额，即本年度超拨下级财政资金或本年度欠拨下级财政资金，并依此结算清楚全年度上级财政与下级财政之间的资金往来账务。计算年终资金往来账务可以用如下公式：

$$\frac{上级财政}{应补助下级}-\frac{下级财政}{应上解上级}+\frac{上级财政}{实收下级财政}-\frac{上级财政}{实际拨付下级}=\frac{本年度上级财政}{欠拨资金（或本年度}$$
$$\frac{财政收入}{\quad}\quad\frac{财政支出}{\quad}\quad\frac{上解金库款}{\quad}\quad\frac{财政金库款}{\quad}\quad\frac{上级财政超拨资金）}{\quad}$$

（四）年终结算的一般程序

1.审定决算收入总数，计算收入超收、短收数。

决算收入超（短）收数=收入决算数−收入预算数

结果为正是超收数，为负是短收数。

2.审定决算支出总数，计算超支数或结余数。

决算支出超支（结余）数=支出决算数−支出预算数

结果为正是超支数，为负是结余数。

3.审定和结算上解上级支出数，包括体制上解和专项上解。

（1）按预算数计算应上解数。预算确定的应上解数由预算体制决定。

（2）计算实际上解数。

实际上解数=消费税+75%增值税+其他实解款

（3）计算实际超解数或欠解数。

实际上解款超（欠）数=实际上解数−应上解数

结果为正是超解数，为负是欠解数。

4.计算补助款项。先按预算体制规定计算应补助数，再计算实际补助数。

实际补助数=实际体制补助数+实际专项补助数+实际税收返还数

实际补助超（欠）数=实际补助数-应补助数

结果为正是超补助数，为负是欠补助数。

5.计算本级财政决算平衡情况。

收入总计=决算收入+上年结余收入+补助收入+调入资金

支出总计=决算支出+上解支出

年终滚存结余=收入总计-支出总计

年终滚存净结余=年终滚存结余-结转下年支出

6.进行资金结算，确定上级应补退数。

上级应补数=上级应补助数-上级已补助数+本级超解数+上级向本级借款数-本级欠解数

结果为正是上级应补数，为负是本级应退上级数。

7.根据上述计算结果，编制"财政总决算结算单"。

8.根据"财政总决算结算单"填制记账单，进行账务处理。

（1）对上级欠补数，本级总会计：

借：与上级往来

　贷：补助收入

上级总会计：

借：补助支出

　贷：与下级往来

（2）对本级超解数，本级总会计：

借：与上级往来

　贷：上解支出

上级总会计：

借：上解收入

　贷：与下级往来

（3）对本级欠解数，本级总会计：

借：上解支出

　贷：与上级往来

上级总会计：

借：与下级往来

　贷：上解收入

（4）对最后结算应补退数，若由上级拨款给本级，本级总会计：

借：国库存款

　贷：与上级往来

上级总会计：

借：与下级往来

　贷：国库存款

若由本级拨款给上级，本级总会计：

借：与上级往来

　　贷：国库存款
　上级总会计：
　　借：国库存款
　　贷：与下级往来

三、会计结账

　　为总结一定时期内会计账户记录，便于编制总预算会计报表，各级财政总预算会计必须按规定要求及时进行结账。会计结账分为平时结账和年终结账两种。

　　（一）平时结账

　　平时结账是指会计在月份终了时进行结账。结账是指计算出各账户本月发生额和余额的过程。结账时，应当在各账户的"摘要"栏内注明"本月合计"字样，并在下面划一条通栏红线。

　　《财政总预算会计制度》规定，各账户必须每月结账一次，结账日期应在月末日，不得拖延结账，也不得提前结账。财政总预算会计以"收付实现制"为核算基础，因此结账前必须将结账期内实际发生的各项财政资金的收支逐日逐笔全部登记入账，不重复也不漏记。

　　（二）年终结账

　　经过年终清理和年终结算，把各项结算收支入账后，即可办理年终结账。年终结账工作一般分为年终转账、结清旧账和记入新账三个步骤，依次作账。

　　1.年终转账。计算出各科目12月份合计数和全年累计数，结出12月末余额，编制结账前的"资产负债表"，再根据收支余额填制记账凭证，将收支分别转入"一般公共预算结转结余""政府性基金预算结转结余""国有资本经营预算结转结余""专用基金结余""财政专户管理资金结余"等科目冲销。

　　【例10-1】某市财政20××年12月31日转账前的资产负债表见表10-2，试进行年终转账。

表10-2

资产负债表

（转账前）

编制单位：某市财政局　　　　　　20××年12月31日　　　　　　单位：元

资产部类	年初余额	期末余额	负债部类	年初余额	期末余额
流动资产：			流动负债：		
国库存款		10 420 000	应付短期政府债券		0
国库现金管理存款		0	应付利息		0
其他财政存款		280 000	应付国库集中支付结余		0
有价证券		500 000	与上级往来		2 100 000
在途款		700 000	其他应付款		350 000
预拨经费		600 000	应付代管资金		0

资产部类	年初余额	期末余额	负债部类	年初余额	期末余额
借出款项		350 000	一年内到期的非流动负债		0
应收股利		0	流动负债合计		2 450 000
应收利息		0	非流动负债:		
与下级往来		1 000 000	应付长期政府债券		0
其他应收款		0	借入款项		0
流动资产合计		13 850 000	应付地方政府债券转贷款		6 000 000
非流动资产:			应付主权外债转贷款		2 000 000
应收地方政府债券转贷款		5 000 000	其他负债		0
应收主权外债转贷款		1 000 000	非流动负债合计		8 000 000
股权投资		0	负债合计		10 450 000
待发国债		0	净资产:		
非流动资产合计		6 000 000	一般公共预算结转结余		1 600 000
资产合计		19 850 000	政府性基金预算结转结余		1 000 000
支出:			国有资本经营预算结转结余		100 000
一般公共预算本级支出		68 123 000	财政专户管理资金结余		230 000
政府性基金预算本级支出		2 600 000	专用基金结余		0
国有资本经营预算本级支出		900 000	预算稳定调节基金		5 670 000
财政专户管理资金支出		87 000	预算周转金		800 000
专用基金支出		30 000	资产基金		6 000 000
补助支出		20 470 000	减:待偿债净资产		-8 000 000
其中:一般公共预算补助支出		19 700 000	净资产合计		7 400 000
政府性基金预算补助支出		770 000	收入:		
上解支出		7 000 000	一般公共预算本级收入		69 123 000
其中:一般公共预算上解支出		6 000 000	政府性基金预算本级收入		2 900 000
政府性基金预算上解支出		1 000 000	国有资本经营预算本级收入		1 000 000
地区间援助支出		0	财政专户管理资金收入		97 000
调出资金		0	专用基金收入		50 000
其中:一般公共预算调出资金		0	补助收入		25 040 000
政府性基金预算调出资金		0	其中:一般公共预算补助收入		24 000 000
安排预算稳定调节基金		1 000 000	政府性基金预算补助收入		1 040 000
债务还本支出		2 000 000	上解收入		4 000 000
其中:一般债务还本支出		800 000	其中:一般公共预算上解收入		3 000 000
专项债务还本支出		1 200 000	政府性基金预算上解收入		1 000 000
债务转贷支出		6 000 000	地区间援助收入		0
其中:地方政府一般债务转贷支出		2 400 000	调入资金		0
地方政府专项债务转贷支出		3 600 000	其中:一般公共预算调入资金		0
支出合计		108 210 000	政府性基金预算调入资金		0

续表

资产部类	年初余额	期末余额	负债部类	年初余额	期末余额
			动用预算稳定调节基金		0
			债务收入		0
			其中：一般债务收入		0
			专项债务收入		0
			债务转贷收入		8 000 000
			其中：地方政府一般债务转贷收入		3 200 000
			地方政府专项债务转贷收入		4 800 000
			收入合计		110 210 000
资产部类合计		128 060 000	负债部类合计		128 060 000

根据表10-2编制年终转账会计分录如下：

（1）一般公共预算部分

①将各项相关收入转入"一般公共预算结转结余"科目的贷方：

借：一般公共预算本级收入　　　　　　　　　　　　　69 123 000

　　补助收入——一般公共预算补助收入　　　　　　　24 000 000

　　上解收入——一般公共预算上解收入　　　　　　　　3 000 000

　　债务转贷收入——地方政府一般债务转贷收入　　　　3 200 000

　　贷：一般公共预算结转结余　　　　　　　　　　　　　　　　99 323 000

②将各项相关支出转入"一般公共预算结转结余"科目的借方：

借：一般公共预算结转结余　　　　　　　　　　　　　98 023 000

　　贷：一般公共预算本级支出　　　　　　　　　　　　　　　　68 123 000

　　　　补助支出——一般公共预算补助支出　　　　　　　　　　19 700 000

　　　　上解支出——一般公共预算上解支出　　　　　　　　　　　6 000 000

　　　　债务还本支出——一般债务还本支出　　　　　　　　　　　　800 000

　　　　债务转贷支出——地方政府一般债务转贷支出　　　　　　　2 400 000

　　　　安排预算稳定调节基金　　　　　　　　　　　　　　　　　1 000 000

（2）政府性基金预算部分

①将各项相关收入转入"政府性基金预算结转结余"科目的贷方：

借：政府性基金预算本级收入　　　　　　　　　　　　2 900 000

　　补助收入——政府性基金预算补助收入　　　　　　　1 040 000

　　上解收入——政府性基金预算上解收入　　　　　　　1 000 000

　　债务转贷收入——地方政府专项债务转贷收入　　　　4 800 000

　　贷：政府性基金预算结转结余　　　　　　　　　　　　　　　　9 740 000

②将各项相关支出转入"政府性基金预算结转结余"科目的借方：

借：政府性基金预算结转结余 9 170 000

  贷：政府性基金预算本级支出 2 600 000

   补助支出——政府性基金预算补助支出 770 000

   上解支出——政府性基金预算上解支出 1 000 000

   债务还本支出——专项债务还本支出 1 200 000

   债务转贷支出——地方政府专项债务转贷支出 3 600 000

（3）国有资本经营预算部分

①将各项相关收入转入"国有资本经营预算结转结余"科目的贷方：

借：国有资本经营预算本级收入 1 000 000

  贷：国有资本经营预算结转结余 1 000 000

②将各项相关支出转入"国有资本经营预算结转结余"科目的借方：

借：国有资本经营预算本级支出 900 000

  贷：国有资本经营预算结转结余 900 000

（4）财政专户管理资金部分

①将财政专户管理资金收入转入"财政专户管理资金结余"科目的贷方：

借：财政专户管理资金收入 97 000

  贷：财政专户管理资金结余 97 000

②将财政专户管理资金支出转入"财政专户管理资金结余"科目的借方：

借：财政专户管理资金结余 87 000

  贷：财政专户管理资金支出 87 000

（5）专用基金部分

①将专用基金收入转入"专用基金结余"科目的贷方：

借：专用基金收入 50 000

  贷：专用基金结余 50 000

②将专用基金支出转入"专用基金结余"科目的借方：

借：专用基金结余 30 000

  贷：专用基金支出 30 000

2.结清旧账。将各收入和支出科目的借方、贷方结出全年总计数。对年终有余额的科目，在"摘要"栏内注明"结转下年"字样，表示转入新账。

3.记入新账。根据年终转账后的总账和明细账余额编制年终"资产负债表"和有关明细表（不需填制记账凭证），将表列各科目余额直接记入新年度有关总账和明细账"年初余额"栏内，并在"摘要"栏注明"上年结转"字样，以区别新年度发生数。

决算经本级人民代表大会常务委员会（或人民代表大会）审查批准后，如需更正原报决算草案收入、支出时，则要相应调整有关账目，重新办理结账事项。

第二节　财政总预算会计报表的编制

一、财政总预算会计报表概述

（一）财政总预算会计报表的定义

财政总预算会计报表是反映政府财政预算执行结果和财务状况的书面文件，是各类会计信息使用者了解情况、掌握政策，以及组织和监督预算执行情况、财务状况的重要资料，也是编制下年度预算的基础。

各级财政总预算会计必须定期编制和汇总预算会计报表。财政部要定期向国务院、全国人民代表大会及其常委会报告政府预算及其他财政收支执行情况；县级以上各级财政部门要定期向同级人民政府、同级人民代表大会及其常委会和上级财政部门报告本行政区域预算执行情况和财务状况；乡镇级财政部门要定期向同级人民政府、同级人民代表大会和上级财政部门报告本级预算执行情况和财务状况。对于存在的问题，各级政府要提出具体意见和建议，以利于相关财政部门采取措施，加强对财政工作的领导和监督，充分发挥财政总预算会计在预算管理中的核算、反映和监督作用。

（二）财政总预算会计报表的种类

1.按会计报表内容分类。按照会计报表的内容分类，财政总预算会计报表可以分为资产负债表、收入支出表、一般公共预算执行情况表、政府性基金预算执行情况表、国有资本经营预算执行情况表、财政专户管理资金收支情况表、专用基金收支情况表等会计报表和附注。

2.按编制时间分类。按照会计报表的编制时间分类，财政总预算会计报表可以分为旬报、月报、季报和年报。

旬报是及时反映每旬预算收支进度的报表。每月上、中旬各编制一次，只列报若干主要收支数字。上旬旬报列报本旬发生数，中旬旬报列报上中旬累计发生数，下旬免报，以月报代替。旬报的报送期限及编报内容应当根据上级政府财政具体要求和本行政区域预算管理的需要办理。

月报是反映从年初到本月止的预算收支完成情况的报表。月报的报送期限及编报内容应当根据上级政府财政具体要求和本行政区域预算管理的需要办理。

季报是反映季度单位财务预算执行情况和资金活动情况的报表，以分析、检查预算执行情况为重点。

年报是全面反映总预算执行结果和财务状况的年度报表。年报各报表及附注的格式和内容，根据财政部有关决算编报的规定处理。

（三）财政总预算会计报表的编报要求

1.编报时间规定。不同内容的会计报表编报的时间要求不同，各类报表编报时间的具体规定见表10-3。

一般公共预算执行情况表、政府性基金预算执行情况表和国有资本经营预算执行情况表应当按旬、月度和年度编制；财政专户管理资金收支情况表和专用基金收支情况表应当按月度和年度编制；收入支出表按月度和年度编制；资产负债表和附注应当至少按年度编

表10-3 　　　　　　　　财政总预算会计报表编报时间具体规定

编号	会计报表名称	编制时间规定
会财政03-1表	一般公共预算执行情况表	旬、月度和年度
会财政03-2表	政府性基金预算执行情况表	旬、月度和年度
会财政03-3表	国有资本经营预算执行情况表	旬、月度和年度
会财政04表	财政专户管理资金收支情况表	月度和年度
会财政05表	专用基金收支情况表	月度和年度
会财政02表	收入支出表	月度和年度
会财政01表	资产负债表	至少按年度
	附注	至少按年度

制。旬报、月报的报送期限及编报内容应当根据上级政府财政具体要求和本行政区域预算管理的需要办理。

2.编报质量要求。财政总预算会计应当根据制度规定的要求编制并提供真实、完整的会计报表，切实做到账表一致，不得估列代编，弄虚作假。财政总预算会计报表的编报要做到真实、完整、及时。

财政总预算会计报表的数字必须是真实、准确和可靠的，根据核对无误的账户记录汇总，切实做到账表一致，有根有据，不能估列代编，更不能弄虚作假。财政总预算会计报表内容必须完整，汇总报表的单位，要把所属单位的报表和各项指标汇集齐全、不重不漏。财政总预算会计报表报送要及时，所有会计报表都应在规定期限内报出。

3.编报格式要求。财政总预算会计要严格按照统一规定的种类、格式、内容、计算方法和编制口径填制会计报表，以保证会计信息的统一性和可比性，便于全国统一汇总和分析。

（四）财政总预算会计在决算编审中的工作任务

总会计年度报表，反映年度预算收支的最终结果和财务状况。总会计参与或具体负责组织下列决算草案编审工作：

1.参与组织制定决算草案编审办法。根据上级政府财政的统一要求和本行政区域预算管理的需要，提出年终收支清理、数字编列口径、决算审查和组织领导等具体要求，并对财政结算、结余处理等具体问题制定管理办法。

2.根据上级政府财政的要求，结合本行政区域的具体情况制定本行政区域政府财政总决算统一表格。

3.办理全年各项收支、预拨款项、往来款项等会计对账、结账工作。

4.对下级政府财政布置决算草案编审工作，指导、督促其及时汇总报送决算。

5.审核、汇总所属财政部门总决算草案，向上级政府财政部门报送本辖区汇总的财政总决算草案。

6.编制决算说明和决算分析报告，向上级政府财政汇报决算编审工作情况，进行上下级政府财政之间的财政体制结算以及财政总决算的文件归档工作。

7.各级政府财政应将汇总编制的本级决算草案及时报本级政府审定。各级政府财政应按照上级政府财政部门的要求，将经本级人民政府审定的本行政区域决算草案逐级及时报送备案。计划单列市的财政决算，除按规定报送财政部外，还应按所在省的规定报送所在省。

具体的决算编审工作，按照财政决算管理部门的相关规定执行。

二、财政总预算会计年度报表的编制

（一）资产负债表

资产负债表是反映政府财政在某一特定日期财务状况的报表。资产负债表根据"资产=负债+净资产"编制而成，按照资产、负债和净资产分类、分项列示，格式见表10-4。

表10-4 资产负债表

会财政01表

编制单位：　　　　　　　　　　　　年　月　日　　　　　　　　单位：元

资　产	年初余额	期末余额	负债和净资产	年初余额	期末余额
流动资产：			流动负债：		
国库存款			应付短期政府债券		
国库现金管理存款			应付利息		
其他财政存款			应付国库集中支付结余		
有价证券			与上级往来		
在途款			其他应付款		
预拨经费			应付代管资金		
借出款项			一年内到期的非流动负债		
应收股利			流动负债合计		
应收利息			非流动负债：		
与下级往来			应付长期政府债券		
其他应收款			借入款项		
流动资产合计			应付地方政府债券转贷款		
非流动资产：			应付主权外债转贷款		
应收地方政府债券转贷款			其他负债		
应收主权外债转贷款			非流动负债合计		
股权投资			负债合计		
待发国债			净资产：		

续表

资产	年初余额	期末余额	负债和净资产	年初余额	期末余额
非流动资产合计			一般公共预算结转结余		
			政府性基金预算结转结余		
			国有资本经营预算结转结余		
			财政专户管理资金结余		
			专用基金结余		
			预算稳定调节基金		
			预算周转金		
			资产基金		
			减：待偿债净资产		
			净资产合计		
资产总计			负债和净资产总计		

1.本表"年初余额"栏内各项数字，应当根据上年年末资产负债表"期末余额"栏内数字填列。如果本年度资产负债表规定的各项目的名称和内容同上年度不一致，应对上年度资产负债表各项目的名称和数字按照本年度的规定进行调整，填入本表"年初余额"栏内。

2.本表"期末余额"栏各项目的内容和填列方法如下：

（1）资产类项目。

①"国库存款"项目，反映政府财政期末存放在国库单一账户的款项金额。本项目应当根据"国库存款"科目的期末余额填列。

②"国库现金管理存款"项目，反映政府财政期末实行国库现金管理业务持有的存款金额。本项目应当根据"国库现金管理存款"科目的期末余额填列。

③"其他财政存款"项目，反映政府财政期末持有的其他财政存款金额。本项目应当根据"其他财政存款"科目的期末余额填列。

④"有价证券"项目，反映政府财政期末持有的有价证券金额。本项目应当根据"有价证券"科目的期末余额填列。

⑤"在途款"项目，反映政府财政期末持有的在途款金额。本项目应当根据"在途款"科目的期末余额填列。

⑥"预拨经费"项目，反映政府财政期末尚未转列支出或尚待收回的预拨经费金额。本项目应当根据"预拨经费"科目的期末余额填列。

⑦"借出款项"项目，反映政府财政期末借给预算单位尚未收回的款项金额。本项目应当根据"借出款项"科目的期末余额填列。

⑧"应收股利"项目，反映政府财政期末尚未收回的现金股利或利润金额。本项目应

当根据"应收股利"科目的期末余额填列。

⑨"应收利息"项目，反映政府财政期末尚未收回的应收利息金额。本项目应当根据"应收地方政府债券转贷款"科目和"应收主权外债转贷款"科目下"应收利息"明细科目的期末余额合计数填列。

⑩"与下级往来"项目，正数反映下级政府财政欠本级政府财政的款项金额；负数反映本级政府财政欠下级政府财政的款项金额。本项目应当根据"与下级往来"科目的期末余额填列，如为贷方余额则以"-"号填列。

⑪"其他应收款"项目，反映政府财政期末尚未收回的其他应收款金额。本项目应当根据"其他应收款"科目的期末余额填列。

⑫"应收地方政府债券转贷款"项目，反映政府财政期末尚未收回的地方政府债券转贷款的本金金额。本项目应当根据"应收地方政府债券转贷款"科目下"应收本金"明细科目的期末余额填列。

⑬"应收主权外债转贷款"项目，反映政府财政期末尚未收回的主权外债转贷款的本金金额。本项目应当根据"应收主权外债转贷款"科目下"应收本金"明细科目的期末余额填列。

⑭"股权投资"项目，反映政府财政期末持有的股权投资的金额。本项目应当根据"股权投资"科目的期末余额填列。

⑮"待发国债"项目，反映中央政府财政期末尚未使用的国债发行额度。本项目应当根据"待发国债"科目的期末余额填列。

（2）负债类项目。

①"应付短期政府债券"项目，反映政府财政期末尚未偿还的发行期限不超过1年（含1年）的政府债券的本金金额。本项目应当根据"应付短期政府债券"科目下"应付本金"明细科目的期末余额分析填列。

②"应付利息"项目，反映政府财政期末尚未支付的应付利息金额。本项目应当根据"应付短期政府债券""借入款项""应付地方政府债券转贷款""应付主权外债转贷款"科目下"应付利息"明细科目的期末余额，以及属于分期付息、到期还本的"应付长期政府债券"科目下"应付利息"明细科目的期末余额计算填列。

③"应付国库集中支付结余"项目，反映政府财政期末尚未支付的国库集中支付结余金额。本项目应当根据"应付国库集中支付结余"科目的期末余额填列。

④"与上级往来"项目，正数反映本级政府财政欠上级政府财政的款项金额；负数反映上级政府财政欠本级政府财政的款项金额。本项目应当根据"与上级往来"科目的期末余额填列，如为借方余额则以"-"号填列。

⑤"其他应付款"项目，反映政府财政期末尚未支付的其他应付款金额。本项目应当根据"其他应付款"科目的期末余额填列。

⑥"应付代管资金"项目，反映政府财政期末尚未支付的代管资金金额。本项目应当根据"应付代管资金"科目的期末余额填列。

⑦"一年内到期的非流动负债"项目，反映政府财政期末承担的1年以内（含1年）到偿还期的非流动负债。本项目应当根据"应付长期政府债券""借入款项""应付地方政府债券转贷款""应付主权外债转贷款""其他负债"等科目的期末余额及债务管理部门提

供的资料分析填列。

⑧ "应付长期政府债券"项目，反映政府财政期末承担的偿还期限超过1年的长期政府债券的本金金额及到期一次还本付息的长期政府债券的应付利息金额。本项目应当根据"应付长期政府债券"科目的期末余额分析填列。

⑨ "应付地方政府债券转贷款"项目，反映政府财政期末承担的偿还期限超过1年的地方政府债券转贷款的本金金额。本项目应当根据"应付地方政府债券转贷款"科目下"应付本金"明细科目的期末余额分析填列。

⑩ "应付主权外债转贷款"项目，反映政府财政期末承担的偿还期限超过1年的主权外债转贷款的本金金额。本项目应当根据"应付主权外债转贷款"科目下"应付本金"明细科目的期末余额分析填列。

⑪ "借入款项"项目，反映政府财政期末承担的偿还期限超过1年的借入款项的本金金额。本项目应当根据"借入款项"科目下"应付本金"明细科目的期末余额分析填列。

⑫ "其他负债"项目，反映政府财政期末承担的偿还期限超过1年的其他负债金额。本项目应当根据"其他负债"科目的期末余额分析填列。

（3）净资产类项目。

① "一般公共预算结转结余"项目，反映政府财政期末滚存的一般公共预算结转结余金额。本项目应当根据"一般公共预算结转结余"科目的期末余额填列。

② "政府性基金预算结转结余"项目，反映政府财政期末滚存的政府性基金预算结转结余金额。本项目应当根据"政府性基金预算结转结余"科目的期末余额填列。

③ "国有资本经营预算结转结余"项目，反映政府财政期末滚存的国有资本经营预算结转结余金额。本项目应当根据"国有资本经营预算结转结余"科目的期末余额填列。

④ "财政专户管理资金结余"项目，反映政府财政期末滚存的财政专户管理资金结余金额。本项目应当根据"财政专户管理资金结余"科目的期末余额填列。

⑤ "专用基金结余"项目，反映政府财政期末滚存的专用基金结余金额。本项目应当根据"专用基金结余"科目的期末余额填列。

⑥ "预算稳定调节基金"项目，反映政府财政期末预算稳定调节基金的余额。本项目应当根据"预算稳定调节基金"科目的期末余额填列。

⑦ "预算周转金"项目，反映政府财政期末预算周转金的余额。本项目应当根据"预算周转金"科目的期末余额填列。

⑧ "资产基金"项目，反映政府财政期末持有的应收地方政府债券转贷款、应收主权外债转贷款、股权投资和应收股利等资产在净资产中占用的金额。本项目应当根据"资产基金"科目的期末余额填列。

⑨ "待偿债净资产"项目，反映政府财政期末因承担应付短期政府债券、应付长期政府债券、借入款项、应付地方政府债券转贷款、应付主权外债转贷款、其他负债等负债相应需在净资产中冲减的金额。本项目应当根据"待偿债净资产"科目的期末借方余额以"－"号填列。

资产负债表是根据结账前的资产负债表和年终转账后的余额编制而成，实际上属于年终结账后的资产负债表。

【例10-2】接【例10-1】，根据结账前的资产负债表和年终转账会计分录编制结账后的资产负债表，见表10-5。

表10-5 资产负债表

编制单位：某市财政局　　　　　　　　20××年12月31日　　　　　　　　单位：元

资产	年初余额	期末余额	负债和净资产	年初余额	期末余额
流动资产：			流动负债：		
国库存款		10 420 000	应付短期政府债券		0
国库现金管理存款		0	应付利息		0
其他财政存款		280 000	应付国库集中支付结余		0
有价证券		500 000	与上级往来		2 100 000
在途款		700 000	其他应付款		350 000
预拨经费		600 000	应付代管资金		0
借出款项		350 000	一年内到期的非流动负债		0
应收股利		0	流动负债合计		2 450 000
应收利息		0	非流动负债：		
与下级往来		1 000 000	应付长期政府债券		0
其他应收款		0	借入款项		0
流动资产合计		13 850 000	应付地方政府债券转贷款		6 000 000
非流动资产：			应付主权外债转贷款		2 000 000
应收地方政府债券转贷款		5 000 000	其他负债		0
应收主权外债转贷款		1 000 000	非流动负债合计		8 000 000
股权投资		0	负债合计		10 450 000
待发国债		0	净资产：		
非流动资产合计		6 000 000	一般公共预算结转结余		1 600 000
			政府性基金预算结转结余		1 000 000
			国有资本经营预算结转结余		100 000
			财政专户管理资金结余		230 000
			专用基金结余		0
			预算稳定调节基金		5 670 000
			预算周转金		800 000
			资产基金		6 000 000
			减：待偿债净资产		-8 000 000
			净资产合计		7 400 000
资产总计		19 850 000	负债和净资产总计		19 850 000

（二）收入支出表

收入支出表是反映政府财政在某一会计期间各类财政资金收支结余情况的报表。收入支出表根据资金性质，按照收入、支出、结转结余的构成分类、分项列示，见表10-6。

表10-6　　　　　　　　　　　　　　　**收入支出表**

会财政02表

编制单位：　　　　　　　　　　　　　　　____年____月　　　　　　　　　　　　　单位：元

项　目	一般公共预算		政府性基金预算		国有资本经营预算		财政专户管理资金		专用基金	
	本月数	本年累计数	本月数	本年累计数	本月数	本年累计数	本月数	本年累计数	本月数	本年累计数
年初结转结余										
收入合计										
本级收入										
其中：预算安排的收入	—	—	—	—	—	—	—	—		
补助收入					—	—	—	—	—	—
上解收入					—	—	—	—	—	—
地区间援助收入			—	—	—	—	—	—	—	—
债务收入					—	—	—	—	—	—
债务转贷收入					—	—	—	—	—	—
动用预算稳定调节基金			—	—	—	—	—	—	—	—
调入资金					—	—	—	—	—	—
支出合计										
本级支出										
其中：权责发生制列支							—	—	—	—
预算安排专用基金的支出			—	—	—	—				
补助支出					—	—	—	—	—	—
上解支出					—	—	—	—	—	—
地区间援助支出			—	—	—	—	—	—	—	—
债务还本支出					—	—	—	—	—	—
债务转贷支出					—	—	—	—	—	—
安排预算稳定调节基金			—	—	—	—	—	—	—	—
调出资金					—	—	—	—	—	—
结余转出			—	—	—	—	—	—	—	—
其中：增设预算周转金			—	—	—	—	—	—	—	—
年末结转结余										

注：本表中有"—"的部分不必填列。

1.本表"本月数"栏反映各项目的本月实际发生数。在编制年度收入支出表时,应将本栏改为"上年数"栏,反映上年度各项目的实际发生数。如果本年度收入支出表规定的各项目的名称和内容同上年度不一致,应对上年度收入支出表各项目的名称和数字按照本年度的规定进行调整,填入本年度收入支出表的"上年数"栏。

本表"本年累计数"栏反映各项目自年初起至报告期末止的累计实际发生数。编制年度收入支出表时,应将本栏改为"本年数"栏。

2.本表"本月数"栏各项目的内容和填列方法如下:

(1)"年初结转结余"项目,反映政府财政本年年初各类资金结转结余金额。其中,一般公共预算的"年初结转结余"应当根据"一般公共预算结转结余"科目的年初余额填列;政府性基金预算的"年初结转结余"应当根据"政府性基金预算结转结余"科目的年初余额填列;国有资本经营预算的"年初结转结余"应当根据"国有资本经营预算结转结余"科目的年初余额填列;财政专户管理资金的"年初结转结余"应当根据"财政专户管理资金结余"科目的年初余额填列;专用基金的"年初结转结余"应当根据"专用基金结余"科目的年初余额填列。

(2)"收入合计"项目,反映政府财政本期取得的各类资金的收入合计金额。其中,一般公共预算的"收入合计"应当根据属于一般公共预算的"本级收入""补助收入""上解收入""地区间援助收入""债务收入""债务转贷收入""动用预算稳定调节基金""调入资金"各行项目金额的合计数填列;政府性基金预算的"收入合计"应当根据属于政府性基金预算的"本级收入""补助收入""上解收入""债务收入""债务转贷收入""调入资金"各行项目金额的合计数填列;国有资本经营预算的"收入合计"应当根据属于国有资本经营预算的"本级收入"项目的金额填列;财政专户管理资金的"收入合计"应当根据属于财政专户管理资金的"本级收入"项目的金额填列;专用基金的"收入合计"应当根据属于专用基金的"本级收入"项目的金额填列。

(3)"本级收入"项目,反映政府财政本期取得的各类资金的本级收入金额。其中,一般公共预算的"本级收入"应当根据"一般公共预算本级收入"科目的本期发生额填列;政府性基金预算的"本级收入"应当根据"政府性基金预算本级收入"科目的本期发生额填列;国有资本经营预算的"本级收入"应当根据"国有资本经营预算本级收入"科目的本期发生额填列;财政专户管理资金的"本级收入"应当根据"财政专户管理资金收入"科目的本期发生额填列;专用基金的"本级收入"应当根据"专用基金收入"科目的本期发生额填列。

(4)"补助收入"项目,反映政府财政本期取得的各类资金的补助收入金额。其中,一般公共预算的"补助收入"应当根据"补助收入"科目下"一般公共预算补助收入"明细科目的本期发生额填列;政府性基金预算的"补助收入"应当根据"补助收入"科目下"政府性基金预算补助收入"明细科目的本期发生额填列。

(5)"上解收入"项目,反映政府财政本期取得的各类资金的上解收入金额。其中,一般公共预算的"上解收入"应当根据"上解收入"科目下"一般公共预算上解收入"明细科目的本期发生额填列;政府性基金预算的"上解收入"应当根据"上解收入"科目下"政府性基金预算上解收入"明细科目的本期发生额填列。

(6)"地区间援助收入"项目,反映政府财政本期取得的地区间援助收入金额。本项目应当根据"地区间援助收入"科目的本期发生额填列。

（7）"债务收入"项目，反映政府财政本期取得的债务收入金额。其中，一般公共预算的"债务收入"应当根据"债务收入"科目下除"专项债务收入"以外的其他明细科目的本期发生额填列；政府性基金预算的"债务收入"应当根据"债务收入"科目下"专项债务收入"明细科目的本期发生额填列。

（8）"债务转贷收入"项目，反映政府财政本期取得的债务转贷收入金额。其中，一般公共预算的"债务转贷收入"应当根据"债务转贷收入"科目下"地方政府一般债务转贷收入"明细科目的本期发生额填列；政府性基金预算的"债务转贷收入"应当根据"债务转贷收入"科目下"地方政府专项债务转贷收入"明细科目的本期发生额填列。

（9）"动用预算稳定调节基金"项目，反映政府财政本期调用的预算稳定调节基金金额。本项目应当根据"动用预算稳定调节基金"科目的本期发生额填列。

（10）"调入资金"项目，反映政府财政本期取得的调入资金金额。其中，一般公共预算的"调入资金"应当根据"调入资金"科目下"一般公共预算调入资金"明细科目的本期发生额填列；政府性基金预算的"调入资金"应当根据"调入资金"科目下"政府性基金预算调入资金"明细科目的本期发生额填列。

（11）"支出合计"项目，反映政府财政本期发生的各类资金的支出合计金额。其中，一般公共预算的"支出合计"应当根据属于一般公共预算的"本级支出""补助支出""上解支出""地区间援助支出""债务还本支出""债务转贷支出""安排预算稳定调节基金""调出资金"各行项目金额的合计数填列；政府性基金预算的"支出合计"应当根据属于政府性基金预算的"本级支出""补助支出""上解支出""债务还本支出""债务转贷支出""调出资金"各行项目金额的合计数填列；国有资本经营预算的"支出合计"应当根据属于国有资本经营预算的"本级支出""调出资金"各行项目金额的合计数填列；财政专户管理资金的"支出合计"应当根据属于财政专户管理资金的"本级支出"项目的金额填列；专用基金的"支出合计"应当根据属于专用基金的"本级支出"项目的金额填列。

（12）"补助支出"项目，反映政府财政本期发生的各类资金的补助支出金额。其中，一般公共预算的"补助支出"应当根据"补助支出"科目下"一般公共预算补助支出"明细科目的本期发生额填列；政府性基金预算的"补助支出"应当根据"补助支出"科目下"政府性基金预算补助支出"明细科目的本期发生额填列。

（13）"上解支出"项目，反映政府财政本期发生的各类资金的上解支出金额。其中，一般公共预算的"上解支出"应当根据"上解支出"科目下"一般公共预算上解支出"明细科目的本期发生额填列；政府性基金预算的"上解支出"应当根据"上解支出"科目下"政府性基金预算上解支出"明细科目的本期发生额填列。

（14）"地区间援助支出"项目，反映政府财政本期发生的地区间援助支出金额。本项目应当根据"地区间援助支出"科目的本期发生额填列。

（15）"债务还本支出"项目，反映政府财政本期发生的债务还本支出金额。其中，一般公共预算的"债务还本支出"应当根据"债务还本支出"科目下除"专项债务还本支出"以外的其他明细科目的本期发生额填列；政府性基金预算的"债务还本支出"应当根据"债务还本支出"科目下"专项债务还本支出"明细科目的本期发生额填列。

（16）"债务转贷支出"项目，反映政府财政本期发生的债务转贷支出金额。其中，一般公共预算的"债务转贷支出"应当根据"债务转贷支出"科目下"地方政府一般债务转贷支出"明细科目的本期发生额填列;政府性基金预算的"债务转贷支出"应当根据"债务转贷支出"科目下"地方政府专项债务转贷支出"明细科目的本期发生额填列。

(17)"安排预算稳定调节基金"项目,反映政府财政本期安排的预算稳定调节基金金额。本项目应当根据"安排预算稳定调节基金"科目的本期发生额填列。

(18)"调出资金"项目,反映政府财政本期发生的各类资金的调出资金金额。其中,一般公共预算的"调出资金"应当根据"调出资金"科目下"一般公共预算调出资金"明细科目的本期发生额填列;政府性基金预算的"调出资金"应当根据"调出资金"科目下"政府性基金预算调出资金"明细科目的本期发生额填列;国有资本经营预算的"调出资金"应当根据"调出资金"科目下"国有资本经营预算调出资金"明细科目的本期发生额填列。

(19)"增设预算周转金"项目,反映政府财政本期设置和补充预算周转金的金额。本项目应当根据"预算周转金"科目的本期贷方发生额填列。

(20)"年末结转结余"项目,反映政府财政本年年末的各类资金的结转结余金额。其中,一般公共预算的"年末结转结余"应当根据"一般公共预算结转结余"科目的年末余额填列;政府性基金预算的"年末结转结余"应当根据"政府性基金预算结转结余"科目的年末余额填列;国有资本经营预算的"年末结转结余"应当根据"国有资本经营预算结转结余"科目的年末余额填列;财政专户管理资金的"年末结转结余"应当根据"财政专户管理资金结余"科目的年末余额填列;专用基金的"年末结转结余"应当根据"专用基金结余"科目的年末余额填列。

(三)一般公共预算执行情况表

一般公共预算执行情况表是反映政府财政在某一会计期间一般公共预算收支执行结果的报表,按照《政府收支分类科目》中一般公共预算收支科目列示,见表10-7。

表10-7　　　　　　　　　　　　一般公共预算执行情况表

会财政03-1表

编制单位:　　　　　　　　　　__年__月__旬　　　　　　　　　　单位:元

项目	本月(旬)数	本年(月)累计数
一般公共预算本级收入		
101 税收收入		
10101 增值税		
1010101 国内增值税		
⋮		
一般公共预算本级支出		
201 一般公共服务支出		
20101 人大事务		
2010101 行政运行		
⋮		

1. "一般公共预算本级收入"项目及所属各明细项目,应当根据"一般公共预算本级收入"科目及所属各明细科目的本期发生额填列。

2. "一般公共预算本级支出"项目及所属各明细项目,应当根据"一般公共预算本级支出"科目及所属各明细科目的本期发生额填列。

(四)政府性基金预算执行情况表

政府性基金预算执行情况表是反映政府财政在某一会计期间政府性基金预算收支执行结果的报表,按照《政府收支分类科目》中政府性基金预算收支科目列示,见表10-8。

表10-8 政府性基金预算执行情况表

会财政03-2表

编制单位: ___年___月___旬 单位:元

项目	本月(旬)数	本年(月)累计数
政府性基金预算本级收入		
10301政府性基金收入		
1030102农网还贷资金收入		
103010201中央农网还贷资金收入		
⋮		
政府性基金预算本级支出		
206科学技术支出		
20610核电站乏燃料处理处置基金支出		
2061001乏燃料运输		
⋮		

1. "政府性基金预算本级收入"项目及所属各明细项目,应当根据"政府性基金预算本级收入"科目及所属各明细科目的本期发生额填列。

2. "政府性基金预算本级支出"项目及所属各明细项目,应当根据"政府性基金预算本级支出"科目及所属各明细科目的本期发生额填列。

(五)国有资本经营预算执行情况表

国有资本经营预算执行情况表是反映政府财政在某一会计期间国有资本经营预算收支执行结果的报表,按照《政府收支分类科目》中国有资本经营预算收支科目列示,见表10-9。

1. "国有资本经营预算本级收入"项目及所属各明细项目,应当根据"国有资本经营预算本级收入"科目及所属各明细科目的本期发生额填列。

2. "国有资本经营预算本级支出"项目及所属各明细项目,应当根据"国有资本经营预算本级支出"科目及所属各明细科目的本期发生额填列。

表 10-9　　　　　　　　**国有资本经营预算执行情况表**

会财政 03-3 表

编制单位：　　　　　　　　__年__月__旬　　　　　　　　单位：元

项目	本月（旬）数	本年（月）累计数
国有资本经营预算本级收入		
10306 国有资本经营收入		
1030601 利润收入		
103060103 烟草企业利润收入		
⋮		
国有资本经营预算本级支出		
208 社会保障和就业支出		
20804 补充全国社会保障基金		
2080451 国有资本经营预算补充社保基金支出		
⋮		

（六）财政专户管理资金收支情况表

　　财政专户管理资金收支情况表是反映政府财政在某一会计期间纳入财政专户管理的财政专户管理资金全部收支情况的报表，按照相关政府收支分类科目列示，见表 10-10。

表 10-10　　　　　　　　**财政专户管理资金收支情况表**

会财政 04 表

编制单位：　　　　　　　　__年__月　　　　　　　　单位：元

项目	本月数	本年累计数
财政专户管理资金收入		
财政专户管理资金支出		

1."财政专户管理资金收入"项目及所属各明细项目，应当根据"财政专户管理资金收入"科目及所属各明细科目的本期发生额填列。

2."财政专户管理资金支出"项目及所属各明细项目，应当根据"财政专户管理资金支出"科目及所属各明细科目的本期发生额填列。

（七）专用基金收支情况表

专用基金收支情况表是反映政府财政在某一会计期间专用基金全部收支情况的报表，按照不同类型的专用基金分别列示，见表10-11。

表10-11　　　　　　　　　　　**专用基金收支情况表**

会财政05表

编制单位：　　　　　　　　　　　__年__月　　　　　　　　　　　单位：元

项目	本月数	本年累计数
专用基金收入		
粮食风险基金		
⋮		
专用基金支出		
粮食风险基金		
⋮		

1."专用基金收入"项目及所属各明细项目，应当根据"专用基金收入"科目及所属各明细科目的本期发生额填列。

2."专用基金支出"项目及所属各明细项目，应当根据"专用基金支出"科目及所属各明细科目的本期发生额填列。

（八）附注

附注是对在会计报表中列示项目的文字描述或明细资料，以及对未能在会计报表中列示项目的说明。财政总预算会计报表附注应当至少披露下列内容：

1.遵循《财政总预算会计制度》的声明；

2.本级政府财政预算执行情况和财务状况的说明；

3.会计报表中列示的重要项目的进一步说明，包括其主要构成、增减变动情况等；

4.或有负债情况的说明；

5.有助于理解和分析会计报表的其他需要说明事项。

第三节　财政总预算会计报表的审核、汇总与分析

为保证财政总预算会计报表的质量，做到数字正确、内容完整，如实反映预算执行情况和财务状况，各级财政总预算会计对于本级主管部门和下级财政部门的会计报表必须先

进行认真的审核，然后再加以汇总。

一、财政总预算会计报表的审核

财政总预算会计报表的审核主要包括政策性审核和技术性审核两方面。

（一）政策性审核

政策性审核是审核各项预算收支执行情况及结果是否体现了国有的有关财经议会政策和各项账务规定，财政收支是否合法、合规。

（二）技术性审核

技术性审核是从会计报表的数字关系、数字计算的正确性等方面对各项预算收支执行情况及其结果进行审核。其具体包括：

1.会计报表之间的有关数字是否一致。

2.上下年度的有关数字是否一致。

3.财政总预算会计报表的有关数字和各业务部门的数字是否一致。

4.上下级财政总决算之间、财政部门决算与单位决算之间有关上解、补助、暂收、暂付往来和拨款数字是否一致。

5.财政决算报表的有关数字和有关部门的税收年报与国库年报的有关数字是否一致。

二、财政总预算会计报表的汇总

会计报表审核无误后，县级以上各级财政总会计根据本级编制的会计报表和所属各级财政上报的会计报表进行汇总，编制汇总的会计报表。

在编制汇总报表时，应将本级财政与下级财政之间内部业务的相关账户的数字予以冲销，以避免数字的重复记账。冲销账户的原则为"相同科目相加，对应科目对冲"。目前的对应科目有三对，即"补助收入"与"补助支出"，"上解收入"与"上解支出"，"与上级往来"与"与下级往来"。将对应科目冲销后，其余各科目数字均将本级财政会计报表与所属下级会计报表中的相同科目的数字相加，即可得到汇总会计报表的有关数字。

三、财政总预算会计报表的分析

财政总预算会计报表分析是以财政总预算会计报表为主要依据，并参考其他有关资料对一定时期的预算执行情况和财务状况进行比较、分析、研究后，作出符合事实的客观评价，查明原因，进而总结经验，吸取教训，采取措施，改进工作的一种方法。

分析的内容主要是各项预算收支完成情况和财务状况。分析的方法主要有比较分析法和因素分析法两种。

1.比较分析法。比较分析法是将两个或两个以上相关指标进行对比，测算出相互间的差异，从中发现问题。比较的内容主要有三个方面：一是本期实际数与本期预算数进行比较；二是本期实际数与历史同期数进行比较；三是本期实际数与同类先进水平地区数字进行比较。

2.因素分析法。因素分析法是结合发现的问题，分析产生问题的影响因素，揭示问题产生的原因，以便于解决问题。

四、财政总预算会计的信息化管理

随着信息技术的发展，财政总预算会计管理也应做到与时俱进，充分利用现代技术加强信息化管理。新《财政总预算会计制度》对于财政总预算会计信息化管理的具体规定如下：

1.各级财政总预算会计采用的会计信息管理系统必须符合会计制度规定的核算方法，并与预算编制、预算执行等业务系统相衔接，不断提高账务处理的自动化程度。

2.各级财政总预算会计不得直接在会计信息管理系统中更改登记有误的账簿信息，应当采取冲销法或补充登记法重新填制调账记账凭证，复核无误后登记会计账簿。

3.信息系统储存的财政总预算会计原始数据应当由专人定期备份至专用存储设备。保存电子会计数据的存储介质应当纳入容灾备份体系妥善保管。

思考与练习题

一、思考题

1.财政总预算会计的年终清理是什么？其包括哪些内容？

2.各级财政的年终结算是什么？其包括哪些内容？

3."财政总决算结算单"应当包括哪些内容？

4.财政年终结算的一般程序有哪些？

5.财政总预算会计的年终结账分为哪几步？

6.财政总预算会计的会计报表是什么？按内容分为哪几类会计报表？

7.财政总预算会计报表有哪些编报要求？

8.财政总预算会计在决算编审中的工作任务是什么？

9.财政总预算会计报表附注应当至少披露哪些内容？

10.财政总预算会计报表的审核主要有哪些内容？

11.财政总预算会计报表的汇总原则是什么？

12.财政总预算会计报表的分析是什么？主要有哪些方法？

13.财政总预算会计信息化管理有哪些规定？

二、单项选择题

1.（　　）编制完成后，本年度的财政决算工作才宣告结束。

A.转账分录　　　　　B.年终清理单　　　　　C.转账单　　　　　D.财政决算结算单

2.财政年终结算在本级政府财政与（　　）政府财政之间进行。

A.下级　　　　　B.上级　　　　　C.中央　　　　　D.以上都不是

3.为了便于年终清理，本年预算的追加追减和企业事业单位的上划下划，一般截至（　　）。

A.11月底　　　　　B.12月20日　　　　　C.12月25日　　　　　D.12月31日

4.财政总预算会计在填列"资产负债表"时，应设置（　　）项目，以反映政府财政期末承担的1年以内（含1年）到偿还期的非流动负债。

A."一年内到期的非流动负债"　　　　　B."一年内到期的流动负债"

C.''一年内到期的负债''　　　　　　　　　D.''长期负债''

5.财政总预算会计''资产负债表''的''应付主权外债转贷款''项目，反映政府财政期末承担的偿还期限（　　）的主权外债转贷款的本金金额。

A.不到1年　　　　　B.1年　　　　　B.超过1年　　　　　D.任意时间

三、多项选择题

1.财政总预算会计应当按（　　）进行会计结账。

A.旬　　　　　B.月　　　　　C.季　　　　　D.年

2.财政总预算会计年终结账前的准备工作主要有（　　）。

A.年终清理　　　B.年终结算　　　C.年终转账　　　D.年终会计报告编制

3.财政总预算会计的会计结账一般分为（　　）。

A.平时结账　　　B.月末结账　　　C.季末结账　　　D.年终结账

4.财政总预算会计报表的审核主要包括（　　）。

A.政策性审核　　　B.合规性审核　　　C.技术性审核　　　D.正确性审核

5.财政总预算会计在编制汇总会计报表时，属于对应科目的有（　　）。

A.''补助收入''与''补助支出''　　　　　B.''上解收入''与''上解支出''

C.''与上级往来''与''与下级往来''　　　D.''债务转贷收入''与''债务转贷支出''

四、综合训练题

某市财政总预算会计20××年12月31日年终结账前的资产负债表，见表10-12。

表10-12

资产负债表

（结账前）

编制单位：某市财政局　　　　　20××年12月31日　　　　　单位：万元

资产部类	年初余额	期末余额	负债部类	年初余额	期末余额
流动资产：			流动负债：		
国库存款		1 052	应付短期政府债券		0
国库现金管理存款		0	应付利息		0
其他财政存款		28	应付国库集中支付结余		0
有价证券		50	与上级往来		210
在途款		70	其他应付款		35
预拨经费		60	应付代管资金		0
借出款项		35	一年内到期的非流动负债		0
应收股利		0	流动负债合计		245
应收利息		0	非流动负债：		
与下级往来		100	应付长期政府债券		0
其他应收款		0	借入款项		

续表

资产部类	年初余额	期末余额	负债部类	年初余额	期末余额
流动资产合计		1 395	应付地方政府债券转贷款		600
非流动资产：			应付主权外债转贷款		200
应收地方政府债券转贷款		500	其他负债		0
应收主权外债转贷款		100	非流动负债合计		800
股权投资		0	负债合计		1 045
待发国债		0	净资产：		
非流动资产合计		600	一般公共预算结转结余		160
资产合计		1 995	政府性基金预算结转结余		100
支出：			国有资本经营预算结转结余		10
一般公共预算本级支出		6 812	财政专户管理资金结余		23
政府性基金预算本级支出		260	专用基金结余		0
国有资本经营预算本级支出		90	预算稳定调节基金		567
财政专户管理资金支出		8	预算周转金		80
专用基金支出		3	资产基金		600
补助支出		2 047	减：待偿债净资产		-800
其中：一般公共预算补助支出		1 970	净资产合计		740
政府性基金预算补助支出		77	收入：		
上解支出		700	一般公共预算本级收入		6 912
其中：一般公共预算上解支出		600	政府性基金预算本级收入		290
政府性基金预算上解支出		100	国有资本经营预算本级收入		100
地区间援助支出		0	财政专户管理资金收入		9
调出资金		0	专用基金收入		5
其中：一般公共预算调出资金		0	补助收入		2 504
政府性基金预算调出资金		0	其中：一般公共预算补助收入		2 400
安排预算稳定调节基金		100	政府性基金预算补助收入		104
债务还本支出		200	上解收入		400
其中：一般债务还本支出		80	其中：一般公共预算上解收入		300

资产部类	年初余额	期末余额	负债部类	年初余额	期末余额
专项债务还本支出		120	政府性基金预算上解收入		100
债务转贷支出		600	地区间援助收入		0
其中：地方政府一般债务转贷支出		240	调入资金		0
地方政府专项债务转贷支出		360	其中：一般公共预算调入资金		0
支出合计		10 820	政府性基金预算调入资金		0
			动用预算稳定调节基金		0
			债务收入		0
			其中：一般债务收入		0
			专项债务收入		0
			债务转贷收入		800
			其中：地方政府一般债务转贷收入		320
			地方政府专项债务转贷收入		480
			收入合计		11 020
资产部类合计		12 805	负债部类合计		12 805

1.编制年终转账的会计分录；

2.编制结账后的资产负债表。

第三篇　行政单位会计

第十一章 行政单位会计概述

☞ **学习目的**

通过本章的学习，了解行政单位会计的定义、适用范围、主要任务，理解行政单位会计的特点及核算原理，了解其核算对象及账簿组织。

第一节　行政单位会计任务及特点

一、行政单位会计的界定

行政单位会计是指各级各类国家机关、政党组织（以下统称行政单位）核算反映单位预算资金的取得、使用及其结果的一种非营利组织会计。

行政单位会计适用于各级各类国家机关、政党组织，一般统称为行政单位。其核算目标是向会计信息使用者提供与行政单位财务状况、预算执行情况等有关的会计信息，反映行政单位受托责任的履行情况，有助于会计信息使用者进行管理、监督和决策。

行政单位会计信息使用者包括人民代表大会、政府及其有关部门、行政单位自身和其他会计信息使用者。

行政单位应当对其自身发生的经济业务或者事项进行会计核算。

二、行政单位会计的基本任务

行政单位会计是我国预算会计的重要组成部分，通过对预算收支执行情况的核算和监督，为各级政府及相关部门进行决算提供必要的会计信息。行政单位会计的主要任务有：

1.根据本单位的行政任务和批准的预算，及时合理地使用资金，提高资金使用的经济效益和社会效益，保证其管理职能的圆满完成。

2.严格按照行政财务规则、财务制度和会计制度的规定，认真做好日常会计核算工作。

3.参与本单位的预、决算工作，定期检查分析单位预算执行情况，全面落实单位预算。

4.根据有关规定，结合具体情况制定本单位有关财务会计工作的具体规定和办法，监督、指导所属会计单位和报账单位的会计工作，不断提高会计工作的管理水平和业务水平。

三、行政单位会计的特点

与财政总预算会计和事业单位会计相比，行政单位会计具有自己的特殊性。

1.具有明显的非营利性。行政单位的主要任务是无偿为社会提供服务，其资金主要来自财政拨款，而财政资金又主要来自纳税人的税收。纳税人既然缴税，就有权无偿获得政府的服务。由于分配和管理的需要，政府有时候也会向公众收取服务费用，但这类收费的目的是平衡享受公共服务者与不享受公共服务者之间的负担，解决公共品消费的"搭便车"问题，而不是以营利为目的。

2.不进行成本核算。行政单位的资金运行不同于企业。企业的资金循环是从购进材料、垫付款项，到销售产品、收回款项的过程，其资金循环的目的在于获取利润，因此需要进行成本的核算。而行政单位的资金运行是从取得财政拨款，到变成政务费用的过程。行政单位不需要垫付资金，也不需要通过回收的款项维持后续的支出需求。因此，行政单位不需要进行成本核算。

3.采用收付实现制的会计基础。行政单位会计核算一般采用收付实现制，特殊经济业务和事项可以按照《行政单位会计制度》的规定采用权责发生制核算。

4.会计核算的重点在支出上。行政单位会计核算的主要目的是分清各种费用，然后及时、准确、完整地向财政报账。所有有关会计科目的设计也都是由此引起的。

四、行政单位会计信息质量要求

2013年颁布实施的新《行政单位会计制度》对行政单位会计信息提出了明确的质量要求：

1.行政单位应当以实际发生的经济业务或者事项为依据进行会计核算，如实反映各项会计要素的情况和结果，保证会计信息真实可靠。

2.行政单位提供的会计信息应当与行政单位受托责任履行情况的反映以及会计信息使用者的管理、监督和决策需要相关，有助于会计信息使用者对行政单位过去、现在或者未来的情况作出评价或者预测。

3.行政单位应当将发生的各项经济业务或者事项全部纳入会计核算，确保会计信息能够全面反映行政单位的财务状况和预算执行情况等。

4.行政单位对于已经发生的经济业务或者事项，应当及时进行会计核算，不得提前或者延后。

5.行政单位提供的会计信息应当具有可比性。

同一行政单位不同时期发生的相同或者相似的经济业务或者事项，应当采用一致的会计政策，不得随意变更。确需变更的，应当将变更的内容、理由和对单位财务状况、预算执行情况的影响在附注中予以说明。

不同行政单位发生的相同或者相似的经济业务或者事项，应当采用统一的会计政策，确保不同行政单位会计信息口径一致、相互可比。

6.行政单位提供的会计信息应当清晰明了，便于会计信息使用者理解和使用。

第二节　行政单位会计账簿组织

一、会计科目

行政单位会计科目按照资产、负债、净资产、收入和支出五大会计要素设置，具体会计科目表见表11-1。

表11-1 行政单位会计科目表

序号	科目编号	科目名称
一、资产类		
1	1001	库存现金
2	1002	银行存款
3	1011	零余额账户用款额度
4	1021 102101 102102	财政应返还额度 　财政直接支付 　财政授权支付
5	1212	应收账款
6	1213	预付账款
7	1215	其他应收款
8	1301	存货
9	1501	固定资产
10	1502	累计折旧
11	1511	在建工程
12	1601	无形资产
13	1602	累计摊销
14	1701	待处理财产损溢
15	1801	政府储备物资
16	1802	公共基础设施
17	1901	受托代理资产

续表

序号	科目编号	科目名称
二、负债类		
18	2001	应缴财政款
19	2101	应缴税费
20	2201	应付职工薪酬
21	2301	应付账款
22	2302	应付政府补贴款
23	2305	其他应付款
24	2401	长期应付款
25	2901	受托代理负债
三、净资产类		
26	3001	财政拨款结转
27	3002	财政拨款结余
28	3101	其他资金结转结余
29	3501	资产基金
	350101	预付款项
	350111	存货
	350121	固定资产
	350131	在建工程
	350141	无形资产
	350151	政府储备物资
	350152	公共基础设施
30	3502	待偿债净资产
四、收入类		
31	4001	财政拨款收入
32	4011	其他收入
五、支出类		
33	5001	经费支出
34	5101	拨出经费

　　行政单位应当按照《行政单位会计制度》的规定设置和使用会计科目，没有相关业务不需要使用的总账科目可以不设。在不影响会计处理和编报财务报表的前提下，行政单位可以根据实际情况自行增设规定以外的明细科目，或者自行减少、合并规定的明细科目。

　　《行政单位会计制度》统一规定会计科目的编号，以便于填制会计凭证、登记账簿、查阅账目，以及实行会计信息化管理。行政单位不得随意打乱重编规定的会计科目编号。

二、会计凭证

　　行政单位的会计凭证包括原始凭证和记账凭证。

（一）原始凭证

　　行政单位的原始凭证主要有收款凭证，借款凭证，预算拨款凭证，固定资产调拨单，开户银行转来的收、付款凭证，往来结算凭证，存货的出库、入库单，以及其他足以证明会计事项发生经过的凭证和文件。

（二）记账凭证

　　记账凭证是由会计人员根据审核后的原始凭证填制的，并作为登记账簿的凭证依据。行政单位的记账凭证主要包括收款凭证、付款凭证和转账凭证三种，其格式分别见表 11-2、表 11-3、表 11-4。

表 11-2　　　　　　　　　　　　　　　　**收款凭证**　　　　　　　　　出纳编号＿＿＿＿＿＿

借方科目：　　　　　　　　　　　　　年　　月　　日　　　　　　　　制单编号＿＿＿＿＿＿

对方单位（或缴款人）	摘要	贷方科目		金额	记账符号
		总账科目	明细科目		
		合计金额			

会计主管　　　　　记账　　　　　稽核　　　　　出纳　　　　　制单

表 11-3　　　　　　　　　　　　　　　　**付款凭证**　　　　　　　　　出纳编号＿＿＿＿＿＿

贷方科目：　　　　　　　　　　　　　年　　月　　日　　　　　　　　制单编号＿＿＿＿＿＿

对方单位（或领款人）	摘要	借方科目		金额	记账符号
		总账科目	明细科目		
		合计金额			

会计主管　　　　记账　　　　稽核　　　　出纳　　　　制单　　　　领款人

表11-4　　　　　　　　　　　　**转账凭证**　　　　　　出纳编号_____
　　　　　　　　　　　　　　　年　月　日　　　　　　制单编号_____

对方单位	摘要	借方		贷方		金额	记账符号
		总账科目	明细科目	总账科目	明细科目		

会计主管　　　记账　　　稽核　　　出纳　　　制单　　　领（缴）款人

三、会计账簿

行政单位的会计账簿分为总账、明细账和序时账。总账的格式同财政总预算会计。明细账主要有：

1.收入明细账，包括财政拨款收入明细账及其他收入明细账。

2.支出明细账，包括经费支出明细账和拨出经费明细账。

3.往来款项明细账，包括应收账款、应付账款、其他应收款和其他应付款等明细账。

序时账是按经济业务发生的先后顺序，逐日逐笔连续登记的账簿。序时账分为现金日记账和银行存款日记账，通常采用三栏式格式。

四、资金运行及核算原理

行政单位主要是党政机关单位，为全社会提供各种公共服务，同时也管理社会。行政单位的会计核算是由于其运行的特殊性所引起的。行政单位的运行有以下特点：

一是行政单位的非营利性。行政单位的主要任务是无偿为社会提供公共商品和服务，其资金由财政供给，主要来自纳税人的税收，不需要通过销售商品和服务获得成本的回收。由于分配和管理的需要，政府有时候也要向居民和企业收取服务费用，但这类收费的目的是平衡享受公共服务者与不享受公共服务者之间的负担，解决消费拥堵或"搭便车"问题，而不是以营利为目的。

二是行政单位的资金主要来自财政拨款。行政单位提供公共商品和服务的经费来源为财政资金，其资金运行过程始于财政拨款，即先从财政获得拨款形成行政单位非偿还性收入，然后通过向社会（即企业或个人）提供公共商品和服务将这些财政资金花费出去，形成行政单位支出。行政单位在提供商品和服务过程中，有时候也可以取得收费等资金收入，但这些收入按照规定不属于本单位的非偿还资金，而属于应上缴财政的偿还性资金，形成应缴性质的负债。行政单位的资金运行过程可简单表述为，从财政获得的拨款作收，提供公共商品和服务时的花费作支，期间取得的行政性收费作应缴性负债。行政单位的资金运行及核算原理如图11-1所示。

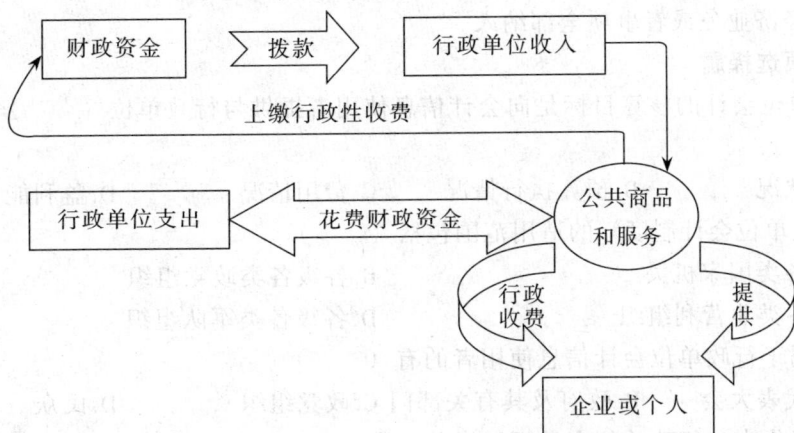

图 11-1 行政单位的资金运行及核算原理

思考与练习题

一、思考题

1. 什么是行政单位会计？其适用范围是什么？

2. 行政单位会计的基本任务有哪些？

3. 行政单位会计有什么特点？

4. 2013 年颁布实施的新《行政单位会计制度》对行政单位会计信息提出了哪些质量要求？

5. 2013 年颁布实施的新《行政单位会计制度》对会计科目的设置和使用有哪些规定？

6. 行政单位会计的原始凭证有哪些？

二、单项选择题

1. 下列会计要素中，（   ）不属于行政单位会计的具体核算对象。

A. 资产　　　　　　　B. 负债　　　　　　　C. 费用　　　　　　　D. 支出

2. 行政单位在提供公共商品和服务过程中按照国家规定取得的行政事业性收费属于（   ）。

A. 资产　　　　　B. 收入　　　　　C. 负债　　　　　D. 净资产

3. 行政单位会计的资金主要来自（   ）。

A. 行政事业性收费　　B. 财政拨款　　　C. 利润　　　　　D. 预算外收入

4. 行政单位会计一般采用（   ）作为核算基础。

A. 收付实现制　　　　　　　　　B. 权责发生制

C. 修正的收付实现制　　　　　　D. 修正的权责发生制

5. 行政单位应当将发生的（   ）会计核算，确保会计信息能够全面反映行政单位的财务状况和预算执行情况等。

A. 用单位预算资金支付的各项经济业务或者事项全部纳入

B. 用财政资金支付的各项经济业务或者事项全部纳入

C. 与单位主要业务及其辅助活动相关的各项经济业务或者事项全部纳入

D.各项经济业务或者事项全部纳入

三、多项选择题

1.行政单位会计的核算目标是向会计信息使用者提供与行政单位（　　）等有关的会计信息。

A.财务状况　　　　　B.预算执行情况　　　C.费用情况　　　　　D.盈利能力

2.《行政单位会计制度》的适用范围包括（　　）。

A.各级各类国家机关　　　　　　　　B.各级各类政党组织

C.各级各类非营利组织　　　　　　　D.各级各类军队组织

3.下列属于行政单位会计信息使用者的有（　　）。

A.人民代表大会　　　B.政府及其有关部门　C.政党组织　　　　　D.民众

4.下列工作中，行政单位会计可以参与的有（　　）。

A.本单位预算工作　　　　　　　　　B.本单位决算工作

C.检查分析单位预算执行情况　　　　D.指导所属会计单位的会计工作

5.行政单位提供的会计信息应当与行政单位受托责任履行情况的反映、会计信息使用者的（　　）相关，有助于会计信息使用者对行政单位过去、现在或者未来的情况作出评价或者预测。

A.管理需要　　　　　B.监督需要　　　　　C.决策需要　　　　　D.其他需要

四、论述题

阐述行政单位会计的资金运行过程及核算原理。

第十二章

行政单位资产的核算

☞ 学习目的

通过本章的学习，掌握行政单位会计各类资产的科目设置、管理要求及核算方法。

第一节　行政单位资产概述

一、行政单位资产的概念及内容

行政单位资产是指行政单位占有或者使用的、能以货币计量的经济资源。这里所说的占有是指行政单位对经济资源拥有法律上的占有权。由行政单位直接支配，供社会公众使用的政府储备物资、公共基础设施等，也属于行政单位核算的资产。

行政单位资产包括流动资产、固定资产、在建工程、无形资产等。其中，流动资产是指可以在1年以内（含1年）变现或者耗用的资产，包括库存现金、银行存款、零余额账户用款额度、财政应返还额度、应收及预付款项、存货等。

零余额账户用款额度是指实行国库集中支付的行政单位根据财政部门批复的用款计划收到和支用的零余额账户用款额度。

财政应返还额度是指实行国库集中支付的行政单位应收财政返还的资金额度。

应收及预付款项是指行政单位在开展业务活动中形成的各项债权，包括应收账款、预付账款、其他应收款等。

存货是指行政单位在工作中为耗用而储存的资产，包括材料、燃料、包装物和低值易耗品等。

固定资产是指使用期限超过1年（不含1年）、单位价值在规定标准以上，并且在使用过程中基本保持原有物质形态的资产。

在建工程是指行政单位已经发生必要支出，但尚未交付使用的建设工程。

　　无形资产是指不具有实物形态而能够为使用者提供某种权利的非货币性资产。

二、行政单位资产的确认及计量

（一）资产的确认

　　行政单位对符合资产定义的经济资源，应当在取得对其相关的权利并且能够可靠地进行货币计量时确认。

　　符合资产定义并确认的资产项目，应当列入资产负债表。

（二）资产的计量

　　行政单位资产应当按照取得时的实际成本进行计量。除国家另有规定外，行政单位不得自行调整其账面价值。

　　应收及预付款项应当按照实际发生额计量。以支付对价方式取得的资产，应当按照取得资产时支付的现金或者现金等价物的金额，以及所付出的非货币性资产的评估价值等金额计量。

　　取得资产时没有支付对价的，其计量金额应当：（1）按照有关凭据注明的金额加上相关税费、运输费等确定；（2）没有相关凭据但依法经过资产评估的，按照评估价值加上相关税费、运输费等确定；（3）没有相关凭据也未经评估的，比照同类或类似资产的市场价格加上相关税费、运输费等确定；（4）没有相关凭据也未经评估，其同类或类似资产的市场价格无法可靠取得的，按照名义金额（即人民币1元，下同）入账。

三、行政单位资产会计科目表

　　行政单位资产类会计科目及核算内容见表12-1。

表12-1　　　　　　　　　　　　　行政单位资产科目表

序号	科目编号	科目名称	核算内容
1	1001	库存现金	核算行政单位的库存现金
2	1002	银行存款	核算行政单位存入银行或者其他金融机构的各种存款
3	1011	零余额账户用款额度	核算实行国库集中支付的行政单位根据财政部门批复的用款计划收到和支用的零余额账户用款额度
4	1021 102101 102102	财政应返还额度 财政直接支付 财政授权支付	核算实行国库集中支付的行政单位应收财政返还的资金额度，应设置"财政直接支付""财政授权支付"两个明细科目进行明细核算
5	1212	应收账款	核算行政单位出租资产、出售物资等应当收取的款项。行政单位收到的商业汇票，也通过本科目核算
6	1213	预付账款	核算行政单位按照购货、服务合同规定预付给供应单位（或个人）的款项。行政单位依据合同规定支付的定金，也通过本科目核算

序号	科目编号	科目名称	核算内容
7	1215	其他应收款	核算行政单位除应收账款、预付账款以外的其他各项应收及暂付款项
8	1301	存货	核算行政单位在开展业务活动及其他活动中为耗用而储存的各种物资，包括材料、燃料、包装物和低值易耗品，以及未达到固定资产标准的家具、用具、装具等的实际成本
9	1501	固定资产	核算行政单位各类固定资产的原价
10	1502	累计折旧	核算行政单位固定资产、公共基础设施计提的累计折旧
11	1511	在建工程	核算行政单位已经发生必要支出，但尚未完工交付使用的各种建筑（包括新建、改建、扩建、修缮等），以及设备安装工程和信息系统建设工程的实际成本
12	1601	无形资产	核算行政单位各项无形资产的原价
13	1602	累计摊销	核算行政单位无形资产计提的累计摊销
14	1701	待处理财产损溢	核算行政单位待处理财产的价值及财产处理损溢
15	1801	政府储备物资	核算行政单位直接储存管理的各项政府应急或救灾储备物资等
16	1802	公共基础设施	核算由行政单位占有并直接负责维护管理、供社会公众使用的工程性公共基础设施资产，包括城市交通设施、公共照明设施、环保设施、防灾设施、健身设施、广场及公共构筑物等其他公共设施
17	1901	受托代理资产	核算行政单位接受委托方委托管理的各项资产，包括受托指定转赠的物资、受托储存管理的物资等

第二节　流动资产的核算

一、库存现金

"库存现金"科目核算行政单位的库存现金。库存现金的增加记借方，减少记贷方，期末借方余额反映行政单位实际持有的库存现金。行政单位应当严格按照国家有关现金管理的规定收支现金，并按照新《行政单位会计制度》的规定核算现金的各项收支业务。

（一）与银行等金融机构之间的业务往来

从银行等金融机构提取现金，按照实际提取的金额，借记本科目，贷记"银行存款""零余额账户用款额度"等科目；将现金存入银行等金融机构，借记"银行存款"科目，贷记本科目；将现金退回单位零余额账户，借记"零余额账户用款额度"科目，贷记本科目。

1.从银行等金融机构提取现金：

借：库存现金

　　贷：银行存款/零余额账户用款额度等

2.将现金存入银行等金融机构：

借：银行存款

　　贷：库存现金

3.将现金退回单位零余额账户：

借：零余额账户用款额度

　　贷：库存现金

（二）与内部职工之间的业务往来

因支付内部职工出差等原因所借的现金，借记"其他应收款"科目，贷记本科目；出差人员报销差旅费时，按照应报销的金额，借记有关科目，按照实际借出的现金金额，贷记"其他应收款"科目，按照其差额，借记或贷记本科目。

1.支付内部职工出差等所借的现金：

借：其他应收款

　　贷：库存现金

2.出差人员报销差旅费：

借：经费支出（应报销金额）

　　贷：其他应收款（实际借出金额）

借或贷：库存现金（差额）

【例12-1】某行政单位工作人员张三出差预借差旅费3 000元，以现金支付。张三出差回来，实际花费2 800元，200元余款收回。

（1）预借差旅费时：

借：其他应收款——张三　　　　　　　　　　　　　　　　　　　　　3 000

　　贷：库存现金　　　　　　　　　　　　　　　　　　　　　　　　　　　3 000

（2）报销时：

借：经费支出　　　　　　　　　　　　　　　　　　　　　　　　　2 800

　　库存现金　　　　　　　　　　　　　　　　　　　　　　　　　　200

　　贷：其他应收款——张三　　　　　　　　　　　　　　　　　　　　　3 000

（三）对外开展业务或其他事项

因开展业务或其他事项收到现金，借记本科目，贷记有关科目；因购买服务、商品或其他事项支出现金，借记有关科目，贷记本科目。

1.因开展业务或其他事项收到现金：

借：库存现金

　　贷：其他收入等

2.因购买服务、商品或其他事项支出现金：

借：经费支出/存货

　　贷：库存现金

（四）受托代理现金业务

收到受托代理的现金时，借记本科目，贷记"受托代理负债"科目；支付受托代理的现金时，借记"受托代理负债"科目，贷记本科目。

1.收到受托代理的现金：

借：库存现金

　　贷：受托代理负债

2.支付受托代理的现金：

借：受托代理负债

　　贷：库存现金

（五）日常管理及相应账务处理

1.设置"现金日记账"。行政单位应当设置"现金日记账"，由出纳人员根据收付款凭证，按照业务发生顺序逐笔登记。每日终了，应当计算当日的现金收入合计数、现金支出合计数和结余数，并将结余数与实际库存数核对，做到账款相符。

2.账款不符的账务处理。每日终了结算现金收支，核对库存现金时发现有待查明原因的现金短缺或溢余，应当通过"待处理财产损溢"科目核算。属于现金短缺，应当按照实际短缺的金额，借记"待处理财产损溢"科目，贷记本科目；属于现金溢余，应当按照实际溢余的金额，借记本科目，贷记"待处理财产损溢"科目。待查明原因后，如为现金短缺，属于应由责任人赔偿或向有关人员追回的部分，借记"其他应收款"科目，贷记"待处理财产损溢"科目；如为现金溢余，属于应支付给有关人员或单位的部分，借记"待处理财产损溢"科目，贷记"其他应付款"科目。

（1）发现账款不符时，首先应通过"待处理财产损溢"科目核算。

①属于现金短缺，应按实际短缺金额：

借：待处理财产损溢

　　贷：库存现金

②属于现金溢余，应按实际溢余金额作相反的会计分录。

（2）待查明原因后，应作如下账务处理：

①如为现金短缺，属于应由责任人赔偿或向有关人员追回的部分：

借：其他应收款

　　贷：待处理财产损溢

②如为现金溢余，属于应支付给有关人员或单位的部分：

借：待处理财产损溢

　　贷：其他应付款

（3）如果无法查明原因，应作如下账务处理：

①如为现金短缺，报经批准核销的：

借：经费支出

　　贷：待处理财产损溢

②如为现金溢余，报经批准后：

借：待处理财产损溢

　　贷：其他收入

【例12-2】某行政单位月末盘点库存现金时发现实际库存数比账面结余数少了120元，原因尚未查明。经反复核查，无法查明原因，经批准作经费支出处理。

（1）发现短款时：

借：待处理财产损溢　　　　　　　　　　　　　　　　　　　　　　120

　　贷：库存现金　　　　　　　　　　　　　　　　　　　　　　　　120

（2）批准核销时：

借：经费支出　　　　　　　　　　　　　　　　　　　　　　　　　120

　　贷：待处理财产损溢　　　　　　　　　　　　　　　　　　　　　120

【例12-3】某行政单位盘点库存现金时发现库存现金的实际数比账面数多出80元，尚未查明原因。经核查，发现80元长款中有50元是由于支付现金时少付了，30元无法查明原因，经批准作无主款处理。

（1）发现长款时：

借：库存现金　　　　　　　　　　　　　　　　　　　　　　　　　80

　　贷：待处理财产损溢　　　　　　　　　　　　　　　　　　　　　80

（2）核查后：

借：待处理财产损溢　　　　　　　　　　　　　　　　　　　　　　80

　　贷：其他收入　　　　　　　　　　　　　　　　　　　　　　　　30

　　　　其他应付款　　　　　　　　　　　　　　　　　　　　　　　50

（六）库存现金外币业务处理

行政单位有外币现金的，应当分别按照人民币、外币种类设置"现金日记账"进行明细核算。有关外币现金业务的账务处理，参见"银行存款"科目的相关规定。

二、银行存款

"银行存款"科目核算行政单位存入银行或者其他金融机构的各种存款。银行存款的增加记借方，减少记贷方，期末借方余额反映行政单位实际存放在银行或者其他金融机构的款项。行政单位应当严格按照国家有关支付结算办法的规定办理银行存款收支业务，并按照制度规定核算银行存款的各项收支业务。

（一）款项存入银行或者其他金融机构

将款项存入银行或者其他金融机构，借记本科目，贷记"库存现金""其他收入"等科目。

借：银行存款

　　贷：库存现金/其他收入等

（二）提取和支出存款

提取和支出存款时，借记有关科目，贷记本科目。

借：库存现金/经费支出

　　贷：银行存款

（三）收到银行存款利息

1.收到银行存款利息时，借记本科目，贷记"其他收入"等科目。

借：银行存款

　　贷：其他收入等

2.支付银行手续费或银行扣收罚金等时，借记"经费支出"科目，贷记本科目。

借：经费支出

　　贷：银行存款

（四）收到受托代理的银行存款

1.收到受托代理的银行存款时，借记本科目，贷记"受托代理负债"科目。

借：银行存款

　　贷：受托代理负债

2.支付受托代理存款时，借记"受托代理负债"科目，贷记本科目。

借：受托代理负债

　　贷：银行存款

（五）银行存款外币业务

行政单位发生外币业务的，应当按照业务发生当日或当期期初的即期汇率，将外币金额折算为人民币金额记账，并登记外币金额和汇率。期末各种外币账户的期末余额，应当按照期末的即期汇率折算为人民币，作为外币账户期末人民币余额。调整后的各种外币账户人民币余额与原账面余额的差额，作为汇兑损益计入当期支出。

1.以外币购买物资、劳务等，按照购入当日或当期期初的即期汇率将支付的外币或应支付的外币折算为人民币金额，借记有关科目，贷记本科目、"应付账款"等科目的外币账户。

借：经费支出等

　　贷：银行存款/应付账款等——外币户

2.以外币收取相关款项等，按照收入确认当日或当期期初的即期汇率将收取的外币或应收取的外币折算为人民币金额，借记本科目、"应收账款"等科目的外币账户，贷记有关科目。

借：银行存款/应收账款等——外币户

　　贷：其他收入等

3.期末将各种外币账户按期末汇率调整后的人民币余额与原账面人民币余额的差额，作为汇兑损益，借记或贷记本科目、"应收账款"、"应付账款"等科目的外币账户，贷记或借记"经费支出"等科目。

借记或贷记：银行存款/应收账款/应付账款等——外币户

　　贷记或借记：经费支出等

【例12-4】某行政单位发生银行存款外币收支业务如下：

（1）6月，收回应收账款800美元。

借：银行存款——美元户（800×6.15）　　　　　　　　　　　　4 920

　　贷：应收账款——美元户（800×6.15）　　　　　　　　　　　　4 920

（2）8月，支付劳务费500美元。

借：经费支出（500×6.19）　　　　　　　　　　　　　　　　　3 095

　　贷：银行存款——美元户（500×6.19）　　　　　　　　　　　　3 095

（3）10月，收到其他收入款项1 000美元。

借：银行存款——美元户（1 000×6.21）　　　　　　　　　　　　　　6 210

　　贷：其他收入（1 000×6.21）　　　　　　　　　　　　　　　　　　　6 210

（4）年末调整余额时，美元汇率为6.20。

该行政单位银行存款美元户表见表12-2。

表12-2　　　　　　　　　　　　　　银行存款美元户表

摘要	美元	汇率	人民币
期初余额（借方）	2 000	6.21	12 420
借方发生额	800	6.15	4 920
	1 000	6.21	6 210
贷方发生额	500	6.19	3 095
期末余额	3 300	6.20	20 460（20 455）

期末余额按美元户余额和汇率折算人民币数＝3 300×6.20＝20 460（元）

期末余额按账户借贷方余额和发生额折算人民币数＝12 420＋4 920＋6 210－3 095＝20 455（元）

汇兑损益＝20 460－20 455＝5（元）

借：银行存款——美元户　　　　　　　　　　　　　　　　　　　　　　5

　　贷：经费支出　　　　　　　　　　　　　　　　　　　　　　　　　　5

（六）银行存款日记账

行政单位应当按照开户银行或其他金融机构、存款种类及币种等，分别设置"银行存款日记账"，由出纳人员根据收付款凭证，按照业务的发生顺序逐笔登记，每日终了应结出余额。

"银行存款日记账"应当定期与"银行对账单"核对，至少每月核对一次。月度终了，行政单位账面余额与银行对账单余额之间如有差额，必须逐笔查明原因并进行处理，按月编制"银行存款余额调节表"，调节相符。

每月终了，行政单位账面余额与"银行对账单"进行对账时，从理论上讲，两者无论是发生额还是期末余额都应该是完全一致的，因为它们是对同一账号存款的记录。但是在实践中，通过核对会发现双方的账目经常出现不一致的情况。其原因主要有两个：

一是有"未达账项"；二是双方账目可能发生记录错误。无论是未达账项，还是双方账目记录有误，都要通过单位"银行存款日记账"的记录与银行开出的"银行对账单"进行逐笔"勾对"才能发现。

对账的具体方法：由开户银行定期将银行复写账的副本作为对账单提供给各单位，出纳员把单位"银行存款日记账"中借方和贷方的每笔记录分别与"银行对账单"中贷方和借方的每笔记录从凭证的种类、编号、摘要内容、记账方向、金额等方面加以核对。对上的即在银行存款日记账和对账单上分别作出记号（一般为"√"）；一旦发现本单位漏记、重记、错记或串户等情况，应由单位更正后登记入账。在与开户银行核对余额过程中，由于未达账项的存在，常常使银行账面余额与单位银行存款日记账账面余额发生不符。

所谓未达账项是指银行结算凭证期末在银行与单位传递过程中，由于传递时间和记账时间的不同，常常造成银行与开户单位一方已经入账而另一方尚未入账的情况，从而造成双方账面余额不符。未达账项有如下几种情况：

（1）单位已经入账，但银行尚未入账的收入事项。如单位存入银行的转账支票，单位已经入账，而银行尚未记入单位账户。

（2）单位已经入账，但银行尚未入账的付出事项。如单位签发的支票，单位已经入账，而银行尚未接到办理转账手续因而未减少单位存款。

（3）银行已经入账，但单位尚未入账的收入事项。如银行代收的票据及利息，银行已经入账，而单位未能及时收到银行通知因而并未入账。

（4）银行已经入账，但单位尚未入账的付出事项。如银行代扣的水电费、银行借款利息等，银行已经入账，而单位尚未收到银行通知因而尚未入账。

出现第（1）和第（4）情况时，单位银行存款账面余额大于银行对账单余额；出现第（2）和第（3）情况时，单位银行存款账面余额小于银行对账单余额。若未达账项不及时查对与调整，单位对实有存款数心中无数，则不利于合理调配使用资金、发挥资金的应有效益，还容易开出“空头”支票，带来不必要的麻烦。所以，单位出纳人员应该及时取得“银行对账单”，编制“银行存款余额调节表”。“银行对账单”格式如图12-1所示，“银行存款余额调节表”格式见表12-3。

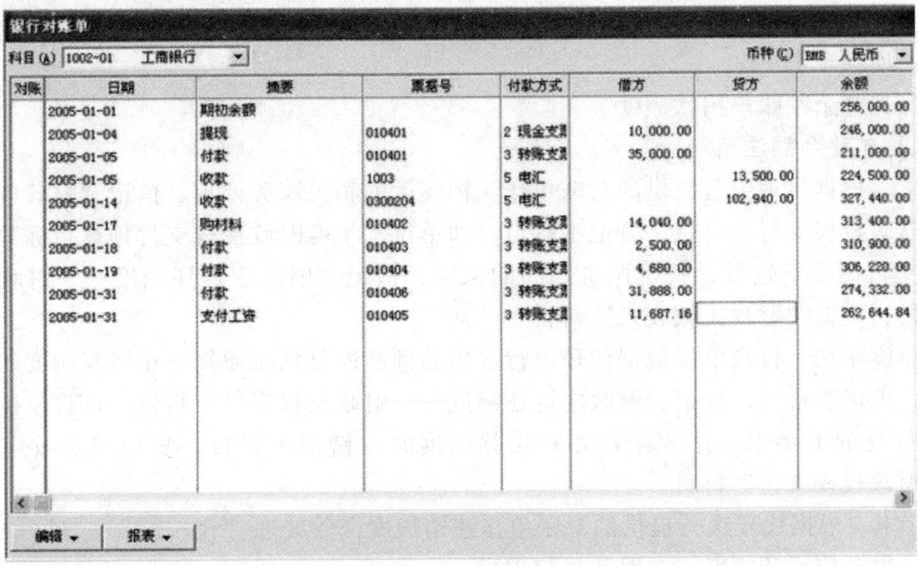
银行对账单

科目(A) 1002-01 工商银行　　币种(C) RMB 人民币

对账	日期	摘要	票据号	付款方式	借方	贷方	余额
	2005-01-01	期初余额					256,000.00
	2005-01-04	提现	010401	2 现金支票	10,000.00		246,000.00
	2005-01-05	付款	010401	3 转账支票	35,000.00		211,000.00
	2005-01-05	收款	1003	5 电汇		13,500.00	224,500.00
	2005-01-14	收款	0300204	5 电汇		102,940.00	327,440.00
	2005-01-17	购材料	010402	3 转账支票	14,040.00		313,400.00
	2005-01-18	付款	010403	3 转账支票	2,500.00		310,900.00
	2005-01-19	付款	010404	3 转账支票	4,680.00		306,220.00
	2005-01-31	付款	010406	3 转账支票	31,888.00		274,332.00
	2005-01-31	支付工资	010405	3 转账支票	11,687.16		262,644.84

编辑　报表

图12-1　银行对账单

表12-3

银行存款余额调节表

单位名称：　　　　　　　　　　　　年　　月　　日　　　　　　　　　　　　单位：

项目	金额	项目	金额
单位日记账余额 加：银行已收单位未收 减：银行已付单位未付		银行对账单余额 加：单位已收银行未收 减：单位已付银行未付	
调节后余额		调节后余额	

三、零余额账户用款额度

"零余额账户用款额度"科目核算实行国库集中支付的行政单位根据财政部门批复的用款计划收到和支用的零余额账户用款额度。零余额账户用款额度的增加记借方，减少记贷方，期末借方余额反映行政单位尚未支用的零余额账户用款额度。年度终了注销单位零余额账户用款额度后，本科目应无余额。

（一）收到"财政授权支付额度到账通知书"

收到"财政授权支付额度到账通知书"时，根据通知书所列数额，借记本科目，贷记"财政拨款收入"科目。

借：零余额账户用款额度

　　贷：财政拨款收入

（二）按规定支用额度

按规定支用额度时，借记"经费支出"等科目，贷记本科目。

借：经费支出等

　　贷：零余额账户用款额度

（三）从零余额账户提取现金

从零余额账户提取现金时，借记"库存现金"科目，贷记本科目。

借：库存现金

　　贷：零余额账户用款额度

（四）年终余额注销

年末，根据代理银行提供的对账单作注销额度的相关账务处理，借记"财政应返还额度——财政授权支付"科目，贷记本科目。如单位本年度财政授权支付预算指标数大于财政授权支付额度下达数，根据两者之间的差额，借记"财政应返还额度——财政授权支付"科目，贷记"财政拨款收入"科目。

下年度年初，行政单位根据代理银行提供的额度恢复到账通知书作恢复额度的相关账务处理，借记本科目，贷记"财政应返还额度——财政授权支付"科目。行政单位收到财政部门批复的上年未下达零余额账户用款额度时，借记本科目，贷记"财政应返还额度——财政授权支付"科目。

1.年末，根据代理银行提供的对账单作注销额度账务处理：

借：财政应返还额度——财政授权支付

　　贷：零余额账户用款额度

本年度财政授权支付预算指标数大于财政授权支付额度下达数，根据两者之间的差额：

借：财政应返还额度——财政授权支付

　　贷：财政拨款收入

2.下年度年初，根据代理银行提供的额度恢复到账通知书作恢复额度账务处理：

借：零余额账户用款额度

　　贷：财政应返还额度——财政授权支付

收到财政部门批复的上年未下达零余额账户用款额度：

借：零余额账户用款额度

　　贷：财政应返还额度——财政授权支付

【例12-5】年末，某行政单位当年的财政授权支付用款额度预算数为20万元，已下达给代理银行单位零余额账户用款额度为18万元，行政单位实际使用额度为17万元。

行政单位未收到下达用款额度2万元，未使用财政授权支付用款额度1万元。

借：财政应返还额度——财政授权支付　　　　　　　　　　　　　　　　20 000

　　贷：财政拨款收入——财政授权支付　　　　　　　　　　　　　　　　20 000

借：财政应返还额度——财政授权支付　　　　　　　　　　　　　　　　10 000

　　贷：零余额账户用款额度——财政授权支付　　　　　　　　　　　　　10 000

【例12-6】接【例12-5】，下年度年初，该行政单位收到财政部门批准的上年未下达给代理银行的财政授权支付用款额度2万元。收到代理银行转来的额度恢复到账通知书，恢复上年未使用的财政授权支付用款额度1万元。

借：零余额账户用款额度　　　　　　　　　　　　　　　　　　　　　　20 000

　　贷：财政应返还额度——财政授权支付　　　　　　　　　　　　　　　20 000

借：零余额账户用款额度　　　　　　　　　　　　　　　　　　　　　　10 000

　　贷：财政应返还额度——财政授权支付　　　　　　　　　　　　　　　10 000

四、财政应返还额度

"财政应返还额度"科目核算实行国库集中支付的行政单位应收财政返还的资金额度。财政应返还额度增加记借方，减少记贷方，期末借方余额反映行政单位应收财政返还的资金额度。本科目应当设置"财政直接支付""财政授权支付"两个明细科目进行明细核算。

财政应返还额度的主要账务处理如下：

(一) 年末国库集中支付尚未使用资金额度的账务处理

1.财政直接支付。年末，行政单位根据本年度财政直接支付预算指标数与财政直接支付实际支出数的差额，借记本科目（财政直接支付），贷记"财政拨款收入"科目。

借：财政应返还额度——财政直接支付

　　贷：财政拨款收入

2.财政授权支付。年末，财政授权支付尚未使用资金额度的账务处理，参见"零余额账户用款额度"科目。

(二) 下年度年初恢复以前年度财政资金额度的账务处理

下年度年初，恢复以前年度财政资金额度的账务处理，参见"零余额账户用款额度"科目。

(三) 使用以前年度财政资金额度的账务处理

1.财政直接支付。行政单位使用以前年度财政直接支付额度发生支出时，借记"经费支出"科目，贷记本科目（财政直接支付）。

借：经费支出

贷：财政应返还额度——财政直接支付

2.财政授权支付。行政单位使用以前年度财政授权支付额度发生支出时的账务处理，参见"零余额账户用款额度"科目。

五、应收账款

"应收账款"科目核算行政单位出租资产、出售物资等应当收取的款项。行政单位收到的商业汇票，也通过本科目核算。应收账款的增加记借方，减少记贷方，期末借方余额反映行政单位尚未收回的应收账款。本科目应当按照购货、接受服务单位（或个人）或开出、承兑商业汇票单位等进行明细核算。

应收账款应当在资产已出租或物资已出售且尚未收到款项时确认。

（一）出租资产发生的应收账款

1.出租资产尚未收到款项时，按照应收未收金额，借记本科目，贷记"其他应付款"科目。

借：应收账款

　　贷：其他应付款

2.收回应收账款时，借记"银行存款"等科目，贷记本科目；同时，借记"其他应付款"科目，按照应缴的税费，贷记"应缴税费"科目，按照扣除应缴税费后的净额，贷记"应缴财政款"科目。

借：银行存款等

　　贷：应收账款

同时，

借：其他应付款

　　贷：应缴税费（应缴的税费）

　　　　应缴财政款（扣除税费后的净额）

【例12-7】外单位租借本单位礼堂，应收租金3 000元，尚未收到租金。1个月后接到银行通知，收到租金3 000元。

（1）出租时：

借：应收账款 3 000

　　贷：其他应付款 3 000

（2）收到租金时：

借：银行存款 3 000

　　贷：应收账款 3 000

借：其他应付款 3 000

　　贷：应缴税费 150

　　　　应缴财政款 2 850

（二）出售物资发生的应收账款

1.物资已发出并到达约定状态且尚未收到款项时，按照应收未收金额，借记本科目，贷记"待处理财产损溢"科目。

借：应收账款

　　贷：待处理财产损溢

2.收回应收账款时，借记"银行存款"等科目，贷记本科目。

借：银行存款等

　　贷：应收账款

【例12-8】某行政单位将不需用的打字机2台变价出售，原价14 000元，未提折旧。取得变价收入3 000元，款项于2个月后收到（不考虑税）。

（1）转入待处理财产损溢时，按账面净值：

借：待处理财产损溢——待处理财产价值　　　　　　　　　　　14 000

　　累计折旧　　　　　　　　　　　　　　　　　　　　　　　　0

　　贷：固定资产——打字机　　　　　　　　　　　　　　　　　14 000

核销时，按账面净值：

借：资产基金——固定资产　　　　　　　　　　　　　　　　　14 000

　　贷：待处理财产损溢——待处理财产价值　　　　　　　　　　14 000

（2）取得变价收入时，按收入资金：

借：应收账款　　　　　　　　　　　　　　　　　　　　　　　3 000

　　贷：待处理财产损溢——处理净收入　　　　　　　　　　　　3 000

收回款项时：

借：银行存款　　　　　　　　　　　　　　　　　　　　　　　3 000

　　贷：应收账款　　　　　　　　　　　　　　　　　　　　　　3 000

借：待处理财产损溢——处理净收入　　　　　　　　　　　　　3 000

　　贷：应缴财政款　　　　　　　　　　　　　　　　　　　　　3 000

（三）收到商业汇票（行政单位未设"应收票据"科目）

1.出租资产收到商业汇票，按照商业汇票的票面金额，借记本科目，贷记"其他应付款"科目。出售物资收到商业汇票，按照商业汇票的票面金额，借记本科目，贷记"待处理财产损溢"科目。

（1）出租资产收到商业汇票：

借：应收账款

　　贷：其他应付款

（2）出售物资收到商业汇票：

借：应收账款

　　贷：待处理财产损溢

2.商业汇票到期收回款项时，借记"银行存款"等科目，贷记本科目。其中，出租资产收回款项的，还应当同时借记"其他应付款"科目，按照应缴的税费，贷记"应缴税费"科目，按照扣除应缴税费后的净额，贷记"应缴财政款"科目。

（1）出租资产收回款项：

借：银行存款等

　　贷：应收账款

同时，

借：其他应付款

    贷：应缴税费

        应缴财政款

（2）出售物资收回款项：

借：银行存款等

    贷：应收账款

行政单位应当设置"商业汇票备查簿"，逐笔登记每一笔应收商业汇票的种类、号数、出票日期、到期日、票面金额、交易合同号等相关信息资料。商业汇票到期结清票款或退票后，应当在备查簿内逐笔注销。

（四）应收账款核销

逾期3年或以上、有确凿证据表明确实无法收回的应收账款，按规定报经批准后予以核销。核销的应收账款，应当在备查簿中保留登记。

1.转入待处理财产损溢时，按照待核销的应收账款金额，借记"待处理财产损溢"科目，贷记本科目。

借：待处理财产损溢

    贷：应收账款

2.报经批准对无法收回的应收账款予以核销时，借记"其他应付款"等科目，贷记"待处理财产损溢"科目。

借：其他应付款等

    贷：待处理财产损溢

3.已核销的应收账款在以后期间又收回的，借记"银行存款"科目，贷记"应缴财政款"等科目。

借：银行存款

    贷：应缴财政款等

【例12-9】某行政单位出租固定资产应收的一笔7 000元的账款已超过3年，有确凿证据表明已无法收回，经批准予以核销。

（1）转入待处理财产损溢时：

借：待处理财产损溢   7 000

    贷：应收账款   7 000

（2）核销时：

借：其他应付款   7 000

    贷：待处理财产损溢   7 000

假设【例12-9】中，这笔已冲销的应收账款以后又收回，则收回时：

借：银行存款   7 000

    贷：应缴财政款   7 000

六、预付账款

"预付账款"科目核算行政单位按照购货、服务合同规定预付给供应单位（或个人）

的款项。行政单位依据合同规定支付的定金，也通过本科目核算。行政单位支付可以收回的订金，不通过本科目核算，应当通过"其他应收款"科目核算。预付账款的增加记借方，减少记贷方，期末借方余额反映行政单位实际预付但尚未结算的款项。本科目应当按照供应单位（或个人）进行明细核算。

预付账款应当在已支付款项且尚未收到物资或服务时确认。

（一）发生预付账款

发生预付账款时，借记本科目，贷记"资产基金——预付款项"科目；同时，借记"经费支出"科目，贷记"财政拨款收入""零余额账户用款额度""银行存款"等科目。

借：预付账款
　　贷：资产基金——预付款项
同时，
借：经费支出
　　贷：财政拨款收入/零余额账户用款额度/银行存款等

说明：采用直接支付方式付款时，贷方记"财政拨款收入"科目；采用授权支付方式付款时，贷方记"零余额账户用款额度"科目；采用行政单位存款账户转账付款时，贷方记"银行存款"科目；采用现金付款时，贷方记"库存现金"科目。（后文中支付方式的选择同此说明）

（二）收到所购物资或服务

收到所购物资或服务时，按照相应预付账款的金额，借记"资产基金——预付款项"科目，贷记本科目；收到物资的，同时按照收到所购物资的成本，借记有关资产科目，贷记"资产基金"及相关明细科目；发生补付款项时，按照实际补付的金额，借记"经费支出"科目，贷记"财政拨款收入""零余额账户用款额度""银行存款"等科目。

1.收到所购物资或服务时，按照预付账款的金额：
借：资产基金——预付款项
　　贷：预付账款
2.收到物资的，按照收到所购物资的成本：
借：存货等有关资产科目
　　贷：资产基金——相关明细科目
3.发生补付款项时，按照实际补付的金额：
借：经费支出
　　贷：财政拨款收入/零余额账户用款额度/银行存款等

【例12-10】某行政单位采用预付款方式向某公司购入存货一批，按合同规定通过零余额账户预付货款2万元的50%。该存货已收到，所欠款于次日汇给该公司（不考虑税）。

（1）预付货款时：

借：预付账款　　　　　　　　　　　　　　　　　　　　　　10 000
　　贷：资产基金——预付款项　　　　　　　　　　　　　　　　　10 000
借：经费支出　　　　　　　　　　　　　　　　　　　　　　10 000
　　贷：零余额账户用款额度　　　　　　　　　　　　　　　　　　10 000

（2）确认存货时：

借：存货　　　　　　　　　　　　　　　　　　　　　　　20 000

　贷：资产基金——存货　　　　　　　　　　　　　　　　　　　　20 000

（3）补付货款时：

借：经费支出　　　　　　　　　　　　　　　　　　　　　10 000

　贷：零余额账户用款额度　　　　　　　　　　　　　　　　　　　10 000

（三）发生预付账款退回

1.发生当年预付账款退回时，借记"资产基金——预付款项"科目，贷记本科目；同时，借记"财政拨款收入""零余额账户用款额度""银行存款"等科目，贷记"经费支出"科目。

借：资产基金——预付款项

　贷：预付账款

同时，

借：财政拨款收入/零余额账户用款额度/银行存款等

　贷：经费支出

2.发生以前年度预付账款退回时，借记"资产基金——预付款项"科目，贷记本科目；同时，借记"财政应返还额度""零余额账户用款额度""银行存款"等科目，贷记"财政拨款结转""财政拨款结余""其他资金结转结余"等科目。

借：资产基金——预付款项

　贷：预付账款

同时，

借：财政应返还额度/零余额账户用款额度/银行存款等

　贷：财政拨款结转/财政拨款结余/其他资金结转结余等

说明：当年初采用的是直接支付方式付款时，借方记"财政应返还额度"科目；采用的是授权支付方式付款时，借方记"零余额账户存款额度"科目；采用的是本单位银行存款账户付款时，借方记"银行存款"科目。被收回的经费支出当年年末转入"财政拨款结转"科目的，收回时贷方记"财政拨款结转"科目；当年年末转入"财政拨款结余"科目的，收回时贷方记"财政拨款结余"科目；当年年末转入"其他资金结转结余"科目的，收回时贷方记"其他资金结转结余"科目。（后文相同情况的选择同此说明）

【例12-11】某行政单位零余额账户收到某公司退回的预付账款60 000元，其中以前年度预付款23 000元，本年度预付款37 000元。

借：资产基金——预付款项　　　　　　　　　　　　　　　60 000

　贷：预付账款　　　　　　　　　　　　　　　　　　　　　　　60 000

借：零余额账户用款额度　　　　　　　　　　　　　　　　60 000

　贷：经费支出　　　　　　　　　　　　　　　　　　　　　　　37 000

　　财政拨款结转　　　　　　　　　　　　　　　　　　　　　　23 000

（四）预付账款核销

逾期3年或以上、有确凿证据表明确实无法收到所购物资或服务且无法收回的预付账款，按照规定报经批准后予以核销。核销的预付账款，应当在备查簿中保留登记。

1.转入待处理财产损溢时，按照待核销的预付账款金额，借记"待处理财产损溢"科目，贷记本科目。

借：待处理财产损溢

　　贷：预付账款

2.报经批准予以核销时，借记"资产基金——预付款项"科目，贷记"待处理财产损溢"科目。

借：资产基金——预付款项

　　贷：待处理财产损溢

3.已核销的预付账款在以后期间又收回的，借记"零余额账户用款额度""银行存款"等科目，贷记"财政拨款结转""财政拨款结余""其他资金结转结余"等科目。

借：零余额账户用款额度/银行存款等

　　贷：财政拨款结转/财政拨款结余/其他资金结转结余等

【例12-12】某行政单位通过零余额账户预付的一笔30 000元的账款已逾期3年，有确凿证据表明已无法收回，经批准予以核销。

（1）转入待处理财产损溢时：

借：待处理财产损溢　　　　　　　　　　　　　　　　　30 000

　　贷：预付账款　　　　　　　　　　　　　　　　　　　　　30 000

（2）批准核销时：

借：资产基金——预付款项　　　　　　　　　　　　　　30 000

　　贷：待处理财产损溢　　　　　　　　　　　　　　　　　　30 000

假设【例12-12】中，这笔已核销的预付账款以后又收回，则收回时：

借：零余额账户用款额度　　　　　　　　　　　　　　　30 000

　　贷：财政拨款结转　　　　　　　　　　　　　　　　　　　30 000

七、其他应收款

"其他应收款"科目核算行政单位除应收账款、预付账款以外的其他各项应收及暂付款项，如职工预借的差旅费、拨付给内部有关部门的备用金、应向职工收取的各种垫付款项等。其他应收款的增加记借方，减少记贷方，期末借方余额反映行政单位尚未收回的其他应收款。本科目应当按照其他应收款的类别以及债务单位（或个人）进行明细核算。

（一）发生其他应收及暂付款项

发生其他应收及暂付款项时，借记本科目，贷记"零余额账户用款额度""银行存款"等科目。

借：其他应收款

　　贷：零余额账户用款额度/银行存款等

（二）收回或转销上述款项

收回或转销上述款项时，借记"银行存款""零余额账户用款额度"或有关支出等科目，贷记本科目。

借：银行存款/零余额账户用款额度/有关支出等

　　贷：其他应收款

【例12-13】某行政单位职工张三某日预借出差款5 000元，该笔款项通过零余额账户办理。3日后出差归来报销4 800元，另交回现金200元。

（1）预借出差款时：

借：其他应收款——张三 5 000

　　贷：零余额账户用款额度 5 000

（2）出差归来报账时：

借：经费支出 4 800

　　库存现金 200

　　贷：其他应收款——张三 5 000

（三）实行备用金制度

备用金是企业、机关、事业单位或其他经济组织等拨付给非独立核算的内部单位或工作人员备作差旅费、零星采购、零星开支等用的款项。备用金应指定专人负责管理，按照规定用途使用，不得转借给他人或挪作他用。预支备作差旅费、零星采购等用的备用金，一般按估计需用数额领取，支用后一次报销，多退少补。前账未清，不得继续预支。

对于零星开支用的备用金，可实行定额备用金制度，即由指定的备用金负责人按照规定的数额领取，支用后按规定手续报销，补足原定额。实行定额备用金制度的单位，备用金领用部门支用备用金后，应根据各种费用凭证编制费用明细表，定期向财会部门报销，领回所支用的备用金。对于预支的备用金，拨付时记入"其他应收款"科目的借方；报销和收回余款时记入"其他应收款"科目的贷方。实行定额备用金制度的单位，除拨付、增加或减少备用金定额时通过"其他应收款"科目核算外，日常支用及报销补足定额时都无须通过本科目，而将支用数直接记入有关支出类科目。

行政单位内部实行备用金制度的，有关部门使用备用金以后应当及时到财务部门报销并补足备用金。财务部门核定并发放备用金时，借记本科目，贷记"库存现金"等科目。根据报销数用现金补足备用金定额时，借记"经费支出"科目，贷记"库存现金"等科目，报销数和拨补数都不再通过本科目核算。

1.核定并发放备用金时：

借：其他应收款

　　贷：库存现金等

2.用现金补足备用金定额时：

借：经费支出（报销数）

　　贷：库存现金等（拨补数）

注：报销数和拨补数都不再通过本科目核算。

【例12-14】某行政单位采用定额备用金制度，会计部门借给本单位某部门备用金10 000元。该部门某日报销零星支出共计8 200元，经审核以现金补助其备用金定额。

（1）借备用金时：

借：其他应收款——某部门 10 000

　　贷：库存现金　　　　　　　　　　　　　　　　　　　　　　　　　　10 000

（2）报销时：

借：经费支出　　　　　　　　　　　　　　　　　　　　　　　　　　　8 200

　　贷：库存现金　　　　　　　　　　　　　　　　　　　　　　　　　　8 200

（四）核销其他应收款

　　逾期3年或以上、有确凿证据表明确实无法收回的其他应收款，按照规定报经批准后予以核销。核销的其他应收款，应当在备查簿中保留登记。

　　1.转入待处理财产损溢时，按照待核销的其他应收款金额，借记"待处理财产损溢"科目，贷记本科目。

借：待处理财产损溢

　　贷：其他应收款

　　2.报经批准对无法收回的其他应收款予以核销时，借记"经费支出"科目，贷记本科目。

借：经费支出

　　贷：其他应收款

　　3.已核销的其他应收款在以后期间又收回的，如属于在核销年度内收回的，借记"银行存款"等科目，贷记"经费支出"科目；如属于在核销年度以后收回的，借记"银行存款"等科目，贷记"财政拨款结转""财政拨款结余""其他资金结转结余"等科目。

（1）在核销当年收回的：

借：银行存款等

　　贷：经费支出

（2）在核销年度以后收回的：

借：银行存款等

　　贷：财政拨款结转/财政拨款结余/其他资金结转结余等

　　【例12-15】某行政单位某年收回已核销的其他应收款20万元，其中8万元属于当年的核销款，12万元属于以前年度的核销款。

（1）对于当年核销的8万元：

借：银行存款　　　　　　　　　　　　　　　　　　　　　　　　　　　80 000

　　贷：经费支出　　　　　　　　　　　　　　　　　　　　　　　　　　80 000

（2）对于以前年度核销的12万元，经查明年终转账时转入其他资金结转结余：

借：银行存款　　　　　　　　　　　　　　　　　　　　　　　　　　　120 000

　　贷：其他资金结转结余　　　　　　　　　　　　　　　　　　　　　　120 000

八、存货

　　"存货"科目核算行政单位在开展业务活动及其他活动中为耗用而储存的各种物资，包括材料、燃料、包装物和低值易耗品及未达到固定资产标准的家具、用具、装具等的实际成本。存货的增加记借方，减少记贷方，期末借方余额反映行政单位存货的实际成本。

行政单位接受委托人指定受赠人的转赠物资，应当通过"受托代理资产"科目核算，不通过本科目核算。行政单位随买随用的零星办公用品等，可以在购进时直接列作支出，不通过本科目核算。

"存货"科目应当按照存货的种类、规格和保管地点等进行明细核算。行政单位有委托加工存货业务的，应当在本科目下设置"委托加工存货成本"明细科目。出租、出借的存货，应当设置备查簿进行登记。

存货应当在其到达存放地点并验收时确认。

（一）存货取得时的账务处理

存货在取得时，应当按照其实际成本入账。存货的取得方式主要有购入、换入、捐入、无偿调入和委托加工等。取得方式不同，存货的账务处理方式也不同。

1.购入的存货，其成本包括购买价款、相关税费、运输费、装卸费、保险费以及其他使得存货达到目前场所和状态所发生的支出。购入的存货验收入库，按照确定的成本，借记本科目，贷记"资产基金——存货"科目；同时，按照实际支付的金额，借记"经费支出"科目，贷记"财政拨款收入""零余额账户用款额度""银行存款"等科目；对于尚未付款的，应当按照应付未付的金额，借记"待偿债净资产"科目，贷记"应付账款"科目。

（1）购入存货验收入库：

借：存货

　　贷：资产基金——存货

同时，

借：经费支出

　　贷：财政拨款收入/零余额账户用款额度/银行存款等

（2）对于尚未付款的，按照应付未付金额：

借：待偿债净资产

　　贷：应付账款

【例12-16】某行政单位通过零余额账户购入一批存货，增值税发票注明价款10万元，增值税17 000元，运费1 000元，所有款项由零余额账户一并支付。

借：存货　　　　　　　　　　　　　　　　　　　　　　　　　　　118 000

　　贷：资产基金——存货　　　　　　　　　　　　　　　　　　　　　118 000

借：经费支出　　　　　　　　　　　　　　　　　　　　　　　　　118 000

　　贷：零余额账户用款额度　　　　　　　　　　　　　　　　　　　　118 000

2.置换换入的存货，其成本按照换出资产的评估价值，加上支付的补价或减去收到的补价，加上为换入存货支付的其他费用（运输费等）确定。换入的存货验收入库，按照确定的成本，借记本科目，贷记"资产基金——存货"科目；同时，按照实际支付的补价、运输费等金额，借记"经费支出"科目，贷记"财政拨款收入""零余额账户用款额度""银行存款"等科目。

（1）换入存货验收入库：

借：存货

贷：资产基金——存货

（2）按照实际支付补价、运输费等金额：

借：经费支出

　　贷：财政拨款收入/零余额账户用款额度/银行存款等

【例12-17】某行政单位将经评估的存货30 000元换取某企业的材料一批，需要支付补价3 000元，另支付运输费500元。所有款项通过银行存款支付，材料已验收入库。

（1）换取的材料入库时：

借：存货——×材料　　　　　　　　　　　　　　　　　　　　　33 500

　　贷：资产基金——存货　　　　　　　　　　　　　　　　　　　33 500

（2）支付补价及运输费时：

借：经费支出　　　　　　　　　　　　　　　　　　　　　　　　 3 500

　　贷：银行存款　　　　　　　　　　　　　　　　　　　　　　　 3 500

3.接受捐赠、无偿调入的存货，其成本计价方式依次有4种选择：（1）按照有关凭据注明的金额加上相关税费、运输费等确定；（2）没有相关凭据可供取得，但依法经过资产评估的，按照评估价值加上相关税费、运输费等确定；（3）没有相关凭据可供取得、也未经评估的，比照同类或类似存货的市场价格加上相关税费、运输费等确定；（4）没有相关凭据也未经评估，其同类或类似存货的市场价格无法可靠取得的，按照名义金额入账。

接受捐赠、无偿调入的存货验收入库，按照确定的成本，借记本科目，贷记"资产基金——存货"科目；同时，按照实际支付的相关税费、运输费等金额，借记"经费支出"科目，贷记"财政拨款收入""零余额账户用款额度""银行存款"等科目。

（1）接受捐赠、无偿调入存货验收入库：

借：存货

　　贷：资产基金——存货

（2）按照实际支付相关税费、运输费等金额：

借：经费支出

　　贷：财政拨款收入/零余额账户用款额度/银行存款等

【例12-18】某行政单位接受捐赠的材料一批，该批材料没有相关凭据可供取得也未经评估，其同类或类似存货的市场价格无法可靠取得。用现金支付运费300元，材料已验收入库。

（1）收到材料时：

借：存货——×材料　　　　　　　　　　　　　　　　　　　　　　　 1

　　贷：资产基金——存货　　　　　　　　　　　　　　　　　　　　 1

（2）支付运费时：

借：经费支出　　　　　　　　　　　　　　　　　　　　　　　　　 300

　　贷：库存现金　　　　　　　　　　　　　　　　　　　　　　　　 300

4.委托加工的存货，其成本按照未加工存货的成本加上加工费用和往返运输费等确定。委托加工的存货出库，借记本科目下的"委托加工存货成本"明细科目，贷记本科目下的相关明细科目。支付加工费用和相关运输费等时，借记"经费支出"科目，贷记"财政拨款收入""零余额账户用款额度""银行存款"等科目；同时，按照相同的金额，借记本科目下的"委托加工存货成本"明细科目，贷记"资产基金——存货"科目。委托加工完成的存货验收入库时，按照委托加工存货的成本，借记本科目下的相关明细科目，贷记本科目下的"委托加工存货成本"明细科目。

（1）发出未加工存货时：

借：存货——委托加工存货成本

　贷：存货——×材料

（2）支付加工费用和相关运输费等时：

借：经费支出

　贷：财政拨款收入/零余额账户用款额度/银行存款等

同时，

借：存货——委托加工存货成本

　贷：资产基金——存货

（3）加工完成存货验收入库时：

借：存货——×存货

　贷：存货——委托加工存货成本

【例12-19】某行政单位委托某企业加工一批存货，提供加工材料价值45 000元，通过零余额账户支付加工费11 000元，并支付运输费1 000元。该批存货已加工完成，并已验收入库。

（1）提供加工材料时：

借：存货——委托加工存货成本　　　　　　　　　　　　　　45 000

　贷：存货——×材料　　　　　　　　　　　　　　　　　　　　45 000

（2）支付加工费和运输费时：

借：经费支出　　　　　　　　　　　　　　　　　　　　　　12 000

　贷：零余额账户用款额度　　　　　　　　　　　　　　　　　12 000

借：存货——委托加工存货成本　　　　　　　　　　　　　　12 000

　贷：资产基金——存货　　　　　　　　　　　　　　　　　　12 000

（3）验收入库时：

借：存货——×存货　　　　　　　　　　　　　　　　　　　57 000

　贷：存货——委托加工存货成本　　　　　　　　　　　　　　57 000

（二）存货发出时的账务处理

存货发出时，应当根据实际情况采用先进先出法、加权平均法或个别计价法确定发出存货的实际成本。计价方法一经确定，不得随意变更。存货的发出方式主要有领用发出、捐出、无偿调出、售出、换出等。发出方式不同，账务处理方式也不同。

1.开展业务活动等领用、发出的存货，按照领用、发出存货的实际成本，借记"资产基金——存货"科目，贷记本科目。

借：资产基金——存货

　贷：存货——×存货

2.经批准对外捐赠、无偿调出的存货，按照对外捐赠、无偿调出存货的实际成本，借记"资产基金——存货"科目，贷记本科目。

　　借：资产基金——存货

　　　　贷：存货——×存货

　　对外捐赠、无偿调出存货发生由行政单位承担的运输费等支出，借记"经费支出"科目，贷记"财政拨款收入""零余额账户用款额度""银行存款"等科目。

　　借：经费支出

　　　　贷：财政拨款收入/零余额账户用款额度/银行存款等

　　3.经批准对外出售、置换换出的存货，应当转入待处理财产损溢，按照相关存货的实际成本，借记"待处理财产损溢"科目，贷记本科目。

　　借：待处理财产损溢——待处理财产价值

　　　　贷：存货——×存货

　　【例12-20】某行政单位领用材料一批，按加权平均成本计价2 500元。

　　借：资产基金——存货 2 500

　　　　贷：存货——×材料 2 500

　　【例12-21】某行政单位将不需用材料无偿调给兄弟单位使用，该材料实际成本50 000元，运费由对方支付。

　　借：资产基金——存货 50 000

　　　　贷：存货——×材料 50 000

　　【例12-22】某行政单位销售一批不需用材料，材料成本为35 000元，取得销售价款32 000元。

　　（1）转入待处理财产损溢时：

　　借：待处理财产损溢——待处理财产价值 35 000

　　　　贷：存货——×材料 35 000

　　（2）核销待处理财产损溢时：

　　借：资产基金——存货 35 000

　　　　贷：待处理财产损溢——待处理财产价值 35 000

　　（3）取得销售款时：

　　借：银行存款 32 000

　　　　贷：待处理财产损溢——处理净收入 32 000

（三）存货报废毁损的账务处理

　　报废、毁损的存货，应当转入待处理财产损溢，按照相关存货的账面余额，借记"待处理财产损溢"科目，贷记本科目。

　　借：待处理财产损溢——待处理财产价值

　　　　贷：存货——×存货

　　【例12-23】某行政单位报废一批价值8 000元的低值易耗品，取得变价收入1 000元，支付清理费用200元。所有交易均为现金支付（不考虑税）。

　　（1）转入待处理财产损溢时：

　　借：待处理财产损溢——待处理财产价值 8 000

　　　　贷：存货——低值易耗品 8 000

（2）核销待处理财产损溢时：

借：资产基金——存货   8 000

    贷：待处理财产损溢——待处理财产价值   8 000

（3）取得收入时：

借：库存现金   1 000

    贷：待处理财产损溢——处理净收入   1 000

（4）支付清理费时：

借：待处理财产损溢——处理净收入   200

    贷：库存现金   200

（四）存货盘存的账务处理

行政单位的存货应当定期进行盘点清查，每年至少盘点一次。对于发生的存货盘盈、盘亏，应当及时查明原因，按规定报经批准后进行账务处理。

1.盘盈的存货。盘盈存货的计价方式依次有3种选择：（1）按照取得同类或类似存货的实际成本确定入账价值；（2）没有同类或类似存货的实际成本，按照同类或类似存货的市场价格确定入账价值；（3）同类或类似存货的实际成本或市场价格无法可靠取得的，按照名义金额入账。

盘盈的存货，按照确定的入账价值，借记本科目，贷记"待处理财产损溢"科目。

借：存货——×存货

    贷：待处理财产损溢

2.盘亏的存货。盘亏的存货转入待处理财产损溢时，按照其账面余额，借记"待处理财产损溢"科目，贷记本科目。

借：待处理财产损溢

    贷：存货——×存货

【例12-24】某行政单位年终盘点库存材料，发现盘盈A材料2 000元，盘亏B材料1 700元，经报单位领导批准核销。

（1）盘盈A材料：

①转入待处理财产损溢时：

借：存货——A材料   2 000

    贷：待处理财产损溢   2 000

②报批时：

借：待处理财产损溢   2 000

    贷：资产基金——存货   2 000

（2）盘亏B材料：

①转入待处理财产损溢时：

借：待处理财产损溢   1 700

    贷：存货——B材料   1 700

②报批时：

借：资产基金——存货   1 700

    贷：待处理财产损溢   1 700

第三节 固定资产的核算

本节主要介绍"固定资产""累计折旧""在建工程"三大科目的核算要求及方法。

一、固定资产

（一）固定资产的定义及类别

固定资产是指使用期限超过1年（不含1年）、单位价值在规定标准以上，并在使用过程中基本保持原有物质形态的资产。单位价值虽未达到规定标准，但是耐用时间超过1年（不含1年）的大批同类物资，应当作为固定资产核算。一般设备的单位价值在1 000元以上，专用设备的单位价值在1 500元以上。

行政单位固定资产一般分为六类：房屋及构筑物；通用设备；专用设备；文物和陈列品；图书、档案；家具、用具、装具及动植物。

（二）固定资产核算的有关说明

1.固定资产的各组成部分具有不同使用寿命、适用不同折旧率的，应当分别将各组成部分确认为单项固定资产。

2.购入需要安装的固定资产，应当先通过"在建工程"科目核算，安装完毕交付使用时，再转入本科目核算。

3.行政单位的软件，如果其构成相关硬件不可缺少的组成部分，应当将该软件的价值包括在所属的硬件价值中，一并作为固定资产，通过本科目核算；如果其不构成相关硬件不可缺少的组成部分，应当将该软件作为无形资产，通过"无形资产"科目核算。

4.行政单位购建房屋及构筑物不能够分清支付价款中的房屋及构筑物与土地使用权部分的，应当全部作为固定资产，通过本科目核算；能够分清支付价款中的房屋及构筑物与土地使用权部分的，应当将其中的房屋及构筑物部分作为固定资产，通过本科目核算，将其中的土地使用权部分作为无形资产，通过"无形资产"科目核算；境外行政单位购买具有所有权的土地，应当作为固定资产，通过本科目核算。

5.行政单位借入、以经营租赁方式租入的固定资产，不通过本科目核算，应当设置备查簿进行登记。

（三）固定资产的管理要求

行政单位应当根据固定资产定义、有关主管部门对固定资产的统一分类，结合本单位的具体情况，制定适合本单位的固定资产目录、具体分类方法，作为进行固定资产核算的依据。

行政单位应当设置"固定资产登记簿"和"固定资产卡片"，按照固定资产类别、项目和使用部门等进行明细核算。出租、出借的固定资产，应当设置备查簿进行登记。

（四）固定资产的确认

1.购入、换入、无偿调入、接受捐赠不需安装的固定资产，在固定资产验收合格时确认。

2.购入、换入、无偿调入、接受捐赠需要安装的固定资产，在固定资产安装完成交付使用时确认。

3.自行建造、改建、扩建的固定资产，在建造完成交付使用时确认。

（五）固定资产的主要账务处理

"固定资产"科目核算行政单位各类固定资产的原价。固定资产的增加记借方，减少记贷方，期末借方余额反映行政单位固定资产的原价。

1.固定资产增加的账务处理。固定资产增加的方式主要有购入、自行建造、自行繁育、改扩建修缮、捐入、无偿调入等。增加方式不同，账务处理方式也不同。

（1）购入的固定资产，其成本包括实际支付的购买价款、相关税费以及固定资产交付使用前所发生的可归属于该项资产的运输费、装卸费、安装费和专业人员服务费等。

以一笔款项购入多项没有单独标价的固定资产，按照各项固定资产同类或类似固定资产市场价格的比例对总成本进行分配，分别确定各项固定资产的入账价值。

以购入方式增加固定资产时，又可以区分为以下几种情况：

①购入不需安装的固定资产，按照确定的固定资产成本，借记本科目，贷记"资产基金——固定资产"科目；同时，按照实际支付的金额，借记"经费支出"科目，贷记"财政拨款收入""零余额账户用款额度""银行存款"等科目。

借：固定资产

　　贷：资产基金——固定资产

同时，

借：经费支出

　　贷：财政拨款收入/零余额账户用款额度/银行存款等

【例12-25】某行政单位通过财政授权支付购入不需安装的设备一台，价款25 000元，税款4 250元，运杂费500元。该设备已验收合格。

借：固定资产——×设备　　　　　　　　　　　　　　　　　29 750

　　贷：资产基金——固定资产　　　　　　　　　　　　　　　　29 750

借：经费支出　　　　　　　　　　　　　　　　　　　　　　29 750

　　贷：零余额账户用款额度　　　　　　　　　　　　　　　　　29 750

②购入需要安装的固定资产，先通过"在建工程"科目核算。安装完工交付使用时，借记本科目，贷记"资产基金——固定资产"科目；同时，借记"资产基金——在建工程"科目，贷记"在建工程"科目。

购入时：

借：在建工程

　　贷：资产基金——在建工程

同时，

借：经费支出

　　贷：财政拨款收入/零余额账户用款额度/银行存款等

发生安装费时：

借：在建工程

　　贷：资产基金——在建工程

同时，

借：经费支出

　　贷：财政拨款收入/零余额账户用款额度/银行存款等

安装完工交付使用时：

借：固定资产

　　贷：资产基金——固定资产

同时，

借：资产基金——在建工程

　　贷：在建工程

【例12-26】某行政单位通过财政授权支付购入需要安装的设备一台，价款30 000元，增值税5 100元，运费1 000元，安装调试费800元。该设备已安装完工交付使用。

（1）收到设备时：

借：在建工程　　　　　　　　　　　　　　　　　　　　　　36 100

　　贷：资产基金——在建工程　　　　　　　　　　　　　　　　　36 100

借：经费支出　　　　　　　　　　　　　　　　　　　　　　36 100

　　贷：零余额账户用款额度　　　　　　　　　　　　　　　　　　36 100

（2）安装并付费时：

借：在建工程　　　　　　　　　　　　　　　　　　　　　　　　800

　　贷：资产基金——在建工程　　　　　　　　　　　　　　　　　　800

借：经费支出　　　　　　　　　　　　　　　　　　　　　　　　800

　　贷：零余额账户用款额度　　　　　　　　　　　　　　　　　　　800

（3）安装完工交付使用时：

借：固定资产　　　　　　　　　　　　　　　　　　　　　　36 900

　　贷：资产基金——固定资产　　　　　　　　　　　　　　　　　36 900

借：资产基金——在建工程　　　　　　　　　　　　　　　　36 900

　　贷：在建工程　　　　　　　　　　　　　　　　　　　　　　36 900

③购入固定资产分期付款或扣留质量保证金的，在取得固定资产时，按照确定的固定资产成本，借记本科目（不需安装）或"在建工程"科目（需要安装），贷记"资产基金——固定资产或在建工程"科目；同时，按照已实际支付的价款，借记"经费支出"科目，贷记"财政拨款收入""零余额账户用款额度""银行存款"等科目；按照应付未付的款项或扣留的质量保证金等金额，借记"待偿债净资产"科目，贷记"应付账款"或"长期应付款"科目。

按照确定固定资产成本：

借：固定资产（不需安装）或在建工程（需要安装）

　　贷：资产基金——固定资产或在建工程

按照已实际支付价款：

借：经费支出

　　贷：财政拨款收入/零余额账户用款额度/银行存款等

按照应付未付款项或扣留质量保证金等金额：

借：待偿债净资产

    贷：应付账款（质保期小于等于1年）或长期应付款（质保期大于1年）

【例12-27】某行政单位通过财政授权支付购入一台设备，价款60 000元，税款10 200元，运杂费1 500元。收到供应商开具的全额发票一张。该设备质保期为1年，购入时扣除质保金3 000元。

（1）取得设备时：

借：固定资产   71 700

    贷：资产基金——固定资产   71 700

（2）支付款项时：

借：经费支出   68 700

    贷：零余额账户用款额度   68 700

（3）扣留质保金时：

借：待偿债净资产   3 000

    贷：应付账款   3 000

（2）自建的固定资产，其成本包括建造该项资产至交付使用前所发生的全部必要支出。固定资产的各组成部分需要分别核算的，按照各组成部分固定资产造价确定其成本；没有各组成部分固定资产造价的，按照各组成部分固定资产同类或类似固定资产市场造价的比例对总造价进行分配，确定各组成部分固定资产的成本。

工程完工交付使用时，按照自行建造过程中发生的实际支出，借记本科目，贷记"资产基金——固定资产"科目；同时，借记"资产基金——在建工程"科目，贷记"在建工程"科目。已交付使用但尚未办理竣工决算手续的固定资产，按照估计价值入账，待确定实际成本后再进行调整。

①工程完工交付使用时，按照自行建造过程中发生的实际支出：

借：固定资产

    贷：资产基金——固定资产

同时，

借：资产基金——在建工程

    贷：在建工程

②已交付使用但尚未办理竣工决算手续的固定资产，按照估计价值入账，待确定实际成本后再进行调整。

【例12-28】某行政单位自行建造办公楼一栋，已完工交付使用，但尚未办理移交手续，先暂估价1 200万元入账。1个月后，该工程办理决算手续，工程实际造价1 250万元。

（1）估价入账时：

借：固定资产   12 000 000

    贷：资产基金——固定资产   12 000 000

（2）决算调整时：

借：固定资产   500 000

    贷：资产基金——固定资产   500 000

（3）结转在建工程时：

借：资产基金——在建工程　　　　　　　　　　　　　　　　　12 500 000

　　贷：在建工程　　　　　　　　　　　　　　　　　　　　　　　　　12 500 000

（3）自行繁育的动植物，其成本包括在达到可使用状态前所发生的全部必要支出。

①购入需要繁育的动植物，按照购入的成本，借记本科目（未成熟动植物），贷记"资产基金——固定资产"科目；同时，按照实际支付的金额，借记"经费支出"科目，贷记"财政拨款收入""零余额账户用款额度""银行存款"等科目。

借：固定资产——未成熟动植物

　　贷：资产基金——固定资产

同时，

借：经费支出

　　贷：财政拨款收入/零余额账户用款额度/银行存款等

②发生繁育费用时，按照实际支付的金额，借记本科目（未成熟动植物），贷记"资产基金——固定资产"科目；同时，借记"经费支出"科目，贷记"财政拨款收入""零余额账户用款额度""银行存款"等科目。

借：固定资产——未成熟动植物

　　贷：资产基金——固定资产

同时，

借：经费支出

　　贷：财政拨款收入/零余额账户用款额度/银行存款等

③动植物达到可使用状态时，借记本科目（成熟动植物），贷记本科目（未成熟动植物）。

借：固定资产——成熟动植物

　　贷：固定资产——未成熟动植物

【例12-29】某行政单位购入某植物进行培植，购入成本100 000元。该植物未成熟期间发生培育费5 000元，所有款项均通过银行存款支付。该植物已达到可使用状态。

（1）购入未成熟植物时：

借：固定资产——未成熟植物　　　　　　　　　　　　　　　　　100 000

　　贷：资产基金——固定资产　　　　　　　　　　　　　　　　　　　100 000

借：经费支出　　　　　　　　　　　　　　　　　　　　　　　　100 000

　　贷：银行存款　　　　　　　　　　　　　　　　　　　　　　　　　100 000

（2）发生培育费时：

借：固定资产——未成熟植物　　　　　　　　　　　　　　　　　　5 000

　　贷：资产基金——固定资产　　　　　　　　　　　　　　　　　　　　5 000

借：经费支出　　　　　　　　　　　　　　　　　　　　　　　　　5 000

　　贷：银行存款　　　　　　　　　　　　　　　　　　　　　　　　　　5 000

（3）交付使用时：

借：固定资产——成熟动植物　　　　　　　　　　　　　　　　　105 000

　　贷：固定资产——未成熟动植物　　　　　　　　　　　　　　　　　　105 000

（4）在原有固定资产基础上进行改建、扩建、修缮的固定资产，其成本按照原固定资产的账面价值（"固定资产"科目账面余额减去"累计折旧"科目账面余额后的净值）加上改建、扩建、修缮发生的支出，再扣除固定资产拆除部分账面价值后的金额确定。

①将固定资产转入改建、扩建、修缮时，按照固定资产的账面价值，借记"在建工程"科目，贷记"资产基金——在建工程"科目；同时，按照固定资产的账面价值，借记"资产基金——固定资产"科目，按照固定资产已计提折旧，借记"累计折旧"科目，按照固定资产的账面余额，贷记本科目。

借：在建工程

　　贷：资产基金——在建工程

同时，

借：资产基金——固定资产（账面价值）

　　累计折旧（已计提折旧）

　　贷：固定资产（账面余额）

②工程完工交付使用时，按照确定的固定资产成本，借记本科目，贷记"资产基金——固定资产"科目；同时，借记"资产基金——在建工程"科目，贷记"在建工程"科目。

借：固定资产

　　贷：资产基金——固定资产

同时，

借：资产基金——在建工程

　　贷：在建工程

【例12-30】某行政单位为改善办公条件，决定对一栋旧房进行改建，该旧房原价500万元，累计折旧200万元。

借：资产基金——固定资产　　　　　　　　　　　　　　3 000 000

　　累计折旧　　　　　　　　　　　　　　　　　　　　2 000 000

　　贷：固定资产　　　　　　　　　　　　　　　　　　　　　5 000 000

借：在建工程　　　　　　　　　　　　　　　　　　　　3 000 000

　　贷：资产基金——在建工程　　　　　　　　　　　　　　　3 000 000

【例12-31】接【例12-30】，为房屋改造分期购进各种材料（非政府采购）共计124 000元。

借：经费支出　　　　　　　　　　　　　　　　　　　　124 000

　　贷：零余额账户用款额度　　　　　　　　　　　　　　　　124 000

借：在建工程　　　　　　　　　　　　　　　　　　　　124 000

　　贷：资产基金——在建工程　　　　　　　　　　　　　　　124 000

【例12-32】接【例12-31】，支付人工费用共计18 000元。

借：经费支出　　　　　　　　　　　　　　　　　　　　18 000

　　贷：零余额账户用款额度　　　　　　　　　　　　　　　　18 000

借：在建工程　　　　　　　　　　　　　　　　　　　　18 000

　　贷：资产基金——在建工程　　　　　　　　　　　　　　　　　　　18 000

【例12-33】接【例12-32】，工程改造完成，交付使用，并进行转账。

借：资产基金——在建工程　　　　　　　　　　　　　　3 142 000

　　贷：在建工程　　　　　　　　　　　　　　　　　　　　　　3 142 000

借：固定资产　　　　　　　　　　　　　　　　　　　　3 142 000

　　贷：资产基金——固定资产　　　　　　　　　　　　　　　　3 142 000

　　（5）置换取得的固定资产，其成本按照换出资产的评估价值加上支付的补价或者减去收到的补价，加上为换入固定资产支付的其他费用（运输费等）确定。

　　置换取得固定资产，按照换出资产的评估价值，借记本科目（不需安装）或"在建工程"科目（需要安装），贷记"资产基金——固定资产或在建工程"科目；按照实际支付的补价、相关税费、运输费等金额，借记"经费支出"科目，贷记"财政拨款收入""零余额账户用款额度""银行存款"等科目。

　　①按照换出资产评估价值：

借：固定资产（不需安装）或在建工程（需要安装）

　　贷：资产基金——固定资产或在建工程

　　②按照实际支付补价、相关税费、运输费等金额：

借：经费支出

　　贷：财政拨款收入/零余额账户用款额度/银行存款等

【例12-34】某行政单位用一辆汽车换取其他单位专用设备，该汽车估价250 000元，支付对方补价2 000元，另支付运费300元。

　　（1）取得设备时：

借：固定资产　　　　　　　　　　　　　　　　　　　　252 300

　　贷：资产基金——固定资产　　　　　　　　　　　　　　　252 300

　　（2）支付补价和运费时：

借：经费支出　　　　　　　　　　　　　　　　　　　　2 300

　　贷：银行存款　　　　　　　　　　　　　　　　　　　　　2 300

　　（6）接受捐赠、无偿调入的固定资产，其成本计价依次有4种选择：第一，按照有关凭据注明的金额加上相关税费、运输费等确定；第二，没有相关凭据可供取得，但依法经过资产评估的，按照评估价值加上相关税费、运输费等确定；第三，没有相关凭据可供取得、未经评估的，比照同类或类似固定资产的市场价格加上相关税费、运输费等确定；第四，没有相关凭据也未经评估，其同类或类似固定资产的市场价格无法可靠取得的，按照名义金额入账。

　　接受捐赠、无偿调入的固定资产，按照确定的成本，借记本科目（不需安装）或"在建工程"科目（需要安装），贷记"资产基金——固定资产或在建工程"科目；按照实际支付的相关税费、运输费等，借记"经费支出"科目，贷记"财政拨款收入""零余额账户用款额度""银行存款"等科目。

　　①按照确定成本：

借：固定资产（不需安装）或在建工程（需要安装）

　　贷：资产基金——固定资产或在建工程

②按照实际支付相关税费、运输费等：

借：经费支出

贷：财政拨款收入/零余额账户用款额度/银行存款等

2.固定资产折旧的账务处理。按月计提固定资产折旧时，按照实际计提的金额，借记"资产基金——固定资产"科目，贷记"累计折旧"科目。

借：资产基金——固定资产

贷：累计折旧

3.固定资产后续支出的账务处理。

（1）为增加固定资产使用效能或延长其使用寿命而发生的改建、扩建、修缮等后续支出，应当计入固定资产成本，通过"在建工程"科目核算，完工交付使用时转入本科目。有关账务处理参见"在建工程"科目。

（2）为维护固定资产正常使用而发生的日常修理等后续支出，应当计入当期支出但不计入固定资产成本，借记"经费支出"科目，贷记"财政拨款收入""零余额账户用款额度""银行存款"等科目。

借：经费支出

贷：财政拨款收入/零余额账户用款额度/银行存款等

4.固定资产减少的账务处理。固定资产减少的方式主要有售出、换出、捐出、无偿调出、报废、毁损等。减少方式不同，账务处理方式也不同。

（1）售出、换出固定资产。

①经批准出售、置换换出的固定资产转入待处理财产损溢时，按照固定资产的账面净值，借记"待处理财产损溢"科目，按照固定资产已计提折旧，借记"累计折旧"科目，按照固定资产的账面原值，贷记本科目。

借：待处理财产损溢——待处理财产价值

　　累计折旧

贷：固定资产

②固定资产转出时，按照固定资产的账面净值，借记"资产基金——固定资产"科目，贷记"待处理财产损溢"科目。

借：资产基金——固定资产

贷：待处理财产损溢——待处理财产价值

③取得出售收入或补价时，按照实际取得的金额，借记"银行存款""库存现金"等科目，贷记"待处理财产损溢——处理净收入"科目。

借：银行存款/库存现金等

贷：待处理财产损溢——处理净收入

④支付出售和置换过程中发生的费用或支付补价时，按照实际的发生额，借记"待处理财产损溢——处理净收入"科目，贷记"银行存款""库存现金"等科目。

借：待处理财产损溢——处理净收入

贷：银行存款/库存现金等

⑤结转净收益时，按照处理净收入的贷方净值，借记"待处理财产损溢——处理净收入"科目，贷记"应缴税费""应缴财政款"科目。

借：待处理财产损溢——处理净收入

　　贷：应缴税费/应缴财政款

【例12-35】某行政单位将两台不需用的打字机变价出售，原价14 000元，已提折旧2 800元，取得变价收入6 000元（不考虑税）。

（1）转入待处理财产损溢时：

借：待处理财产损溢——待处理财产价值　　　　　　　　　　　　　11 200

　　累计折旧　　　　　　　　　　　　　　　　　　　　　　　　　 2 800

　　贷：固定资产——打字机　　　　　　　　　　　　　　　　　　　　14 000

（2）核销待处理财产损溢时：

借：资产基金——固定资产　　　　　　　　　　　　　　　　　　　11 200

　　贷：待处理财产损溢——待处理财产价值　　　　　　　　　　　　　11 200

（3）收到变价收入时：

借：银行存款　　　　　　　　　　　　　　　　　　　　　　　　　 6 000

　　贷：待处理财产损溢——处理净收入　　　　　　　　　　　　　　　 6 000

（4）结转处理净收入时：

借：待处理财产损溢——处理净收入　　　　　　　　　　　　　　　 6 000

　　贷：应缴财政款　　　　　　　　　　　　　　　　　　　　　　　　 6 000

（2）捐出、无偿调出固定资产。

①经批准对外捐赠、无偿调出固定资产时，按照固定资产的账面价值，借记"资产基金——固定资产"科目，按照固定资产已计提折旧，借记"累计折旧"科目，按照固定资产的账面余额，贷记本科目。

借：资产基金——固定资产

　　累计折旧

　　贷：固定资产

②对外捐赠、无偿调出固定资产发生由行政单位承担的拆除费用、运输费等，按照实际支付的金额，借记"经费支出"科目，贷记"财政拨款收入""零余额账户用款额度""银行存款"等科目。

借：经费支出

　　贷：财政拨款收入/零余额账户用款额度/银行存款等

（3）报废、毁损固定资产。

①经批准报废、毁损的固定资产转入待处理财产损溢时，按照固定资产的账面净值，借记"待处理财产损溢"科目，按照固定资产已计提折旧，借记"累计折旧"科目，按照固定资产的账面原值，贷记本科目。

借：待处理财产损溢——待处理财产价值

　　累计折旧

　　贷：固定资产

②转出固定资产、支付清理费、取得收入等各账务处理同售出、换出固定资产。

5.固定资产盘存的账务处理。行政单位的固定资产应当定期进行盘点清查，每年至少盘点一次。对于固定资产发生盘盈、盘亏的，应当及时查明原因，按照规定报经批准后进行账务处理。

（1）盘盈的固定资产，其成本确认方法依次为：第一，按照取得同类或类似固定资产的实际成本确定入账价值；第二，没有同类或类似固定资产实际成本的，按照同类或类似固定资产的市场价格确定入账价值；第三，没有同类或类似固定资产的实际成本或市场价格无法可靠取得的，按照名义金额入账。

盘盈的固定资产，按照确定的入账价值，借记本科目，贷记"待处理财产损溢"科目；同时，借记"待处理财产损溢"科目，贷记"资产基金——固定资产"科目。

（2）盘亏的固定资产，按照盘亏固定资产的账面净值，借记"待处理财产损溢"科目，按照固定资产已计提折旧，借记"累计折旧"科目，按照固定资产的账面原值，贷记本科目。具体事项账务处理同售出、换出固定资产。

二、累计折旧

（一）累计折旧的定义及说明

行政单位可以累计折旧的资产包括固定资产和公共基础设施，这里将两类资产的累计折旧一并介绍。固定资产、公共基础设施计提折旧是指在固定资产、公共基础设施预计使用寿命内，按照确定的方法对应折旧金额进行系统分摊。有关说明如下：

1.行政单位应当根据固定资产、公共基础设施的性质和实际使用情况，合理确定其折旧年限。省级以上财政部门、主管部门对行政单位固定资产、公共基础设施折旧年限作出规定的，从其规定。

2.行政单位一般应当采用年限平均法或工作量法计提固定资产、公共基础设施折旧。

3.行政单位固定资产、公共基础设施的应折旧金额为其成本，计提固定资产、公共基础设施折旧不考虑预计净残值。

4.行政单位一般应当按月计提固定资产、公共基础设施折旧。当月增加的固定资产、公共基础设施，当月不提折旧，从下月起计提折旧；当月减少的固定资产、公共基础设施，当月计提折旧，从下月起不提折旧。

5.固定资产、公共基础设施提足折旧后，无论能否继续使用，均不再计提折旧；提前报废的固定资产、公共基础设施，也不再补提折旧；已提足折旧的固定资产、公共基础设施，可以继续使用的，应当继续使用并规范管理。

6.固定资产、公共基础设施因改建、扩建或修缮等原因而提高使用效能或延长使用年限的，应当按照重新确定的固定资产、公共基础设施成本以及重新确定的折旧年限，重新计算折旧额。

（二）不能计提折旧的固定资产

行政单位对下列固定资产不计提折旧：文物及陈列品；图书、档案；动植物；以名义金额入账的固定资产；境外行政单位持有的能够与房屋及构筑物区分、拥有所有权的土地。

（三）累计折旧的核算范围

"累计折旧"科目核算行政单位固定资产、公共基础设施计提的累计折旧。累计折旧的增加记贷方，减少记借方，期末贷方余额反映行政单位计提的固定资产、公共基础设施折旧累计数。

本科目应当按照固定资产、公共基础设施的类别、项目等进行明细核算。占有公共基础设施的行政单位，应当在本科目下设置"固定资产累计折旧"和"公共基础设施累计折旧"两个一级明细科目，分别核算对固定资产和公共基础设施计提的折旧。

（四）累计折旧的主要账务处理

1.按月计提固定资产、公共基础设施折旧时，按照应计提折旧金额，借记"资产基金——固定资产/公共基础设施"科目，贷记本科目。

借：资产基金——固定资产/公共基础设施

　　贷：累计折旧——固定资产累计折旧/公共基础设施累计折旧

2.固定资产、公共基础设施处置时，按照所处置固定资产、公共基础设施的账面价值，借记"待处理财产损溢"科目（出售、置换、报废、毁损、盘亏）或"资产基金——固定资产/公共基础设施"科目（对外捐赠、无偿调出），按照固定资产、公共基础设施已计提折旧，借记本科目，按照固定资产、公共基础设施的账面余额，贷记"固定资产""公共基础设施"科目。具体账务处理见固定资产和公共基础设施相关部分。

三、在建工程

（一）在建工程的管理和使用规定

"在建工程"科目核算行政单位已经发生必要支出，但尚未完工交付使用的各种建筑（包括新建、改建、扩建、修缮等）、设备安装工程和信息系统建设工程的实际成本。不能够增加固定资产、公共基础设施使用效能或延长其使用寿命的修缮、维护等，不通过本科目核算。

本科目应当按照具体工程项目等进行明细核算。需要分摊计入不同工程项目的间接工程成本，应当通过本科目下设置的"待摊投资"明细科目核算。

在建工程应当在属于在建工程的成本发生时确认。行政单位的基本建设投资应当按照国家有关规定单独建账、单独核算，同时按照制度规定至少按月并入本科目及其他相关科目反映。行政单位应当在本科目下设置"基建工程"明细科目，核算由基建账套并入的在建工程成本。有关基建并账的具体账务处理另行规定。

（二）在建工程（非基本建设项目）的主要账务处理

在建工程的增加记借方，减少记贷方，期末借方余额反映行政单位尚未完工的在建工程的实际成本。

1.在建工程的一般账务处理。在建工程的业务类型主要包括建筑工程、设备安装和信息系统建设三大类。

第一，建筑工程。非基本建设项目的在建工程业务基本流程，如图12-2所示。

（1）将固定资产转入改建、扩建或修缮等时，按照固定资产的账面净值，借记本科目，贷记"资产基金——在建工程"科目；同时，按照固定资产的账面净值，借记"资产基金——固定资产"科目，按照固定资产已计提折旧，借记"累计折旧"科目，按照固定资产的账面原值，贷记"固定资产"科目。

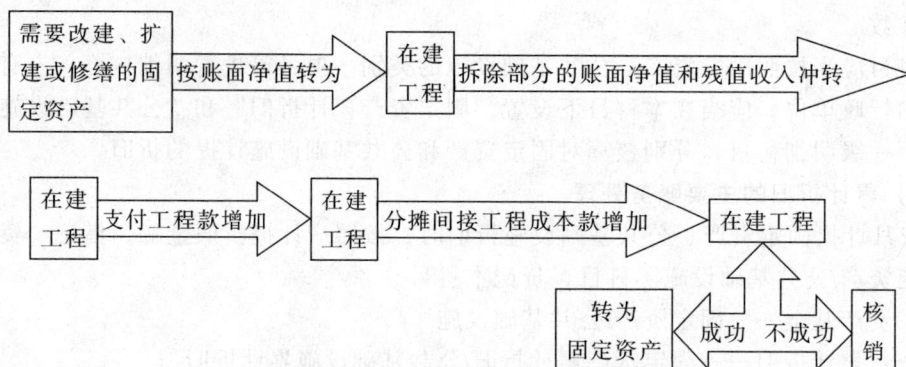

图 12-2 非基本建设项目的在建工程业务基本流程图

借：在建工程

    贷：资产基金——在建工程

同时，

借：资产基金——固定资产（账面净值）

    累计折旧（已计提折旧）

    贷：固定资产（账面原值）

（2）将改建、扩建或修缮的建筑部分拆除时，按照拆除部分的账面净值（没有固定资产拆除部分账面净值的，比照同类或类似固定资产的实际成本或市场价格及其拆除部分占全部固定资产价值的比例确定），借记"资产基金——在建工程"科目，贷记本科目。

借：资产基金——在建工程

    贷：在建工程

改建、扩建或修缮的建筑部分拆除获得残值收入时，借记"银行存款"等科目，贷记"经费支出"科目；同时，借记"资产基金——在建工程"科目，贷记本科目。

借：银行存款等

    贷：经费支出

同时，

借：资产基金——在建工程

    贷：在建工程

（3）根据工程进度支付工程款时，按照实际支付的金额，借记"经费支出"科目，贷记"财政拨款收入""零余额账户用款额度""银行存款"等科目；同时，借记本科目，贷记"资产基金——在建工程"科目。

借：经费支出

    贷：财政拨款收入/零余额账户用款额度/银行存款等

同时，

借：在建工程

    贷：资产基金——在建工程

根据工程价款结算账单与施工企业结算工程价款时，按照工程价款结算账单上列明的金额（扣除已支付的金额），借记本科目，贷记"资产基金——在建工程"科目；同时，按照实际支付的金额，借记"经费支出"科目，贷记"财政拨款收入""零余额账户用款额度""银行存款"等科目；按照应付未付的金额，借记"待偿债净资产"科目，贷记"应付账款"科目。

按照工程价款结算账单上列明金额（扣除已支付金额）：

借：在建工程

　　贷：资产基金——在建工程

按照实际支付金额：

借：经费支出

　　贷：财政拨款收入/零余额账户用款额度/银行存款等

按照应付未付金额：

借：待偿债净资产

　　贷：应付账款

（4）支付工程价款结算账单以外的款项时，借记本科目，贷记"资产基金——在建工程"科目；同时，借记"经费支出"科目，贷记"财政拨款收入""零余额账户用款额度""银行存款"等科目。

借：在建工程

　　贷：资产基金——在建工程

同时，

借：经费支出

　　贷：财政拨款收入/零余额账户用款额度/银行存款等

（5）工程项目结束，需要分摊间接工程成本的，按照应当分摊到该项目的间接工程成本，借记本科目（×项目），贷记本科目（待摊投资）。

借：在建工程——×项目

　　贷：在建工程——待摊投资

（6）建筑工程项目完工交付使用时，按照交付使用工程的实际成本，借记"资产基金——在建工程"科目，贷记本科目；同时，借记"固定资产""无形资产"科目（交付使用的工程项目中有能够单独区分成本的无形资产），贷记"资产基金——固定资产/无形资产"科目。

借：资产基金——在建工程

　　贷：在建工程

同时，

借：固定资产/无形资产

　　贷：资产基金——固定资产/无形资产

（7）建筑工程项目完工交付使用时扣留质量保证金的，按照扣留的质量保证金金额，借记"待偿债净资产"科目，贷记"长期应付款"等科目。

借：待偿债净资产

　　贷：长期应付款等

（8）为工程项目配套而建成的、产权不归属本单位的专用设施，将专用设施产权移交其他单位时，按照应当交付专用设施的实际成本，借记"资产基金——在建工程"科目，贷记本科目。

借：资产基金——在建工程

  贷：在建工程

（9）工程完工但不能形成资产的项目，应当按照规定报经批准后予以核销。转入待处理财产损溢时，按照不能形成资产的工程项目的实际成本，借记"待处理财产损溢"科目，贷记本科目；按照规定核销时，借记"资产基金——在建工程"科目，贷记"待处理财产损溢"科目。

转入待处理财产损溢时：

借：待处理财产损溢

  贷：在建工程

按照规定核销时：

借：资产基金——在建工程

  贷：待处理财产损溢

【例12-36】接【例12-30】至【例12-32】，假设该房屋在改建过程中拆除了部分结构，拆除部分的账面净值为20万元，取得残值收入1.5万元。

借：资产基金——在建工程	200 000	
贷：在建工程		200 000
借：银行存款	15 000	
贷：经费支出		15 000
借：资产基金——在建工程	15 000	
贷：在建工程		15 000

【例12-37】接【例12-36】，改建工程完工，需要分摊间接工程成本9 000元。

借：在建工程	9 000	
贷：在建工程——待摊投资		9 000

【例12-38】接【例12-37】，对该工程项目进行完工结算时，还有17万元工程款未支付，作为扣留质量保证金2年后支付。

借：在建工程	170 000	
贷：资产基金——在建工程		170 000
借：待偿债净资产	170 000	
贷：长期应付款——×工程		170 000

【例12-39】接【例12-38】，工程改造完成，交付使用，并进行转账。

借：资产基金——在建工程	3 106 000	
贷：在建工程		3 106 000
借：固定资产	3 106 000	
贷：资产基金——固定资产		3 106 000

【例12-40】接【例12-39】，假设该改建工程最后由于种种原因不能形成固定资产，经报批准予以核销。

借：待处理财产损溢	3 106 000	
贷：在建工程		3 106 000

借：资产基金——在建工程　　　　　　　　　　　　　　　　　　　　3 106 000

　　贷：待处理财产损溢　　　　　　　　　　　　　　　　　　　　　　　　3 106 000

第二，设备安装。设备安装是指购入需要安装的设备，在购入设备到交付使用期间用"在建工程"科目过渡核算的相关业务。其主要包括三步：第一步购入设备用"在建工程"科目归集设备价款及相关费用的成本；第二步安装过程用"在建工程"科目归集发生的相关安装调试费；第三步安装完工交付使用将"在建工程"科目中归集的全部成本转入"固定资产"科目。

（1）购入需要安装的设备，按照购入的成本，借记本科目，贷记"资产基金——在建工程"科目；同时，按照实际支付的金额，借记"经费支出"科目，贷记"财政拨款收入""零余额账户用款额度""银行存款"等科目。

借：在建工程

　　贷：资产基金——在建工程

同时，

借：经费支出

　　贷：财政拨款收入/零余额账户用款额度/银行存款等

（2）发生安装费用时，按照实际支付的金额，借记本科目，贷记"资产基金——在建工程"科目；同时，借记"经费支出"科目，贷记"财政拨款收入""零余额账户用款额度""银行存款"等科目。

借：在建工程

　　贷：资产基金——在建工程

同时，

借：经费支出

　　贷：财政拨款收入/零余额账户用款额度/银行存款等

（3）设备安装完工交付使用时，按照交付使用设备的实际成本，借记"资产基金——在建工程"科目，贷记本科目；同时，借记"固定资产""无形资产"科目（交付使用的设备中有能够单独区分成本的无形资产），贷记"资产基金——固定资产/无形资产"科目。

借：资产基金——在建工程

　　贷：在建工程

同时，

借：固定资产/无形资产

　　贷：资产基金——固定资产/无形资产

设备安装账务处理的例解，详见"固定资产"科目。

第三，信息系统建设。信息系统建设是指计算机软硬件设备、网络技术和数据库技术等方面的建设。其主要包括两方面：一是建设过程用"在建工程"科目归集建设成本；二是建设完工交付使用将"在建工程"科目归集的成本转入"固定资产"科目。

（1）发生各项建设支出时，按照实际支付的金额，借记本科目，贷记"资产基金——在建工程"科目；同时，借记"经费支出"科目，贷记"财政拨款收入""零余额账户用款额度""银行存款"等科目。

借：在建工程

贷：资产基金——在建工程

同时，

借：经费支出

贷：财政拨款收入/零余额账户用款额度/银行存款等

（2）信息系统建设完工交付使用时，按照交付使用信息系统的实际成本，借记"资产基金——在建工程"科目，贷记本科目；同时，借记"固定资产""无形资产"科目，贷记"资产基金——固定资产/无形资产"科目。

借：资产基金——在建工程

贷：在建工程

同时，

借：固定资产/无形资产

贷：资产基金——固定资产/无形资产

【例12-41】某行政单位进行某项新的系统工程建设，在信息系统建设过程中计算机软硬件的支出为30万元（软件与硬件不可分割），网络技术、数据库等软件系统建设支出总计60万元。系统已完工交付使用，所有费用均以直接支付方式付讫。

（1）建设过程中发生各项费用时：

借：在建工程 900 000

　贷：资产基金——在建工程 900 000

借：经费支出 900 000

　贷：财政拨款收入 900 000

（2）完工交付使用时：

借：固定资产 300 000

　贷：资产基金——固定资产 300 000

借：无形资产 600 000

　贷：资产基金——无形资产 600 000

2.在建工程毁损的账务处理。毁损的在建工程成本，应当转入"待处理财产损溢"科目进行处理。转入待处理财产损溢时，借记"待处理财产损溢"科目，贷记本科目；核销时，借记"资产基金——在建工程"科目，贷记"待处理财产损溢"科目。

（1）转入待处理财产损溢时：

借：待处理财产损溢

贷：在建工程

（2）核销时：

借：资产基金——在建工程

贷：待处理财产损溢

在建工程毁损账务处理的例解，详见建筑工程无法形成资产账务处理。

第四节 无形资产的核算

本节主要介绍行政单位"无形资产"和"累计摊销"两个科目的核算要求及方法。

一、无形资产

（一）无形资产的定义及范围

无形资产是指不具有实物形态而能为行政单位提供某种权利的非货币性资产，包括著作权、土地使用权、专利权、非专利技术等。

行政单位购入的不构成相关硬件不可缺少组成部分的软件，应当作为无形资产核算。

（二）无形资产的计价

行政单位取得无形资产时，应当按照其实际成本入账。取得方式不同，计价方法也不太相同，具体如下：

1.外购的无形资产，其成本包括实际支付的购买价款、相关税费以及可归属于该项资产达到预定用途所发生的其他支出。

2.委托软件公司开发软件，视同外购无形资产进行处理。

3.自行开发并按法律程序申请取得的无形资产，按照依法取得时发生的注册费、聘请律师费等费用确定成本。

4.置换取得的无形资产，其成本按照换出资产的评估价值加上支付的补价或者减去收到的补价，加上为换入无形资产支付的其他费用（登记费等）确定。

5.接受捐赠、无偿调入的无形资产，其成本按照有关凭据注明的金额加上相关税费确定；没有相关凭据可供取得，但依法经过资产评估的，其成本应当按照评估价值加上相关税费确定；没有相关凭据可供取得，也未经评估的，其成本比照同类或类似资产的市场价格加上相关税费确定；没有相关凭据也未经评估，其同类或类似无形资产的市场价格无法可靠取得的，所取得的无形资产应当按照名义金额入账。

（三）无形资产的主要账务处理

"无形资产"科目核算行政单位各项无形资产的原价。无形资产的增加记借方，减少记贷方，期末借方余额反映行政单位无形资产的原价。本科目应当按照无形资产的类别、项目等进行明细核算。

无形资产应当在完成对其权属的规定登记或其他证明单位取得无形资产时确认。

1.无形资产取得的账务处理。行政单位取得无形资产的方式主要有购入、委托开发、自行开发、换入、捐入和无偿调入。

（1）购入的无形资产，按照确定的成本，借记本科目，贷记"资产基金——无形资产"科目；同时，按照实际支付的金额，借记"经费支出"科目，贷记"财政拨款收入""零余额账户用款额度""银行存款"等科目。

借：无形资产

　　贷：资产基金——无形资产

同时，

借：经费支出

贷：财政拨款收入/零余额账户用款额度/银行存款等

购入无形资产尚未付款的，取得无形资产时，按照确定的成本，借记本科目，贷记"资产基金——无形资产"科目；同时，按照应付未付的款项金额，借记"待偿债净资产"科目，贷记"应付账款"科目。

取得购入尚未付款无形资产时：

借：无形资产

贷：资产基金——无形资产

按照应付未付款项金额：

借：待偿债净资产

贷：应付账款

【例12-42】某行政单位购入专利一项，该专利买价20万元，通过财政直接支付15万元，余款未付。

（1）取得专利时：

借：无形资产　　　　　　　　　　　　　　　　　　　200 000

　　贷：资产基金——无形资产　　　　　　　　　　　　　　200 000

（2）支付款项时：

借：经费支出　　　　　　　　　　　　　　　　　　　150 000

　　贷：财政拨款收入　　　　　　　　　　　　　　　　　　150 000

（3）所欠的余款：

借：待偿债净资产　　　　　　　　　　　　　　　　　　50 000

　　贷：应付账款　　　　　　　　　　　　　　　　　　　　50 000

（2）委托软件公司开发软件，视同外购无形资产进行处理。

软件开发前，按照合同约定预付开发费用时，借记"预付账款"科目，贷记"资产基金——预付款项"科目；同时，借记"经费支出"科目，贷记"财政拨款收入""零余额账户用款额度""银行存款"等科目。

借：预付账款

贷：资产基金——预付款项

同时，

借：经费支出

贷：财政拨款收入/零余额账户用款额度/银行存款等

软件开发完成交付使用，并支付剩余或全部软件开发费用时，按照软件开发费用总额，借记本科目，贷记"资产基金——无形资产"科目；按照实际支付的金额，借记"经费支出"科目，贷记"财政拨款收入""零余额账户用款额度""银行存款"等科目；按照冲销的预付开发费用，借记"资产基金——预付款项"科目，贷记"预付账款"科目。

按照软件开发费用总额：

借：无形资产

贷：资产基金——无形资产

按照实际支付金额：

借：经费支出

　　贷：财政拨款收入/零余额账户用款额度/银行存款等

按照冲销预付开发费用：

借：资产基金——预付款项

　　贷：预付账款

【例 12-43】某行政单位委托软件公司开发软件，合同约定总开发费用为 28 万元，开发前预付 28 000 元，开发完成款项付清。通过银行存款支付所有款项。

（1）预付开发费用时：

借：预付账款　　　　　　　　　　　　　　　　　　　　　28 000

　　贷：资产基金——预付款项　　　　　　　　　　　　　　　　28 000

借：经费支出　　　　　　　　　　　　　　　　　　　　　28 000

　　贷：银行存款　　　　　　　　　　　　　　　　　　　　　28 000

（2）开发完成时：

借：无形资产　　　　　　　　　　　　　　　　　　　　　280 000

　　贷：资产基金——无形资产　　　　　　　　　　　　　　　280 000

（3）补付开发费用时：

借：经费支出　　　　　　　　　　　　　　　　　　　　　252 000

　　贷：银行存款　　　　　　　　　　　　　　　　　　　　　252 000

（4）冲销预付款项时：

借：资产基金——预付款项　　　　　　　　　　　　　　　28 000

　　贷：预付账款　　　　　　　　　　　　　　　　　　　　　28 000

（3）自行开发并申请成功，取得无形资产时，按照确定的成本，借记本科目，贷记"资产基金——无形资产"科目；同时，按照实际支付的金额，借记"经费支出"科目，贷记"财政拨款收入""零余额账户用款额度""银行存款"等科目。

借：无形资产

　　贷：资产基金——无形资产

同时，

借：经费支出

　　贷：财政拨款收入/零余额账户用款额度/银行存款等

依法取得前所发生的研究开发支出，应当于发生时直接计入当期支出，但不计入无形资产的成本，借记"经费支出"科目，贷记"财政拨款收入""零余额账户用款额度""财政应返还额度""银行存款"等科目。

借：经费支出

　　贷：财政拨款收入/零余额账户用款额度/财政应返还额度/银行存款等

【例 12-44】某行政单位自创专用权一项，在试验开发阶段发生支出共计 36 000 元，开发成功申请专利时，发生申请费用 1 500 元、律师费用 4 000 元。款项均通过授权支付方式付款。

（1）开发过程发生费用时：

借：经费支出 36 000

贷：零余额账户用款额度 36 000

（2）申请成功时：

借：无形资产 5 500

贷：资产基金——无形资产 5 500

借：经费支出 5 500

贷：零余额账户用款额度 5 500

（4）置换取得的无形资产，按照确定的成本，借记本科目，贷记"资产基金——无形资产"科目；按照实际支付的补价、相关税费等，借记"经费支出"科目，贷记"财政拨款收入""零余额账户用款额度""银行存款"等科目。

按照确定成本：

借：无形资产

贷：资产基金——无形资产

按照实际支付补价、相关税费等：

借：经费支出

贷：财政拨款收入/零余额账户用款额度/银行存款等

【例12-45】某行政单位用一栋旧房产置换一处土地使用权，该房产评估价为1 000万元，账面原值为500万元，已计提折旧300万元，支付给对方补价为800万元，发生财产登记等各种费用80万元。置换手续均已完成，款项均以直接支付方式付讫。

（1）固定资产的减少：

借：待处理财产损溢 2 000 000

累计折旧 3 000 000

贷：固定资产——×房产 5 000 000

借：资产基金——固定资产 2 000 000

贷：待处理财产损溢 2 000 000

（2）无形资产的增加：

借：无形资产——×土地使用权 18 800 000

贷：资产基金——无形资产 18 800 000

借：经费支出 8 800 000

贷：财政拨款收入 8 800 000

（5）接受捐赠、无偿调入无形资产时，按照确定的无形资产成本，借记本科目，贷记"资产基金——无形资产"科目；按照发生的相关税费，借记"经费支出"科目，贷记"零余额账户用款额度""银行存款"等科目。

按照确定成本：

借：无形资产

贷：资产基金——无形资产

按照发生相关税费：

借：经费支出

贷：零余额账户用款额度/银行存款等

【例 12-46】某行政单位无偿调入一项专利技术，凭据上注明该项专利技术价值 30 万元，调入过程中花费各项税费共计 1 万元。款项均通过直接支付方式付讫。

借：无形资产——×专用技术　　　　　　　　　　　　　　　310 000

　　贷：资产基金——无形资产　　　　　　　　　　　　　　　　310 000

借：经费支出　　　　　　　　　　　　　　　　　　　　　　10 000

　　贷：财政拨款收入　　　　　　　　　　　　　　　　　　　　　10 000

2.无形资产摊销的账务处理。按月计提无形资产摊销时，按照应计提的金额，借记"资产基金——无形资产"科目，贷记"累计摊销"科目。

借：资产基金——无形资产

　　贷：累计摊销

3.无形资产后续支出的账务处理。

（1）为增加无形资产使用效能而发生的后续支出，如对软件进行升级改造或扩展其功能等所发生的支出，应当计入无形资产的成本，借记本科目，贷记"资产基金——无形资产"科目；同时，借记"经费支出"科目，贷记"财政拨款收入""零余额账户用款额度""银行存款"等科目。

借：无形资产

　　贷：资产基金——无形资产

同时，

借：经费支出

　　贷：财政拨款收入/零余额账户用款额度/银行存款等

（2）为维护无形资产的正常使用而发生的后续支出，如对软件进行漏洞修补、技术维护等所发生的支出，应当计入当期支出，但不计入无形资产的成本，借记"经费支出"科目，贷记"财政拨款收入""零余额账户用款额度""银行存款"等科目。

借：经费支出

　　贷：财政拨款收入/零余额账户用款额度/银行存款等

4.无形资产减少的账务处理。行政单位无形资产减少的情形主要有售出、换出、捐出、无偿调出、核销等。

（1）经批准出售、置换换出无形资产转入待处理财产损溢时，按照待出售、置换换出无形资产的账面价值，借记"待处理财产损溢"科目，按照已计提摊销，借记"累计摊销"科目，按照无形资产的账面余额，贷记本科目。

借：待处理财产损溢（账面净值）

　　累计摊销（已计提摊销）

　　贷：无形资产（账面原值）

【例 12-47】某行政单位将一不需用的无形资产对外出售，该无形资产账面原值 26 万元，已累计摊销 10 万元，取得销售收入 18 万元（不考虑税）。

借：待处理财产损溢——待处理财产价值　　　　　　　　　160 000

　　累计摊销　　　　　　　　　　　　　　　　　　　　　100 000

　　贷：无形资产　　　　　　　　　　　　　　　　　　　　　260 000

借：资产基金——无形资产　　　　　　　　　　　　160 000
　　贷：待处理财产损溢——待处理财产价值　　　　　　　　　160 000
借：银行存款　　　　　　　　　　　　　　　　　180 000
　　贷：待处理财产损溢——处理净收入　　　　　　　　　　180 000
借：待处理财产损溢——处理净收入　　　　　　　180 000
　　贷：应缴财政款　　　　　　　　　　　　　　　　　　180 000

（2）经批准无偿调出、对外捐赠无形资产，按照无偿调出、对外捐赠无形资产的账面价值，借记"资产基金——无形资产"科目，按照已计提摊销，借记"累计摊销"科目，按照无形资产的账面余额，贷记本科目。

借：资产基金——无形资产（账面净值）
　　累计摊销（已计提摊销）
　　贷：无形资产（账面原值）

无偿调出、对外捐赠无形资产发生由行政单位承担的相关费用支出等，按照实际支付的金额，借记"经费支出"科目，贷记"财政拨款收入""零余额账户用款额度""银行存款"等科目。

借：经费支出
　　贷：财政拨款收入/零余额账户用款额度/银行存款等

【例12-48】某行政单位根据上级部门规定将一无形资产无偿调给某兄弟单位，该项无形资产账面原值50万元，已累计摊销20万元，调出过程中发生相关费用8 000元。通过授权方式支付。

借：资产基金——无形资产　　　　　　　　　　　300 000
　　累计摊销　　　　　　　　　　　　　　　　　200 000
　　贷：无形资产　　　　　　　　　　　　　　　　　　500 000
借：经费支出　　　　　　　　　　　　　　　　　8 000
　　贷：零余额账户用款额度　　　　　　　　　　　　　　8 000

（3）无形资产预期不能为行政单位带来服务潜力或经济利益的，应当按照规定报经批准后，将无形资产的账面价值予以核销。

待核销的无形资产转入待处理财产损溢时，按照待核销无形资产的账面价值，借记"待处理财产损溢"科目，按照已计提摊销，借记"累计摊销"科目，按照无形资产的账面余额，贷记本科目。

借：待处理财产损溢（账面净值）
　　累计摊销（已计提摊销）
　　贷：无形资产（账面原值）

核销时，按照待核销无形资产的账面净值，借记"资产基金——无形资产"科目，贷记"待处理财产损溢"科目。

借：资产基金——无形资产
　　贷：待处理财产损溢

【例12-49】某行政单位在资产清理时发现某项无形资产预期不能给本单位带来服务潜力，该无形资产账面原值80万元，已累计摊销70万元。经申报批准，予以核销。

（1）转入待处理财产损溢时：

借：待处理财产损溢　　　　　　　　　　　　　　　　　　　　　100 000

　　累计摊销　　　　　　　　　　　　　　　　　　　　　　　　700 000

　　贷：无形资产　　　　　　　　　　　　　　　　　　　　　　　　　800 000

（2）核销时：

借：资产基金——无形资产　　　　　　　　　　　　　　　　　　100 000

　　贷：待处理财产损溢　　　　　　　　　　　　　　　　　　　　　　100 000

二、累计摊销

摊销是指在无形资产使用寿命内，按照确定的方法对应摊销金额进行系统分摊。行政单位应当对无形资产进行摊销，以名义金额计量的无形资产除外。

（一）行政单位无形资产摊销的管理原则

1.摊销年限的确定原则。行政单位应当按照以下原则确定无形资产的摊销年限：

（1）法律规定了有效年限的，按照法律规定的有效年限作为摊销年限；

（2）法律没有规定有效年限的，按照相关合同或单位申请书中的受益年限作为摊销年限；

（3）法律没有规定有效年限、相关合同或单位申请书中也没有规定受益年限的，按照不少于10年的期限摊销；

（4）非大批量购入、单价小于1 000元的无形资产，可以于购买的当期，一次将成本全部摊销。

2.行政单位应当采用年限平均法计提无形资产摊销。

3.行政单位无形资产的应摊销金额为其成本。

4.行政单位应当自无形资产取得当月起，按月计提摊销；无形资产减少的当月，不再计提摊销。

5.无形资产提足摊销后，无论能否继续带来服务潜力或经济利益，均不再计提摊销；核销的无形资产，如果未提足摊销，也不再补提摊销。

6.因发生后续支出而增加无形资产成本的，应当按照重新确定的无形资产成本，重新计算摊销额。

（二）累计摊销的主要账务处理

"累计摊销"科目核算行政单位无形资产计提的累计摊销。累计摊销的增加记贷方，减少记借方，期末贷方余额反映行政单位计提的无形资产摊销累计数。本科目应当按照无形资产的类别、项目等进行明细核算。

1.按月计提无形资产摊销时，按照应计提摊销金额，借记"资产基金——无形资产"科目，贷记本科目。

借：资产基金——无形资产

　　贷：累计摊销

2.无形资产处置时，按照所处置无形资产的账面价值，借记"待处理财产损溢"科目（出售、置换换出、核销）或"资产基金——无形资产"科目（无偿调出、对外捐赠），按照已计提摊销，借记本科目，按照无形资产的账面余额，贷记"无形资产"科目。

无形资产处置账务处理的例解，详见无形资产相关账务处理。

第五节　管理性资产的核算

本节主要介绍行政单位直接管理或受托管理的资产，包括"政府储备物资""公共基础设施""受托代理资产"三大科目。

一、政府储备物资

（一）政府储备物资概述

政府储备物资是指行政单位直接储存管理的各项政府应急或救灾储备物资等。

负责采购并拥有储备物资调拨权力的行政单位（简称"采购单位"）将政府储备物资交由其他行政单位（简称"代储单位"）代为储存的，由采购单位通过本科目核算政府储备物资，代储单位将受托代储的政府储备物资作为受托代理资产核算。

（二）政府储备物资的成本计价

1.购入的政府储备物资，其成本包括购买价款、相关税费、运输费、装卸费、保险费以及其他使政府储备物资达到目前场所和状态所发生的支出。单位支付的政府储备物资保管费、仓库租赁费等日常储备费用，不计入政府储备物资的成本。

2.接受捐赠、无偿调入的政府储备物资，其成本：（1）按照有关凭据注明的金额加上相关税费、运输费等确定；（2）没有相关凭据可供取得，但依法经过资产评估的，按照评估价值加上相关税费、运输费等确定；（3）没有相关凭据可供取得，也未经评估的，比照同类或类似政府储备物资的市场价格加上相关税费、运输费等确定。

3.盘盈的政府储备物资，按照取得同类或类似政府储备物资的实际成本确定入账价值；没有同类或类似政府储备物资的实际成本，按照同类或类似政府储备物资的市场价格确定入账价值。

4.政府储备物资发出时，应当根据实际情况采用先进先出法、加权平均法或者个别计价法确定发出政府储备物资的实际成本。计价方法一经确定，不得随意变更。

（三）政府储备物资的账务处理

"政府储备物资"科目核算行政单位直接储存管理的各项政府应急或救灾储备物资等。政府储备物资的增加记借方，减少记贷方，期末借方余额反映行政单位管理的政府储备物资的实际成本。本科目应当按照政府储备物资的种类、品种、存放地点等进行明细核算。

政府储备物资应当在其到达存放地点并验收时确认。

1.政府储备物资取得的账务处理。政府储备物资的取得方式主要有购入、捐入和无偿调入。

（1）购入的政府储备物资验收入库，按照确定的成本，借记本科目，贷记"资产基金——政府储备物资"科目；同时，按照实际支付的金额，借记"经费支出"科目，贷记

"财政拨款收入""零余额账户用款额度""银行存款"等科目。

①购入政府储备物资验收入库：

借：政府储备物资

　　贷：资产基金——政府储备物资

②按照实际支付金额：

借：经费支出

　　贷：财政拨款收入/零余额账户用款额度/银行存款等

【例12-50】某行政单位购入一批政府储备物资，价款100万元，增值税17万元，运杂费1万元。通过直接支付付讫款项。另外，为储存该批物资，用银行存款支付仓库租赁费2万元。该批物资已验收入库。

借：政府储备物资　　　　　　　　　　　　　　　　　1 180 000

　　贷：资产基金——政府储备物资　　　　　　　　　　　　1 180 000

借：经费支出　　　　　　　　　　　　　　　　　　　1 200 000

　　贷：财政拨款收入　　　　　　　　　　　　　　　　　1 180 000

　　　　银行存款　　　　　　　　　　　　　　　　　　　　20 000

（2）接受捐赠、无偿调入的政府储备物资验收入库，按照确定的成本，借记本科目，贷记"资产基金——政府储备物资"科目；发生由行政单位承担的相关税费、运输费用等，按照实际支付的金额，借记"经费支出"科目，贷记"财政拨款收入""零余额账户用款额度""银行存款"等科目。

①接受捐赠、无偿调入政府储备物资验收入库：

借：政府储备物资

　　贷：资产基金——政府储备物资

②发生由行政单位承担相关税费、运输费用等：

借：经费支出

　　贷：财政拨款收入/零余额账户用款额度/银行存款等

【例12-51】某行政单位接受上级单位无偿调入的政府储备物资一批，由于没有相关凭据和经济评估，按照同类或类似物资的市场价格确认为56 000元，另用银行存款支付运杂费1 000元。该物资已验收入库。

借：政府储备物资　　　　　　　　　　　　　　　　　　57 000

　　贷：资产基金——政府储备物资　　　　　　　　　　　　57 000

借：经费支出　　　　　　　　　　　　　　　　　　　　1 000

　　贷：银行存款　　　　　　　　　　　　　　　　　　　1 000

2.政府储备物资发出的账务处理。政府储备物资的发出方式主要有捐出、无偿调出、售出等。

（1）经批准对外捐赠、无偿调出政府储备物资时，按照确定的实际成本，借记"资产基金——政府储备物资"科目，贷记本科目。

借：资产基金——政府储备物资

　　贷：政府储备物资

对外捐赠、无偿调出政府储备物资发生由行政单位承担的运输费用等支出时，借记"经费支出"科目，贷记"财政拨款收入""零余额账户用款额度""银行存款"等科目。

借：经费支出

　　贷：财政拨款收入/零余额账户用款额度/银行存款等

【例12-52】某行政单位将一批价值为34 000元的政府储备物资捐赠给某社会福利院，另用现金支付运输费用600元。

借：资产基金——政府储备物资　　　　　　　　　　　34 000

　　贷：政府储备物资　　　　　　　　　　　　　　　　　　　34 000

借：经费支出　　　　　　　　　　　　　　　　　　　600

　　贷：库存现金　　　　　　　　　　　　　　　　　　　　　　600

（2）行政单位报经批准将不需储备的物资出售。

①物资出售时，应当转入待处理财产损溢，按照相关储备物资的账面余额：

借：待处理财产损溢——待处理财产价值

　　贷：政府储备物资

②转出物资时：

借：资产基金——政府储备物资

　　贷：待处理财产损溢——待处理财产价值

③取得处置收入时：

借：银行存款/库存现金等

　　贷：待处理财产损溢——处理净收入

④发生相关费用时：

借：待处理财产损溢——处理净收入

　　贷：银行存款/库存现金等

【例12-53】某行政单位报经批准将一批不需储备的物资进行出售，该批物资账面余额为100万元。取得销售收入60万元，发生相关费用9 000元。

借：待处理财产损溢——待处理财产价值　　　　　　1 000 000

　　贷：政府储备物资　　　　　　　　　　　　　　　　　　1 000 000

借：资产基金——政府储备物资　　　　　　　　　　1 000 000

　　贷：待处理财产损溢——待处理财产价值　　　　　　　　1 000 000

借：银行存款　　　　　　　　　　　　　　　　　　600 000

　　贷：待处理财产损溢——处理净收入　　　　　　　　　　600 000

借：待处理财产损溢——处理净收入　　　　　　　　9 000

　　贷：银行存款　　　　　　　　　　　　　　　　　　　　9 000

借：待处理财产损溢——处理净收入　　　　　　　　510 000

　　贷：应缴财政款　　　　　　　　　　　　　　　　　　510 000

3.盘盈、盘亏或报废、毁损政府储备物资的账务处理。行政单位管理的政府储备物资应当定期进行盘点清查，每年至少盘点一次。对于发生的政府储备物资盘盈、盘亏或报废、毁损，应当及时查明原因，按规定报经批准后进行账务处理。

（1）盘盈的政府储备物资，按照确定的入账价值，借记本科目，贷记"待处理财产损溢"科目。

借：政府储备物资

　　贷：待处理财产损溢

报经批准予以处理时，借记"待处理财产损溢"科目，贷记"资产基金——政府储备物资"科目。

借：待处理财产损溢

　　贷：资产基金——政府储备物资

【例12-54】某行政单位在年底盘存时，盘盈政府储备物资一批，该批物资同类物资的市价为30万元。

借：政府储备物资　　　　　　　　　　　　　　　　　　　　　300 000

　　贷：待处理财产损溢　　　　　　　　　　　　　　　　　　　　300 000

借：待处理财产损溢　　　　　　　　　　　　　　　　　　　　300 000

　　贷：资产基金——政府储备物资　　　　　　　　　　　　　　　300 000

（2）盘亏以及报废、毁损的政府储备物资，转入待处理财产损溢时，按照其账面余额，借记"待处理财产损溢"科目，贷记本科目。该物资账务处理同出售物资账务处理。

二、公共基础设施

公共基础设施是指由行政单位占有并直接负责维护管理、供社会公众使用的工程性公共基础设施资产，包括城市交通设施、公共照明设施、环保设施、防灾设施、健身设施、广场及公共构筑物等其他公共设施。

"公共基础设施"科目核算由行政单位占有并直接负责维护管理、供社会公众使用的工程性公共基础设施资产。公共基础设施的增加记借方，减少记贷方，期末借方余额反映行政单位管理的公共基础设施的实际成本。

与公共基础设施配套使用的修理设备、工具器具、车辆等动产，作为管理公共基础设施行政单位的固定资产核算，不通过本科目核算。

与公共基础设施配套、供行政单位在公共基础设施管理中自行使用的房屋构筑物等，能够与公共基础设施分开核算的，作为行政单位的固定资产核算，不通过本科目核算。

本科目应当按照公共基础设施的类别和项目进行明细核算。

行政单位应当结合本单位的具体情况，制定适合本单位管理的公共基础设施目录、分类方法，作为公共基础设施核算的依据。

公共基础设施应当在对其取得占有权利时确认。

（一）公共基础设施取得的账务处理

行政单位公共基础设施的取得方式主要有自行建设和接受其他单位移交。

1.行政单位自行建设的公共基础设施，其成本包括建造该公共基础设施至交付使用前所发生的全部必要支出。公共基础设施的各组成部分需要分别核算的，按照各组成部分公共基础设施造价确定其成本；没有各组成部分公共基础设施造价的，按照各组成部分公共基础设施同类或类似市场造价的比例对总造价进行分配，确定各组成部分公共基础设施的成本。

（1）公共基础设施建设完工交付使用时，按照确定的成本，借记本科目，贷记"资产基金——公共基础设施"科目；同时，借记"资产基金——在建工程"科目，贷记"在建工程"科目。

借：公共基础设施

　　贷：资产基金——公共基础设施

同时，

借：资产基金——在建工程

　　贷：在建工程

（2）已交付使用但尚未办理竣工决算手续的公共基础设施，按照估计价值入账，待确定实际成本后再进行调整。

【例12-55】某行政单位自行建设的公共照明设施已完工交付使用，该项目工程总造价为240万元。

借：公共基础设施——公共照明设施　　　　　　　　　　　　　2 400 000

　　贷：资产基金——公共基础设施　　　　　　　　　　　　　　　　2 400 000

借：资产基金——在建工程　　　　　　　　　　　　　　　　　2 400 000

　　贷：在建工程　　　　　　　　　　　　　　　　　　　　　　　　2 400 000

2.行政单位接受其他单位移交的公共基础设施，其成本按照公共基础设施的原账面价值确认，借记本科目，贷记"资产基金——公共基础设施"科目。

借：公共基础设施

　　贷：资产基金——公共基础设施

接受其他单位移交公共基础设施账务处理的例解，比照自行建设账务处理。

（二）公共基础设施后续支出的账务处理

1.为增加公共基础设施使用效能或延长其使用寿命而发生的改建、扩建或大型修缮等后续支出，应当计入公共基础设施成本，通过"在建工程"科目核算，完工交付使用时转入本科目。其账务处理参见在建工程账务处理。

2.为维护公共基础设施的正常使用而发生的日常修理等后续支出，应当计入当期支出，借记有关支出科目，贷记"财政拨款收入""零余额账户用款额度""银行存款"等科目。

借：经费支出

　　贷：财政拨款收入/零余额账户用款额度/银行存款等

（三）公共基础设施处置的账务处理

行政单位管理的公共基础设施向其他单位移交、毁损、报废时，应当按照规定报经批准后进行账务处理。其账务处理同固定资产等账务处理。

1.经批准向其他单位移交公共基础设施时，按照移交公共基础设施的账面价值，借记"资产基金——公共基础设施"科目，按照已计提折旧，借记"累计折旧"科目，按照公共基础设施的账面余额，贷记本科目。

2.报废、毁损的公共基础设施，转入待处理财产损溢时，按照待处理公共基础设施的账面价值，借记"待处理财产损溢"科目，按照已计提折旧，借记"累计折旧"科目，按照公共基础设施的账面余额，贷记本科目。

三、受托代理资产

"受托代理资产"科目核算行政单位接受委托方委托管理的各项资产，包括受托指定转赠的物资、受托储存管理的物资等。受托代理资产的增加记借方，减少记贷方，期末借方余额反映单位受托代理资产中实物资产的价值。

行政单位收到受托代理资产为现金和银行存款的，不通过本科目核算，应当通过"库存现金""银行存款"科目进行核算。本科目应当按照资产的种类和委托人进行明细核算；属于转赠资产的，还应当按照受赠人进行明细核算。

受托代理资产应当在行政单位收到受托代理的资产时确认。

（一）受托转赠物资的账务处理

1.接受委托人委托需要转赠给受赠人的物资，其成本按照有关凭据注明的金额确定；没有相关凭据可供取得的，其成本比照同类或类似物资的市场价格确定。

接受委托转赠的物资验收入库，按照确定的成本，借记本科目，贷记"受托代理负债"科目。

借：受托代理资产
　　贷：受托代理负债

受托转赠物资的受托协议约定由行政单位承担的相关税费、运输费等，还应当按照实际支付的金额，借记"经费支出"科目，贷记"银行存款"等科目。

借：经费支出
　　贷：银行存款等

2.将受托转赠物资交付受赠人时，按照转赠物资的成本，借记"受托代理负债"科目，贷记本科目。

借：受托代理负债
　　贷：受托代理资产

3.转赠物资的委托人取消对捐赠物资的转赠要求，且不再收回捐赠物资的，应当将转赠物资转为存货或固定资产，按照转赠物资的成本，借记"受托代理负债"科目，贷记本科目；同时，借记"存货""固定资产"科目，贷记"资产基金——存货/固定资产"科目。

借：受托代理负债
　　贷：受托代理资产
同时，
借：存货/固定资产
　　贷：资产基金——存货/固定资产

【例12-56】某行政单位接受委托，将10台电脑转赠给某小学。委托单位提供的发票标明10台电脑价款共计40 000元，增值税6 800元。该单位收下电脑先入库保管，1个月后将该批电脑代赠给指定小学，并自行承担运输费300元，用现金支付。

（1）收到电脑入库时：

借：受托代理资产   46 800

 贷：受托代理负债   46 800

（2）转赠时：

借：受托代理负债   46 800

 贷：受托代理资产   46 800

借：经费支出   300

 贷：库存现金   300

【例12-57】假设【例12-56】中，受托电脑由于种种原因无法捐出，委托单位取消转赠要求，且不再收回该批转赠电脑，经报批确定为本单位资产。

借：受托代理负债   46 800

 贷：受托代理资产   46 800

借：固定资产   46 800

 贷：资产基金——固定资产   46 800

（二）受托储存管理物资的账务处理

1.接受委托人委托储存管理的物资，其成本按照有关凭据注明的金额确定。接受委托储存的物资验收入库，按照确定的成本，借记本科目，贷记"受托代理负债"科目。

借：受托代理资产

 贷：受托代理负债

2.支付由受托单位承担的与受托储存管理物资相关的运输费、保管费等费用时，按照实际支付的金额，借记"经费支出"科目，贷记"银行存款"等科目。

借：经费支出

 贷：银行存款等

3.根据委托人要求交付受托储存管理物资时，按照储存管理物资的成本，借记"受托代理负债"科目，贷记本科目。

借：受托代理负债

 贷：受托代理资产

第六节 待处理财产损溢的核算

一、待处理财产损溢概述

为了核算和监督行政单位待处理资产的转入、核销及处理损溢情况，新的《行政单位会计制度》增设了"待处理财产损溢"账户。待处理财产损溢是指行政单位待处理资产的价值以及处理损溢。

行政单位财产的处理包括资产的出售、报废、毁损、盘盈、盘亏，以及货币性资产损失核销等。

二、待处理财产损溢的核算规定

"待处理财产损溢"科目核算行政单位待处理财产的价值及财产处理损溢。本科目应当按照待处理财产项目进行明细核算；对于在财产处理过程中取得收入或发生相关费用的项目，还应当设置"待处理财产价值""处理净收入"科目进行明细核算。行政单位财产的处理，一般应当先记入本科目，按照规定报经批准后及时进行相应的账务处理。一般年终结账前，应处理完毕。

三、待处理财产损溢的主要账务处理

待处理财产损溢的增加记借方，减少记贷方，期末如为借方余额反映尚未处理完毕的各种财产的价值及净损失，期末如为贷方余额反映尚未处理完毕的各种财产的净溢余。年度终了，报经批准处理后，本科目一般无余额。

（一）按照规定报经批准处理无法查明原因的现金短缺或溢余

1.属于无法查明原因的现金短缺，报经批准核销的，借记"经费支出"科目，贷记本科目。

2.属于无法查明原因的现金溢余，报经批准后，借记本科目，贷记"其他收入"科目。

（二）按照规定报经批准核销无法收回的应收账款、其他应收款

1.转入待处理财产损溢时，借记本科目，贷记"应收账款""其他应收款"科目。

2.报经批准对无法收回的其他应收款予以核销时，借记"经费支出"科目，贷记本科目；对无法收回的应收账款予以核销时，借记"其他应付款"等科目，贷记本科目。

行政单位产生应收账款的业务包括出租资产和出售物资，两种业务的账务处理不同。出租资产时，借记"应收账款"科目，贷记"其他应付款"科目；出售物资时，借记"应收账款"科目，贷记"待处理财产损溢——处理净收入"科目。行政单位出售物资过程中取得的收入和发生的费用均通过"待处理财产损溢——处理净收入"科目核算，即不作收也不作支。因此，对无法收回的应收账款予以核销时，借方科目也不同。出租资产核销时，借记"其他应付款"科目，贷记"应收账款"科目；出售物资核销时，借记"待处理财产损溢——处置净收入"科目，贷记"应收账款"科目。

（三）按照规定报经批准核销预付账款、无形资产

1.转入待处理财产损溢时，借记本科目（核销无形资产的，还应借记"累计摊销"科目），贷记"预付账款""无形资产"科目。

2.报经批准予以核销时，借记"资产基金——预付款项/无形资产"科目，贷记本科目。

（四）出售、置换换出存货、固定资产、无形资产、政府储备物资等

1.转入待处理财产损溢时，借记本科目（待处理财产价值），出售、置换换出固定资产的，还应当借记"累计折旧"科目，出售、置换换出无形资产的，还应当借记"累计摊销"科目，贷记"存货""固定资产""无形资产""政府储备物资"等科目。

2.实现出售、置换换出时，借记"资产基金"及相关明细科目，贷记本科目（待处理财产价值）。

3.出售、置换换出资产过程中收到价款、补价等收入，借记"库存现金""银行存款"等科目，贷记本科目（处理净收入）。

4.出售、置换换出资产过程中发生相关费用，借记本科目（处理净收入），贷记"库存现金""银行存款""应缴税费"等科目。

5.出售、置换换出完毕并收回相关的应收账款后，按照处置收入扣除相关税费后的净收入，借记本科目（处理净收入），贷记"应缴财政款"科目；如果处置收入小于相关税费，按照相关税费减去处置收入后的净支出，借记"经费支出"科目，贷记本科目（处理净收入）。

（五）盘亏、毁损、报废各种实物资产

1.转入待处理财产损溢时，借记本科目（待处理财产价值），处置固定资产、公共基础设施的，还应当借记"累计折旧"科目，贷记"存货""固定资产""在建工程""政府储备物资""公共基础设施"等科目。

2.报经批准予以核销时，借记"资产基金"及相关明细科目，贷记本科目（待处理财产价值）。

3.毁损、报废各种实物资产过程中取得的残值变价收入、发生相关费用，以及取得的残值变价收入扣除相关费用后的净收入或净支出的账务处理，比照本科目有关出售资产的账务处理。

（六）核销不能形成资产的在建工程成本

转入待处理财产损溢时，借记本科目，贷记"在建工程"科目；报经批准予以核销时，借记"资产基金——在建工程"科目，贷记本科目。

（七）盘盈存货、固定资产、政府储备物资等实物资产

转入待处理财产损溢时，借记"存货""固定资产""政府储备物资"等科目，贷记本科目；报经批准予以处理时，借记本科目，贷记"资产基金"及相关明细科目。

"待处理财产损溢"科目相关核算和例解，详见各类资产科目账务处理。

思考与练习题

一、思考题

1.行政单位资产有哪些？

2.行政单位资产的确认和计量有哪些具体规定？

3.行政单位库存现金的日常管理有哪些规定？

4.行政单位银行存款的日常管理有哪些规定？

5.行政单位年末余额注销程序及相关账务处理是怎样的？

6.什么是备用金制度？

7.行政单位接受捐赠、无偿调入的存货，其成本计价方式有哪几种？

8.行政单位盘盈存货的计价方式有哪几种？

9.什么是行政单位固定资产？有哪些类别？

10.行政单位固定资产有哪些管理要求？

11.行政单位固定资产的确认原则有哪些？

12.行政单位盘盈固定资产的计价方式有哪些？其选择原则是怎样的？

13.《行政单位会计制度》对累计折旧有哪些规定和说明？

14.行政单位无形资产的计价方式有哪些？

15.行政单位无形资产摊销的管理原则有哪些？

16.行政单位政府储备物资的成本计价方式有哪些？

二、单项选择题

1.行政单位库存现金结算时，若发生现金短缺，应首先记入（　　）账户。

A."其他收入"　　　　　　　　　　B."其他应收款"

C."经费支出"　　　　　　　　　　D."待处理财产损溢"

2.行政单位资产的"双分录"业务是指在第一个分录中反映资产增加的同时，在第二个分录中反映（　　）的增加。

A.支出　　　　B.收入　　　　C.净资产　　　　D.负债

3.行政单位库存现金发现溢余时，如果经查明属于应支付给有关人员的款项，进行账务处理时，贷方记入（　　）科目。

A."待处理财产损溢"　　　　　　　B."其他应付款"

C."其他应收款"　　　　　　　　　D."其他收入"

4.行政单位外币业务出现汇兑收益时，其差额记入（　　）科目。

A."其他收入"　　B."经费支出"　　C."其他支出"　　D."其他应付款"

5.年终行政单位国库集中支付余额注销后，（　　）账户应无余额。

A."财政拨款收入"　　　　　　　　B."银行存款"

C."零余额账户用款额度"　　　　　D."库存现金"

6.行政单位记"零余额账户用款额度"增加时，依据的原始凭证是（　　）。

A.银行拨款凭证　　　　　　　　　B.财政国库拨款凭证

C.财政授权支付额度到账通知书　　D.预算审批表

7.行政单位收到商业汇票时，借方记入（　　）科目。

A."应收票据"　　B."应收账款"　　C."银行存款"　　D."应付账款"

8.行政单位购买存货，应当在（　　）时确认存货。

A.支付货款　　B.取得购货发票　　C.到达存放地点并验收　　D.对方发货

9.行政单位购入的不构成相关硬件不可缺少组成部分的软件，应当作为（　　）核算。

A.无形资产　　B.固定资产　　C.存货　　D.在建工程

10.行政单位自行开发无形资产，依法取得前所发生的研究开发支出，应计入（　　）。

A.无形资产成本　　　　　　　　　B.直接计入当期支出

C.财产损溢　　　　　　　　　　　D.在建工程

11.行政单位与公共基础设施配套使用的修理设备、工具器具、车辆等动产，作为管理公共基础设施行政单位的（　　）核算。

A.公共基础设施　　B.在建工程　　C.存货　　D.固定资产

12.行政单位与公共基础设施配套、供行政单位在公共基础设施管理中自行使用的房屋及构筑物等，能够与公共基础设施分开核算的，作为行政单位的（　　）核算。

A.公共基础设施　　B.在建工程　　C.存货　　D.固定资产

13.境外行政单位购买具有所有权的土地，作为（　　）进行核算。

A.无形资产　　B.固定资产　　C.政府储备物资　　D.不需核算

14.行政单位固定资产、公共基础设施计提折旧时，不考虑（　　）。

A.成本　　B.预计净残值　　C.折旧年限　　D.使用期限

15.负责采购并拥有储备物资调拨权力的行政单位将政府储备物资交由其他行政单位（简称"代储单位"）代为储存的，代储单位将受托代储的政府储备物资作为（　　）核算。

A.政府储备物资　　B.存货　　C.受托代理资产　　D.待偿债净资产

三、多项选择题

1.由行政单位直接支配，供社会公众使用的（　　）也属于行政单位核算的资产。

A.政府储备物资　　B.城市交通设施　　C.公共照明设施　　D.其他公共设施

2.行政单位银行存款未达账项有（　　）。

A.单位已入账、银行未入账的收入事项　　B.单位已入账、银行未入账的付出事项

C.银行已入账、单位未入账的收入事项　　D.银行已入账、单位未入账的付出事项

3.行政单位可以提取现金的银行账户有（　　）。

A.银行存款账户　　B.财政零余额账户　　C.单位零余额账户　　D.财政专户

4.行政单位年末国库集中支付余额应予以注销，在注销的账务处理中，需要注销的余额种类有（　　）。

A.直接支付预算数大于实际支出数的差额

B.直接支付预算数大于下达额度数的差额

C.授权支付预算数大于下达额度数的差额

D.授权支付下达额度数大于实际支出数的差额

5."财政应返还额度"科目应设置（　　）明细科目。

A."财政直接支付"　　B."财政授权支付"　　C."传统支付"　　D.以上都不是

6.下列属于行政单位"应收账款"科目核算范围的有（　　）。

A.出租资产应收的款项　　B.出售物资应收的款项

C.收到的商业汇票　　D.应从财政获得的拨款

7.行政单位应收账款核销，应该满足的条件有（　　）。

A.根据经验判断无法收回　　B.有确凿证据无法收回

C.逾期3年或以上　　D.按规定报批

8."其他应收款"科目核算行政单位除应收账款、预付账款以外的其他各项应收及暂付款项，包括（　　）。

A.职工预借的差旅费　　B.拨付给内部有关部门的备用金

C.应向职工收取的垫付水电费　　D.应向职工收取的其他垫付款项

9.行政单位采用定额备用金制度时，下列业务中不属于"其他应收款"核算范围的有（　　）。

A.核发备用金　　B.使用备用金后报销支出

C.补拨备用金　　　　　　　　　　　D.取消备用金制度

10.行政单位购买物资记入"存货"科目时，必须满足以下（　　）条件。

A.批量购入　　　　　　　　　　　B.为耗用而储存

C.非固定资产类物资　　　　　　　　D.零星购买

11.行政单位存货发出时，根据实际情况可选用（　　）确定发出存货的实际成本，其计价方法一经确定，不得随意变更。

A.先进先出法　　　B.先进后出法　　　C.加权平均法　　　D.个别计价法

12.行政单位可以计提折旧的资产有（　　）。

A.固定资产　　　　B.委托代理资产　　　C.公共基础设施　　　D.政府储备物资

13.行政单位一般可以选用（　　）计提累计折旧。

A.年限平均法　　　B.双倍余额递减法　　C.年数总和法　　　D.工作量法

14.行政单位不能计提折旧的固定资产有（　　）。

A.文物及陈列品　　　　　　　　　　B.图书、档案

C.动植物　　　　　　　　　　　　　D.以名义金额入账的固定资产

15.下列行政单位财产处理方式中，需要通过"待处理财产损溢"科目进行核算的有（　　）。

A.资产的对外捐赠、无偿调出　　　　B.资产的出售

C.资产的报废、毁损　　　　　　　　D.资产的盘盈、盘亏

四、业务分录题

某行政单位20××年发生以下经济业务，请编写各经济业务的相关会计分录。

1.从单位零余额账户提取现金5万元。

2.单位职工李四出差预借差旅费8 000元。

3.李四出差回来报销差旅费，实际花费8 500元，收回借条并补发李四500元现金。

4.零星购买打印纸2袋，花费现金60元。

5.接受委托代理捐赠现金业务一笔，收到受托代理现金10万元，3天后将该笔现金代为捐出。

6.某日进行现金结算时，发现现金短缺200元，待查明原因。

7.第6题现金短缺问题经查实，其中150元属于本单位职工少缴款，予以补收；50元无法查明原因，经批准予以核销。

8.某日终了现金结算时，发现现金溢余300元，待查明原因。

9.第8题现金溢余问题经查实，其中120元为应发未发本单位职工现金，予以补发；180元无法查明原因，经批准予以处理。

10.接受委托代理业务，收到代理的银行存款200万元，1周后将受托代理的200万元银行存款支付给指定对象。

11.其他收入账户收到2万美元存入银行，当天汇率6.20。

12.用美元支付外国专家劳务费，通过银行存款转账支付5 000美元，当天汇率6.18。

13.1月初恢复上年注销的财政授权支付余额，其中恢复预算数与下达额度数的差额为20万元，恢复下达额度数与实际支出数的差额为15万元。

14.1月用以前年度财政直接支付额度支付外聘专家劳务费6 000元。

15.出租本单位礼堂给某单位，约定租金2 000元，租金未收到。1周后接到银行通

知，收到租金 2 000 元。

16.车改时，将本单位 2 辆公用小轿车拍卖，原价 50 万元，已提折旧 20 万元，取得拍卖收入 15 万元，款项 1 个月后才到账。

17.与某公司签订购货合同，按照合同规定预付价款 20 万元的 20%。1 个月后货物验收入库，并支付余款。

18.收到两笔预付账款退款共计 10 万元，其中以前年度预付款 8 万元，本年度预付款 2 万元，两笔预付款均是直接支付。

19.一笔 20 万元的应收账款已逾期 3 年，有确凿证据表明无法收回，经批准予以核销。

20.一笔 8 万元的预付账款已逾期 3 年，有确凿证据表明无法收回，经批准予以核销。

21.以前年度已核销的预付账款 5 万元又收回，该笔预付账款属于非财政资金拨款。

22.其他应收款 12 000 元符合核销条件，经批准予以核销。

23.第 22 题已核销的其他应收款又收回 8 000 元。

24.通过直接支付购入一批存货，增值税发票注明价款 10 万元，增值税 17 000 元，运费 1 000 元，存货已验收入库。

25.将经评估的存货 30 000 元换取某企业的材料一批，需要支付补价 3 000 元，另支付运输费 500 元。所有款项均采用授权支付方式，材料已验收入库。

26.接受捐赠的材料一批，该批材料成本没有相关凭据可供取得也未经评估，其同类或类似存货的市场价格无法可靠取得，用现金支付运费 800 元。材料已验收入库。

27.委托某加工企业加工一批存货，提供加工材料价值 78 000 元，通过零余额账户支付加工费 21 000 元，并支付运费 1 800 元。该存货已加工完成，并已验收入库。

28.领用材料一批，按加权平均成本计价 48 500 元。

29.将不需用材料无偿调给兄弟单位使用，该材料实际成本 12 000 元，并用现金支付运费 200 元。

30.销售一批不需用材料，材料成本为 55 000 元，取得销售价款 32 000 元。

31.报废一批价值为 9 000 元的低值易耗品，取得变价收入 1 000 元，支付清理费用 200 元。所有交易均为现金支付。

32.通过财政直接支付购入不需安装的设备一台，价款 35 000 元，税款 5 950 元，运杂费 500 元。该设备已验收合格。

33.通过财政授权支付购入需安装设备一台，价款 50 000 元，税款 8 500 元，运费 1 000 元，安装调试费 800 元。该设备已安装完成交付使用。

34.通过财政直接支付购入设备一台，价款 80 000 元，税款 13 600 元，运杂费 1 500 元，收到供应商开具的全额发票一张。该设备质保期为 1 年，购入时扣除质保金 5 000 元。

35.自行建造办公楼一栋，已完工交付使用，但尚未办理移交手续，先按暂估价 3 200 万元入账。1 个月后，该工程办理了决算手续，工程实际造价 3 250 万元。

36.购入某植物进行培植，购入成本 120 000 元，在该植物未成熟期间发生培育费 10 000 元，所有款项均通过银行存款支付。该植物已达到可使用状态。

37. 为改善办公条件，决定对一栋旧房进行改建，该旧房原价 800 万元，累计折旧 300 万元。为房屋改造分期购进各种材料（非政府采购）共计 324 000 元，支付人工费用共计 180 000 元。工程改造完成已交付使用。

38. 用一辆汽车换取其他单位专用设备，该汽车估价 350 000 元，支付对方补价 2 000 元，另支付运费 300 元。

39. 将不需用的电脑 10 台变价出售，每台原价 6 000 元、已提折旧 2 800 元、取得变价收入 200 元。

40. 进行某项新的系统工程建设，在信息系统建设过程中计算机软硬件的支出为 35 万元（软件与硬件不可分割），网络技术、数据库等软件系统建设支出总计 67 万元。系统已完工交付使用。所有费用均以直接支付方式付讫。

41. 购入专利一项，该专利买价 30 万元，通过财政直接支付 28 万元，余款未付。

42. 委托软件公司开发软件，合同约定总开发费用为 30 万元，开发前预付 3 万元，开发完成款项付清。通过银行存款支付所有款项。

43. 自创专用权一项，在试验开发阶段发生支出共计 39 000 元，开发成功申请专利时，发生申请费用 1 500 元、律师费用 3 500 元。通过授权支付方式付款。

44. 用一栋旧房产置换一处土地使用权，该房产评估价为 1 200 万元，账面原值为 600 万元，已计提折旧 400 万元，支付给对方补价 800 万元，发生财产登记等各种费用 80 万元。置换手续均已完成，款项均以直接支付方式付讫。

45. 接受捐赠一项专利技术，凭据上注明该专利技术价值 35 万元，调入过程中花费各项税费共计 1.8 万元。通过直接支付方式付讫款项。

46. 将一不需用的无形资产对外出售，该无形资产账面原值 76 万元，已累计摊销 40 万元，取得销售收入 27 万元。

47. 将一无形资产捐赠给外单位，该无形资产账面原值 80 万元，已累计摊销 30 万元，调出过程中发生相关费用 9 000 元。通过授权方式支付款项。

48. 购入一批政府储备物资，价款 200 万元，增值税 34 万元，运杂费 1 万元，通过直接支付付讫款项。另外，为储存该批物资，用银行存款支付仓库租赁费 2 万元。该批物资已验收入库。

49. 接受上级单位无偿调入的政府储备物资一批，由于没有相关凭据和经济评估，按照同类或类似物资的市场价格确认为 84 000 元，另用银行存款支付运杂费 1 000 元。该批物资已验收入库。

50. 将一批价值为 24 000 元的政府储备物资捐赠给某社会福利院，另用现金支付运输费 500 元。

51. 经批准将一批需储备的物资进行出售，该批物资账面余额为 90 万元。取得销售收入 30 万元，发生相关费用 5 000 元。

52. 自行建设的公共照明设施已完工交付使用，该项目工程总造价为 500 万元。

53. 接受委托将 10 台电脑转赠给某小学。委托单位提供的发票标明 10 台电脑价款 45 000 元，增值税 7 650 元。该单位收下电脑先入库保管，1 个月后将该批电脑代赠给指定小学，并自行承担运输费 500 元，用现金支付。

54. 第 53 题受托电脑由于种种原因无法捐出，委托单位取消转赠要求，且不再收回该批转赠电脑，经报批确定为本单位资产。

55.年终盘点库存材料，发现盘盈 A 材料 8 000 元，盘亏 B 材料 6 700 元，经报单位领导批准予以核销。

56.年末根据代理银行提供的对账单，本年授权支付预算数为 200 万元，下达额度数为 170 万元，实际支出数为 160 万元，作注销余额账务处理。

57.年末注销本年度财政直接支付预算指标数与财政直接支付实际支出数差额 150 万元。

第十三章

行政单位负债的核算

☞ **学习目的**

通过本章的学习，掌握行政单位会计各类负债的科目设置、管理要求及核算方法。

第一节　行政单位负债概述

一、行政单位负债的定义及内容

行政单位负债是指行政单位所承担的能以货币计量，需要以资产等偿还的债务，包括应缴款项、暂存款项、应付款项等。

应缴款项是指行政单位依法取得的应当上缴财政的资金，包括罚没收入、行政事业性收费、政府性基金、国有资产处置和出租出借收入等。行政单位取得的罚没收入、行政事业性收费、政府性基金、国有资产处置和出租出借收入等，应当按照国库集中收缴的有关规定及时足额上缴，不得隐瞒、滞留、截留、挪用和坐支。

暂存款项是指行政单位在业务活动中与其他单位或者个人发生的预收、代管等待结算的款项。行政单位应当加强对暂存款项的管理，不得将应纳入单位收入管理的款项列入暂存款项；对各种暂存款项应及时清理、结算，不得长期挂账。

行政单位的负债按照流动性，又分为流动负债和非流动负债。流动负债是指预计在1年内（含1年）偿还的负债，包括应缴财政款、应缴税费、应付职工薪酬、应付及暂存款项、应付政府补贴款等。非流动负债是指流动负债以外的负债，包括长期应付款等。

二、行政单位负债的计量及披露

行政单位应当在确定承担偿债责任并且能够可靠地进行货币计量时确认债务。符合负债定义并确认的负债项目，应当列入资产负债表；行政单位承担或有责任（偿债责任需要通过未来不确定事项的发生或不发生予以证实）的负债，不列入资产负债表，但应当在报表附注中披露。

三、行政单位负债会计科目表

行政单位负债类会计科目及核算内容见表13-1。

表13-1 　　　　　　　　　　　　　　　　　行政单位负债科目表

序号	科目编号	科目名称	核算内容
1	2001	应缴财政款	核算行政单位取得的按照规定应当上缴财政的款项，包括罚没收入、行政事业性收费、政府性基金、国有资产处置和出租收入等。按照国家税法等规定应当缴纳的各种税费，通过"应缴税费"科目核算，不在本科目核算
2	2101	应缴税费	核算行政单位按照税法等规定应当缴纳的各种税费，包括增值税、城市维护建设税、教育费附加、房产税、车船税、城镇土地使用税等。行政单位代扣代缴的个人所得税，也通过本科目核算
3	2201	应付职工薪酬	核算行政单位按照有关规定应付给职工及为职工支付的各种薪酬，包括基本工资、奖金、国家统一规定的津贴补贴、社会保险费、住房公积金等
4	2301	应付账款	核算行政单位因购买物资或服务、工程建设等应付的偿还期限在1年以内（含1年）的款项
5	2302	应付政府补贴款	核算负责发放政府补贴的行政单位，按照规定应当支付给政府补贴接受者的各种政府补贴款
6	2305	其他应付款	核算行政单位除应缴财政款、应缴税费、应付职工薪酬、应付政府补贴款、应付账款以外的其他各项偿还期在1年以内（含1年）的应付及暂付款项，如收取的押金、保证金、未纳入行政单位预算管理的转拨资金、代扣代缴职工社会保险费和住房公积金等
7	2401	长期应付款	核算行政单位发生的偿还期限超过1年（不含1年）的应付款项，如跨年度分期付款购入固定资产的价款等
8	2901	受托代理负债	核算行政单位接受委托，取得受托管理资产时形成的负债

第二节　流动负债的核算

本节主要介绍行政单位流动负债类会计科目的核算要求和方法，包括"应缴财政款""应缴税费""应付职工薪酬""应付账款""应付政府补贴款""其他应付款"等科目。

一、应缴财政款

"应缴财政款"科目核算行政单位取得的按照规定应当上缴财政的款项，包括罚没收入、行政事业性收费、政府性基金、国有资产处置和出租收入等。应缴财政款的增加记贷方，减少记借方，期末贷方余额反映行政单位应当上缴财政但尚未缴纳的款项。年终清缴后，本科目一般应无余额。本科目应当按照应缴财政款项的类别进行明细核算。

行政单位按照国家税法等有关规定应当缴纳的各种税费，通过"应缴税费"科目核算，不在本科目核算。

应缴财政款应当在收到应缴财政的款项时确认。

1.取得按照规定应当上缴财政的款项时，借记"银行存款"等科目，贷记本科目。

借：银行存款等

　　贷：应缴财政款

2.处置资产取得应当上缴财政的处置净收入的账务处理，参见"待处理财产损溢"科目的账务处理。

3.上缴应缴财政的款项时，按照实际上缴的金额，借记本科目，贷记"银行存款"科目。

借：应缴财政款

　　贷：银行存款

【例13-1】某行政单位发放许可证照，收取工本费、手续费15 760元，款项已送存银行。

借：银行存款　　　　　　　　　　　　　　　　　　　　　　　　15 760

　　贷：应缴财政款——行政性收费收入　　　　　　　　　　　　15 760

【例13-2】接【例13-1】，填列"缴款书"，将上述款项上缴国库。

借：应缴财政款——行政性收费收入　　　　　　　　　　　　　　15 760

　　贷：银行存款　　　　　　　　　　　　　　　　　　　　　　15 760

二、应缴税费

"应缴税费"科目核算行政单位按照税法等规定应当缴纳的各种税费，包括增值税、城市维护建设税、教育费附加、房产税、车船税、城镇土地使用税等。应缴税费的增加记贷方，减少记借方，期末贷方余额反映行政单位应缴未缴的税费金额。本科目应当按照应缴纳的税费种类进行明细核算。行政单位代扣代缴的个人所得税，也通过本科目核算。

应缴税费应当在产生缴纳税费义务时确认。

1.因资产处置等发生增值税、城市维护建设税、教育费附加等缴纳义务的，按照税法等规定计算的应缴税费金额，借记"待处理财产损溢"科目，贷记本科目；实际缴纳时，借记本科目，贷记"银行存款"等科目。

（1）按照税法等规定计算的应缴税费金额：

借：待处理财产损溢

　　贷：应缴税费——应缴增值税[①]/应缴城市维护建设税/应缴教育费附加

[①]　2016年3月24日财政部、国家税务总局向社会公布了《营业税改征增值税试点实施办法》。该《办法》说明，经国务院批准，自2016年5月1日起，在全国范围内全面推开营改增试点。全部营业税纳税人，包括行政、事业单位都将纳入试点范围，由缴纳营业税改为缴纳增值税。根据相关规定，借鉴财政部印发的《增值税会计处理规定》（财税〔2016〕36号）确定相关核算内容。

（2）实际缴纳时：

借：应缴税费——应缴增值税/应缴城市维护建设税/应缴教育费附加

　　贷：银行存款等

【例13-3】某行政单位将持有的一项专用权以60 000元出售，该项收入适用增值税征收率3%，城建税税率7%，教育费附加率3%。所有款项均通过银行存款支付。

按照相关规定计算如下：

应税销售额＝60 000÷（1+3%）＝58 252（元）

应缴增值税＝58 252×3%＝1 748（元）

应缴城市维护建设税＝1 748×7%＝122（元）

应缴纳的教育费附加＝1 748×3%＝52（元）

（1）取得销售款时：

借：银行存款　　　　　　　　　　　　　　　　　　60 000

　　贷：待处理财产损溢——处理净收入　　　　　　　　　60 000

（2）确认应缴税费时：

借：待处理财产损溢——处理净收入　　　　　　　　1 922

　　贷：应缴税费——应缴增值税　　　　　　　　　　　1 748

　　　　　　　　——应缴城市维护建设税　　　　　　　　122

　　　　　　　　——应缴教育费附加　　　　　　　　　　52

（3）结转净收入时：

借：待处理财产损溢——处理净收入　　　　　　　　58 078

　　贷：应缴财政款　　　　　　　　　　　　　　　　　58 078

无形资产转入待处理财产损溢及核销的核算，见无形资产的核算。

2.因出租资产等发生增值税、城市维护建设税、教育费附加等缴纳义务的，按照税法等规定计算的应缴税费金额，借记"应缴财政款"等科目，贷记本科目；实际缴纳时，借记本科目，贷记"银行存款"等科目。

（1）按照税法等规定计算的应缴税费金额：

借：应缴财政款等

　　贷：应缴税费——相关税种名称

（2）实际缴纳时：

借：应缴税费——相关税种名称

　　贷：银行存款等

【例13-4】某行政单位将一间暂时闲置的房屋出租给外单位使用，合同约定每月租金收入9 000元，通过银行存款收取。该项收入适用增值税征收率5%，城建税税率7%，教育费附加率3%。

按照相关规定计算如下：

应税销售额＝9 000÷（1+5%）＝8 571（元）

应缴增值税＝8 571×5%＝429（元）

应缴城市维护建设税＝429×7%＝30（元）

应缴纳的教育费附加＝429×3%＝13（元）

（1）取得租金时：

借：银行存款　9 000

　贷：应缴财政款　9 000

（2）确认应缴税费时：

借：应缴财政款　472

　贷：应缴税费——应缴增值税　429

　　　　——应缴城市维护建设税　30

　　　　——应缴教育费附加　13

3.代扣代缴个人所得税，按照税法等规定计算的应代扣代缴的个人所得税金额，借记"应付职工薪酬"科目（从职工工资中代扣个人所得税）或"经费支出"科目（从劳务费中代扣个人所得税），贷记本科目。实际缴纳时，借记本科目，贷记"财政拨款收入""零余额账户用款额度""银行存款"等科目。

（1）按照税法等规定计算的应代扣代缴的个人所得税金额：

借：应付职工薪酬（从职工工资中代扣个人所得税）或经费支出（从劳务费中代扣个人所得税）

　贷：应缴税费——代扣个人所得税

（2）实际缴纳时：

借：应缴税费——代扣个人所得税

　贷：财政拨款收入/零余额账户用款额度/银行存款等

【例13-5】某行政单位向职工发放工资40 000元，支付劳务费20 000万元，假设分别代扣个人所得税1 500元和4 000元。所有款项均通过财政直接支付进行。

（1）确认应缴税费时：

借：应付职工薪酬——代扣个人所得税　1 500

　经费支出　4 000

　贷：应缴税费——应缴个人所得税　5 500

（2）缴纳税款时：

借：应缴税费——应缴个人所得税　5 500

　贷：财政拨款收入　5 500

三、应付职工薪酬

"应付职工薪酬"科目核算行政单位按照有关规定应付给职工及为职工支付的各种薪酬，包括基本工资、奖金、国家统一规定的津贴补贴、社会保险费、住房公积金等。应付职工薪酬的增加记贷方，减少记借方，期末贷方余额反映行政单位应付未付的职工薪酬。本科目应当根据国家有关规定按照"工资（离退休费）""地方（部门）津贴补贴""其他个人收入""社会保险费""住房公积金"等进行明细核算。

应付职工薪酬应当在规定支付职工薪酬的时间确认。

1.发生应付职工薪酬时，按照计算出的应付职工薪酬金额，借记"经费支出"科目，贷记本科目。

借：经费支出

　　贷：应付职工薪酬

2.向职工支付工资、津贴补贴等薪酬时，按照实际支付的金额，借记本科目，贷记"财政拨款收入""零余额账户用款额度""银行存款"等科目。

借：应付职工薪酬

　　贷：财政拨款收入/零余额账户用款额度/银行存款等

从应付职工薪酬中代扣为职工垫付的水电费、房租等费用时，按照实际扣除的金额，借记本科目（工资），贷记"其他应收款"科目。

借：应付职工薪酬——工资

　　贷：其他应收款——水电费/房租等

从应付职工薪酬中代扣代缴个人所得税，按照代扣代缴的金额，借记本科目（工资），贷记"应缴税费"科目。

借：应付职工薪酬——工资

　　贷：应缴税费——代扣个人所得税

从应付职工薪酬中代扣代缴社会保险费、住房公积金等，按照代扣代缴的金额，借记本科目（工资），贷记"其他应付款"科目。

借：应付职工薪酬——工资

　　贷：其他应付款——社会保险费/住房公积金等

3.缴纳单位为职工承担的社会保险费和住房公积金，借记本科目（社会保险费、住房公积金），贷记"财政拨款收入""零余额账户用款额度""银行存款"等科目。

借：应付职工薪酬——社会保险费/住房公积金

　　贷：财政拨款收入/零余额账户用款额度/银行存款等

【例13-6】某行政单位通过财政直接支付方式向职工发放工资400 000元，代扣个人所得税15 000元，代扣住房公积金12 000元，代扣水电费8 600元，实际向职工支付364 400元；同时开出"缴款书"，上缴个人所得税和住房公积金。

（1）发生应付工资时：

借：经费支出 　　　　　　　　　　　　　　　　　　　　400 000

　　贷：应付职工薪酬——工资（离退休费） 　　　　　　　　　400 000

（2）确认代扣款时：

借：应付职工薪酬——工资（离退休费） 　　　　　　　　　35 600

　　贷：应缴税费——应缴个人所得税 　　　　　　　　　　　15 000

　　　　其他应付款——住房公积金 　　　　　　　　　　　　12 000

　　　　　　　　　——水电费 　　　　　　　　　　　　　　8 600

（3）支付工资时：

借：应付职工薪酬——工资（离退休费） 　　　　　　　　　364 400

　　贷：财政拨款收入 　　　　　　　　　　　　　　　　　　364 400

（4）缴纳税金、公积金、水电费时：

借：应缴税费——应缴个人所得税 　　　　　　　　　　　　15 000

　　　其他应付款——住房公积金 　　　　　　　　　　　　　12 000

借：其他应付款——水电费   8 600

  贷：财政拨款收入   35 600

四、应付账款

"应付账款"科目核算行政单位因购买物资或服务、工程建设等应付的偿还期限在1年以内（含1年）的款项。应付账款的增加记贷方，减少记借方，期末贷方余额反映行政单位尚未支付的应付账款。本科目应当按照债权单位（或个人）进行明细核算。

应付账款应当在收到所购物资或服务、完成工程时确认。

1.收到所购物资或服务、完成工程但尚未付款时，按照应付未付款项的金额，借记"待偿债净资产"科目，贷记本科目。

借：待偿债净资产

  贷：应付账款

2.偿付应付账款时，借记本科目，贷记"待偿债净资产"科目；同时，借记"经费支出"科目，贷记"财政拨款收入""零余额账户用款额度""银行存款"等科目。

借：应付账款

  贷：待偿债净资产

同时，

借：经费支出

  贷：财政拨款收入/零余额账户用款额度/银行存款等

【例13-7】某行政单位购买材料一批，价款100万元，增值税17万元，运杂费2万元。材料已验收入库，款项10天后才予以支付，付款方式为直接支付。

（1）材料入库时：

借：存货——×材料   1 190 000

  贷：资产基金——存货   1 190 000

借：待偿债净资产   1 190 000

  贷：应付账款   1 190 000

（2）支付款项时：

借：应付账款   1 190 000

  贷：待偿债净资产   1 190 000

借：经费支出   1 190 000

  贷：财政拨款收入   1 190 000

3.无法偿付或债权人豁免偿还的应付账款，应当按照规定报经批准后进行账务处理。经批准核销时，借记本科目，贷记"待偿债净资产"科目。

借：应付账款

  贷：待偿债净资产

【例13-8】假设【例13-7】中，供货商在该单位付款前豁免了该项应付账款。

接到豁免通知时：

借：应付账款   1 190 000

　　贷：待偿债净资产　　　　　　　　　　　　　　　　　　　　　1 190 000
　　核销的应付账款，应当在备查簿中保留登记。

五、应付政府补贴款

　　"应付政府补贴款"科目核算负责发放政府补贴的行政单位，按照规定应当支付给政府补贴接受者的各种政府补贴款。应付政府补贴款的增加记贷方，减少记借方，期末贷方余额反映行政单位应付未付的政府补贴金额。本科目应当按照应支付的政府补贴种类进行明细核算。行政单位还应当按照补贴接受者建立备查簿，进行相应明细核算。

　　应付政府补贴款应当在规定发放政府补贴的时间确认。

　　1.发生应付政府补贴时，按照规定计算出的应付政府补贴金额，借记"经费支出"科目，贷记本科目。

　　借：经费支出
　　　　贷：应付政府补贴款

　　2.支付应付政府补贴款时，借记本科目，贷记"零余额账户用款额度""银行存款"等科目。

　　借：应付政府补贴款
　　　　贷：零余额账户用款额度/银行存款等

　　【例13-9】某行政单位根据国家规定，月初确认发放政府补贴36 000元，月末通过财政授权支付方式发放政府补贴。

　　（1）确认时：
　　借：经费支出　　　　　　　　　　　　　　　　　　　　　　　　36 000
　　　　贷：应付政府补贴款　　　　　　　　　　　　　　　　　　　　36 000
　　（2）发放时：
　　借：应付政府补贴款　　　　　　　　　　　　　　　　　　　　　36 000
　　　　贷：零余额账户用款额度　　　　　　　　　　　　　　　　　　36 000

六、其他应付款

　　"其他应付款"科目核算行政单位除应缴财政款、应缴税费、应付职工薪酬、应付政府补贴款、应付账款以外的其他各项偿还期限在1年以内（含1年）的应付及暂存款项，如收取的押金、保证金、未纳入行政单位预算管理的转拨资金、代扣代缴职工社会保险费和住房公积金等。其他应付款的增加记贷方，减少记借方，期末贷方余额反映行政单位尚未支付的其他应付款。本科目应当按照其他应付款的类别以及债权单位（或个人）进行明细核算。

　　1.发生其他各项应付及暂存款项时，借记"银行存款"等科目，贷记本科目。
　　借：银行存款等
　　　　贷：其他应付款

　　2.支付其他各项应付及暂存款项时，借记本科目，贷记"银行存款"等科目。
　　借：其他应付款

贷：银行存款等

3.因故无法偿付或债权人豁免偿还的其他应付款项，应当按照规定报经批准后进行账务处理。经批准核销时，借记本科目，贷记"其他收入"科目。

借：其他应付款

贷：其他收入

核销的其他应付款，应当在备查簿中保留登记。

【例13-10】某行政单位借给外单位专用设备一台，收到该单位用现金交来的押金600元。

借：库存现金　　　　　　　　　　　　　　　　　　　　　　　　600

贷：其他应付款　　　　　　　　　　　　　　　　　　　　　600

借用设备完成退还押金时，作相反的会计分录。

第三节　非流动负债的核算

目前，行政单位的非流动负债只有"长期应付款"一个科目，本节主要介绍"长期应付款"科目的核算方法及要求。

一、长期应付款的确认

长期应付款是指行政单位发生的偿还期限超过1年（不含1年）的应付款项，如跨年度分期付款购入固定资产的价款等。长期应付款应当按照以下条件确认：

1.因购买物资、服务等发生的长期应付款，应当在收到所购物资或服务时确认。

2.因其他原因发生的长期应付款，应当在承担付款义务时确认。

二、长期应付款的账务处理

"长期应付款"科目核算行政单位发生的偿还期限超过1年（不含1年）的应付款项，如跨年度分期付款购入固定资产的价款等。长期应付款的增加记贷方，减少记借方，期末贷方余额反映行政单位尚未支付的长期应付款。本科目应当按照长期应付款的类别以及债权单位（或个人）进行明细核算。

1.发生长期应付款时，按照应付未付的金额，借记"待偿债净资产"科目，贷记本科目。

借：待偿债净资产

贷：长期应付款

2.偿付长期应付款时，借记"经费支出"科目，贷记"财政拨款收入""零余额账户用款额度""银行存款"等科目；同时，借记本科目，贷记"待偿债净资产"科目。

借：经费支出

贷：财政拨款收入/零余额账户用款额度/银行存款等

同时，

借：长期应付款

　　贷：待偿债净资产

　　3.无法偿付或债权人豁免偿还的长期应付款，应当按照规定报经批准后进行账务处理。经批准核销时，借记本科目，贷记"待偿债净资产"科目。

　　借：长期应付款

　　　　贷：待偿债净资产

核销的长期应付款，应当在备查簿中保留登记。

　　【例13-11】某行政单位为开展业务活动以分期付款方式购入设备一台，设备共需支付价款25万元，合同规定付款期限为5年，每年年末支付设备款5万元，通过授权支付方式支付。

　　（1）购入设备时：

　　借：固定资产　　　　　　　　　　　　　　　　　　　　250 000

　　　　贷：资产基金——固定资产　　　　　　　　　　　　　　　　250 000

　　（2）确认负债时：

　　借：待偿债净资产　　　　　　　　　　　　　　　　　　250 000

　　　　贷：长期应付款　　　　　　　　　　　　　　　　　　　　250 000

　　（3）每年年末支付租金时：

　　借：经费支出　　　　　　　　　　　　　　　　　　　　　50 000

　　　　贷：零余额账户用款额度　　　　　　　　　　　　　　　　50 000

　　借：长期应付款　　　　　　　　　　　　　　　　　　　　50 000

　　　　贷：待偿债净资产　　　　　　　　　　　　　　　　　　　50 000

第四节　受托代理负债的核算

一、受托代理负债的概念

　　受托代理负债是指行政单位由于接受委托方委托管理各项资产而产生的代理性负债，属于一项特殊的业务。受托代理负债与受托代理资产相对应，固定用于核算反映受托性代理资产和负债，但受托代理负债的范围比受托代理资产的要广，受托代理负债除了反映受托代理资产的范围外，还反映受托代理的库存现金和银行存款。

二、受托代理负债的核算范围及确认

　　"受托代理负债"科目核算行政单位接受委托，取得受托管理资产时形成的负债。受托代理负债的增加记贷方，减少记借方，期末贷方余额反映行政单位尚未清偿的受托代理负债。本科目应当按照委托人等进行明细核算；属于指定转赠物资和资金的，还应当按照指定受赠人进行明细核算。

　　受托代理负债应当在行政单位收到受托代理资产并产生受托代理义务时确认。

三、受托代理负债的账务处理

"受托代理负债"科目的账务处理，参见"受托代理资产""库存现金""银行存款"等科目的账务处理。

思考与练习题

一、思考题

1.什么是行政单位负债？其包括哪些内容？

2.行政单位负债的核算有什么特点？

3.行政单位有哪些代扣代缴款项？如何核算？

4.行政单位的受托代理负债是如何形成的？

5.行政单位的应缴税费包括哪些税种？如何核算？

二、单项选择题

1.行政单位承担或有责任的负债，在（　　）中披露。

A.资产负债表　　　　B.收入支出表　　　　C.报表附注　　　　D.A和C

2.行政单位按照国家税法等有关规定应当缴纳的各种税费，通过（　　）科目核算。

A."应缴税费"　　B."应缴财政款"　　C."其他应付款"　　D."预收账款"

3.行政单位代扣代缴的个人所得税，通过（　　）科目核算。

A."应缴税费"　　B."应缴财政款"　　C."其他应付款"　　D."预收账款"

4.行政单位从本单位职工应付职工薪酬扣取住房公积金时，记入（　　）科目。

A."应缴税费"　　B."应缴财政款"　　C."其他应付款"　　D."预收账款"

5.行政单位"应付账款"科目核算因购买物资或服务、工程建设等应付的偿还期限在（　　）的款项。

A.1年以内　　　　B.1年以上　　　　C.规定时间内　　　　D.以上均不对

6.行政单位无法偿付或债权人豁免偿还的应付账款，按照规定报经批准后进行账务处理时，贷记（　　）科目。

A."其他收入"　　B."营业外收入"　　C."应缴财政款"　　D."待偿债净资产"

7.下列属于行政单位非流动负债的是（　　）。

A.应付账款　　　　B.受托代理负债　　　　C.长期应付款　　　　D.应缴财政款

三、多项选择题

1.行政单位确认债务的条件有（　　）。

A.确定承担偿债责任　　　　　　　B.能够可靠地进行货币计量

C.预计将承担偿债责任　　　　　　D.可以估算出价值

2.下列款项中，属于行政单位取得的按照规定应当上缴财政的有（　　）。

A.罚没收入　　　　　　　　　　　B.行政事业性收费

C.政府性基金　　　　　　　　　　D.国有资产处置和出租收入

3.下列事项中，属于行政单位"其他应付款"科目核算范围的有（　　）。

A.收取的押金、保证金　　　　　　B.未纳入行政单位预算管理的转拨资金

C.代扣代缴职工社会保险费　　　　D.代扣代缴职工住房公积金

4.下列业务中，属于行政单位"受托代理负债"科目核算范围的有（　　）。

A.受托代理现金　　　　　　　　　B.受托代理银行存款

C.受托代理存货　　　　　　　　　D.受托代理其他资产

5.下列业务发生时，借记"受托代理资产"科目，贷记"受托代理负债"科目的有（　　）。

A.受托代理现金　　　　　　　　　B.受托代理银行存款

C.受托代理存货　　　　　　　　　D.受托代理其他资产

四、业务分录题

某行政单位20××年发生以下业务，请编写各经济业务的相关会计分录。

1.发放许可证照，通过银行代收工本费、手续费共计23万元。

2.填列"缴款书"，将第1题的款项上缴国库。

3.将持有的一项专用权以80 000元出售，该项收入适用增值税征收率3%，城建税税率7%，教育费附加率3%。所有款项均通过银行存款支付。

4.将一间暂时闲置的房屋出租给外单位使用，合同约定每月租金收入8 000元，通过银行存款收取。该项收入适用增值税征收率5%，城建税税率7%，教育费附加率3%。

5.通过财政直接支付向外请专家支付劳务费10 000万元，代扣个人所得税2 000元。

6.通过财政直接支付方式向职工发放工资800 000元，代扣个人所得税30 000元，代扣住房公积金12 000元，代扣水电费8 600元，实际向职工支付776 400元；同时开出"缴款书"，上缴个人所得税和住房公积金。

7.购买材料一批，价款80万元，增值税13.6万元，运杂费1万元。材料已验收入库，款项10天后才予以支付，付款方式为直接支付。

8.根据国家规定，月初确认发放政府补贴38万元，月末通过财政直接支付发放该笔政府补贴。

9.借给外单位专用设备一台，收到该单位用现金交来的押金600元，10天后该单位使用完毕归还设备时一并退还押金。

10.一笔3 000元的其他应付款债权人豁免了该笔债务，作转账处理。

11.为开展业务活动以分期付款方式购入设备一台，设备共需支付价款100万元，合同规定付款期限为5年，每年年末支付设备款20万元，通过授权支付方式支付。

12.假设第11题付完4年设备款后，债权人豁免了余款，作债务销账处理。

第十四章

行政单位收支的核算

☞ 学习目的

　　通过本章的学习，掌握行政单位会计各类收支的科目设置、管理要求及核算方法。

第一节　行政单位收入概述

一、行政单位收入的定义及内容

　　行政单位收入是指行政单位依法取得的非偿还性资金，包括财政拨款收入和其他收入。其中，财政拨款收入是指行政单位从同级财政部门取得的财政预算资金；其他收入是指行政单位依法取得的除财政拨款收入以外的各项收入。

　　行政单位依法取得的应当上缴财政的罚没收入、行政事业性收费、政府性基金、国有资产处置和出租出借收入等，不属于行政单位的收入。

二、行政单位收入的管理

　　1.必须依法取得，如实核算。行政单位取得各项收入应当符合国家规定，按照财务管理的要求，分项如实核算。

　　2.全部纳入预算，统一管理。行政单位的各项收入应当全部纳入单位预算，统一核算，统一管理。

　　3.严格执行收入确认原则。行政单位的收入一般应当在收到款项时予以确认，并按照实际收到的金额进行计量。

三、行政单位收入会计科目表

　　行政单位收入类会计科目及核算内容见表14-1。

表 14-1　　　　　　　　　　　　　　**行政单位收入科目表**

序号	科目编号	科目名称	核算内容
1	4001	财政拨款收入	核算行政单位从同级财政部门取得的财政预算资金
2	4011	其他收入	核算行政单位取得的除财政拨款收入以外的其他各项收入，如从非同级财政部门、上级主管部门等取得的用于完成项目或专项任务的资金、库存现金溢余等

第二节　行政单位收入的核算

一、财政拨款收入

"财政拨款收入"科目核算行政单位从同级财政部门取得的财政预算资金。财政拨款收入的增加记贷方，减少记借方，平时余额在贷方反映行政单位财政拨款收入的金额。年终结账后，本科目应无余额。本科目应当设置"基本支出拨款"和"项目支出拨款"两个明细科目，分别核算行政单位取得用于基本支出和项目支出的财政拨款资金，同时按照《政府收支分类科目》中"支出功能分类科目"的项级科目进行明细核算，在"基本支出拨款"明细科目下按照"人员经费""日常公用经费"进行明细核算，在"项目支出拨款"明细科目下按照具体项目进行明细核算。

有一般公共预算拨款、政府性基金预算拨款等两种或两种以上财政拨款的行政单位，还应当按照财政拨款的种类分别进行明细核算。

1.财政直接支付方式下，行政单位根据收到的"财政直接支付入账通知书"及相关原始凭证，借记"经费支出"科目，贷记本科目（注意相关明细科目）。

借：经费支出

　　贷：财政拨款收入

年末，行政单位根据本年度财政直接支付预算指标数与财政直接支付实际支出数的差额，借记"财政应返还额度——财政直接支付"科目，贷记本科目。

借：财政应返还额度——财政直接支付

　　贷：财政拨款收入

【例 14-1】某行政单位根据代理银行转来的"财政直接支付入账通知书"及相关原始凭证，支付职工工资 1 200 000 元。

借：经费支出——基本支出——基本工资　　　　　　　　　　　　　1 200 000

　　贷：财政拨款收入——基本支出拨款——人员经费　　　　　　　　　　　1 200 000

【例 14-2】根据预算，某行政单位本年度财政直接支付预算数为 520 万元，当年财政直接支付实际支出数为 480 万元。

借：财政应返还额度——财政直接支付　　　　　　　　　　　　　　400 000

　　贷：财政拨款收入　　　　　　　　　　　　　　　　　　　　　　　400 000

2.财政授权支付方式下，行政单位根据收到的"财政授权支付额度到账通知书"，借记"零余额账户用款额度"等科目，贷记本科目。

借：零余额账户用款额度等

　　贷：财政拨款收入

年末，行政单位本年度财政授权支付预算指标数大于财政授权支付额度下达数，根据两者之间的差额，借记"财政应返还额度——财政授权支付"科目，贷记本科目。

借：财政应返还额度——财政授权支付

　　贷：财政拨款收入

授权支付方式下财政拨款收入的例解，详见"零余额账户用款额度""财政应返还额度"科目。

3.其他方式（即非财政直接支付和财政授权支付方式）下，实际收到财政拨款收入时，借记"银行存款"等科目，贷记本科目。

借：银行存款等

　　贷：财政拨款收入

【例14-3】某行政单位收到现金账户开户银行转来的收款通知，收到财政部门拨入的一笔行政运行经费35万元。

借：银行存款　　　　　　　　　　　　　　　　　　　　　　350 000

　　贷：财政拨款收入——基本支出拨款　　　　　　　　　　　　　　350 000

4.本年度财政直接支付的资金收回时，借记本科目，贷记"经费支出"等科目。

借：财政拨款收入

　　贷：经费支出等

【例14-4】某行政单位收到同级财政部门通知，将当年基本支出的财政拨款收入30 000元收回。

借：财政拨款收入——基本支出拨款　　　　　　　　　　　　30 000

　　贷：经费支出——基本支出　　　　　　　　　　　　　　　　　30 000

5.年末，将本科目本年发生额转入财政拨款结转时，借记本科目，贷记"财政拨款结转"科目。

借：财政拨款收入

　　贷：财政拨款结转

【例14-5】年终，某行政单位"财政拨款收入"总账贷方余额为260万元，其中基本支出拨款100万元，项目支出拨款160万元。

借：财政拨款收入——基本支出拨款　　　　　　　　　　　1 000 000

　　　　　　　　——项目支出拨款　　　　　　　　　　　1 600 000

　　贷：财政拨款结转——基本支出结转　　　　　　　　　　　　　1 000 000

　　　　　　　　——项目支出结转　　　　　　　　　　　　　　1 600 000

二、其他收入

"其他收入"科目核算行政单位取得的除财政拨款收入以外的其他各项收入，如从非同级财政部门、上级主管部门等取得的用于完成项目或专项任务的资金、库存现金溢余等。行政单位从非同级财政部门、上级主管部门等取得的指定转给其他单位，且未纳入本单位预算管理的资金，不通过本科目核算，应当通过"其他应付款"科目核算。其他收入的增加记贷方，减少记借方，平时余额在贷方反映行政单位其他收入的金额。年终结账后，本科目应无余额。本科目应当按照其他收入的类别、来源单位、项目资金和非项目资金进行明细核算。对于项目资金收入，还应当按照具体项目进行明细核算。

1.收到属于其他收入的各种款项时，按照实际收到的金额，借记"银行存款""库存现金"等科目，贷记本科目。

借：银行存款/库存现金等

贷：其他收入

【例14-6】某行政单位收到上级单位拨入的科研费用200 000元，其中80 000元属于应转拨给其附属单位的科研经费。

借：银行存款 200 000

贷：其他收入——项目资金——×项目 120 000

其他应付款——×单位 80 000

2.年末，将本科目本年发生额转入其他资金结转结余时，借记本科目，贷记"其他资金结转结余"科目。

借：其他收入

贷：其他资金结转结余

【例14-7】年终，某行政单位"其他收入"贷方余额为780 000元，进行结转。其中，项目资金收入500 000元，非项目资金收入280 000元。

借：其他收入——项目资金 500 000

——非项目资金 280 000

贷：其他资金结转结余——项目结转 500 000

——非项目结余 280 000

第三节 行政单位支出概述

一、行政单位支出的定义及内容

行政单位支出是指行政单位为保障机构正常运转和完成工作任务所发生的资金耗费和损失。

根据支出的性质划分，行政单位支出包括基本支出和项目支出。其中，基本支出是指行政单位为保障机构正常运转和完成日常工作任务发生的支出，包括人员支出和公用支出。项目支出是指行政单位为完成特定工作任务、在基本支出之外发生的支出。

根据支出的归属划分，行政单位支出包括经费支出和拨出经费。其中，经费支出是指行政单位自身开展业务活动使用各项资金发生的基本支出和项目支出。拨出经费是指行政单位纳入单位预算管理、拨付给所属单位的非同级财政拨款资金。

二、行政单位支出的管理

1.全额纳入预算，严格管理。行政单位应当将各项支出全部纳入单位预算。各项支出由单位财务部门按照批准的预算和有关规定审核办理。

2.建立健全支出监督管理制度。行政单位支出应当严格执行国家规定的开支范围及标准，建立健全支出管理制度，对节约潜力大、管理薄弱的支出进行重点管理和控制。行政单位从财政部门或上级预算单位取得的项目资金，应当按照批准的项目和用途使用，专款专用、单独核算，并按照规定向同级财政部门或上级预算单位报告资金使用情况，接受财政部门和上级预算单位的检查监督。项目完成后，行政单位应当向同级财政部门或上级预算单位报送项目支出决算和使用效果的书面报告。行政单位应当严格执行国库集中支付制度和政府采购制度等规定。行政单位应当加强支出的绩效管理，提高资金的使用效益。

3.依法加强票据管理。行政单位应当依法加强各类票据管理，确保票据来源合法、内容真实、使用正确，不得使用虚假票据。

4.严格执行支出确认原则。行政单位支出一般应当在支付款项时予以确认，并按照实际支付金额进行计量。采用权责发生制确认的支出，应当在其发生时予以确认，并按照实际发生额进行计量。

三、行政单位支出会计科目表

行政单位支出类会计科目及核算内容见表14-2。

表14-2　　　　　　　　　　　　　**行政单位支出科目表**

序号	科目编号	科目名称	核算内容
1	5001	经费支出	核算行政单位在开展业务活动中发生的各项支出
2	5101	拨出经费	核算行政单位向所属单位拨出的纳入单位预算管理的非同级财政拨款资金，如拨给所属单位的专项经费和补助经费等

第四节　行政单位支出的核算

一、经费支出

"经费支出"科目核算行政单位在开展业务活动中发生的各项支出。经费支出的增加记借方，减少记贷方，平时余额在借方反映经费支出的金额，年终结账后，一般无余额。本科目应当分别按照"财政拨款支出"和"其他资金支出"、"基本支出"和"项目支出"等分类进行明细核算，并按照《政府收支分类科目》中"支出功能分类科目"的项级科目进行明细核算，"基本支出"和"项目支出"明细科目下应当按照《政府收支分类科目》中"支出经济分类科目"的款级科目进行明细核算，同时在"项目支出"明细科目下按照具体项目进行明细核算。

有公共财政预算拨款、政府性基金预算拨款等两种或两种以上财政拨款的行政单位，还应当按照财政拨款的种类分别进行明细核算。

1.计提单位职工薪酬，按照计算出的金额，借记本科目，贷记"应付职工薪酬"科目。

借：经费支出

　　贷：应付职工薪酬

支付职工薪酬的例解，详见"应付职工薪酬"科目。

2.支付外部人员劳务费，按照应当支付的金额，借记本科目，按照代扣代缴个人所得税的金额，贷记"应缴税费"科目，按照扣税后实际支付的金额，贷记"财政拨款收入""零余额账户用款额度""银行存款"等科目。

借：经费支出

　　贷：应缴税费——代扣个人所得税

　　　　财政拨款收入/零余额账户用款额度/银行存款等（差额）

【例14-8】某行政单位授权支付某专家讲座费3 600元，代扣个人所得税560元，实际支付专家讲座费3 040元。

借：经费支出——财政拨款支出——基本支出　　　　　　　　　　3 600

　　贷：应缴税费——代扣个人所得税　　　　　　　　　　　　　　560

　　　　零余额账户用款额度　　　　　　　　　　　　　　　　　3 040

3.支付购买存货、固定资产、无形资产、政府储备物资和工程结算的款项，按照实际支付的金额，借记本科目，贷记"财政拨款收入""零余额账户用款额度""银行存款"等科目；同时，按照采购或工程结算成本，借记"存货""固定资产""无形资产""在建工程""政府储备物资"等科目，贷记"资产基金"科目及其明细科目。

（1）支付购买或工程结算款项，按照实际支付金额：

借：经费支出

　　贷：财政拨款收入/零余额账户用款额度/银行存款等

（2）按照采购或工程结算成本：

借：存货/固定资产/无形资产/在建工程/政府储备物资等

　　贷：资产基金——存货/固定资产等

该项内容相关例解，详见各资产类科目。

4.发生预付账款时，按照实际预付的金额，借记本科目，贷记"财政拨款收入""零余额账户用款额度""银行存款"等科目；同时，借记"预付账款"科目，贷记"资产基金——预付款项"科目。

借：经费支出

　　贷：财政拨款收入/零余额账户用款额度/银行存款等

同时，

借：预付账款

　　贷：资产基金——预付款项

该项内容的例解，详见"预付账款"科目。

5.偿还应付款项时，按照实际偿付的金额，借记本科目，贷记"财政拨款收入""零余额账户用款额度""银行存款"等科目；同时，借记"应付账款""长期应付款"科目，贷记"待偿债净资产"科目。

借：经费支出

　　贷：财政拨款收入/零余额账户用款额度/银行存款等

同时，

借：应付账款/长期应付款

　　贷：待偿债净资产

该项内容的例解，详见"应付账款""长期应付款"科目。

6.发生其他各项支出时，按照实际支付的金额，借记本科目，贷记"财政拨款收入""零余额账户用款额度""银行存款"等科目。

借：经费支出

　　贷：财政拨款收入/零余额账户用款额度/银行存款等

【例14-9】某行政单位接到银行通知，支付上月电费5 000元，水费1 000元。

借：经费支出——其他资金支出——基本支出　　　　　　　　　　　6 000

　　贷：银行存款　　　　　　　　　　　　　　　　　　　　　　　　6 000

7.行政单位因退货等原因发生支出收回，属于当年支出收回的，借记"财政拨款收入""零余额账户用款额度""银行存款"等科目，贷记本科目；属于以前年度支出收回的，借记"财政应返还额度""零余额账户用款额度""银行存款"等科目，贷记"财政拨款结转""财政拨款结余""其他资金结转结余"等科目。

（1）属于当年支出收回的：

借：财政拨款收入/零余额账户用款额度/银行存款等

　　贷：经费支出

（2）属于以前年度支出收回的：

借：财政应返还额度/零余额账户用款额度/银行存款等

　　贷：财政拨款结转/财政拨款结余/其他资金结转结余

【例14-10】某行政单位上年度和本年度通过直接支付方式购买的存货发现有质量问题，经与供货商协商同意退货，两批存货的计价成本分别为23 400元和35 100元。货物及款项已退还到位。

（1）对于本年度购买的存货退还时：

借：财政拨款收入——基本支出拨款　　　　　　　　　　　　　　35 100

　　贷：经费支出——财政拨款支出——基本支出　　　　　　　　　　35 100

借：资产基金——存货　　　　　　　　　　　　　　　　　　　　35 100

　　贷：存货　　　　　　　　　　　　　　　　　　　　　　　　　35 100

（2）对于上年度购买的存货退还时：

借：财政应返还额度——直接支付　　　　　　　　　　　　　　　23 400

　　贷：财政拨款结余　　　　　　　　　　　　　　　　　　　　　23 400

借：资产基金——存货　　　　　　　　　　　　　　　　　　　　23 400

　　贷：存货　　　　　　　　　　　　　　　　　　　　　　　　　23 400

8.年末，将本科目本年发生额分别转入财政拨款结转和其他资金结转结余时，借记"财政拨款结转""其他资金结转结余"科目，贷记本科目。

借：财政拨款结转/其他资金结转结余

　　贷：经费支出

【例14-11】某行政单位年末进行转账，经费支出借方余额为897万元，其中700万元财政拨款支出中基本支出230万元、项目支出470万元，197万元其他资金支出中基本支出97万元、项目支出100万元。

借：财政拨款结转——基本支出结转　　　　　　　　　　　　　　　2 300 000

　　　　　　　　——项目支出结转　　　　　　　　　　　　　　　4 700 000

　　贷：经费支出——财政拨款支出——基本支出　　　　　　　　　2 300 000

　　　　　　　　　　　　　　　——项目支出　　　　　　　　　　4 700 000

借：其他资金结转结余——项目结转　　　　　　　　　　　　　　　1 000 000

　　　　　　　　　　——非项目结余　　　　　　　　　　　　　　　970 000

　　贷：经费支出——其他资金支出——基本支出　　　　　　　　　　970 000

　　　　　　　　　　　　　　　——项目支出　　　　　　　　　　1 000 000

二、拨出经费

"拨出经费"科目核算行政单位向所属单位拨出的纳入单位预算管理的非同级财政拨款资金，如拨给所属单位的专项经费和补助经费等。拨出经费的增加记借方，减少记贷方，平时余额在借方反映拨出经费的金额，年终结账后，一般无余额。本科目应当分别按照"基本支出"和"项目支出"进行明细核算，还应当按照接受拨出经费的具体单位和款项类别等分别进行明细核算。

1.向所属单位拨付非同级财政拨款资金等款项时，借记本科目，贷记"银行存款"等科目。

借：拨出经费

　　贷：银行存款等

2.收回拨出经费时，借记"银行存款"等科目，贷记本科目。

借：银行存款等

　　贷：拨出经费

3.年末，将本科目本年发生额转入其他资金结转结余时，借记"其他资金结转结余"科目，贷记本科目。

借：其他资金结转结余

　　贷：拨出经费

【例14-12】某行政单位将非同级财政资金200 000元拨付给所属单位，作为补助资金弥补其资金的不足。

借：拨出经费——基本支出——×单位　　　　　　　　　　　　　200 000

　　贷：银行存款　　　　　　　　　　　　　　　　　　　　　　200 000

【例14-13】某行政单位向所属单位拨付专项资金500 000元，该资金属于非同级财政资金。

借：拨出经费——项目支出——×单位　　　　　　　　　　　　　500 000

　　贷：银行存款　　　　　　　　　　　　　　　　　　　　　500 000

　　【例14-14】年终，某行政单位"拨出经费"账户借方余额为1 700 000元，其中基本支出600 000元，项目支出1 100 000元，进行年终转账。

　　借：其他资金结转结余——项目结转　　　　　　　　1 100 000
　　　　　　　　　　　　　——非项目结余　　　　　　　　600 000
　　贷：拨出经费——基本支出　　　　　　　　　　　　　　600 000
　　　　　　　　　——项目支出　　　　　　　　　　　　1 100 000

思考与练习题

一、思考题

1.什么是行政单位的收入？其包括哪些内容？

2.行政单位财政拨款收入明细科目有哪些设置规定？

3.什么是行政单位的支出？其类别如何？

4.行政单位支出的管理要求有哪些？

5.行政单位经费支出如何设置明细科目？

二、单项选择题

1.行政单位的收入一般应在（　　　）时予以确认。

A.收到款项　　　　B.确定收款权　　　　C.预算审批　　　　D.资金预计流入

2.行政单位向所属单位拨出的（　　　）的非同级财政拨款资金，记入"拨出经费"科目。

A.未纳入单位预算管理　　　　　　　　B.纳入单位预算管理

C.纳入或未纳入单位预算管理　　　　　D.纳入和未纳入单位预算管理

3.行政单位拨出经费的资金来源于（　　　）。

A.同级财政部门　　　B.企业　　　　C.非同级财政部门　　　D.上级单位

4.行政单位财政直接支付方式下，根据收到的（　　　）及相关原始凭证作财政拨款收入和经费支出账。

A.财政直接支付额度到账通知书　　　　B.财政直接支付入账通知书

C.国库划款凭证　　　　　　　　　　　D.直接支付命令书

5.年末，行政单位应将"拨出经费"科目当年发生额转入（　　　）账户。

A."其他资金结转结余"　　　　　　　　B."基本支出结余"

C."财政拨款结余"　　　　　　　　　　D."项目支出结余"

三、多项选择题

1.行政单位依法取得的下列资金中，属于其收入的有（　　　）。

A.罚没收入　　　　B.出租出借收入　　　　C.财政预算资金　　　　D.其他收入

2.行政单位取得下列收入中，属于其他收入核算范围的有（　　　）。

A.从同级财政部门取得的预算资金　　　B.从非同级财政部门取得的专项资金

C.从非同级财政部门取得的项目资金　　D.从上级主管部门取得的转给下级的资金

3.行政单位"其他收入"科目应当按照其他收入的（　　）进行明细核算。

A.类别　　　　　　　B.来源单位　　　　　C.项目资金　　　　D.非项目资金

4.按照性质划分，行政单位支出包括（　　）。

A.基本支出　　　　　B.经常性支出　　　　C.项目支出　　　　D.专项性支出

5.行政单位的收入包括（　　）。

A.财政拨款收入　　　B.财政补助收入　　　C.拨入经费　　　　D.其他收入

四、业务分录题

某行政单位20××年发生下列经济业务，请编写各经济业务的相关会计分录。

1.根据代理银行转来的"财政直接支付入账通知书"及相关原始凭证，支付本单位职工工资57万元。

2.收到现金账户的开户银行转来的收款通知，收到财政部门拨入的一笔行政运行经费23万元。

3.收到上级主管部门拨入的科研专项费用18万元，其中8万元属于应转拨给附属单位的科研经费，该项资金未纳入本单位预算。

4.通过财政授权支付某专家讲座费4 000元，代扣个人所得税640元，实际支付专家讲座费3 360元。

5.接到银行通知，支付上月电费7 000元、水费2 000元、通信费8 000元。

6.上年度和本年度通过直接支付方式分别购买的两批存货发现有质量问题，经与供货商协商同意退货，两批存货的计价成本分别为7 020元和105 300元。货物及款项已退还到位。

7.将非同级财政资金80万元拨付给所属单位，其中20万元作为补助资金弥补其资金的不足，60万元作为项目专项资金。

8.本年度财政直接支付预算数为780万元，年末当年财政直接支付实际支出数为700万元，作余额注销账务处理。

9.年末进行结账时，各收入科目的余额情况为："财政拨款收入"科目贷方余额为450万元，其中基本支出拨款150万元，项目支出拨款300万元；"其他收入"科目贷方余额为83万元，其中项目资金收入43万元，非项目资金收入40万元。

10.年末进行结账时，各支出科目的余额情况为："经费支出"科目借方余额为740万元，其中600万元财政拨款支出中基本支出180万元、项目支出420万元，140万元其他资金支出中基本支出30万元、项目支出110万元；"拨出经费"科目借方余额为190万元，其中基本支出70万元，项目支出120万元。

第十五章

行政单位净资产的核算

　　通过本章的学习，掌握行政单位会计各类净资产的科目设置、管理要求及核算方法。

第一节　行政单位净资产概述

一、行政单位净资产的定义及内容

　　行政单位净资产是指行政单位资产扣除负债后的余额。行政单位的净资产包括财政拨款结转、财政拨款结余、其他资金结转结余、资产基金、待偿债净资产等。

　　财政拨款结转是指行政单位当年预算已执行但尚未完成或因故未执行，下一年度需要按照原用途继续使用的财政拨款滚存资金。

　　财政拨款结余是指行政单位当年预算工作目标已完成或因故终止，剩余的财政拨款滚存资金。

　　其他资金结转结余是指行政单位除财政拨款收支以外的各项收支相抵后，剩余的滚存资金。

　　资产基金是指行政单位的非货币性资产在净资产中占用的金额。

　　待偿债净资产是指行政单位因发生应付账款和长期应付款而相应需在净资产中冲减的金额。

二、行政单位结转和结余的管理

　　结转资金是指当年预算已执行但未完成或因故未执行，下一年度需要按照原用途继续使用的资金。

　　结余资金是指当年预算工作目标已完成或因故终止，当年剩余的资金。

　　结转资金在规定使用年限未使用或未使用完的，视为结余资金。

财政拨款结转和结余的管理，应当按照同级财政部门的规定执行。

行政单位的预算收支分两部分：一部分是一般经费收支，另一部分是项目资金收支；资金来源有两个：一个是财政拨款资金，另一个是非财政拨款资金。不同性质、不同来源的资金年末转账时，核算反映各剩余资金所用的账户也不同。

1.财政拨款中的一般经费结余和未完工项目资金结余通过"财政拨款结转"科目进行核算；财政拨款中的项目资金如果完成当年预算工作目标或因故终止，剩余的财政拨款资金则通过"财政拨款结余"科目进行核算。

2.财政拨款之外的各项收支的结余资金，则通过"其他资金结转结余"科目进行核算。

三、"双分录"来源账户的管理

在新《行政单位会计制度》中，为了满足行政单位会计财务管理和预算管理双目标的要求，采用"双分录"的特殊方式进行核算反映相关资产和负债情况。因此，在净资产中设置了相应的"双分录"核算账户，即"资产基金"和"待偿债净资产"科目。

1."资产基金"科目。在行政单位形成非货币资产时，用"资产基金"科目来核算反映其在净资产中占用的金额，并在该科目下设置与非货币性资产形成相对应的明细科目。

2."待偿债净资产"科目。在行政单位发生应付账款和长期应付款时，用"待偿债净资产"科目来核算反映与负债形成相对应的、需要在净资产中冲减的金额。

四、行政单位净资产会计科目表

行政单位净资产类会计科目及核算内容见表15-1。

表15-1   **行政单位净资产科目表**

序号	科目编号	科目名称	核算内容
1	3001	财政拨款结转	核算行政单位滚存的财政拨款结转资金，包括基本支出结转、项目支出结转
2	3002	财政拨款结余	核算行政单位滚存的财政拨款项目支出结余资金
3	3101	其他资金结转结余	核算行政单位除财政拨款收支以外的其他各项收支相抵后剩余的滚存资金

4	3501
	350101
	350111
	350121
	350131
	350141
	350151
	350152
		资产基金
		  预付款项
		  存货
		  固定资产
		  在建工程
		  无形资产
		  政府储备物资
		  公共基础设施
			核算行政单位的预付账款、存货、固定资产、在建工程、无形资产、政府储备物资、公共基础设施等非货币性资产在净资产中占用的金额

5	3502	待偿债净资产	核算行政单位因发生应付账款和长期应付款而相应需在净资产中冲减的金额

第二节　行政单位结转与结余的核算

一、财政拨款结转

（一）总账科目与明细科目

"财政拨款结转"科目核算行政单位滚存的财政拨款结转资金，包括基本支出结转和项目支出结转。财政拨款结转的增加记贷方，减少记借方，期末贷方余额反映行政单位滚存的财政拨款结转资金数额。本科目应当设置"基本支出结转"和"项目支出结转"两个明细科目，在"基本支出结转"明细科目下按照"人员经费""日常公用经费"进行明细核算，在"项目支出结转"明细科目下按照具体项目进行明细核算，还应当按照《政府收支分类科目》中"支出功能分类科目"的项级科目进行明细核算。

有一般公共预算拨款、政府性基金预算拨款等两种或两种以上财政拨款的行政单位，还应当按照财政拨款种类分别进行明细核算。

本科目还可以根据管理需要按照财政拨款结转变动原因，设置"收支转账""结余转账""年初余额调整""归集上缴""归集调入""单位内部调剂""剩余结转"等明细科目进行明细核算。

（二）主要账务处理

1.调整以前年度财政拨款结转的账务处理。因发生差错更正、以前年度支出收回等原因，需要调整财政拨款结转的，按照实际调增财政拨款结转的金额，借记有关科目，贷记本科目（年初余额调整）；按照实际调减财政拨款结转的金额，借记本科目（年初余额调整），贷记有关科目。

（1）按照实际调增财政拨款结转的金额：

借：零余额账户用款额度等有关科目
　　贷：财政拨款结转——年初余额调整

（2）按照实际调减财政拨款结转的金额：

借：财政拨款结转——年初余额调整
　　贷：零余额账户用款额度等有关科目

【例15-1】某行政单位上年度11月购入一批存货，款项价税共计11 700元，于订立合同时通过零余额账户用款额度预付金额2 340元。本年度3月存货到达后，经验收发现存在严重的质量问题，经与供应方协商，对方同意退货，款项已退回。

借：零余额账户用款额度　　　　　　　　　　　　　　　　　　2 340
　　贷：财政拨款结转——年初余额调整　　　　　　　　　　　　　　2 340
借：资产基金——预付款项　　　　　　　　　　　　　　　　　　2 340
　　贷：预付账款　　　　　　　　　　　　　　　　　　　　　　　2 340

2.从其他单位调入财政拨款结余资金的账务处理。按照规定从其他单位调入财政拨款结余资金时，按照实际调增的额度数额或调入的资金数额，借记"零余额账户用款额度""银行存款"等科目，贷记本科目（归集调入）及其明细。

借：零余额账户用款额度/银行存款等

贷：财政拨款结转——归集调入及其明细

【例15-2】某行政单位接到财政部门的通知，将其他单位结余的财政资金30 000元调拨给本单位以弥补资金的不足。

借：银行存款　　　　　　　　　　　　　　　　　　　　　　　　30 000

贷：财政拨款结转——归集调入　　　　　　　　　　　　　　　　　　30 000

3.上缴财政拨款结转的账务处理。按照规定上缴财政拨款结转资金时，按照实际核销的额度数额或上缴的资金数额，借记本科目（归集上缴）及其明细，贷记"财政应返还额度""零余额账户用款额度""银行存款"等科目。

借：财政拨款结转——归集上缴及其明细

贷：财政应返还额度/零余额账户用款额度/银行存款等

【例15-3】某行政单位按照财政部门要求，将财政直接支付方式下的上年度财政拨款结余资金27 000元上缴财政部门。

借：财政拨款结转——归集上缴　　　　　　　　　　　　　　　　　27 000

贷：财政应返还额度——财政直接支付　　　　　　　　　　　　　　　27 000

4.单位内部调剂结余资金的账务处理。经财政部门批准对财政拨款结余资金改变用途，调整用于其他未完成项目等，按照调整的金额，借记"财政拨款结余——单位内部调剂"科目及其明细，贷记本科目（单位内部调剂）及其明细。

借：财政拨款结余——单位内部调剂及其明细

贷：财政拨款结转——单位内部调剂及其明细

【例15-4】某行政单位有一个未能完成的项目，为了保证这一项目的圆满完成，经同级财政部门批准，将已完成项目的结余资金100 000元用于调剂该未完成项目。

借：财政拨款结余——单位内部调剂　　　　　　　　　　　　　　100 000

贷：财政拨款结转——单位内部调剂　　　　　　　　　　　　　　　100 000

5.结转本年财政拨款收支的账务处理。

（1）年末，将财政拨款收入本年发生额转入本科目，借记"财政拨款收入——基本支出拨款/项目支出拨款"科目及其明细，贷记本科目（收支转账——基本支出结转/项目支出结转）及其明细。

借：财政拨款收入——基本支出拨款/项目支出拨款及其明细

贷：财政拨款结转——收支转账——基本支出结转/项目支出结转及其明细

（2）年末，将财政拨款支出本年发生额转入本科目，借记本科目（收支转账——基本支出结转/项目支出结转）及其明细，贷记"经费支出——财政拨款支出——基本支出/项目支出"科目及其明细。

借：财政拨款结转——收支转账——基本支出结转/项目支出结转及其明细

贷：经费支出——财政拨款支出——基本支出/项目支出及其明细

【例15-5】年终，某行政单位"财政拨款收入"总账贷方余额为260万元，其中基本支出拨款100万元，项目支出拨款160万元；"经费支出"总账借方余额为300万元，其中基本支出中财政拨款支出90万元，项目支出中财政拨款支出140万元。

借：财政拨款收入——基本支出拨款　　　　　　　　　　　　　1 000 000

　　　　　　　　——项目支出拨款　　　　　　　　　　　　　1 600 000

> 贷：财政拨款结转——收支结转——基本支出结转　　　　　1 000 000
> 　　　　　　　　　　　——项目支出结转　　　　　　　　1 600 000
> 　借：财政拨款结转——收支结转——基本支出结转　　900 000
> 　　　　　　　　　　　——项目支出结转　　　　　　　1 400 000
> 　　贷：经费支出——基本支出　　　　　　　　　　　　900 000
> 　　　　　　——项目支出　　　　　　　　　　　　　1 400 000

6.将完成项目的结转资金转入财政拨款结余的账务处理。年末完成上述财政拨款收支转账后，对各项目执行情况进行分析，按照有关规定将符合财政拨款结余性质的项目余额转入财政拨款结余，借记本科目（结余转账——项目支出结转）及其明细，贷记"财政拨款结余——结余转账——项目支出结余"科目及其明细。

> 借：财政拨款结转——结余转账——项目支出结转及其明细
> 　贷：财政拨款结余——结余转账——项目支出结余及其明细

【例15-6】年末，某行政单位将各账户转账后，对各项目执行情况进行分析，按照有关规定将符合财政拨款结余性质的项目余额63 000元进行结转。

> 借：财政拨款结转——结余转账——项目支出结转　　　　63 000
> 　贷：财政拨款结余——结余转账——项目支出结余　　　　　63 000

7.年末冲销有关明细科目余额的账务处理。年末收支转账后，将本科目所属"收支转账""结余转账""年初余额调整""归集上缴""归集调入""单位内部调剂"等明细科目余额转入"剩余结转"明细科目。转账后，本科目除"剩余结转"明细科目外，其他明细科目应无余额。

【例15-7】接【例15-1】至【例15-6】，年末，将财政拨款结转各明细科目进行冲销，转入剩余结转。

> 借：财政拨款结转——年初余额调整　　　　　　　　　　2 340
> 　　　　　　——归集调入　　　　　　　　　　　　30 000
> 　　　　　　——单位内部调剂　　　　　　　　　　100 000
> 　　　　　　——收支结转　　　　　　　　　　　　300 000
> 　贷：财政拨款结转——归集上缴　　　　　　　　　　　27 000
> 　　　　　　——剩余结转　　　　　　　　　　　　405 340

二、财政拨款结余

（一）总账科目和明细科目

"财政拨款结余"科目核算行政单位滚存的财政拨款项目支出结余资金。财政拨款结余的增加记贷方，减少记借方，期末贷方余额反映行政单位滚存的财政拨款结余资金数额。本科目应当按照具体项目、《政府收支分类科目》中"支出功能分类科目"的项级科目等进行明细核算。

有一般公共预算拨款、政府性基金预算拨款等两种或两种以上财政拨款的行政单位，还应当按照财政拨款的种类分别进行明细核算。

本科目还可以根据管理需要按照财政拨款结余变动原因，设置"结余转账""年初余额调整""归集上缴""单位内部调剂""剩余结余"等明细科目进行明细核算。

(二)主要账务处理

1.调整以前年度财政拨款结余的账务处理。因发生差错更正、以前年度支出收回等原因,需要调整财政拨款结余的,按照实际调增财政拨款结余的金额,借记有关科目,贷记本科目(年初余额调整);按照实际调减财政拨款结余的金额,借记本科目(年初余额调整),贷记有关科目。

(1)按照实际调增财政拨款结余的金额:

借:零余额账户用款额度等有关科目

　　贷:财政拨款结余——年初余额调整

【例15-8】某行政单位发现上年度已完工项目已支付的一笔3 000元的支出不合规定,现予以收回,存入单位零余额账户。

借:零余额账户用款额度　　　　　　　　　　　　　　　　　　3 000

　　贷:财政拨款结余——年初余额调整　　　　　　　　　　　　　　　3 000

(2)按照实际调减财政拨款结余的金额:

借:财政拨款结余——年初余额调整

　　贷:零余额账户用款额度等有关科目

【例15-9】某行政单位发现上年度已完工项目应支付的一笔2 500元的费用还未偿付,现通过授权支付方式进行补付。

借:财政拨款结余——年初余额调整　　　　　　　　　　　　　2 500

　　贷:零余额账户用款额度　　　　　　　　　　　　　　　　　　　2 500

2.上缴财政拨款结余的账务处理。按照规定上缴财政拨款结余时,按照实际核销的额度数额或上缴的资金数额,借记本科目(归集上缴)及其明细,贷记"财政应返还额度""零余额账户用款额度""银行存款"等科目。

借:财政拨款结余——归集上缴及其明细

　　贷:财政应返还额度/零余额账户用款额度/银行存款等

【例15-10】某行政单位接到财政部门通知,将符合财政拨款结余性质的某项目的剩余资金30 000元上缴,该笔款项属于直接支付。

借:财政拨款结余——归集上缴　　　　　　　　　　　　　　30 000

　　贷:财政应返还额度——财政直接支付　　　　　　　　　　　　30 000

3.单位内部调剂结余资金的账务处理。经财政部门批准将本单位完成项目结余资金调整用于基本支出或其他未完成项目支出时,按照批准调剂的金额,借记本科目(单位内部调剂)及其明细,贷记"财政拨款结转——单位内部调剂"科目及其明细。

借:财政拨款结余——单位内部调剂及其明细

　　贷:财政拨款结转——单位内部调剂及其明细

该项内容例解,详见【例15-4】。

4.将完成项目的结转资金转入财政拨款结余的账务处理。年末,对财政拨款各项目执行情况进行分析,按照有关规定将符合财政拨款结余性质的项目余额转入本科目,借记"财政拨款结转——结余转账——项目支出结转"科目及其明细,贷记本科目(结余转账——项目支出结余)及其明细。

借：财政拨款结转——结余转账——项目支出结转及其明细

　　贷：财政拨款结余——结余转账——项目支出结余及其明细

该项内容例解，详见【例15-6】。

5.年末冲销有关明细科目余额的账务处理。年末，将本科目所属"结余转账""年初余额调整""归集上缴""单位内部调剂"等明细科目余额转入"剩余结余"明细科目。转账后，本科目除"剩余结余"明细科目外，其他明细科目应无余额。

该项内容账务处理，同财政拨款结转账务处理。

三、其他资金结转结余

（一）总账科目与明细科目

"其他资金结转结余"科目核算行政单位除财政拨款收支以外的其他各项收支相抵后剩余的滚存资金。其他资金结转结余的增加记贷方，减少记借方，期末贷方余额反映行政单位滚存的各项非财政拨款资金结转结余数额。本科目应当设置"项目结转"和"非项目结转"明细科目，分别对项目资金和非项目资金进行明细核算；对于"项目结转"明细科目，还应当按照具体项目进行明细核算。

本科目还可以根据管理需要按照其他资金结转结余变动原因，设置"收支转账""年初余额调整""结余调剂""剩余结转结余"等明细科目进行明细核算。

（二）主要账务处理

1.调整以前年度其他资金结转结余的账务处理。因发生差错更正、以前年度支出收回等原因，需要调整其他资金结转结余的，按照实际调增的金额，借记有关科目，贷记本科目（年初余额调整）及其明细；按照实际调减的金额，借记本科目（年初余额调整）及其明细，贷记有关科目。

（1）按照实际调增的金额：

借：银行存款等有关科目

　　贷：其他资金结转结余——年初余额调整及其明细

【例15-11】某行政单位上年度11月预付账款购买存货的业务，由于存货验收时不合格，经协商终止购买合同，并退还预付账款2 000元，退款交回银行账户。

借：银行存款　　　　　　　　　　　　　　　　　　　　　　　　　　2 000

　　贷：其他资金结转结余——年初余额调整　　　　　　　　　　　　　　2 000

（2）按照实际调减的金额：

借：其他资金结转结余——年初余额调整及其明细

　　贷：银行存款等有关科目

【例15-12】某行政单位发现上年度其他资金应付未付的一笔经费支出3 000元，现通过银行账户予以转账补付。

借：其他资金结转结余——年初余额调整　　　　　　　　　　　　　　3 000

　　贷：银行存款　　　　　　　　　　　　　　　　　　　　　　　　　3 000

2.结转本年其他资金收支的账务处理。

（1）年末，将其他收入中的项目资金收入本年发生额转入本科目，借记"其他收入"

科目及其明细，贷记本科目（项目结转——收支转账）及其明细；将其他收入中的非项目资金收入本年发生额转入本科目，借记"其他收入"科目及其明细，贷记本科目（非项目结余——收支转账）。

①将其他收入中的项目资金收入本年发生额转入：

借：其他收入及其明细

　　贷：其他资金结转结余——项目结转——收支转账及其明细

②将其他收入中的非项目资金收入本年发生额转入：

借：其他收入及其明细

　　贷：其他资金结转结余——非项目结余——收支转账及其明细

该项内容例解，详见第十四章【例14-7】。

（2）年末，将其他资金支出中的项目支出本年发生额转入本科目，借记本科目（项目结转——收支转账）及其明细，贷记"经费支出——其他资金支出——项目支出"科目及其明细、"拨出经费——项目支出"科目及其明细；将其他资金支出中的基本支出本年发生额转入本科目，借记本科目（非项目结余——收支转账），贷记"经费支出——其他资金支出——基本支出"科目、"拨出经费——基本支出"科目。

①将其他资金支出中的项目支出本年发生额转入：

借：其他资金结转结余——项目结转——收支转账及其明细

　　贷：经费支出——其他资金支出——项目支出及其明细

　　　　拨出经费——项目支出及其明细

②将其他资金支出中的基本支出本年发生额转入：

借：其他资金结转结余——非项目结余——收支转账

　　贷：经费支出——其他资金支出——基本支出

　　　　拨出经费——基本支出

该项内容例解，详见第十四章【例14-11】和【例14-14】。

3.缴回或转出项目结余的账务处理。完成上述转账后，对年末各项目执行情况进行分析，区分年末已完成项目和尚未完成项目，在此基础上，对完成项目的剩余资金根据不同情况进行账务处理：

（1）需要缴回原项目资金出资单位的，按照缴回的金额，借记本科目（项目结转——结余调剂）及其明细，贷记"银行存款""其他应付款"等科目。

借：其他资金结转结余——项目结转——结余调剂及其明细

　　贷：银行存款/其他应付款

【例15-13】某行政单位对其他资金项目执行情况进行分析，其中一项目已经完成，按照原项目资金出资单位的要求将剩余资金20 000元缴回出资方。

借：其他资金结转结余——项目结转——结余调剂　　　　　　　　　20 000

　　贷：其他应付款　　　　　　　　　　　　　　　　　　　　　　　　　20 000

（2）将项目剩余资金留归本单位用于其他非项目用途的，按照剩余的项目资金金额，借记本科目（项目结转——结余调剂）及其明细，贷记本科目（非项目结余——结余调剂）。

借：其他资金结转结余——项目结转——结余调剂及其明细

　　贷：其他资金结转结余——非项目结余——结余调剂

【例15-14】假设【例15-13】中，该项目剩余资金留归本单位用于其他非项目用途。

借：其他资金结转结余——项目结转——结余调剂　　　　　　　　　　20 000

　　贷：其他资金结转结余——非项目结余——结余调剂　　　　　　　　　20 000

4.用非项目资金结余补充项目资金的账务处理。用非项目资金结余补充项目资金，按照实际补充项目资金的金额，借记本科目（非项目结余——结余调剂），贷记本科目（项目结转——结余调剂）及其明细。

借：其他资金结转结余——非项目结余——结余调剂

　　贷：其他资金结转结余——项目结转——结余调剂及其明细

【例15-15】某行政单位经研究决定，用非项目结余30万元补充某项目资金。

借：其他资金结转结余——非项目结余——结余调剂　　　　　　　　300 000

　　贷：其他资金结转结余——项目结转——结余调剂　　　　　　　　300 000

5.年末冲销有关明细科目余额的账务处理。年末收支转账后，将本科目所属"收支转账""年初余额调整""结余调剂"等明细科目余额转入"剩余结转结余"明细科目。转账后，本科目除"剩余结转结余"明细科目外，其他明细科目应无余额。

该项内容账务处理，同财政拨款结转账务处理。

第三节　行政单位资产基金与待偿债净资产的核算

一、资产基金

"资产基金"科目核算行政单位的预付账款、存货、固定资产、在建工程、无形资产、政府储备物资、公共基础设施等非货币性资产在净资产中占用的金额。资产基金的增加记贷方，减少记借方，期末贷方余额反映行政单位非货币性资产在净资产中占用的金额。本科目应当设置"预付款项""存货""固定资产""在建工程""无形资产""政府储备物资""公共基础设施"等明细科目进行明细核算。

1.资产基金应当在发生预付账款以及取得存货、固定资产、在建工程、无形资产、政府储备物资、公共基础设施时确认。

（1）发生预付账款时，按照实际发生的金额，借记"预付账款"科目，贷记本科目（预付款项）；同时，按照实际支付的金额，借记"经费支出"科目，贷记"财政拨款收入""零余额账户用款额度""银行存款"等科目。

借：预付账款

　　贷：资产基金——预付款项

同时，

借：经费支出

　　贷：财政拨款收入/零余额账户用款额度/银行存款等

该项内容例解，详见"预付账款"科目。

（2）取得存货、固定资产、在建工程、无形资产、政府储备物资、公共基础设施等资产时，按照取得资产的成本，借记"存货""固定资产""在建工程""无形资产""政府储备物资""公共基础设施"等科目，贷记本科目（存货/固定资产/在建工程/无形资产/政府储备物资/公共基础设施）；同时，按照实际发生的支出，借记"经费支出"科目，贷记"财政拨款收入""零余额账户用款额度""银行存款"等科目。

借：存货/固定资产等

　　贷：资产基金——存货/固定资产等

同时，

借：经费支出

　　贷：财政拨款收入/零余额账户用款额度/银行存款等

该项内容例解，详见相应各类资产科目。

2.收到预付账款购买的物资或服务时，应当相应冲减资产基金，按照相应的预付账款金额，借记本科目（预付款项），贷记"预付账款"科目。

借：资产基金——预付款项

　　贷：预付账款

该项内容例解，详见"预付账款"科目。

3.领用和发出存货、政府储备物资时，应当相应冲减资产基金，按照领用和发出存货、政府储备物资的成本，借记本科目（存货/政府储备物资），贷记"存货""政府储备物资"科目。

借：资产基金——存货/政府储备物资

　　贷：存货/政府储备物资

该项内容例解，详见"存货""政府储备物资"科目。

4.计提固定资产折旧、公共基础设施折旧、无形资产摊销时，应当相应冲减资产基金，按照计提的折旧、摊销金额，借记本科目（固定资产/公共基础设施/无形资产），贷记"累计折旧""累计摊销"科目。

该项内容例解，详见"固定资产""公共基础设施""无形资产"科目。

5.无偿调出、对外捐赠存货、固定资产、无形资产、政府储备物资、公共基础设施时，应当冲减该资产对应的资产基金。

（1）无偿调出、对外捐赠存货、政府储备物资时，按照存货、政府储备物资的账面余额，借记本科目及其明细，贷记"存货""政府储备物资"等科目。

（2）无偿调出、对外捐赠固定资产、公共基础设施、无形资产时，按照相关固定资产、公共基础设施、无形资产的账面价值，借记本科目及其明细，按照已计提折旧、已计提摊销的金额，借记"累计折旧""累计摊销"科目，按照固定资产、公共基础设施、无形资产的账面余额，贷记"固定资产""公共基础设施""无形资产"科目。

该项内容例解，详见各相关资产类科目。

6.通过"待处理财产损溢"科目核算资产处置，有关本科目账务处理参见"待处理财产损溢"科目账务处理。

二、待偿债净资产

"待偿债净资产"科目核算行政单位因发生应付账款和长期应付款而相应需在净资产

中冲减的金额。待偿债净资产的增加在借方，减少在贷方，期末借方余额反映行政单位因尚未支付的应付账款和长期应付款而需相应冲减净资产的金额。

1.发生应付账款、长期应付款时，按照实际发生的金额，借记本科目，贷记"应付账款""长期应付款"等科目。

借：待偿债净资产

　贷：应付账款/长期应付款

2.偿付应付账款、长期应付款时，按照实际偿付的金额，借记"应付账款""长期应付款"等科目，贷记本科目；同时，按照实际支付的金额，借记"经费支出"科目，贷记"财政拨款收入""零余额账户用款额度""银行存款"等科目。

借：应付账款/长期应付款

　贷：待偿债净资产

同时，

借：经费支出

　贷：财政拨款收入/零余额账户用款额度/银行存款等

3.因债权人原因，核销确定无法支付的应付账款、长期应付款时，按照报经批准核销的金额，借记"应付账款""长期应付款"科目，贷记本科目。

借：应付账款/长期应付款

　贷：待偿债净资产

待偿债净资产账务处理的例解，详见"应付账款""长期应付款"科目。

思考与练习题

一、思考题

1.什么是行政单位的净资产？其包括哪些内容？

2.行政单位结转和结余有哪些管理规定？

3.行政单位"财政拨款结转"科目如何设置明细科目？

4.行政单位"财政拨款结转"科目有哪些主要账务处理内容？

5.行政单位"财政拨款结余"科目有哪些主要账务处理内容？

6.行政单位"其他资金结转结余"科目核算内容是什么？如何设置明细科目？

7.行政单位"其他资金结转结余"科目有哪些主要账务处理内容？

二、单项选择题

1.新《行政单位会计制度》在净资产中设有（　　）科目，用于反映行政单位在形成非货币资产时，该资产在净资产中占用的金额。

A."固定基金"　　　　　　　　　　B."资产基金"

C."待处理财产损溢"　　　　　　　　D."非流动资产基金"

2.新《行政单位会计制度》在净资产中设有（　　）科目，用于反映行政单位在发生应付账款和长期应付款时，与该负债形成相对应的、需要在净资产中冲减的金额。

A."固定基金"　　　　　　　　　　B."资产基金"

C."待偿债净资产"　　　　　　　　　　　D."非流动资产基金"

3.下列属于行政单位净资产会计科目的是（　　）。

A."资产基金"　　　B."固定基金"　　　C."非流动资产基金"　　　D."结余"

4.行政单位财政拨款结余核算（　　）。

A.基本支出

B.未完工项目结余

C.完工项目结余

D.非同级财政部门拨款结余

5.年末，行政单位将其他资金结转结余进行转账后，对完成项目的剩余资金留归本单位时，贷记（　　）科目。

A."银行存款"

B."其他资金结转结余——非项目结余"

C."其他应付款"

D."其他资金结转结余——项目结余"

6.待偿债净资产（　　）反映行政单位因尚未支付的应付账款和长期应付款而需相应冲减净资产的金额。

A.借方余额　　　B.贷方余额　　　C.借方发生额　　　D.贷方发生额

7."剩余结转结余"是（　　）账户的明细科目。

A."财政拨款结转"

B."财政拨款结余"

C."财政拨款结转结余"

D."其他资金结转结余"

8.待偿债净资产的"双分录"发生在（　　）时。

A.发生应付账款

B.发生长期应付款

C.偿付应付账款

D.冲销预付账款

9.财政拨款结余是由（　　）账户转入的。

A."经费支出"　　　B."财政拨款收入"　　C."其他收入"　　　　D."财政拨款结转"

10.下列（　　）账户余额不转入"财政拨款结转"账户。

A."财政拨款收入——基本支出拨款"　　　B."经费支出——财政拨款支出"

C."拨出经费——项目支出"　　　　　　　D."财政拨款收入——项目支出拨款"

三、多项选择题

1.财政拨款结转可以根据管理需要按照结转变动原因，设置（　　）等明细科目进行明细核算。

A."收支转账"　　B."年初余额调整"　　C."单位内部调剂"　　D."基本支出结转"

2.财政拨款结余可以根据管理需要按照结余变动原因，设置（　　）等明细科目进行明细核算。

A."收支转账"　　B."年初余额调整"　　C."单位内部调剂"　　D."基本支出结转"

3.其他资金结转结余应当设置（　　）明细科目，分别对项目和非项目资金进行明细核算。

A."项目支出结转"

B."非项目支出结余"

C."项目结转"

D."非项目结余"

4.属于行政单位结余类会计科目的有（　　）。

A."财政拨款结转结余"

B."财政拨款结转"

C."财政拨款结余"

D."其他资金结转结余"

5.下列需要用资产基金表示其在净资产中占用金额的有（　　）。

A.存货　　　　　　B.无形资产　　　　C.政府储备物资　　　D.应付账款

6.待偿债净资产用于核算行政单位因发生（　　）相应需在净资产中冲减的金额。

A.应缴财政款　　B.应付账款　　　　C.其他应付款　　　　D.长期应付款

7.行政单位偿付长期应付款时，其账务处理可能涉及的账户有（　　）。

A.待偿债净资产　　　　　　　　　B.财政拨款收入

C.零余额账户用款额度　　　　　　D.银行存款

8.下列属于"财政拨款结转"明细科目的有（　　）。

A."年初余额调整"　B."基本支出结转"　C."项目支出结转"　D."归集调入"

9.下列净资产科目中，不涉及"剩余结转"明细科目的有（　　）。

A."财政补助结转"　　　　　　　　B."财政补助结余"

C."其他资金结转结余"　　　　　　D."资产基金"

10.下列属于"财政拨款结余"明细科目的有（　　）。

A."年初余额调整"　B."结余转账"　　C."收支转账"　　　D."剩余结转"

四、业务分录题

某行政单位20××年发生以下经济业务，请编写各经济业务的相关会计分录。

1.上年度11月购入一批存货，款项价税共计23 400元，于订立合同时，通过零余额账户用款额度预付金额4 680元。本年度3月存货到达后经验收发现存在严重的质量问题，经与供应方协商，对方同意退货，款项已退回。

2.接到财政部门的通知，将其他单位结余的财政资金50万元调拨给本单位以弥补资金的不足。

3.按照财政部门要求，将财政直接支付方式下的上年度财政拨款结余资金23万元上缴财政部门。

4.有一未完工项目，为了保证这一项目的圆满完成，经同级财政部门批准，将已完成项目的结余资金72万元用于调剂该未完成项目。

5.年终，"财政拨款收入"总账贷方余额为780万元，其中基本支出拨款330万元，项目支出拨款450万元；"经费支出"总账借方余额为860万元，其中基本支出中财政拨款支出360万元，项目支出中财政拨款支出500万元。

6.年末将各账户转账后，对各项目执行情况进行分析，按照有关规定将符合财政拨款结余性质的项目余额32万元进行结转。

7.年末，将第1～6题财政拨款结转各明细账进行冲销，转入剩余结转。

8.发现上年度已完工项目已支付的一笔5 300元支出不合规定，现予以收回，存入单位零余额账户。

9.发现上年度已完工项目应支付的一笔2 900元费用还未支付，现通过授权支付方式进行补付。

10.接到财政部门通知，将符合财政拨款结余性质的某项目的剩余资金91万元上缴，该笔款项属于授权支付事项。

11.年末，将第8～10题财政拨款结余各明细账进行冲销，转入剩余结余。

12.发现上年度其他资金应付未付的一笔经费支出3 100元，现通过银行账户予以转账补付。

13.对其他资金项目执行情况进行分析，其中一项目已经完成，按照原项目资金出资单位的要求，将剩余资金23万元缴回出资方。

14.对其他资金项目执行情况进行分析，其中一项目已经完成，按照原项目资金出资单位的要求，将剩余资金3万元留给本单位用于非项目资金。

15.经研究决定，用非项目结余23万元补充某项目资金。

第十六章

行政单位财务报表

☞ 学习目的

通过本章的学习，了解行政单位年终清理的内容，掌握年终结账的程序和方法，掌握行政单位财务报表的种类及编报要求、方法等。

第一节　行政单位财务报表概述

一、行政单位财务报告的概念及组成

行政单位财务报告是反映行政单位一定时期财务状况和预算执行结果的总结性书面文件。行政单位的财务报告包括财务报表和财务情况说明书。

财务报表包括资产负债表、收入支出表、支出明细表、财政拨款收入支出表、固定资产投资决算报表等主表及有关附表。

财务情况说明书主要说明行政单位本期收入、支出、结转、结余、专项资金使用及资产负债变动等情况，以及影响财务状况变化的重要事项，总结财务管理经验，对存在的问题提出改进意见。

二、行政单位财务报表的概念及内容

行政单位财务报表是反映行政单位财务状况和预算执行结果等的书面文件，由会计报表及其附注构成。会计报表包括资产负债表、收入支出表、财政拨款收入支出表等。

资产负债表是反映行政单位在某一特定日期财务状况的报表。资产负债表应当按照资产、负债和净资产分类、分项列示。

收入支出表是反映行政单位在某一会计期间全部预算收支执行结果的报表。收入支出表应当按照收入、支出的构成和结转结余情况分类、分项列示。

财政拨款收入支出表是反映行政单位在某一会计期间财政拨款收入、支出、结转及结余情况的报表。

附注是指对在会计报表中列示项目的文字描述或明细资料，以及对未能在会计报表中列示项目的说明等。

三、行政单位会计报表的种类

行政单位会计报表按照不同的划分标准，可以进行不同的分类：

（一）按照会计报表的内容分类

行政单位会计报表按照反映的内容分类，可以分为资产负债表、收入支出表、财政拨款收入支出表等。

（二）按照会计报表的编报时间分类

行政单位会计报表按照编报时间分类，可以分为月度报表和年度报表。

1.月度报表（简称月报）。月报是反映月度预算资金活动和预算收支情况的报表，主要用于满足本单位预算和财务管理的需要。月报要求编报资产负债表和收入支出表，一般应在月份终了后3日内报出。

2.年度报表（简称年报）。年报是全面反映年度预算资金活动和经费收支结果的报表。行政单位年度决算报表的种类和要求，应当按照财政部门和上级单位下达的有关决算编审规定组织执行。行政单位需要编报的年报通常有资产负债表、收入支出表、财政拨款收入支出表等。

（三）按照会计报表的编报层次分类

行政单位会计报表按照编报层次分类，可以分为本级报表和汇总报表。本级报表是反映各预算单位预算执行情况和资金活动情况的报表。汇总报表是各主管部门对本单位和所属单位的报表进行汇总后编制的报表。按照预算级次，基层会计单位只编制本级会计报表；二级会计单位和主管会计单位在编制本级报表的基础上，再编报汇总报表。

四、行政单位会计报表的编制要求

行政单位编制会计报表的目的是向报表信息使用者提供与行政单位财务状况、预算执行情况等有关的会计信息，反映行政单位受托责任的履行情况，有助于会计信息使用者进行管理、监督和决策。

行政单位的财务报表应当根据登记完整、核对无误的账簿记录和其他有关资料编制，要做到数字真实、计算准确、内容完整、报送及时。

1.数字真实。数字真实是会计报表编制的基本原则，行政单位的会计报表必须真实可靠，数字准确，客观、真实地反映单位预算的执行情况和财务状况。

2.计算准确。会计报表中各项指标数字的计算必须正确无误，相互衔接。

3.内容完整。会计报表只有内容完整，才能提供完整的会计资料，满足各方面信息使用者的需求。行政单位的会计报表要全面反映单位资金活动和经费收支的情况，完整反映单位经济活动的全貌。

4.报送及时。行政单位的会计报表必须按照国家或相关机关规定的期限和程序，在保证报表真实、完整的前提下，在规定的期限内及时报送上级部门和财政部门，保证信息提供的及时性。

第二节　行政单位会计报表的编制

一、会计报表编制前的准备工作

年度终了，行政单位要将日常的会计核算资料归集汇总，为编制年度决算做好前期准备工作。准备工作的重要环节就是做好年终清理和结账。

（一）年终清理

行政单位在年度终了前，应当根据财政部门或主管部门的决算编审工作要求，对各项收支账目、往来款项、货币资金和财产物资进行全面的清理结算，并在此基础上办理年度结账，编报决算。

1.清理核对年度预算收支数字、预算领拨款数字和各项收支款项。清理核对年度预算收支数字和各项缴拨款，保证上下级之间的年度预算数和领拨经费数一致。为了准确反映各项收支数额，凡属本年的应拨款项，应当于12月31日前汇达对方。主管会计单位对所属各单位的预算拨款，截止到12月25日，逾期一般不再下拨。凡属本年的各项收入，都要及时入账。本年的各项应缴财政款，要在年终前全部上缴。属于本年的各项支出，要按规定的支出渠道如实列报。年度单位支出决算，一律以基层用款单位截止到12月31日的本年实际支出数为准，不得将年终前预拨下级单位的下年预算拨款列入本年的支出，也不得以上级会计单位的拨款数代替基层会计单位的实际支出数。

2.清理各项往来款项。行政单位的往来款项，年终前应尽量清理完毕。按照有关规定应当转作各项收入或各项支出的往来款项，要及时转入各有关账户，编入本年决算。对没有合法手续的各种往来款项，要查明原因并采取措施，该追回的追回，该退还的退还。

3.清查货币资金和财产物资。行政单位年终要及时同开户银行对账，银行存款账面余额要同银行对账单的余额核对相符。现金账面余额要同库存现金核对相符。年终前，应对各项财产物资进行清理盘点，发生盘盈、盘亏的，要及时查明原因，按规定作出处理，调整账务，做到账实相符、账账相符。

（二）年终结账

行政单位在年终清理的基础上进行年终结账。年终结账包括年终转账、结清旧账和记入新账。

1.年终转账。账目核对无误后，首先计算出各账户借方或贷方的12月份合计数和全年累计数，结出12月末的余额，然后编制结账前的"资产负债表"，试算平衡后，再将应对冲结转的各收支账户的余额按年终转账办法，填制12月31日的记账凭单办理结账冲转。

2.结清旧账。将转账后无余额的账户结出全年总累计数，然后在下面划双红线，表示本账户全部结清。对年终有余额的账户，在"全年累计数"下行的"摘要"栏内注明"结转下年"字样，再在下面划双红线，表示年终余额转入新账，旧账结束。

3.记入新账。根据本年度各账户余额，编制年终决算的"资产负债表"和有关明细表。将表列各账户的年终余额数（不编制记账凭单），直接记入新年度相应的各有关账户，并在"摘要"栏注明"上年结转"字样，以区别新年度发生数。

二、会计报表的编制

（一）资产负债表

资产负债表是反映行政单位在某一特定日期财务状况的报表。资产负债表属于静态报表，反映行政单位在某一时点占有或使用的经济资源和负担的债务情况，即反映行政单位在某特定日期的资产、负债和净资产的情况。行政单位的资产负债表分为月报和年报。资产负债表应当按照资产、负债和净资产分类、分项列示，格式见表16-1。

表 16-1   **资产负债表**   会行政01表

编制单位：   年   月   日   单位：元

资产	年初余额	期末余额	负债和净资产	年初余额	期末余额
流动资产：			流动负债：		
库存现金			应缴财政款		
银行存款			应缴税费		
财政应返还额度			应付职工薪酬		
应收账款			应付账款		
预付账款			应付政府补贴款		
其他应收款			其他应付款		
存货			一年内到期的非流动负债		
流动资产合计			流动负债合计		
非流动资产：			非流动负债：		
固定资产			长期应付款		
固定资产原价			受托代理负债		
减：固定资产累计折旧			非流动负债合计		
在建工程			负债合计		
无形资产					
无形资产原价					
减：累计摊销					
待处理财产损溢			净资产：		
政府储备物资			财政拨款结转		
公共基础设施			财政拨款结余		
公共基础设施原价			其他资金结转结余		
减：公共基础设施累计折旧			其中：项目结转		
公共基础设施在建工程			资产基金		
受托代理资产			待偿债净资产		
非流动资产合计			净资产合计		
资产总计			负债和净资产总计		

1.报表"年初余额"栏内各项数字，应当根据上年年末资产负债表"期末余额"栏内数字填列。如果本年度资产负债表规定的各项目的名称和内容同上年度不一致，应当对上年年末资产负债表各项目的名称和数字按照本年度的规定进行调整，填入本表"年初余额"栏内。

2.报表"期末余额"栏各项目的内容和填列方法。

资产类项目填列方法如下：

（1）"库存现金"项目，反映行政单位期末库存现金的金额。本项目应当根据"库存现金"科目的期末余额填列；期末库存现金中有属于受托代理现金的，本项目应当根据"库存现金"科目的期末余额减去其中属于受托代理的现金金额后的余额填列。

（2）"银行存款"项目，反映行政单位期末银行存款的金额。本项目应当根据"银行存款"科目的期末余额填列；期末银行存款中有属于受托代理存款的，本项目应当根据"银行存款"科目的期末余额减去其中属于受托代理的存款金额后的余额填列。

（3）"财政应返还额度"项目，反映行政单位期末财政应返还额度的金额。本项目应当根据"财政应返还额度"科目的期末余额填列。

（4）"应收账款"项目，反映行政单位期末尚未收回的应收账款金额。本项目应当根据"应收账款"科目的期末余额填列。

（5）"预付账款"项目，反映行政单位预付给物资或者服务提供者款项的金额。本项目应当根据"预付账款"科目的期末余额填列。

（6）"其他应收款"项目，反映行政单位期末尚未收回的其他应收款余额。本项目应当根据"其他应收款"科目的期末余额填列。

（7）"存货"项目，反映行政单位期末为开展业务活动耗用而储存的存货的实际成本。本项目应当根据"存货"科目的期末余额填列。

（8）"固定资产"项目，反映行政单位期末各项固定资产的账面价值。本项目应当根据"固定资产"科目的期末余额减去"累计折旧"科目中"固定资产累计折旧"明细科目的期末余额后的金额填列。

"固定资产原价"项目，反映行政单位期末各项固定资产的原价。本项目应当根据"固定资产"科目的期末余额填列。

"固定资产累计折旧"项目，反映行政单位期末各项固定资产的累计折旧金额。本项目应当根据"累计折旧"科目中"固定资产累计折旧"明细科目的期末余额填列。

（9）"在建工程"项目，反映行政单位期末除公共基础设施在建工程以外的尚未完工交付使用的在建工程的实际成本。本项目应当根据"在建工程"科目中属于非公共基础设施在建工程的期末余额填列。

（10）"无形资产"项目，反映行政单位期末各项无形资产的账面价值。本项目应当根据"无形资产"科目的期末余额减去"累计摊销"科目的期末余额后的金额填列。

"无形资产原价"项目，反映行政单位期末各项无形资产的原价。本项目应当根据"无形资产"科目的期末余额填列。

"累计摊销"项目，反映行政单位期末各项无形资产的累计摊销金额。本项目应当根据"累计摊销"科目的期末余额填列。

（11）"待处理财产损溢"项目，反映行政单位期末待处理财产的价值及处理损溢。本项目应当根据"待处理财产损溢"科目的期末借方余额填列；如"待处理财产损溢"科目期末为贷方余额，则以"-"号填列。

（12）"政府储备物资"项目，反映行政单位期末储存管理的各种政府储备物资的实际成本。本项目应当根据"政府储备物资"科目的期末余额填列。

（13）"公共基础设施"项目，反映行政单位期末占有并直接管理的公共基础设施的账面价值。本项目应当根据"公共基础设施"科目的期末余额减去"累计折旧"科目中"公共基础设施累计折旧"明细科目的期末余额后的金额填列。

"公共基础设施原价"项目，反映行政单位期末占有并直接管理的公共基础设施的原价。本项目应当根据"公共基础设施"科目的期末余额填列。

"公共基础设施累计折旧"项目，反映行政单位期末占有并直接管理的公共基础设施的累计折旧金额。本项目应当根据"累计折旧"科目中"公共基础设施累计折旧"明细科目的期末余额填列。

（14）"公共基础设施在建工程"项目，反映行政单位期末尚未完工交付使用的公共基础设施在建工程的实际成本。本项目应当根据"在建工程"科目中属于公共基础设施在建工程的期末余额填列。

（15）"受托代理资产"项目，反映行政单位期末受托代理资产的价值。本项目应当根据"受托代理资产"科目的期末余额（扣除其中受托储存管理物资的金额）加上"库存现金""银行存款"科目中属于受托代理资产的现金余额和银行存款余额的合计数填列。

负债类项目填列方法如下：

（1）"应缴财政款"项目，反映行政单位期末按规定应当上缴财政的款项（应缴税费除外）。本项目应当根据"应缴财政款"科目的期末余额填列。

（2）"应缴税费"项目，反映行政单位期末应缴未缴的各种税费。本项目应当根据"应缴税费"科目的期末贷方余额填列；如"应缴税费"科目期末为借方余额，则以"-"号填列。

（3）"应付职工薪酬"项目，反映行政单位期末尚未支付给职工的各种薪酬。本项目应当根据"应付职工薪酬"科目的期末余额填列。

（4）"应付账款"项目，反映行政单位期末尚未支付的偿还期限在1年以内（含1年）的应付账款的金额。本项目应当根据"应付账款"科目的期末余额填列。

（5）"应付政府补贴款"项目，反映行政单位期末尚未支付的应付政府补贴款的金额。本项目应当根据"应付政府补贴款"科目的期末余额填列。

（6）"其他应付款"项目，反映行政单位期末尚未支付的其他各项应付及暂收款项的金额。本项目应当根据"其他应付款"科目的期末余额填列。

（7）"一年内到期的非流动负债"项目，反映行政单位期末承担的1年以内（含1年）到偿还期的非流动负债。本项目应当根据"长期应付款"等科目的期末余额分析填列。

（8）"长期应付款"项目，反映行政单位期末承担的偿还期限超过1年的应付款项。本项目应当根据"长期应付款"科目的期末余额减去其中1年以内（含1年）到偿还期的长期应付款金额后的余额填列。

（9）"受托代理负债"项目，反映行政单位期末受托代理负债的金额。本项目应当根据"受托代理负债"科目的期末余额（扣除其中受托储存管理物资对应的金额）填列。

净资产类项目的填列方法如下：

（1）"财政拨款结转"项目，反映行政单位期末滚存的财政拨款结转资金。本项目应当根据"财政拨款结转"科目的期末余额填列。

（2）"财政拨款结余"项目，反映行政单位期末滚存的财政拨款结余资金。本项目应当根据"财政拨款结余"科目的期末余额填列。

（3）"其他资金结转结余"项目，反映行政单位期末滚存的除财政拨款以外的其他资金结转结余的金额。本项目应当根据"其他资金结转结余"科目的期末余额填列。

"项目结转"项目，反映行政单位期末滚存的非财政拨款未完成项目结转资金。本项目应当根据"其他资金结转结余"科目中"项目结转"明细科目的期末余额填列。

（4）"资产基金"项目，反映行政单位期末预付账款、存货、固定资产、在建工程、无形资产、政府储备物资、公共基础设施等非货币性资产在净资产中占用的金额。本项目应当根据"资产基金"科目的期末余额填列。

（5）"待偿债净资产"项目，反映行政单位期末因应付账款和长期应付款等负债而相应需在净资产中冲减的金额。本项目应当根据"待偿债净资产"科目的期末借方余额以"-"号填列。

3.行政单位按月编制资产负债表的，应当遵照以下规定编制：

（1）月度资产负债表应在资产部分"银行存款"项目下增加"零余额账户用款额度"项目。

（2）"零余额账户用款额度"项目，反映行政单位期末零余额账户用款额度的金额。本项目应当根据"零余额账户用款额度"科目的期末余额填列。年报中，没有本项目。

（3）"财政拨款结转"项目。本项目应当根据"财政拨款结转"科目的期末余额，加上"财政拨款收入"科目的本年累计发生额，减去"经费支出——财政拨款支出"科目的本年累计发生额后的余额填列。

（4）"其他资金结转结余"项目。本项目应当根据"其他资金结转结余"科目的期末余额，加上"其他收入"科目的本年累计发生额，减去"经费支出——其他资金支出"科目的本年累计发生额，再减去"拨出经费"科目的本年累计发生额后的余额填列。

"项目结转"项目。本项目应当根据"其他资金结转结余"科目中"项目结转"明细科目的期末余额，加上"其他收入"科目中项目收入的本年累计发生额，减去"经费支出——其他资金支出"科目中项目支出的本年累计发生额，再减去"拨出经费"科目中项目支出的本年累计发生额后的余额填列。

（5）月度资产负债表其他项目的填列方法与年度资产负债表的填列方法相同。

（二）收入支出表

收入支出表是反映行政单位在某一会计期间全部预算收支执行结果的报表。收入支出表属于动态报表，反映某一会计期间行政单位收入、支出和结转结余情况。行政单位的收入支出表应当按照月度和年度编制。收入支出表应当按照收入、支出的构成和结转结余情况分类、分项列示，格式见表16-2。

1.报表"本月数"栏，反映各项目的本月实际发生数。在编制年度收入支出表时，应当将本栏改为"上年数"栏，反映上年度各项目的实际发生数。如果本年度收入支出表规定的各项目的名称和内容同上年度不一致，应当对上年度收入支出表各项目的名称和数字按照本年度的规定进行调整，填入本年度收入支出表的"上年数"栏。

表16-2

收入支出表

会行政02表

编制单位：　　　　　　　　　　_____年_____月　　　　　　　　　　单位：元

项目	本月数	本年累计数
一、年初各项资金结转结余		
（一）年初财政拨款结转结余		
1.财政拨款结转		
2.财政拨款结余		
（二）年初其他资金结转结余		
二、各项资金结转结余调整及变动		
（一）财政拨款结转结余调整及变动		
（二）其他资金结转结余调整及变动		
三、收入合计		
（一）财政拨款收入		
1.基本支出拨款		
2.项目支出拨款		
（二）其他资金收入		
1.非项目收入		
2.项目收入		
四、支出合计		
（一）财政拨款支出		
1.基本支出		
2.项目支出		
（二）其他资金支出		
1.非项目支出		
2.项目支出		
五、本期收支差额		
（一）财政拨款收支差额		
（二）其他资金收支差额		
六、年末各项资金结转结余		
（一）年末财政拨款结转结余		
1.财政拨款结转		
2.财政拨款结余		
（二）年末其他资金结转结余		

报表"本年累计数"栏，反映各项目自年初起至报告期末止的累计实际发生数。编制年度收入支出表时，应当将本栏改为"本年数"栏。

2.报表"本月数"栏各项目的内容和填列方法。

（1）"年初各项资金结转结余"项目及其所属各明细项目，反映行政单位本年年初所有资金结转结余的金额。各明细项目应当根据"财政拨款结转""财政拨款结余""其他资金结转结余"科目及其明细科目的年初余额填列。本项目及其所属各明细项目的数额，应当与上年度收入支出表中"年末各项资金结转结余"中各明细项目的数额相等。

（2）"各项资金结转结余调整及变动"项目及其所属各明细项目，反映行政单位因发生需要调整以前年度各项资金结转结余的事项，以及本年因调入、上缴或交回等导致各项资金结转结余变动的金额。

①"财政拨款结转结余调整及变动"项目，根据"财政拨款结转""财政拨款结余"科目下"年初余额调整""归集上缴""归集调入"明细科目的本期贷方发生额合计数减去本期借方发生额合计数的差额填列；如为负数，以"－"号填列。

②"其他资金结转结余调整及变动"项目，根据"其他资金结转结余"科目下"年初余额调整""结余调剂"明细科目的本期贷方发生额合计数减去本期借方发生额合计数的差额填列；如为负数，以"－"号填列。

（3）"收入合计"项目，反映行政单位本期取得的各项收入的金额。本项目应当根据"财政拨款收入"科目的本期发生额加上"其他收入"科目的本期发生额的合计数填列。

①"财政拨款收入"项目及其所属明细项目，反映行政单位本期从同级财政部门取得的各类财政拨款的金额。本项目应当根据"财政拨款收入"科目及其所属明细科目的本期发生额填列。

②"其他资金收入"项目及其所属明细项目，反映行政单位本期取得的各类非财政拨款的金额。本项目应当根据"其他收入"科目及其所属明细科目的本期发生额填列。

（4）"支出合计"项目，反映行政单位本期发生的各项资金支出的金额。本项目应当根据"经费支出""拨出经费"科目的本期发生额的合计数填列。

①"财政拨款支出"项目及其所属明细项目，反映行政单位本期发生的财政拨款支出金额。本项目应当根据"经费支出——财政拨款支出"科目及其所属明细科目的本期发生额填列。

②"其他资金支出"项目及其所属明细项目，反映行政单位本期使用各类非财政拨款资金发生的支出金额。本项目应当根据"经费支出——其他资金支出""拨出经费"科目及其所属明细科目的本期发生额的合计数填列。

（5）"本期收支差额"项目及其所属各明细项目，反映行政单位本期发生的各项资金收入和支出相抵后的余额。

①"财政拨款收支差额"项目，反映行政单位本期发生的财政拨款资金收入和支出相抵后的余额。本项目应当根据本表中"财政拨款收入"项目金额减去"财政拨款支出"项目金额后的余额填列；如为负数，以"－"号填列。

②"其他资金收支差额"项目，反映行政单位本期发生的非财政拨款资金收入和支出相抵后的余额。本项目应当根据本表中"其他资金收入"项目金额减去"其他资金支出"项目金额后的余额填列；如为负数，以"－"号填列。

（6）"年末各项资金结转结余"项目及其所属各明细项目，反映行政单位截至本年年末的各项资金结转结余金额。各明细项目应当根据"财政拨款结转""财政拨款结余""其他资金结转结余"科目的年末余额填列。

上述"年初各项资金结转结余""年末各项资金结转结余"项目及其所属各明细项目，只在编制年度收入支出表时填列。

（三）财政拨款收入支出表

财政拨款收入支出表是反映行政单位在某一会计期间财政拨款收入、支出、结转及结余情况的报表。财政拨款收入支出表属于动态报表，应当至少按照年度编制，格式见表16-3。

表16-3　　　　　　　　　　　**财政拨款收入支出表**　　　　　　　　会行政03表

编制单位：　　　　　　　　　　　　　年度　　　　　　　　　　　　单位：元

项目	年初财政拨款结转结余		调整年初财政拨款结转结余	归集调入或上缴	单位内部调剂		本年财政拨款收入	本年财政拨款支出	年末财政拨款结转结余	
	结转	结余			结转	结余			结转	结余
一、公共财政预算资金										
（一）基本支出										
1.人员经费										
2.日常公用经费										
（二）项目支出										
1.××项目										
2.××项目										
⋮										
二、政府性基金预算资金										
（一）基本支出										
1.人员经费										
2.日常公用经费										
（二）项目支出										
1.××项目										
2.××项目										
⋮										
总计										

1.报表"项目"栏内各项目，应当根据行政单位取得的财政拨款种类分项设置，其中"项目支出"根据每个项目设置；行政单位取得除公共财政预算拨款和政府性基金预算拨款以外的其他财政拨款的，应当按照财政拨款种类增加相应的资金项目及其明细项目。

2.报表各栏及其对应项目的内容和填列方法。

（1）"年初财政拨款结转结余"栏中各项目，反映行政单位年初各项财政拨款结转和结余的金额。各项目应当根据"财政拨款结转""财政拨款结余"科目及其明细科目的年初余额填列。本栏中各项目的数额，应当与上年度财政拨款收入支出表中"年末财政拨款结转结余"栏中各项目的数额相等。

（2）"调整年初财政拨款结转结余"栏中各项目，反映行政单位对年初财政拨款结转结余的调整金额。各项目应当根据"财政拨款结转""财政拨款结余"科目中"年初余额调整"科目及其所属明细科目的本年发生额填列。如调整减少年初财政拨款结转结余，以"–"号填列。

（3）"归集调入或上缴"栏中各项目，反映行政单位本年取得主管部门归集调入的财政拨款结转结余资金和按规定实际上缴的财政拨款结转结余资金的金额。各项目应当根据"财政拨款结转""财政拨款结余"科目中"归集上缴""归集调入"科目及其所属明细科目的本年发生额填列。对归集上缴的财政拨款结转结余资金，以"–"号填列。

（4）"单位内部调剂"栏中各项目，反映行政单位本年财政拨款结转结余资金在内部不同项目之间的调剂金额。各项目应当根据"财政拨款结转""财政拨款结余"科目中"单位内部调剂"科目及其所属明细科目的本年发生额填列。对单位内部调剂减少的财政拨款结转结余项目，以"–"号填列。

（5）"本年财政拨款收入"栏中各项目，反映行政单位本年从同级财政部门取得的各类财政预算拨款金额。各项目应当根据"财政拨款收入"科目及其所属明细科目的本年发生额填列。

（6）"本年财政拨款支出"栏中各项目，反映行政单位本年发生的财政拨款支出金额。各项目应当根据"经费支出"科目及其所属明细科目的本年发生额填列。

（7）"年末财政拨款结转结余"栏中各项目，反映行政单位年末财政拨款结转结余的金额。各项目应当根据"财政拨款结转""财政拨款结余"科目及其所属明细科目的年末余额填列。

（四）附注

行政单位的报表附注应当至少披露下列内容：

1.遵循《行政单位会计制度》的声明；

2.单位整体财务状况、预算执行情况的说明；

3.会计报表中列示的重要项目的进一步说明，包括其主要构成、增减变动情况等；

4.重要资产处置、资产重大损失情况的说明；

5.以名义金额计量的资产名称、数量等情况，以及以名义金额计量理由的说明；

6.或有负债情况的说明，以及1年以上到期负债预计偿还时间和数量的说明；

7.以前年度结转结余调整情况的说明；

8.有助于理解和分析会计报表的其他需要说明事项。

第三节 行政单位财务报表的审核、汇总及分析

一、会计报表的审核与汇总

（一）会计报表的审核

会计报表的审核是指对编制的会计报表进行审查和核对。行政单位编制会计报表以后，应认真、仔细地做好审核工作，确认准确无误后才能上报。作为上级单位或主管部门对所属单位上报的会计报表，也应进行一次审核，以确保会计报表的完整与准确。会计报表的审核主要包括政策性审核和技术性审核两方面。

1.政策性审核。政策性审核主要是审查行政单位会计报表中反映的预算执行情况和资金收支是否符合国家财经方针政策、法规制度和预算任务，有无违反财经纪律的现象。审核的内容包括：

（1）收入的审核。重点审查各项收入的取得是否符合政策性规定，预算资金的取得是否符合预算和用款计划，其他收入的取得是否符合有关规定，应缴财政款是否及时、足额上缴，是否存在截留挪用现象等。

（2）支出的审核。重点审查各项支出是否按预算和计划执行，有无违反国家统一规定的开支范围和开支标准现象以及违反其他财务制度的现象，是否做到专款专用，是否存在乱拉资金、乱上计划外项目、盲目扩大基建规模的问题等。

2.技术性审核。技术性审核主要审核会计报表的数字是否正确，表内有关项目是否完整，有关数字之间的勾稽关系是否正确，有无漏报和错报的情况。

（二）会计报表的汇总

会计报表的汇总是指按照预算级次，主管会计单位和二级会计单位根据本级报表和经审核后的所属单位报来的会计报表，编制出汇总的会计报表，并将汇总的会计报表上报财政部门，以全面反映本系统内预算的执行情况及总体的财务状况。会计报表的汇总，提高了会计报表的质量，保证了会计报表的完整性，为编制下年度预算提供了可靠、重要的依据。

二、财务分析

（一）财务分析的概念及内容

财务分析是依据会计核算资料和其他有关信息资料，对行政单位财务活动过程及其结果进行的研究、分析和评价。

财务分析的内容包括预算编制与执行情况、收入支出状况、人员增减情况、资产使用情况等。

财务分析的指标主要有支出增长率、当年预算支出完成率、人均开支、项目支出占总支出的比率、人员支出占总支出的比率、公用支出占总支出的比率、人均办公使用面积、人车比例等。

（二）行政单位财务分析的指标

1.支出增长率，衡量行政单位支出的增长水平。其计算公式为：

支出增长率=（本期支出总额÷上期支出总额-1）×100%

2.当年预算支出完成率，衡量行政单位当年支出总预算及分项预算完成的程度。其计算公式为：

当年预算支出完成率=年终执行数÷（年初预算数±年中预算调整数）×100%

年终执行数不含上年结转和结余支出数。

3.人均开支，衡量行政单位人均年消耗经费水平。其计算公式为：

人均开支=本期支出数÷本期平均在职人员数×100%

4.项目支出占总支出的比率，衡量行政单位的支出结构。其计算公式为：

项目支出比率=本期项目支出数÷本期支出总数×100%

5.人员支出、公用支出占总支出的比率，衡量行政单位的支出结构。其计算公式为：

人员支出比率=本期人员支出数÷本期支出总数×100%

公用支出比率=本期公用支出数÷本期支出总数×100%

6.人均办公使用面积，衡量行政单位办公用房配备情况。其计算公式为：

人均办公使用面积=本期末单位办公用房使用面积÷本期末在职人员数

7.人车比例，衡量行政单位公务用车配备情况。其计算公式为：

人车比例=本期末在职人员数÷本期末公务用车实有数

行政单位可以根据其业务特点，增加财务分析指标。

（三）财务分析方法

会计报表的财务分析方法主要有比较分析法和因素分析法。

1.比较分析法，也叫指标比较法，是一种通过指标对比来发现差异的分析方法。这种方法通过对有关的可比指标进行分析比较，发现存在的问题。一般包括与标准指标进行对比、与历史数据进行对比、与同类单位进行对比等。

2.因素分析法，是指在组成指标的各个相互联系的因素中，以数值来测定各个因素变动差异的影响方向及其程度的一种分析方法。因素分析法能有效地弥补比较分析法只能确定差异，不能分析形成差异的原因这一缺陷。本方法重在查明存在差异的原因，并予以解决问题。

思考与练习题

一、思考题

1.行政单位财务报告的概念及组成是什么？

2.行政单位财务报表的概念及内容是什么？

3.简述行政单位会计报表的分类情况。

4.行政单位会计报表的编制要求是什么？

5.行政单位会计报表编制前有哪些准备工作？

6.行政单位按月编制资产负债表应当遵循哪些规定？

7.行政单位的报表附注应当至少披露哪些内容？

8.行政单位会计报表的审核主要包括哪些内容？

9.什么是行政单位的财务分析？其包括哪些内容？

10.行政单位有哪些财务分析指标？

二、单项选择题

1.行政单位会计报表中属于静态表的是（　　　）。

A.资产负债表　　　　B.收入支出表　　　C.财政拨款收入支出表　　D.其他

2.下列项目中，在行政单位资产负债表年报中没有的是（　　　）。

A.银行存款　　　　　　　　　B.零余额账户用款额度

C.财政应返还额度　　　　　　D.待偿债净资产

3.行政单位收入支出表中"年末各项资金结转结余"项目及其所属各明细项目，只在编制（　　　）收入支出表时填列。

A.旬度　　　　　　B.月度　　　　　　C.季度　　　　　　D.年度

4.通过对有关的可比指标进行分析比较，发现存在的问题的财务分析方法是（　　　）。

A.比较分析法　　　B.比率分析法　　　C.因素分析法　　D.综合分析法

5.行政单位会计报表不包括（　　　）。

A.资产负债表　　　　　　　　B.收入支出表

C.利润表　　　　　　　　　　D.财政拨款收入支出表

三、多项选择题

1.行政单位财务报告是反映行政单位一定时期财务状况和预算执行结果的总结性书面文件，包括（　　　）。

A.财务报表　　　B.财务情况说明书　　C.会计报表　　　　D.附注

2.行政单位财务报表是反映行政单位财务状况和预算执行结果等的书面文件，由（　　　）构成。

A.财务报表　　　B.财务情况说明书　　C.会计报表　　　　D.附注

3.行政单位会计报表按照反映的内容分类，可以分为（　　　）等。

A.资产负债表　　　　　　　　B.收入支出表

C.财政拨款收入支出表　　　　C.其他收入支出表

4.行政单位资产负债表反映了行政单位在某特定日期（　　　）的情况。

A.资产　　　　　B.负债　　　　　　C.净资产　　　　　D.收支

5.行政单位的资产负债表分为（　　　）。

A.旬报　　　　　B.月报　　　　　　C.季报　　　　　　D.年报

6.行政单位收入支出表反映某一会计期间行政单位（　　　）的情况。

A.利润　　　　　B.收入　　　　　　C.支出　　　　　　D.结转结余

7.行政单位收入支出表应当按照（　　　）编制。

A.旬度　　　　　B.月度　　　　　　C.季度　　　　　　D.年度

8.行政单位收入支出表中"年末各项资金结转结余"项目及其所属各明细项目，反映行政单位截至本年年末的各项资金结转结余金额。各明细项目应当根据（　　　）等科目的年末余额填列。

A."财政拨款结转"　　　　　　B."财政拨款结余"

C."其他资金结转结余"　　　　D."其他资金结余"

9.行政单位编制资产负债表时，（　　　）等项目以减去属于受托代理的金额后的余额填列。

A."存货"　　　　B."库存现金"　　C."政府储备物资"　D."银行存款"

10.行政单位编制月度收入支出表时，（　　）项目及其所属各明细项目不填。

A."年初各项资金结转结余"　　　　B."财政拨款结转结余调整及变动"

C."年末各项资金结转结余"　　　　D."其他资金结转结余调整及变动"

四、综合训练题

根据表16-4"年终账户余额表"，编制年终转账分录和资产负债表（年初余额及本年累计发生额略）。

表16-4

年终账户余额表

20××年12月31日　　　　　　　　　　　　　　单位：元

账户名称	借方余额	账户名称	贷方余额
库存现金	7 000	应缴财政款	180 000
银行存款	280 000	应缴税费	229 000
应收账款	373 000	应付职工薪酬	230 000
预付账款	200 000	应付账款	346 000
其他应收款	260 000	应付政府补贴款	50 000
存货	1 266 000	其他应付款	4 000
固定资产	2 652 000	资产基金 　预付款项 　存货 　固定资产 　在建工程 　无形资产 　政府储备物资	 200 000 1 266 000 2 334 000 609 000 55 000 470 000
累计折旧	-318 000	财政拨款收入 　基本支出拨款 　项目支出拨款	 1 000 000 130 000
在建工程	609 000	其他收入 　项目资金收入 　非项目资金收入	 130 300 157 400
无形资产	88 000		
累计摊销	-33 000		
政府储备物资	470 000		
受托代理资产	250 000		

账户名称	借方余额	账户名称	贷方余额
经费支出			
基本支出——财政拨款支出	967 000		
——其他资金支出	86 000		
项目支出——财政拨款支出	65 000		
——其他资金支出	58 700		
拨出经费			
基本支出	46 000		
项目支出	24 000		
合　计	7 350 700	合　计	7 350 700

第四篇　事业单位会计

第十七章

事业单位会计概述

☞ 学习目的

通过本章的学习，了解事业单位会计的概念、主要任务及特点，掌握事业单位会计的账务组织。

第一节 事业单位会计及特点

一、事业单位的概念与特点

事业单位是指国家为了社会公益目的，由国家机关或者其他组织利用国有资产举办的，不具有社会生产职能和国家管理职能，直接或间接为社会经济建设和改善人民生活服务的单位。事业单位一般包括文教科体卫事业单位、工交商事业单位、农林水气、海洋事业单位和其他事业单位。事业单位的特点主要表现在以下几方面：

1.不属于权力机构。与行政单位不同，事业单位不是权力机构，它并不是依据公共权力而存在，而是通过向居民和组织提供各种特殊服务，如教育服务、卫生和医疗服务、体育服务等而存在。事业单位提供的是准公共产品，这类产品具有既社会受益，又个人受益的特点。因此，根据"谁受益，谁付款"的原则，事业单位在提供服务时，还应从个人受益者收取一定的费用。

2.不具有社会生产职能。与企业不同，事业单位一般不直接创造物质财富，为社会提供的服务多为间接服务。事业单位虽然一般不直接创造物质财富，但对于整个社会再生产起着基础、先行作用。例如，我国科研单位不仅可以创造大量的无形智力产品，还可以生产出高、精、尖产品，促进社会生产力的提高，推动经济的发展。

3.不具有国家管理职能。虽然行政单位与事业单位一样不具有社会生产的职能，但它具有组织和管理社会公共事务的职能。事业单位则没有国家赋予的这些权力，所以不具有国家管理职能。

4.受行政单位的领导。大多数事业单位都是由国家出资建立，依靠国家拨款维持其正常运转，一般属于行政单位的下属机构，接受所属行政单位的领导。例如，国家教育部下属各高校即为受教育部领导的事业单位。

二、事业单位会计的概念与特点

事业单位会计是以货币为计量单位，运用会计方法，核算、反映和监督事业单位预算资金和经营资金的运动过程及结果的专业会计。由于事业单位具有多行业性和政府财政拨款与事业经营收入并存的特点，因此《事业单位会计制度》具有其自身的特点。

1.体现经营理念是事业单位会计的重要特点。事业单位具有经济实体性质，政府拨款具有"补助性"，即事业单位的支出应当主要来自事业收入，而政府拨款仅仅是对其收入缺口的补助。此外，事业单位的业务不同，接受政府补助的方式也不同。有些事业单位的收入主要来自政府拨款，有些事业单位以自身经营为主，但无论哪类事业单位都存在既要保证服务质量，又要节省资金、改善经营环境的问题。因此，经营理论将贯穿于事业单位始终。事业单位会计作为管理工具，必须要求在制度设计中体现这一理念。因此，《事业单位会计制度》不仅设计了经营收支科目，而且还将财政拨款改为财政补助收入。

2.通用会计制度与行业会计制度并存。通用会计制度是指2012年颁布的《事业单位会计制度》，该制度正是本教材将要介绍的内容。行业会计制度是指行业根据通用会计制度制定的仅仅适用于某一行业的会计制度，如《医院会计制度》《高校会计制度》等。行业会计制度满足了行业在会计核算方面的特殊性和实际问题的需要。

3.事业性收支和经营性收支核算体系并存。事业单位既开展主要业务活动及其辅助活动，也开展市场经营活动。因此，《事业单位会计制度》在核算体系的设计上是事业性收支与经营性收支并存的。一是收支范围上，既有事业性收支，又有经营性收支；同时，体现出资金来源渠道的多样性，既有财政补助收入，也有上级单位或主管部门的补助收入、附属单位的上缴收入、开展业务活动或经营活动取得的收入和其他收入等。二是核算基础上，既有收付实现制，又有权责发生制。三是成本核算方面，从事生产经营活动需要进行成本核算。

三、事业单位会计的核算目标

事业单位会计核算的目标是向会计信息使用者提供与事业单位财务状况、事业成果、预算执行等有关的会计信息，反映事业单位受托责任的履行情况，有助于会计信息使用者进行社会管理，作出经济决策。

事业单位会计信息使用者包括政府及其有关部门、举办（上级）单位、债权人、事业单位自身和其他利益相关者。

第二节　事业单位会计账簿组织

一、会计科目

事业单位会计科目按照资产、负债、净资产、收入和支出五大会计要素设置，见表

17-1。

表 17-1 　　　　　　　　　　**事业单位会计科目表**

序号	科目编号	科目名称	序号	科目编号	科目名称
一、资产类			二、负债类		
1	1001	库存现金	18	2001	短期借款
2	1002	银行存款	19	2101	应缴税费
3	1011	零余额账户用款额度	20	2102	应缴国库款
4	1101	短期投资	21	2103	应缴财政专户款
5	1201	财政应返还额度	22	2201	应付职工薪酬
	120101	财政直接支付	23	2301	应付票据
	120102	财政授权支付			
6	1211	应收票据	24	2302	应付账款
7	1212	应收账款	25	2303	预收账款
8	1213	预付账款	26	2305	其他应付款
9	1215	其他应收款	27	2401	长期借款
10	1301	存货	28	2402	长期应付款
11	1401	长期投资	四、收入类		
12	1501	固定资产	38	4001	财政补助收入
13	1502	累计折旧	39	4101	事业收入
14	1511	在建工程	40	4201	上级补助收入
15	1601	无形资产	41	4301	附属单位上缴收入
16	1602	累计摊销	42	4401	经营收入
17	1701	待处置资产损溢	43	4501	其他收入
三、净资产类			五、支出类		
29	3001	事业基金	44	5001	事业支出
30	3101	非流动资产基金	45	5101	上缴上级支出
	310101	长期投资			
	310102	固定资产			
	310103	在建工程			
	310104	无形资产			
31	3201	专用基金	46	5201	对附属单位补助支出
32	3301	财政补助结转	47	5301	经营支出
	330101	基本支出结转	48	5401	其他支出
	330102	项目支出结转			
33	3302	财政补助结余			
34	3401	非财政补助结转			
35	3402	事业结余			
36	3403	经营结余			
37	3404	非财政补助结余分配			

事业单位应当按照下列规定运用会计科目：

1.事业单位应当按照《事业单位会计制度》的规定设置和使用会计科目。在不影响会计处理和编报财务报表的前提下，可以根据实际情况自行增设、减少或合并某些明细科目。

2.《事业单位会计制度》统一规定会计科目的编号，以便于填制会计凭证、登记账簿、查阅账目，实行会计信息化管理。事业单位不得打乱重编。

3.事业单位在填制会计凭证、登记会计账簿时，应当填列会计科目的名称，或者同时填列会计科目的名称和编号，不得只填列科目编号、不填列科目名称。

二、会计凭证

事业单位会计凭证包括原始凭证和记账凭证。

（一）原始凭证

事业单位原始凭证主要有：收款收据；借款凭证；预算拨款凭证；各种税票；材料出、入库单；固定资产出、入库单；开户银行转来的收、付款凭证；往来结算凭证；其他足以证明会计事项发生经过的凭证和文件等。

（二）记账凭证

事业单位记账凭证同行政单位，通常也分为收款凭证、付款凭证和转账凭证三种。除收、付、转凭证外，也可以使用通用记账凭证。

三、会计账簿

事业单位总账、序时账与行政单位类同。事业单位主要设置的明细账有：

1.收入明细账，包括财政补助收入明细账、事业收入明细账、经营收入明细账、上级补助收入明细账、附属单位上缴收入明细账和其他收入明细账。

2.支出明细账，包括事业支出明细账、经营支出明细账、上缴上级支出明细账、对附属单位补助支出明细账和其他支出明细账。

3.往来款项明细账，包括应收账款明细账、其他应收款明细账、应付账款明细账、其他应付款明细账等。

四、资金运行及核算原理

事业单位的资金运行具有其复杂性，根据活动性质可以将事业单位的活动划分为两大类：一类是主营业务及其辅助活动，通常简称为事业活动；另一类是市场经营活动，通常简称为经营活动。经营活动的资金来源往往是经营收入，其原理与企业类同；事业活动的资金来源比较丰富，主要有财政补助收入、事业收入、上级补助收入、附属单位上缴收入等，其中事业收入是事业单位通过向社会提供准公共商品和服务而收取的费用以及从财政专户取得的返还性收入。

事业活动的资金运行原理如图17-1所示。首先，从财政和上级取得补助资金以及从附属单位取得上缴资金，形成事业活动的部分收入；其次，使用事业活动资金向社会提供准公共商品和服务，产生事业活动支出；再次，在向社会提供准公共商品和服务的同时，收取部分费用，一部分费用属于应上缴财政的行政事业性收费，形成应缴性质的负债，即应缴国库款或应缴财政专户款，另一部分属于本单位的事业收入，作为事业活动另一项资金来源。

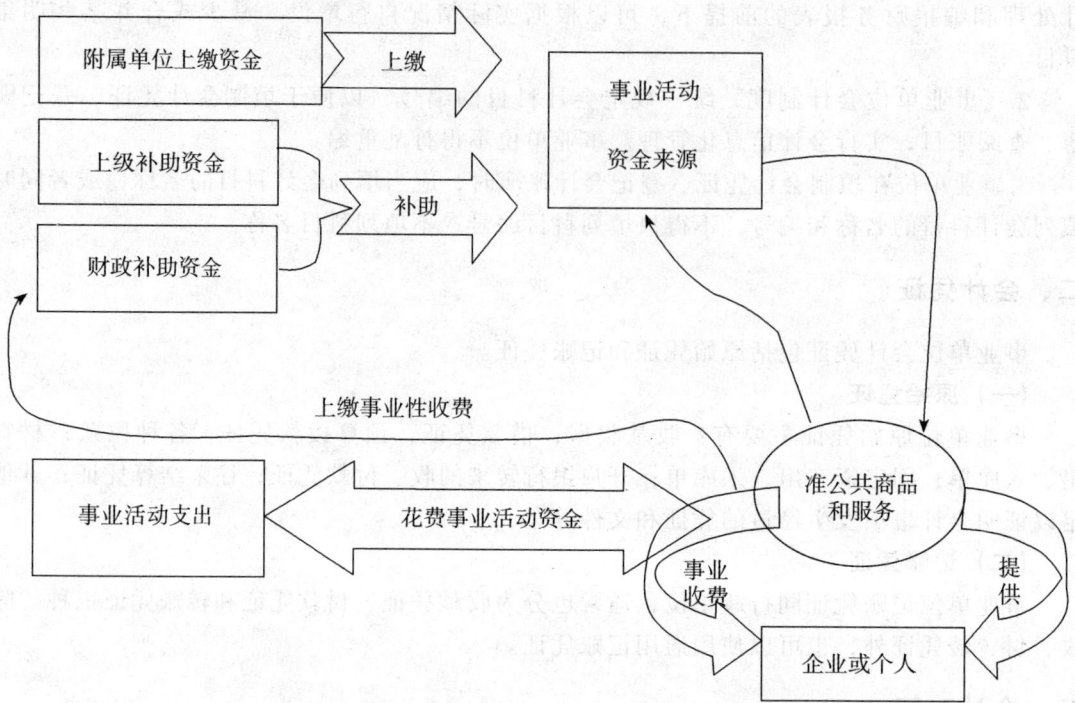

图 17-1　事业单位事业活动的资金运行及核算原理

经营活动的资金运行原理如图 17-2 所示。首先，进行经营活动投资，开展经营活动，生产私人商品和劳务，产生经营支出；其次，向社会销售私人商品和劳务，获得经营收入。

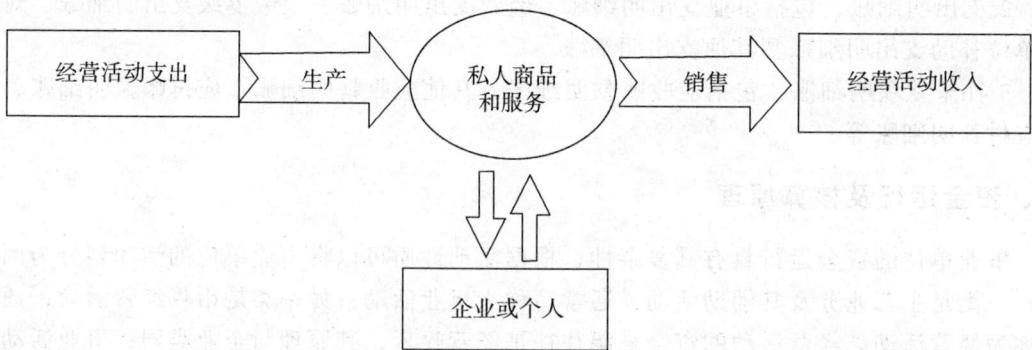

图 17-2　事业单位经营活动的资金运行及核算原理

思考与练习题

一、思考题

1.事业单位会计主体有哪些特点？

2.事业单位会计有哪些特点？

3.事业单位会计在核算对象上有什么特殊性？

4.事业单位会计的核算目标是什么？

5.事业单位会计科目的使用有哪些规定？

6.事业单位会计的原始凭证有哪些种类？

7.事业单位会计的记账凭证有哪些种类？

8.事业单位资金运行情况如何？

二、单项选择题

1.事业单位会计主体属于（　　　）。

A.权力机构　　　　　　　　　　B.企业组织

C.政府举办的社会服务组织　　　D.政府机关

2.下列不属于事业单位的是（　　　）。

A.经济建设事业　　　B.卫生事业　　　C.农林水气事业　　　D.工商局

3.事业单位的会计要素不包括（　　　）。

A.资产　　　　　　　B.负债　　　　　C.所有者权益　　　　D.收入

4.事业单位进行成本核算时，应采用（　　）会计基础。

A.权责发生制　　　　B.收付实现制

C.修正的权责发生制　D.修正的收付实现制

5.下列会计科目中，不属于事业单位会计科目的是（　　　）。

A."短期借款"　　　　B."长期借款"　　C."借入款项"　　　D."应缴国库款"

6.下列基金科目中，不属于事业单位会计净资产科目的是（　　　）。

A."事业基金"　　　　B."专用基金"　　C."资产基金"　　　D."非流动资产基金"

7.事业单位在设置和使用会计科目时，在不影响会计处理和编报财务报表的前提下，可以对（　　　）进行调整。

A.总账　　　　　　　B.明细科目　　　C.二级科目　　　D.三级科目

8.事业单位在填制会计凭证、登记会计账簿时，不符合会计科目填列要求的是（　　　）。

A.只填列科目名称　　　　　　　B.同时填列科目名称和编号

C.只填列科目编号　　　　　　　D.以上都不是

三、多项选择题

1.下列属于事业单位会计信息使用者的有（　　　）。

A.政府及其有关部门　　　　　　B.举办（上级）单位

C.债权人　　　　　　　　　　　D.事业单位自身

2.下列凭证中，属于事业单位会计原始凭证的有（　　　）。

A.预算收入日报表　　　　　　　B.收款收据

C.预算拨款凭证　　　　　　　　D.材料入库单

3.下列属于事业单位会计结余科目的有（　　　）。

A."财政补助结余"　　　　　　　B."财政拨款结余"

C."事业结余"　　　　　　　　　D."经营结余"

4.事业单位在不影响会计处理和编报财务报表的前提下，可以根据实际情况自行（　　）某些明细科目。

A.增设　　　　　　　B.减少　　　　　C.合并　　　　　　D.保持

5.采用通用《事业单位会计制度》的会计主体不包括（　　）。

A.民间非营利组织　　B.高校　　　　　C.医院　　　　　　D.中小学

6.下列属于事业单位特点的有（　　）。

A.不具有社会生产职能　　　　　　　　B.不具有国家管理职能

C.不属于权力机构　　　　　　　　　　D.受国家行政机关的领导

7.事业单位从事的业务活动主要有（　　）。

A.主要业务活动　　　　　　　　　　　B.辅助活动

C.市场经营活动　　　　　　　　　　　D.企业生产活动

8.下列属于事业单位会计收入科目的有（　　）。

A."附属单位上缴收入"　　　　　　　　B."财政拨款收入"

C."上级补助收入"　　　　　　　　　　D."事业收入"

四、论述题

阐述事业单位会计的核算原理。

第十八章

事业单位资产的核算

☞ **学习目的**

通过本章的学习，了解事业单位资产的概念及内容，掌握各类资产科目的管理与核算方法。

第一节　事业单位资产概述

一、事业单位资产的概念及内容

事业单位资产是指事业单位占有或者使用的能以货币计量的经济资源，包括各种财产、债权和其他权利。事业单位的资产按照流动性，分为流动资产和非流动资产。

1.流动资产是指预计在1年内（含1年）变现或者耗用的资产，包括货币资金、短期投资、应收及预付款项、存货等。

货币资金包括库存现金、银行存款、零余额账户用款额度等。

短期投资是指事业单位依法取得的，持有时间不超过1年（含1年）的投资。

应收及预付款项是指事业单位在开展业务活动中形成的各项债权，包括财政应返还额度、应收票据、应收账款、其他应收款等应收款项和预付账款。

存货是指事业单位在开展业务活动及其他活动中为耗用而储存的资产，包括材料、燃料、包装物和低值易耗品等。

2.非流动资产是指流动资产以外的资产，包括长期投资、在建工程、固定资产、无形资产等。

长期投资是指事业单位依法取得的，持有时间超过1年（不含1年）的各种股权和债权性质的投资。

在建工程是指事业单位已经发生必要支出，但尚未完工交付使用的各种建筑（包括新建、改建、扩建、修缮等）和设备安装工程。

固定资产是指事业单位持有的使用期限超过1年（不含1年），单位价值在规定标准以上，并在使用过程中基本保持原有物质形态的资产，包括房屋及构筑物、专用设备、通用设备等。单位价值虽未达到规定标准，但是耐用时间超过1年（不含1年）的大批同类物资，应当作为固定资产核算。

无形资产是指事业单位持有的没有实物形态的可辨认非货币性资产，包括专利权、商标权、著作权、土地使用权、非专利技术等。

二、事业单位资产的管理要求

《事业单位财务规则》对事业单位资产管理作出如下规定：

1.事业单位应当建立健全单位资产管理制度，加强和规范资产配置、使用和处置管理，维护资产安全完整，保障事业健康发展。

2.事业单位应当按照科学规范、从严控制、保障事业发展需要的原则合理配置资产。

3.事业单位应当建立健全现金及各种存款的内部管理制度，对存货进行定期或者不定期的盘点清查，保证账实相符。对存货的盘盈、盘亏，应当及时处理。

三、事业单位资产的计量

事业单位资产应当按照取得时的实际成本进行计量。除国家另有规定外，事业单位不得自行调整其账面价值。应收及预付款项应当按照实际发生额计量。

以支付对价方式取得的资产，应当按照取得资产时支付的现金或者现金等价物的金额，或者按照取得资产时所付出的非货币性资产的评估价值等金额计量。

取得资产时没有支付对价的，其计量金额应当按照有关凭据注明的金额加上相关税费、运输费等确定；没有相关凭据的，其计量金额比照同类或类似资产的市场价格加上相关税费、运输费等确定；没有相关凭据、同类或类似资产的市场价格也无法可靠取得的，所取得的资产应当按照名义金额入账。

四、事业单位资产会计科目表

事业单位资产类会计科目见表18-1。

表18-1 事业单位资产科目表

序号	科目编号	科目名称	核算内容
1	1001	库存现金	核算事业单位的库存现金
2	1002	银行存款	核算事业单位存入银行或其他金融机构的各种存款
3	1011	零余额账户用款额度	核算实行国库集中支付的事业单位根据财政部门批复的用款计划收到和支用的零余额账户用款额度
4	1101	短期投资	核算事业单位依法取得的，持有时间不超过1年（含1年）的投资，主要是国债投资
5	1201 120101 120102	财政应返还额度 财政直接支付 财政授权支付	核算实行国库集中支付的事业单位应收财政返还的资金额度，应当设置"财政直接支付""财政授权支付"两个明细科目，进行明细核算

续表

序号	科目编号	科目名称	核算内容
6	1211	应收票据	核算事业单位因开展经营活动销售产品、提供有偿服务等而收到的商业汇票，包括银行承兑汇票和商业承兑汇票
7	1212	应收账款	核算事业单位因开展经营活动销售产品、提供有偿服务等而应收取的款项
8	1213	预付账款	核算事业单位按照购货、劳务合同规定预付给供应单位的款项
9	1215	其他应收款	核算事业单位除财政应返还额度、应收票据、应收账款、预付账款以外的其他各项应收及暂付款项，如职工预借的差旅费、拨付给内部有关部门的备用金、应向职工收取的各种垫付款项等
10	1301	存货	核算事业单位在开展业务活动及其他活动中为耗用而储存的各种材料、燃料、包装物、低值易耗品以及达不到固定资产标准的用具、装具、动植物等的实际成本
11	1401	长期投资	核算事业单位依法取得的，持有时间超过1年（不含1年）的股权和债权性质的投资
12	1501	固定资产	核算事业单位固定资产的原价
13	1502	累计折旧	核算事业单位固定资产计提的累计折旧
14	1511	在建工程	核算事业单位已经发生必要支出，但尚未完工交付使用的各种建筑（包括新建、改建、扩建、修缮等）和设备安装工程的实际成本
15	1601	无形资产	核算事业单位无形资产的原价
16	1602	累计摊销	核算事业单位无形资产计提的累计摊销
17	1701	待处置资产损溢	核算事业单位待处置资产的价值及处置损溢

第二节　流动资产的核算

一、库存现金

"库存现金"科目核算事业单位的库存现金。库存现金的增加记借方，减少记贷方，期末借方余额反映事业单位实际持有的库存现金。事业单位应当严格按照国家有关现金管理的规定收支现金，并按照制度规定核算现金的各项收支业务。

（一）与银行等金融机构之间的业务往来

1.从银行等金融机构提取现金，按照实际提取的金额，借记本科目，贷记"银行存款"等科目。

借：库存现金

　　贷：银行存款等

【例18-1】某事业单位签发现金支票一张，从银行提取现金5 000元备用。

借：库存现金　　　　　　　　　　　　　　　　　　　　　　5 000

贷：银行存款　　　　　　　　　　　　　　　　　　　　　　　　　5 000

2.将现金存入银行等金融机构，按照实际存入的金额，借记"银行存款"等科目，贷记本科目。

借：银行存款等

　　贷：库存现金

【例18-2】某事业单位取得一笔3 000元的现金收入，存入银行。

借：银行存款　　　　　　　　　　　　　　　　　　　　　　　　　3 000

　　贷：库存现金　　　　　　　　　　　　　　　　　　　　　　　3 000

（二）与内部职工之间的业务往来

1.因内部职工出差等原因借出的现金，按照实际借出的现金金额，借记"其他应收款"科目，贷记本科目。

借：其他应收款

　　贷：库存现金

【例18-3】某事业单位职工张三出差，预借差旅费8 000元，用现金支付。

借：其他应收款　　　　　　　　　　　　　　　　　　　　　　　　8 000

　　贷：库存现金　　　　　　　　　　　　　　　　　　　　　　　8 000

2.出差人员报销差旅费时，按照应报销的金额，借记有关科目，按照实际借出的现金金额，贷记"其他应收款"科目，按照其差额，借记或贷记本科目。

借：事业支出等

　　贷：其他应收款

借或贷：库存现金

【例18-4】接【例18-3】，张三出差回来，报销差旅费8 500元，补付现金500元给张三。

借：事业支出　　　　　　　　　　　　　　　　　　　　　　　　　8 500

　　贷：其他应收款　　　　　　　　　　　　　　　　　　　　　　8 000

　　　　库存现金　　　　　　　　　　　　　　　　　　　　　　　　500

（三）对外开展业务或其他事项

1.因开展业务等其他事项收到现金，按照实际收到的金额，借记本科目，贷记有关科目。

借：库存现金

　　贷：事业收入等

【例18-5】某事业单位因主营业务取得现金收入800元。

借：库存现金　　　　　　　　　　　　　　　　　　　　　　　　　　800

　　贷：事业收入　　　　　　　　　　　　　　　　　　　　　　　　800

2.因购买服务或商品等其他事项支出现金，按照实际支出的金额，借记有关科目，贷记本科目。

借：事业支出等

　　贷：库存现金

【例18-6】某事业单位因开展主营业务需要购买服务支付现金850元。

借：事业支出　　　　　　　　　　　　　　　　　　　　　850
　　贷：库存现金　　　　　　　　　　　　　　　　　　　850

（四）清查业务

事业单位应当设置"现金日记账"科目，由出纳人员根据收付款凭证，按照业务发生顺序逐笔登记。每日终了，应当计算当日的现金收入合计数、现金支出合计数和结余数，并将结余数与实际库存数核对，做到账款相符。每日账款核对中发现现金溢余或短缺的，应当及时进行处理。

1.现金溢余的账务处理。

（1）属于应支付给有关人员或单位的部分，借记本科目，贷记"其他应付款"科目。

借：库存现金
　　贷：其他应付款

（2）属于无法查明原因的部分，借记本科目，贷记"其他收入"科目。

借：库存现金
　　贷：其他收入

【例18-7】某事业单位某日在对本单位库存现金进行清查时，发现现金实有数比账面金额多出100元。

（1）经查明，长款是少付给本单位张三的报销款，对长款进行账务处理：

借：库存现金　　　　　　　　　　　　　　　　　　　　100
　　贷：其他应付款　　　　　　　　　　　　　　　　　　100

（2）无法查明原因，经批准转作收入：

借：库存现金　　　　　　　　　　　　　　　　　　　　100
　　贷：其他收入　　　　　　　　　　　　　　　　　　　100

2.现金短缺的账务处理。

（1）属于应由责任人赔偿的部分，借记"其他应收款"科目，贷记本科目。

借：其他应收款
　　贷：库存现金

（2）属于无法查明原因的部分，报经批准后，借记"其他支出"科目，贷记本科目。

借：其他支出
　　贷：库存现金

【例18-8】某事业单位某日进行现金清查时，发现现金短款80元。

（1）经查明，短款是出纳员失误导致，由其赔偿：

借：其他应收款　　　　　　　　　　　　　　　　　　　80
　　贷：库存现金　　　　　　　　　　　　　　　　　　　80

（2）无法查明原因，经批准转作支出：

借：其他支出　　　　　　　　　　　　　　　　　　　　80
　　贷：库存现金　　　　　　　　　　　　　　　　　　　80

现金收入业务较多、单独设有收款部门的事业单位，收款部门的收款员应当将每天所收现金连同收款凭据等一并交财务部门核收记账，或者将每天所收现金直接送存开户银行后，将收款凭据及向银行送存现金凭证等一并交财务部门核收记账。

（五）外币业务

事业单位有外币现金的，应当分别按照人民币、各种外币设置"现金日记账"进行明细核算。有关外币现金业务的账务处理，参见"银行存款"科目的相关规定。

二、银行存款

"银行存款"科目核算事业单位存入银行或其他金融机构的各种存款。银行存款的增加记借方，减少记贷方，期末借方余额反映事业单位实际存放在银行或其他金融机构的款项。事业单位应当严格按照国家有关支付结算办法的规定办理银行存款收支业务，并按照制度规定核算银行存款的各项收支业务。

（一）与银行等金融机构的业务

1.将款项存入银行或其他金融机构，借记本科目，贷记"库存现金""事业收入""经营收入"等有关科目。

借：银行存款

　　贷：库存现金/事业收入/经营收入等

该项内容例解，详见【例18-2】。

2.提取和支出存款时，借记有关科目，贷记本科目。

借：事业支出/经营支出/存货等

　　贷：银行存款

【例18-9】某事业单位因开展主营业务发生支出2万元，通过银行转账支付。

借：事业支出　　　　　　　　　　　　　　　　　　　　　　　　20 000

　　贷：银行存款　　　　　　　　　　　　　　　　　　　　　　　　20 000

（二）外币业务

事业单位发生外币业务的，应当按照业务发生当日（或当期期初，下同）的即期汇率，将外币金额折算为人民币记账，并登记外币金额和汇率。期末，各种外币账户的外币余额应当按照期末的即期汇率折算为人民币，作为外币账户期末人民币余额。调整后的各种外币账户人民币余额与原账面人民币余额的差额，作为汇兑损益计入相关支出。

1.以外币购买物资、劳务等，按照购入当日的即期汇率将支付的外币或应支付的外币折算为人民币金额，借记有关科目，贷记本科目、"应付账款"等科目的外币账户。

借：存货等有关科目

　　贷：银行存款/应付账款等——外币户

2.以外币收取相关款项等，按照收取款项或收入确认当日的即期汇率将收取的外币或应收取的外币折算为人民币金额，借记本科目、"应收账款"等科目的外币账户，贷记有关科目。

借：银行存款/应收账款等——外币户

　　贷：事业收入/经营收入等有关科目

3.期末，根据各外币账户按期末汇率调整后的人民币余额与原账面人民币余额的差额，作为汇兑损益，借记或贷记本科目、"应收账款"、"应付账款"等科目，贷记或借记"事业支出""经营支出"等科目。

借或贷：银行存款/应收账款/应付账款等

贷或借：事业支出/经营支出等

【例18-10】某事业单位进口一批仪器（为非固定资产），共支付8 000美元，当期汇率为6.25（不考虑税）。

借：存货（8 000×6.25）　　　　　　　　　　　　　　50 000

　　贷：银行存款——美元户（8 000×6.25）　　　　　　　　　　50 000

【例18-11】某事业单位对外商提供技术服务，收取劳务费50 000美元，当期汇率为6.21。

借：银行存款——美元户（50 000×6.21）　　　　　　310 500

　　贷：事业收入（50 000×6.21）　　　　　　　　　　　　310 500

【例18-12】年终，计算外币业务汇兑损益时，期末汇率为6.23。

借：银行存款——美元户　　　　　　　　　　　　　　840

　　贷：事业支出　　　　　　　　　　　　　　　　　　　　840

（三）对账业务

事业单位应当按照开户银行或其他金融机构、存款种类及币种等，分别设置"银行存款日记账"，由出纳人员根据收付款凭证，按照业务的发生顺序逐笔登记，每日终了应结出余额。"银行存款日记账"应定期与"银行对账单"核对，至少每月核对一次。月度终了，事业单位银行存款账面余额与"银行对账单"余额之间如有差额，必须逐笔查明原因并进行处理，按月编制"银行存款余额调节表"调节相符。

三、零余额账户用款额度

"零余额账户用款额度"科目核算实行国库集中支付的事业单位根据财政部门批复的用款计划收到和支用的零余额账户用款额度。零余额账户用款额度的增加记借方，减少记贷方，期末借方余额反映事业单位尚未支用的零余额账户用款额度。本科目年末应无余额。

1.在财政授权支付方式下，收到代理银行盖章的"授权支付到账通知书"时，根据通知书所列数额，借记本科目，贷记"财政补助收入"科目。

借：零余额账户用款额度

　　贷：财政补助收入

2.按规定支用额度时，借记有关科目，贷记本科目。

借：事业支出等

　　贷：零余额账户用款额度

3.从零余额账户提取现金时，借记"库存现金"科目，贷记本科目。

借：库存现金

　　贷：零余额账户用款额度

4.因购货退回等发生国库授权支付额度退回的，属于以前年度支付的款项，按照退回金额，借记本科目，贷记"财政补助结转""财政补助结余""存货"等有关科目；属于本年度支付的款项，按照退回金额，借记本科目，贷记"事业支出""存货"等有关科目。

（1）属于以前年度支付的款项：

借：零余额账户用款额度

　　贷：财政补助结转/财政补助结余/存货等

（2）属于本年度支付的款项：

借：零余额账户用款额度

　　贷：事业支出/存货等

5.年度终了，依据代理银行提供的对账单作注销额度的相关账务处理，借记"财政应返还额度——财政授权支付"科目，贷记本科目。事业单位本年度财政授权支付预算指标数大于零余额账户用款额度下达数的，根据未下达的用款额度，借记"财政应返还额度——财政授权支付"科目，贷记"财政补助收入"科目。

下年年初，事业单位依据代理银行提供的额度恢复到账通知书作恢复额度的相关账务处理，借记本科目，贷记"财政应返还额度——财政授权支付"科目。事业单位收到财政部门批复的上年年末未下达零余额账户用款额度的，借记本科目，贷记"财政应返还额度——财政授权支付"科目。

年度终了：

（1）依据代理银行提供的对账单作注销额度：

借：财政应返还额度——财政授权支付

　　贷：零余额账户用款额度

（2）本年度预算指标数大于额度下达数，根据未下达的用款额度：

借：财政应返还额度——财政授权支付

　　贷：财政补助收入

下年年初：

（1）依据代理银行提供的额度恢复到账通知书作恢复额度：

借：零余额账户用款额度

　　贷：财政应返还额度——财政授权支付

（2）收到财政部门批复的上年年末未下达的用款额度：

借：零余额账户用款额度

　　贷：财政应返还额度——财政授权支付

【例18-13】某单位本年度财政授权支付预算数是78万元，实际收到代理银行"授权支付到账通知书"的金额是75万元，本年度通过零余额账户支付74万元。

（1）收到"授权支付到账通知书"：

借：零余额账户用款额度　　　　　　　　　　　　　　　　　　750 000

　　贷：财政补助收入　　　　　　　　　　　　　　　　　　　　　　750 000

（2）按规定支用额度时：

借：事业支出　　　　　　　　　　　　　　　　　　　　　　　740 000

　　贷：零余额账户用款额度　　　　　　　　　　　　　　　　　　　740 000

（3）年度终了，依据代理银行提供的对账单作注销额度：

借：财政应返还额度——财政授权支付　　　　　　　　　　　　　10 000

　　贷：零余额账户用款额度　　　　　　　　　　　　　　　　　　　10 000

（4）根据本年度未下达的用款额度：

借：财政应返还额度——财政授权支付　　　　　　　　　　　　　30 000

贷：财政补助收入　30 000

（5）下年年初，依据代理银行提供的额度恢复到账通知书作恢复额度：

借：零余额账户用款额度　10 000

　　贷：财政应返还额度——财政授权支付　10 000

（6）收到上年年末未下达的用款额度：

借：零余额账户用款额度　30 000

　　贷：财政应返还额度——财政授权支付　30 000

【例18-14】某事业单位通过授权支付方式购买的材料发生如下退回业务：（1）退回上年直接列支事业支出购入的低值易耗品一批，取得时价款为3 000元；（2）退回上年完工项目多余材料一批，取得时价款为4 300元；（3）退回本年购入作为存货进行核算的材料一批，取得时价款为50 000元。

（1）借：零余额账户用款额度　3 000

　　　　贷：财政拨款结转　3 000

（2）借：零余额账户用款额度　4 300

　　　　贷：财政拨款结余　4 300

（3）借：零余额账户用款额度　50 000

　　　　贷：存货　50 000

四、财政应返还额度

"财政应返还额度"科目核算实行国库集中支付的事业单位应收财政返还的资金额度。财政应返还额度的增加记借方，减少记贷方，期末借方余额反映事业单位应收财政返还的资金额度。本科目应当设置"财政直接支付""财政授权支付"两个明细科目进行明细核算。

（一）财政直接支付

年度终了，事业单位根据本年度财政直接支付预算指标数与当年财政直接支付实际支出数的差额，借记本科目（财政直接支付），贷记"财政补助收入"科目。

下年度恢复财政直接支付额度后，事业单位以财政直接支付方式发生实际支出时，借记有关科目，贷记本科目（财政直接支付）。

1.年度终了：

借：财政应返还额度——财政直接支付

　　贷：财政补助收入

2.下年度恢复财政直接支付额度后：

借：事业支出

　　贷：财政应返还额度——财政直接支付

【例18-15】某事业单位年度终了时，本年度财政直接支付预算指标数与当年直接支付实际支出数的差额为30万元。

借：财政应返还额度——财政直接支付　300 000

　　贷：财政补助收入　300 000

【例18-16】接【例18-15】，下年年初恢复财政直接支付额度后，发生一笔直接支付支出 25 000 元。

  借：事业支出   25 000

    贷：财政应返还额度——财政直接支付   25 000

（二）财政授权支付

  年度终了，事业单位依据代理银行提供的对账单作注销额度的相关账务处理，借记本科目（财政授权支付），贷记"零余额账户用款额度"科目。事业单位本年度财政授权支付预算指标数大于零余额账户用款额度下达数的，根据未下达的用款额度，借记本科目（财政授权支付），贷记"财政补助收入"科目。

  下年年初，事业单位依据代理银行提供的额度恢复到账通知书作恢复额度的相关账务处理，借记"零余额账户用款额度"科目，贷记本科目（财政授权支付）。事业单位收到财政部门批复的上年年末未下达零余额账户用款额度时，借记"零余额账户用款额度"科目，贷记本科目（财政授权支付）。

  1.年度终了：

  （1）依据代理银行提供的对账单作注销额度账务处理：

  借：财政应返还额度——财政授权支付

    贷：零余额账户用款额度

  （2）本年度财政授权支付预算指标数大于零余额账户用款额度下达数，根据未下达用款额度：

  借：财政应返还额度——财政授权支付

    贷：财政补助收入

  2.下年年初：

  （1）依据代理银行提供的额度恢复到账通知书作恢复额度账务处理：

  借：零余额账户用款额度

    贷：财政应返还额度——财政授权支付

  （2）收到财政部门批复的上年年末未下达零余额账户用款额度时：

  借：零余额账户用款额度

    贷：财政应返还额度——财政授权支付

  该项内容例解，详见【例 18-13】。

五、应收票据（商业汇票）

  "应收票据"科目核算事业单位因开展经营活动销售产品、提供有偿服务等而收到的商业汇票，包括银行承兑汇票和商业承兑汇票。应收票据的增加记借方，减少记贷方，期末借方余额反映事业单位持有的商业汇票票面金额。本科目应当按照开出、承兑商业汇票的单位等进行明细核算。

（一）收到商业汇票

  因销售产品、提供服务等收到商业汇票，按照商业汇票的票面金额，借记本科目，按照确认的收入金额，贷记"经营收入"等科目，按照应缴增值税金额，贷记"应缴税费——应缴增值税"科目。

  借：应收票据

贷：经营收入等

　　应缴税费——应缴增值税（销项税额）

【例18-17】某事业单位（一般纳税人）销售一批产品给甲公司，货已发，价款10 000元，增值税1 700元，收到甲公司开来的一张90天到期的银行承兑汇票，面值11 700元。

借：应收票据　　　　　　　　　　　　　　　　　　　　　11 700

　　贷：经营收入　　　　　　　　　　　　　　　　　　　　　10 000

　　　　应缴税费——应缴增值税（销项税额）　　　　　　　　 1 700

（二）商业汇票贴现

持未到期的商业汇票向银行贴现，按照实际收到的金额（即扣除贴现息后的净额），借记"银行存款"科目，按照贴现息，借记"经营支出"等科目，按照商业汇票的票面金额，贷记本科目。

借：银行存款（贴现净值）

　　经营支出等（贴现息）

　　贷：应收票据（票面金额）

贴现净值是指商业汇票到期值减去贴现息后的余额。贴现净值=到期值-贴现息。

贴现息是指贴现时银行预扣的利息。贴现息=到期值×银行贴现率×贴现期限。

票据到期值是指票据到期应收回的金额。到期值=面值+利息=面值×（1+利率×期限）。

贴现期限是指票据贴现日至票据到期日的时间间隔，在计算时，需注意贴现日和到期日只能计算其中的一天，"算头不算尾"或"算尾不算头"。贴现期限=有效期限-持有期限。

贴现率是指商业银行办理票据贴现业务时，计算贴现息的利率。日贴现率=年贴现率/360=月贴现率/30。

【例18-18】贴现应收票据一张，面值5万元，期限90天，持票60天，年贴现率12%。

（1）若不带息：

贴现息=50 000×12%÷360×30=500（元）

贴现净值=50 000-500=49 500（元）

借：银行存款　　　　　　　　　　　　　　　　　　　　　49 500

　　经营支出　　　　　　　　　　　　　　　　　　　　　　 500

　　贷：应收票据　　　　　　　　　　　　　　　　　　　　 50 000

（2）若带息，且年利率为6%：

到期值=50 000×（1+6%÷360×90）=50 750（元）

贴现息=50 750×12%÷360×30=507.5（元）

贴现净值=50 750-507.5=50 242.5（元）

借：银行存款　　　　　　　　　　　　　　　　　　　　 50 242.5

　　贷：应收票据　　　　　　　　　　　　　　　　　　　　 50 000

　　　　其他收入　　　　　　　　　　　　　　　　　　　　　242.5

（三）商业汇票背书转让

将持有的商业汇票背书转让以取得所需物资时，按照取得物资的成本，借记有关科

目，按照商业汇票的票面金额，贷记本科目，如有差额，借记或贷记"银行存款"等
科目。

借：存货等

　　贷：应收票据

借或贷：银行存款等

【例18-19】某单位购得材料一批，价款6万元，用面值为5万元的商业承兑汇票支付
价款（不考虑税）。

借：存货——×材料　　　　　　　　　　　　　　　　　　　　60 000

　　贷：应收票据　　　　　　　　　　　　　　　　　　　　　　　50 000

　　　　银行存款　　　　　　　　　　　　　　　　　　　　　　　10 000

（四）商业汇票到期汇兑

商业汇票到期时，收回应收票据，按照实际收到的商业汇票票面金额，借记"银行存
款"科目，贷记本科目。

借：银行存款

　　贷：应收票据

【例18-20】接【例18-17】，票据到期。假设为无息票据，收回款项存入银行；假设
为带息票据，利息300元，收回款项存入银行。

（1）无息：

借：银行存款　　　　　　　　　　　　　　　　　　　　　　　11 700

　　贷：应收票据　　　　　　　　　　　　　　　　　　　　　　　11 700

（2）带息：

借：银行存款　　　　　　　　　　　　　　　　　　　　　　　12 000

　　贷：应收票据　　　　　　　　　　　　　　　　　　　　　　　11 700

　　　　其他收入　　　　　　　　　　　　　　　　　　　　　　　　300

（五）商业汇票退回

商业汇票到期，因付款人无力支付票款，收到银行退回的商业承兑汇票、委托收款凭
证、未付票款通知书或拒付款证明等，按照商业汇票的票面金额，借记"应收账款"科
目，贷记本科目。

借：应收账款

　　贷：应收票据

【例18-21】接【例18-17】，商业汇票到期，付款人无力支付票款，收到银行退回的
商业承兑汇票等资料。

借：应收账款　　　　　　　　　　　　　　　　　　　　　　　11 700

　　贷：应收票据　　　　　　　　　　　　　　　　　　　　　　　11 700

事业单位应当设置"应收票据备查簿"，逐笔登记每一应收票据的种类、号数、出票
日期、到期日、票面金额、交易合同号和付款人、承兑人、背书人姓名或单位名称、背书
转让日、贴现日期、贴现率和贴现净额、收款日期、收回金额和退票情况等资料。应收票
据到期结清票款或退票后，应当在备查簿内逐笔注销。

六、应收账款

"应收账款"科目核算事业单位因开展经营活动销售产品、提供有偿服务等而应收取的款项。应收账款的增加记借方，减少记贷方，期末借方余额反映事业单位尚未收回的应收账款。本科目应当按照购货、接受劳务单位（或个人）进行明细核算。

（一）发生应收账款

发生应收账款时，按照应收未收金额，借记本科目，按照确认的收入金额，贷记"经营收入"等科目，按照应缴增值税金额，贷记"应缴税费——应缴增值税"科目。

借：应收账款

　　贷：经营收入等

　　　　应缴税费——应缴增值税（销项税额）

【例18-22】某事业单位（一般纳税人）从事经营活动，对外销售商品一批，销售额5 000元，增值税850元。该款项还未收到。

借：应收账款　　　　　　　　　　　　　　　　　　　　　　　　　5 850

　　贷：经营收入　　　　　　　　　　　　　　　　　　　　　　　5 000

　　　　应缴税费——应缴增值税（销项税额）　　　　　　　　　　　850

（二）收回应收账款

收回应收账款时，按照实际收到的金额，借记"银行存款"等科目，贷记本科目。

借：银行存款等

　　贷：应收账款

【例18-23】接【例18-22】，账款收回，并存入银行。

借：银行存款　　　　　　　　　　　　　　　　　　　　　　　　　5 850

　　贷：应收账款　　　　　　　　　　　　　　　　　　　　　　　5 850

（三）注销应收账款

逾期3年或以上、有确凿证据表明确实无法收回的应收账款，按照规定报经批准后予以核销。核销的应收账款，应在备查簿中保留登记。

1.转入待处置资产时，按照待核销的应收账款金额，借记"待处置资产损溢"科目，贷记本科目。

借：待处置资产损溢

　　贷：应收账款

2.报经批准予以核销时，借记"其他支出"科目，贷记"待处置资产损溢"科目。

借：其他支出

　　贷：待处置资产损溢

3.已核销应收账款在以后期间收回的，按照实际收回的金额，借记"银行存款"等科目，贷记"其他收入"科目。

借：银行存款等

　　贷：其他收入

【例18-24】某事业单位一笔5 000元的应收账款已超过3年，有确凿证据表明无法收回，经批准予以核销。

（1）转入待处置资产时：

借：待处置资产损溢 5 000

　　贷：应收账款 5 000

（2）核销时：

借：其他支出 5 000

　　贷：待处置资产损溢 5 000

假设【例18-24】中已冲销的应收账款以后又收回，收回时：

借：银行存款 5 000

　　贷：其他收入 5 000

七、预付账款

"预付账款"科目核算事业单位按照购货、劳务合同规定预付给供应单位的款项。预付账款的增加记借方，减少记贷方，期末借方余额反映事业单位实际预付但尚未结算的款项。本科目应当按照供应单位（或个人）进行明细核算。

事业单位应当通过明细核算或辅助登记方式，登记预付账款的资金性质（区分财政补助资金、非财政专项资金和其他资金）。

（一）发生预付账款

发生预付账款时，按照实际预付的金额，借记本科目，贷记"零余额账户用款额度""财政补助收入""银行存款"等科目。

借：预付账款

　　贷：零余额账户用款额度/财政补助收入/银行存款等

说明：贷方科目的选择原则：当采用财政授权支付方式时，选择"零余额账户用款额度"科目；当采用财政直接支付方式时，选择"财政补助收入"科目；当通过本单位银行存款账户支付时，选择"银行存款"科目。（后文同）

（二）冲销预付账款

收到所购物资或劳务，按照购入物资或劳务的成本，借记有关科目，按照相应预付账款的金额，贷记本科目，按照补付的款项，贷记"零余额账户用款额度""财政补助收入""银行存款"等科目。

借：事业支出/存货

　　贷：预付账款

　　　　零余额账户用款额度/财政补助收入/银行存款等

收到所购固定资产、无形资产的，按照确定的资产成本，借记"固定资产""无形资产"科目，贷记"非流动资产基金——固定资产/无形资产"科目；同时，按照资产购置支出，借记"事业支出""经营支出"等科目，按照相应预付账款的金额，贷记本科目，按照补付的款项，贷记"零余额账户用款额度""财政补助收入""银行存款"等科目。

借：固定资产/无形资产

　　贷：非流动资产基金——固定资产/无形资产

同时，

借：事业支出/经营支出

贷：预付账款

    零余额账户用款额度/财政补助收入/银行存款等

【例18-25】某事业单位采用预付款方式向某公司购买材料一批，按合同规定预付5 000元。几天后，材料收到并验收入库，实际价款为25 000元，通过授权支付方式补付余款（不考虑税）。

（1）预付货款时：

借：预付账款   5 000

  贷：银行存款   5 000

（2）材料验收入库并补付余款时：

借：存货——×材料   25 000

  贷：预付账款   5 000

    零余额账户用款额度   20 000

【例18-26】某事业单位通过授权支付购买一台不需要安装的办公设备，预付款项2 000元，实际成交金额10 000元。

（1）预付款项时：

借：预付账款   2 000

  贷：零余额账户用款额度   2 000

（2）收到设备并支付余款时：

借：固定资产——×设备   10 000

  贷：非流动资产基金——固定资产   10 000

借：事业支出   10 000

  贷：预付账款   2 000

    零余额账户用款额度   8 000

（三）注销预付账款

逾期3年或以上、有确凿证据表明因供货单位破产、撤销等原因已无望再收到所购物资，且确实无法收回的预付账款，按照规定报经批准后予以核销。核销的预付账款，应在备查簿中保留登记。

1.转入待处置资产时，按照待核销的预付账款金额，借记"待处置资产损溢"科目，贷记本科目。

借：待处置资产损溢

  贷：预付账款

2.报经批准予以核销时，借记"其他支出"科目，贷记"待处置资产损溢"科目。

借：其他支出

  贷：待处置资产损溢

3.已核销预付账款在以后期间收回的，按照实际收回的金额，借记"银行存款"等科目，贷记"其他收入"科目。

借：银行存款等

  贷：其他收入

【例18-27】某事业单位预付给某公司款项3 000元，期限已超过3年，有确凿证据表明该款项无法收回，经批准予以核销。

（1）转入待处置资产时：

借：待处置资产损溢　　　　　　　　　　　　　　　　　　　　　3 000

　　贷：预付账款　　　　　　　　　　　　　　　　　　　　　　　　　　3 000

（2）批准核销时：

借：其他支出　　　　　　　　　　　　　　　　　　　　　　　　3 000

　　贷：待处置资产损溢　　　　　　　　　　　　　　　　　　　　　　　3 000

假设【例18-27】中核销的预付账款又收回，收回时：

借：银行存款　　　　　　　　　　　　　　　　　　　　　　　　3 000

　　贷：其他收入　　　　　　　　　　　　　　　　　　　　　　　　　　3 000

八、其他应收款

"其他应收款"科目核算事业单位除财政应返还额度、应收票据、应收账款、预付账款以外的其他各项应收及暂付款项，如职工预借的差旅费、拨付给内部有关部门的备用金、应向职工收取的各种垫付款项等。其他应收款的增加记借方，减少记贷方，期末借方余额反映事业单位尚未收回的其他应收款。本科目应当按照其他应收款的类别以及债务单位（或个人）进行明细核算。

（一）发生其他应收款

发生其他各种应收及暂付款项时，借记本科目，贷记"银行存款""库存现金"等科目。

借：其他应收款

　　贷：银行存款/库存现金等

（二）收回或转销其他应收款

收回或转销其他各种应收及暂付款项时，借记"库存现金""银行存款"等科目，贷记本科目。

借：库存现金/银行存款等

　　贷：其他应收款

（三）备用金业务

事业单位内部实行备用金制度的，有关部门使用备用金后应当及时到财务部门报销并补足备用金。财务部门核定并发放备用金时，借记本科目，贷记"库存现金"等科目。根据报销数用现金补足备用金定额时，借记有关科目，贷记"库存现金"等科目，报销数和拨补数都不再通过本科目核算。

【例18-28】某事业单位职工李某出差，预借差旅费5 000元，所属单位领取本年备用金20万元。

借：其他应收款——备用金　　　　　　　　　　　　　　　　　200 000

　　　　　　　　——李某　　　　　　　　　　　　　　　　　　5 000

　　贷：银行存款　　　　　　　　　　　　　　　　　　　　　　　　205 000

【例18-29】接【例18-28】，李某出差回来报销差旅费4 800元，所属单位报销费用20万元。

借：事业支出　　　　　　　　　　　　　　　　　　　　204 800
　　库存现金　　　　　　　　　　　　　　　　　　　　　　200
　　贷：其他应收款　　　　　　　　　　　　　　　　　　　　205 000

（四）注销其他应收款

逾期3年或以上、有确凿证据表明确实无法收回的其他应收款，按照规定报经批准后予以核销。核销的其他应收款，应在备查簿中保留登记。

1.转入待处置资产时，按照待核销的其他应收款金额，借记"待处置资产损溢"科目，贷记本科目。

借：待处置资产损溢
　　贷：其他应收款

2.报经批准予以核销时，借记"其他支出"科目，贷记"待处置资产损溢"科目。

借：其他支出
　　贷：待处置资产损溢

3.已核销其他应收款在以后期间收回的，按照实际收回的金额，借记"银行存款"等科目，贷记"其他收入"科目。

借：银行存款等
　　贷：其他收入

【例18-30】某事业单位一笔3万元的其他应收款，已逾期3年且有确凿证据表明无法收回，按规定进行报批核销。

（1）转入待处置资产时：

借：待处置资产损溢　　　　　　　　　　　　　　　　　30 000
　　贷：其他应收款　　　　　　　　　　　　　　　　　　　30 000

（2）批准核销时：

借：其他支出　　　　　　　　　　　　　　　　　　　　30 000
　　贷：待处置资产损溢　　　　　　　　　　　　　　　　　30 000

假设【例18-30】中已核销的其他应收款又收回并存入银行，收回时：

借：银行存款　　　　　　　　　　　　　　　　　　　　30 000
　　贷：其他收入　　　　　　　　　　　　　　　　　　　　30 000

九、存货

（一）存货的概念及内容

存货是指事业单位在开展业务及其他活动中为耗用而储存的各种材料、燃料、包装物、低值易耗品及达不到固定资产标准的用具、装具、动植物等资产。事业单位的存货主要包括：

1.材料，指事业单位库存的物资材料以及达不到固定资产标准的工具、器具等。

2.燃料，指一经使用就消失的各种固体、液体和气体燃料。

3.包装物，指为包装本单位有关产品而储备的各种包装容器。

4.低值易耗品，指单位价值较低、容易损耗、达不到固定资产标准的各种用具物品，如工具、管理用具等。

5.产成品，指事业单位生产完工并已验收入库的产品（从事劳务活动的单位，其劳务成果可视同产成品核算）。

除上述存货外，达不到固定资产标准的用具、装具、动植物等也属于存货的范围。

（二）存货的计价

存货的计价是指对收入存货、发出存货和结存存货成本价值的计量，是事业单位存货核算的入账价值。事业单位取得存货的方式不同，入账价值也不同；发出存货采用的方法不同，入账价值也不同。

1.收入存货的计价。

（1）购入的存货，其成本包括购买价款、相关税费、运输费、装卸费、保险费以及其他使得存货达到目前场所和状态所发生的其他支出。事业单位按照税法规定属于增值税一般纳税人的，其购进非自用材料（如用于生产对外销售的产品）所支付的增值税不计入材料成本。具体而言，事业单位购入存货自用材料的入账价值等于购价加上各项税费；小规模纳税人的事业单位，购入非自用材料的入账价值等于购价加上各项税费；一般纳税人的事业单位，购入非自用材料的入账价值等于购价加上扣除增值税之外的各项费用。

（2）自行加工的存货，其成本包括耗用的直接材料费用、发生的直接人工费用和按照一定方法分配的与存货加工有关的间接费用。

（3）接受捐赠、无偿调入的存货，其成本按照有关凭据注明的金额加上相关税费、运输费等确定；没有相关凭据的，其成本比照同类或类似存货的市场价格加上相关税费、运输费等确定；没有相关凭据、同类或类似存货的市场价格也无法可靠取得的，该存货按照名义金额（即人民币1元，下同）入账。相关财务制度仅要求进行实物管理的除外。

（4）盘盈的存货，按照同类或类似存货的实际成本或市场价格确定入账价值；同类或类似存货的实际成本、市场价格均无法可靠取得的，按照名义金额入账。

2.发出存货的计价。存货在发出时，应当根据实际情况采用先进先出法、加权平均法或者个别计价法确定发出存货的实际成本。计价方法一经确定，不得随意变更。低值易耗品的成本于领用时一次摊销。

（三）存货的科目设置

事业单位设置"存货"科目核算其在开展业务活动及其他活动中为耗用而储存的各种材料、燃料、包装物、低值易耗品及达不到固定资产标准的用具、装具、动植物等的实际成本。存货的增加记借方，减少记贷方，期末借方余额反映事业单位存货的实际成本。事业单位随买随用的零星办公用品，可以在购进时直接列作支出，不通过本科目核算。本科目应当按照存货的种类、规格、保管地点等进行明细核算。

事业单位应当通过明细核算或辅助登记方式，登记取得存货成本的资金来源（区分财政补助资金、非财政专项资金和其他资金）。

发生自行加工存货业务的事业单位，应当在本科目下设置"生产成本"明细科目，归集核算自行加工存货所发生的实际成本（包括耗用的直接材料费用、发生的直接人工费用和分配的间接费用）。

（四）存货的账务处理

1.收入存货的账务处理。事业单位收入存货的方式主要有购入、自行加工、接受捐赠和无偿调入。

（1）购入的存货验收入库，按照确定的成本，借记本科目，贷记"银行存款""应付账款""财政补助收入""零余额账户用款额度"等科目。

借：存货

　　贷：银行存款/应付账款/财政补助收入/零余额账户用款额度等

属于增值税一般纳税人的事业单位购入非自用材料的，按照确定的成本（不含增值税进项税额），借记本科目，按照增值税专用发票上注明的增值税税额，借记"应缴税费——应缴增值税（进项税额）"科目，按照实际支付或应付的金额，贷记"银行存款""应付账款"等科目。

借：存货

　　应缴税费——应缴增值税（进项税额）

　　贷：银行存款/应付账款等

【例18-31】某事业单位购入自用材料一批，价款5 000元，支付增值税850元，各项费用150元，以存款支付，材料验收入库。

借：存货——材料　　　　　　　　　　　　　　　　　　6 000

　　贷：银行存款　　　　　　　　　　　　　　　　　　　　6 000

【例18-32】某单位小规模纳税人购入非自用材料一批，购价10 000元，增值税1 700元，均以存款支付。

借：存货——材料　　　　　　　　　　　　　　　　　11 700

　　贷：银行存款　　　　　　　　　　　　　　　　　　　11 700

【例18-33】某单位一般纳税人购入非自用材料，价款20 000元，增值税3 400元，运杂费200元。

借：存货——材料　　　　　　　　　　　　　　　　　20 200

　　应缴税费——应缴增值税（进项税额）　　　　　　　3 400

　　贷：银行存款　　　　　　　　　　　　　　　　　　　23 600

（2）自行加工的存货在加工过程中发生各种费用时，借记本科目（生产成本），贷记本科目（领用材料相关的明细科目）、"应付职工薪酬"、"银行存款"等科目。

借：存货——生产成本

　　贷：存货——材料

　　　　应付职工薪酬/银行存款等

加工完成的存货验收入库，按照所发生的实际成本，借记本科目（相关明细科目），贷记本科目（生产成本）。

借：存货——产成品

　　贷：存货——生产成本

【例18-34】某事业单位自行加工存货一批，加工过程中领用材料67 000元，发生直接人工费用8 000元，分担间接费用2 000元。加工完成后验收入库。

（1）加工过程中：

借：存货——生产成本　　　　　　　　　　　　　　　77 000

　　贷：存货——材料　　　　　　　　　　　　　　　　　67 000

　　　　应付职工薪酬　　　　　　　　　　　　　　　　　8 000

　　贷：银行存款　　　　　　　　　　　　　　　　　　　　　　　　　2 000

（2）完工验收入库：

　　借：存货——产成品　　　　　　　　　　　　　　　　　　　　　77 000

　　　　贷：存货——生产成本　　　　　　　　　　　　　　　　　　　77 000

（3）接受捐赠、无偿调入的存货验收入库，按照确定的成本，借记本科目，按照发生的相关税费、运输费等，贷记"银行存款"等科目，按照其差额，贷记"其他收入"科目。

　　借：存货

　　　　贷：银行存款等

　　　　　　其他收入

名义金额入账的情况下，按照名义金额，借记本科目，贷记"其他收入"科目；按照发生的相关税费、运输费等，借记"其他支出"科目，贷记"银行存款"等科目。

　　借：存货（名义金额，1元）

　　　　贷：其他收入（名义金额，1元）

　　借：其他支出

　　　　贷：银行存款等

【例18-35】某事业单位接受捐赠材料一批，根据发票记载，该批材料价款4 500元。该事业单位用现金自行支付运杂费400元。

　　借：存货——材料　　　　　　　　　　　　　　　　　　　　　　4 500

　　　　贷：库存现金　　　　　　　　　　　　　　　　　　　　　　　400

　　　　　　其他收入　　　　　　　　　　　　　　　　　　　　　　4 100

【例18-36】假设【例18-35】中材料成本只能以名义金额入账。

　　借：存货——材料　　　　　　　　　　　　　　　　　　　　　　　　1

　　　　贷：其他收入　　　　　　　　　　　　　　　　　　　　　　　　1

　　借：其他支出　　　　　　　　　　　　　　　　　　　　　　　　　400

　　　　贷：库存现金　　　　　　　　　　　　　　　　　　　　　　　400

　2.发出存货的账务处理。事业单位发出存货的方式主要有开展业务活动领用、发出，以及对外捐赠和无偿调出。

（1）开展业务活动等领用、发出存货，按照领用、发出存货的实际成本，借记"事业支出""经营支出"等科目，贷记本科目。

　　借：事业支出/经营支出等

　　　　贷：存货

（2）对外捐赠、无偿调出存货，转入待处置资产时，按照存货的账面余额，借记"待处置资产损溢"科目，贷记本科目。

　　借：待处置资产损溢

　　　　贷：存货

属于增值税一般纳税人的事业单位对外捐赠、无偿调出购进的非自用材料，转入待处置资产时，按照存货的账面余额与相关增值税进项税额转出金额的合计金额，借记"待处置资产损溢"科目，按照存货的账面余额，贷记本科目，按照转出的增值税进项税额，贷记"应缴税费——应缴增值税（进项税额转出）"科目。

　　借：待处置资产损溢
　　　　贷：存货
　　　　　　应缴税费——应缴增值税（进项税额转出）
　　实际捐出、调出存货时，按照"待处置资产损溢"科目的相应余额，借记"其他支出"科目，贷记"待处置资产损溢"科目。

　　借：其他支出
　　　　贷：待处置资产损溢
　　【例18-37】某事业单位（小规模纳税人）对外捐赠不需用材料一批，账面价值35 000元。
　　（1）转入待处置资产时：
　　借：待处置资产损溢　　　　　　　　　　　　　　　　　　　　　　35 000
　　　　贷：存货——材料　　　　　　　　　　　　　　　　　　　　　　　35 000
　　（2）捐赠转出时：
　　借：其他支出　　　　　　　　　　　　　　　　　　　　　　　　　35 000
　　　　贷：待处置资产损溢　　　　　　　　　　　　　　　　　　　　　　35 000
　　3.盘查存货的账务处理。事业单位的存货应当定期进行盘点清查，每年至少盘点一次。对于发生的存货盘盈、盘亏或者报废、毁损，应当及时查明原因，按照规定报经批准后进行账务处理。
　　（1）盘盈的存货，按照确定的入账价值，借记本科目，贷记"其他收入"科目。
　　借：存货
　　　　贷：其他收入
　　【例18-38】某事业单位在存货盘查中，盘盈A材料一批，按照同类材料市场价格确定成本为3万元。
　　借：存货——A材料　　　　　　　　　　　　　　　　　　　　　　30 000
　　　　贷：其他收入　　　　　　　　　　　　　　　　　　　　　　　　30 000
　　（2）盘亏或者毁损、报废的存货。
　　①转入待处置资产时，按照待处置存货的账面余额，借记"待处置资产损溢——处置资产价值"科目，贷记本科目。
　　借：待处置资产损溢——处置资产价值
　　　　贷：存货
　　属于增值税一般纳税人的事业单位购进的非自用材料发生盘亏或者毁损、报废的，转入待处置资产时，按照存货的账面余额与相关增值税进项税额转出金额的合计金额，借记"待处置资产损溢——处置资产价值"科目，按照存货的账面余额，贷记本科目，按照转出的增值税进项税额，贷记"应缴税费——应缴增值税（进项税额转出）"科目。
　　借：待处置资产损溢——处置资产价值
　　　　贷：存货
　　　　　　应缴税费——应缴增值税（进项税额转出）

②报经批准予以处置时，按照"待处置资产损溢——处置资产价值"科目的相应余额，借记"其他支出"科目，贷记"待处置资产损溢——处置资产价值"科目。

借：其他支出

  贷：待处置资产损溢——处置资产价值

③处置毁损、报废存货过程中收到残值变价收入、保险理赔和过失人赔偿等，借记"库存现金""银行存款"等科目，贷记"待处置资产损溢——处置净收入"科目。

借：库存现金/银行存款等

  贷：待处置资产损溢——处置净收入

④处置毁损、报废存货过程中发生相关费用，借记"待处置资产损溢——处置净收入"科目，贷记"库存现金""银行存款"等科目。

借：待处置资产损溢——处置净收入

  贷：库存现金/银行存款等

⑤处置完毕，按照处置收入扣除相关处置费用后的净收入，借记"待处置资产损溢——处置净收入"科目，贷记"应缴国库款"等科目。

借：待处置资产损溢——处置净收入

  贷：应缴国库款等

【例18-39】某事业单位（一般纳税人）年末存货盘查时，报废非自用B材料一批，该批材料账面价值4万元，经批准给予注销处置。处置过程中取得B材料变价收入8 000元，处置费用5 000元，处置取得的净收入上缴国库。所有款项均通过银行存款转账。

（1）转入待处置资产时：

借：待处置资产损溢——处置资产价值   46 800

 贷：存货   40 000

  应缴税费——应缴增值税（进项税额转出） 6 800

（2）经批准处置时：

借：其他支出   46 800

 贷：待处置资产损溢——处置资产价值   46 800

（3）处置取得收入时：

借：银行存款   8 000

 贷：待处置资产损溢——处置净收入   8 000

（4）支付处置费用时：

借：待处置资产损溢——处置净收入   5 000

 贷：银行存款   5 000

（5）处置完毕转入应缴款时：

借：待处置资产损溢——处置净收入   3 000

 贷：应缴国库款   3 000

（6）上缴国库时：

借：应缴国库款   3 000

 贷：银行存款   3 000

第三节　事业单位对外投资的核算

一、事业单位对外投资的管理

（一）对外投资的概念及类别

对外投资是指事业单位利用货币资金、实物或无形资产等资产向其他单位的投资。对外投资的目的是将暂时闲置的资产投资于外单位，以获取一定的投资回报，促进资产的保值增值。事业单位应当严格遵守国家法律、行政法规以及财政部门、主管部门关于对外投资的有关规定。

事业单位的对外投资根据不同的划分标准，有不同的类别：

（1）按投资对象划分。事业单位的对外投资包括债券投资、股权投资和其他投资。债券投资是指事业单位以购买各种债券的形式而进行的对外投资，包括认购国库券和其他各种债券；股权投资是指事业单位以认购股份或股权的形式而进行的投资；其他投资是指事业单位除债券、股权投资以外的其他投资。

（2）按投资性质划分。事业单位的对外投资包括债权性投资和权益性投资。债权性投资是指事业单位通过投资取得被投资单位的债权，从而与被投资单位形成债权债务关系的投资，如购买各种债券；权益性投资是指事业单位通过投资取得被投资单位相应份额的所有权，如通过合同、协议等方式向合资、联营单位进行投资，从而与被投资单位形成所有权关系的投资。

（3）按投资期限划分。事业单位的对外投资包括短期投资和长期投资。短期投资是指事业单位持有时间不超过1年（含1年）的投资；长期投资是指事业单位持有时间超过1年（不含1年）的投资。

（二）对外投资的计价

1.短期投资和长期投资中以货币资金取得的投资，应按实际支付的款项计价。

2.非货币资产及长期股权投资，应按评估确认的价格加上相关税费计价。

3.长期债券投资，应按实际支付的价款计价。实际支付的款项包括购买价款以及税金、手续费等相关税费。

二、事业单位对外投资的账务处理

（一）短期投资的账务处理

事业单位设置"短期投资"科目核算其依法取得的，持有时间不超过1年（含1年）的投资，主要是国债投资。短期投资的增加记借方，减少记贷方，期末借方余额反映事业单位持有的短期投资成本。本科目应当按照国债投资的种类等进行明细核算。

1.短期投资在取得时，按照其实际成本（包括购买价款以及税金、手续费等相关税费）作为投资成本，借记本科目，贷记"银行存款"等科目。

借：短期投资
　　贷：银行存款等

2.短期投资持有期间收到利息时，按照实际收到的金额，借记"银行存款"科目，贷记"其他收入——投资收益"科目。

　　借：银行存款

　　　　贷：其他收入——投资收益

　　3.出售短期投资或到期收回短期国债本息，按照实际收到的金额，借记"银行存款"科目，贷记本科目，按照其差额，贷记或借记"其他收入——投资收益"科目。

　　借：银行存款

　　　　贷：短期投资

　　借或贷：其他收入——投资收益

　　【例18-40】某事业单位用货币资金购买国库券1 000张，每张110元买进，共支付价款11万元，另支付佣金、税金等1 800元。债券面值10万元，距到期尚有6个月，该批国库券年利率为6%，每季度支付一次利息。持有3个月后，因急需资金将持有的该批国库券出售，取得价款12万元。所有款项均通过银行转账进行。

　　（1）买入国库券时：

　　借：短期投资——国库券　　　　　　　　　　　111 800

　　　　贷：银行存款　　　　　　　　　　　　　　　　111 800

　　（2）取得债券利息时：

　　借：银行存款　　　　　　　　　　　　　　　　　1 500

　　　　贷：其他收入——投资收益　　　　　　　　　　　1 500

　　（3）卖出国库券时：

　　借：银行存款　　　　　　　　　　　　　　　　120 000

　　　　贷：短期投资　　　　　　　　　　　　　　　　111 800

　　　　　　其他收入——投资收益　　　　　　　　　　　8 200

（二）长期投资的账务处理

　　事业单位设置"长期投资"科目核算其依法取得的，持有时间超过1年（不含1年）的股权和债权性质的投资。长期投资的增加记借方，减少记贷方，期末借方余额反映事业单位持有的长期投资成本。本科目应当按照长期投资的种类和被投资单位等进行明细核算。

　　1.长期股权投资的账务处理。长期股权投资的账务处理主要包括取得投资、持有期间取得投资收益、转让投资、投资损失等。

　　（1）取得长期股权投资。取得方式不同，账务处理方式也不同。

　　①以货币资金取得的长期股权投资，按照实际支付的全部价款（包括购买价款以及税金、手续费等相关税费）作为投资成本，借记本科目，贷记"银行存款"等科目；同时，按照投资成本金额，借记"事业基金"科目，贷记"非流动资产基金——长期投资"科目。

　　借：长期投资——长期股权投资

　　　　贷：银行存款等

　　同时，

　　借：事业基金

　　　　贷：非流动资产基金——长期投资——股权投资

【例18-41】某事业单位以货币资金800万元投入某企业，取得长期股权性质的投资，款项通过银行转账支付。

借：长期投资——长期股权投资　　　　　　　　　　　　　　8 000 000
　　贷：银行存款　　　　　　　　　　　　　　　　　　　　　　　　　8 000 000
借：事业基金　　　　　　　　　　　　　　　　　　　　　　　8 000 000
　　贷：非流动资产基金——长期投资——股权投资　　　　　　　　　　8 000 000

②以固定资产取得的长期股权投资，按照评估价值加上相关税费作为投资成本，借记本科目，贷记"非流动资产基金——长期投资"科目，按照发生的相关税费，借记"其他支出"科目，贷记"银行存款""应缴税费"等科目；同时，按照投出固定资产对应的非流动资产基金，借记"非流动资产基金——固定资产"科目，按照投出固定资产的已计提折旧，借记"累计折旧"科目，按照投出固定资产的账面余额，贷记"固定资产"科目。

借：长期投资——长期股权投资
　　贷：非流动资产基金——长期投资——股权投资
借：其他支出
　　贷：银行存款/应缴税费等
同时，
借：非流动资产基金——固定资产
　　累计折旧
　　贷：固定资产

【例18-42】某事业单位（一般纳税人）以账面原值为360万元的机器设备作账，与其他单位合资兴办企业，经评估确认该批机器价值为380万元。该批机器已累计计提折旧60万元，发生运费5 000元。款项通过银行存款支付。

借：长期投资——长期股权投资　　　　　　　　　　　　　　4 451 000
　　贷：非流动资产基金——长期投资——股权投资　　　　　　　　　4 451 000
借：其他支出　　　　　　　　　　　　　　　　　　　　　　　651 000
　　贷：银行存款　　　　　　　　　　　　　　　　　　　　　　　　　5 000
　　　　应缴税费——应缴增值税（销项税额）　　　　　　　　　　　646 000
借：非流动资产基金——固定资产　　　　　　　　　　　　　3 000 000
　　累计折旧　　　　　　　　　　　　　　　　　　　　　　　600 000
　　贷：固定资产　　　　　　　　　　　　　　　　　　　　　　　3 600 000

③以已入账无形资产取得的长期股权投资，按照评估价值加上相关税费作为投资成本，借记本科目，贷记"非流动资产基金——长期投资"科目，按照发生的相关税费，借记"其他支出"科目，贷记"银行存款""应缴税费"等科目；同时，按照投出无形资产对应的非流动资产基金，借记"非流动资产基金——无形资产"科目，按照投出无形资产的已计提摊销，借记"累计摊销"科目，按照投出无形资产的账面余额，贷记"无形资产"科目。

借：长期投资——长期股权投资
　　贷：非流动资产基金——长期投资——股权投资
借：其他支出

　　　　贷：银行存款/应缴税费等
　　同时，
　　借：非流动资产基金——无形资产
　　　　累计摊销
　　　　贷：无形资产

【例18-43】某事业单位（一般纳税人）以已入账的一项无形资产对某企业进行投资，该项无形资产账面原值为60万元，已累计摊销6万元，评估价值为70万元。

按照相关规定计算如下：

应税销售额＝70÷（1+6%）＝66（万元）

销项税额＝66×6%＝3.96（万元）

　　借：长期投资——长期股权投资　　　　　　　　　　　735 000
　　　　贷：非流动资产基金——长期投资——股权投资　　　　　735 000
　　借：其他支出　　　　　　　　　　　　　　　　　　　　39 600
　　　　贷：应缴税费——应缴增值税（销项税额）　　　　　　　39 600
　　借：非流动资产基金——无形资产　　　　　　　　　　540 000
　　　　累计摊销　　　　　　　　　　　　　　　　　　　　60 000
　　　　贷：无形资产　　　　　　　　　　　　　　　　　　　600 000

　　④以未入账无形资产取得的长期股权投资，按照评估价值加上相关税费作为投资成本，借记本科目，贷记"非流动资产基金——长期投资"科目，按照发生的相关税费，借记"其他支出"科目，贷记"银行存款""应缴税费"等科目。

　　借：长期投资——长期股权投资
　　　　贷：非流动资产基金——长期投资——股权投资
　　借：其他支出
　　　　贷：银行存款/应缴税费等

【例18-44】假设【例18-43】中对外投资的无形资产未入账。

　　借：长期投资——长期股权投资　　　　　　　　　　　735 000
　　　　贷：非流动资产基金——长期投资——股权投资　　　　　735 000
　　借：其他支出　　　　　　　　　　　　　　　　　　　　39 600
　　　　贷：应缴税费——应缴增值税（销项税额）　　　　　　　39 600

　　（2）长期股权投资持有期间，收到利润等投资收益。按照实际收到的金额，借记"银行存款"等科目，贷记"其他收入——投资收益"科目。

　　借：银行存款等
　　　　贷：其他收入——投资收益——股权投资

【例18-45】某事业单位从其进行股权投资的企业分得利润10万元，存入银行。

　　借：银行存款　　　　　　　　　　　　　　　　　　　100 000
　　　　贷：其他收入——投资收益——股权投资　　　　　　　　100 000

　　（3）转让长期股权投资。

　　①转入待处置资产时，按照待转让长期股权投资的账面余额，借记"待处置资产损溢——处置资产价值"科目，贷记本科目。

借：待处置资产损溢——处置资产价值

贷：长期投资——长期股权投资

②实际转让时，按照所转让长期股权投资对应的非流动资产基金，借记"非流动资产基金——长期投资"科目，贷记"待处置资产损溢——处置资产价值"科目。

借：非流动资产基金——长期投资——股权投资

贷：待处置资产损溢——处置资产价值

③转让长期股权投资过程中取得转让价款时，借记"库存现金""银行存款"等科目，贷记"待处置资产损溢——处置净收入"科目。

借：库存现金/银行存款等

贷：待处置资产损溢——处置净收入

④转让长期股权投资过程中发生相关费用，借记"待处置资产损溢——处置净收入"科目，贷记"库存现金""银行存款"等科目。

借：待处置资产损溢——处置净收入

贷：库存现金/银行存款等

⑤转让完毕，按照转让价款扣除相关费用后的净收入，借记"待处置资产损溢——处置净收入"科目，贷记"应缴国库款"等科目。

借：待处置资产损溢——处置净收入

贷：应缴国库款等

【例18-46】某事业单位将账面原值为360万元的一项长期股权投资转让给其他单位，取得转让价款400万元，发生转让费用8 000元。

（1）转入待处置资产时：

借：待处置资产损溢——处置资产价值　　　　　　　　　　　3 600 000

贷：长期投资——长期股权投资　　　　　　　　　　　　　　3 600 000

（2）实际转让时：

借：非流动资产基金——长期投资——股权投资　　　　　　　3 600 000

贷：待处置资产损溢——处置资产价值　　　　　　　　　　　3 600 000

（3）取得转让价款时：

借：银行存款　　　　　　　　　　　　　　　　　　　　　　4 000 000

贷：待处置资产损溢——处置净收入　　　　　　　　　　　　4 000 000

（4）支付转让费用时：

借：待处置资产损溢——处置净收入　　　　　　　　　　　　　　8 000

贷：银行存款　　　　　　　　　　　　　　　　　　　　　　　　8 000

（5）转让完毕处理净收入时：

借：待处置资产损溢——处置净收入　　　　　　　　　　　　3 992 000

贷：应缴国库款　　　　　　　　　　　　　　　　　　　　　3 992 000

（4）长期股权投资发生损失。因被投资单位破产清算等原因，有确凿证据表明长期股权投资发生损失，按照规定报经批准后予以核销。

①将待核销长期股权投资转入待处置资产时，按照待核销的长期股权投资账面余额，借记"待处置资产损溢"科目，贷记本科目。

借：待处置资产损溢

　　贷：长期投资——长期股权投资

②报经批准予以核销时，借记"非流动资产基金——长期投资"科目，贷记"待处置资产损溢"科目。

借：非流动资产基金——长期投资——股权投资

　　贷：待处置资产损溢

【例18-47】某事业单位有确凿证据表明本单位一项价值40万元的长期股权投资，因被投资单位破产，该项投资无法收回，经批准予以核销。

（1）转入待处置资产时：

借：待处置资产损溢　　　　　　　　　　　　　　　　　　　　400 000

　　贷：长期投资——长期股权投资　　　　　　　　　　　　　　　　400 000

（2）经批准核销时：

借：非流动资产基金——长期投资——股权投资　　　　　　　　400 000

　　贷：待处置资产损溢　　　　　　　　　　　　　　　　　　　　400 000

2.长期债权投资的账务处理。长期债权投资的账务处理主要包括取得投资、持有期间取得利息、转让或到期收回本息。

（1）长期债券投资的取得。以货币资金购入的长期债券投资，按照实际支付的全部价款（包括购买价款以及税金、手续费等相关税费）作为投资成本，借记本科目，贷记"银行存款"等科目；同时，按照投资成本金额，借记"事业基金"科目，贷记"非流动资产基金——长期投资"科目。

借：长期投资——长期债券投资

　　贷：银行存款等

同时，

借：事业基金

　　贷：非流动资产基金——长期投资——债券投资

（2）长期债券投资持有期间收到利息。按照实际收到的金额，借记"银行存款"等科目，贷记"其他收入——投资收益"科目。

借：银行存款等

　　贷：其他收入——投资收益——债券投资

（3）对外转让或到期收回长期债券投资本息。按照实际收到的金额，借记"银行存款"等科目，按照收回长期投资的成本，贷记本科目，按照其差额，贷记或借记"其他收入——投资收益"科目；同时，按照收回长期投资对应的非流动资产基金，借记"非流动资产基金——长期投资"科目，贷记"事业基金"科目。

借：银行存款等

　　贷：长期投资——长期债券投资

借或贷：其他收入——投资收益

同时，

借：非流动资产基金——长期投资——债券投资

　　贷：事业基金

【例18-48】某事业单位购入期限为3年，面值为50万元的国债，购入时支付手续费2 000元。该国债年利率为6%，每年支付一次利息。3年后该债券到期收回本息。

（1）取得投资时：

借：长期投资——长期债券投资　　　　　　　　　　　　　　　　502 000

　　贷：银行存款　　　　　　　　　　　　　　　　　　　　　　　　502 000

借：事业基金　　　　　　　　　　　　　　　　　　　　　　　　502 000

　　贷：非流动资产基金——长期投资——债券投资　　　　　　　　502 000

（2）第1、2年分别取得利息时：

借：银行存款　　　　　　　　　　　　　　　　　　　　　　　　30 000

　　贷：其他收入——投资收益——债券投资　　　　　　　　　　　30 000

（3）到期收回本息时：

借：银行存款　　　　　　　　　　　　　　　　　　　　　　　　530 000

　　贷：长期投资——长期债券投资　　　　　　　　　　　　　　　502 000

　　　　其他收入——投资收益　　　　　　　　　　　　　　　　　28 000

借：非流动资产基金——长期投资——债券投资　　　　　　　　　502 000

　　贷：事业基金　　　　　　　　　　　　　　　　　　　　　　　502 000

第四节　事业单位固定资产和累计折旧的核算

一、事业单位固定资产的概念及内容

固定资产是指事业单位持有的使用期限超过1年（不含1年）、单位价值在规定标准以上，并在使用过程中基本保持原有物质形态的资产。单位价值虽未达到规定标准，但使用期限超过1年（不含1年）的大批同类物资，作为固定资产核算和管理。这一概念包含以下四层含义：

1.固定资产的单位价值一般应达到规定标准。固定资产的单位价值历来都是由国家进行统一规定的。《事业单位财务规则》中规定固定资产标准为：一般设备单位价值在1 000元，专用设备单位价值在1 500元。

2.固定资产的使用期限要在1年以上（不含1年）。

3.固定资产在使用过程中要基本保持原有物质形态。

4.有些固定资产的单位价值虽未达到规定标准，但使用期限超过1年（不含1年）的大批同类物资，作为固定资产核算和管理。

固定资产一般分为六类：房屋及构筑物；专用设备；通用设备；文物和陈列品；图书、档案；家具、用具、装具及动植物。行业事业单位的固定资产明细目录由国务院主管部门制定，报国务院财政部门备案。具体如下：

（1）房屋和建筑物，是指事业单位拥有占有权和使用权的房屋、建筑物及其附属设施。其中，房屋包括办公用房、业务用房、库房、职工宿舍用房、职工食堂、锅炉房等；建筑物包括道路、围墙、水塔等；附属设备包括房屋、建筑物内的电梯、通信线路、输电线路、水气管道等。

（2）专用设备，是指事业单位根据业务工作的实际需要购置的各种具有专门性能和专门用途的设备，如学校的教学仪器、科研单位的科研仪器、医院的医疗器械等。

（3）通用设备，是指事业单位用于业务工作的通用性设备，如办公用的复印机、交通工具等。

（4）文物和陈列品，是指博物馆、展览馆、纪念馆等文化事业单位的各种文物和陈列品，如古物、字画、纪念物品等。

（5）图书、档案，是指专业图书馆、文化馆、档案馆贮藏的书籍、档案，以及带来单位贮藏的统一管理使用的图书、档案，如业务用书、档案室档案、单位图书馆及展览室的图书等。

（6）家具、用具、装具及动植物，如办公桌椅、文件柜等办公家具、厨卫用具、实验用动物及名贵树木花卉等。

事业单位应当根据固定资产定义，结合本单位的具体情况，制定适合于本单位的固定资产目录、具体分类方法，作为固定资产核算的依据。

事业单位应当设置"固定资产登记簿"和"固定资产卡片"，按照固定资产类别、项目和使用部门等进行明细核算。出租、出借的固定资产，应当设置备查簿进行登记。

二、事业单位固定资产的入账价值

固定资产的来源渠道不同，入账价值也不同。具体如下：

1.购入的固定资产，其成本包括购买价款、相关税费以及固定资产交付使用前所发生的可归属于该项资产的运输费、装卸费、安装调试费和专业人员服务费等。以一笔款项购入多项没有单独标价的固定资产，按照各项固定资产同类或类似资产市场价格的比例对总成本进行分配，分别确定各项固定资产的入账成本。

2.自行建造的固定资产，其成本包括建造该项资产至交付使用前所发生的全部必要支出。已交付使用但尚未办理竣工决算手续的固定资产，按照估计价值入账，待确定实际成本后再进行调整。

3.在原有固定资产基础上进行改建、扩建、修缮后的固定资产，其成本按照原固定资产账面价值（"固定资产"科目账面余额减去"累计折旧"科目账面余额后的净值）加上改建、扩建、修缮发生的支出，再扣除固定资产拆除部分账面价值后的金额确定。

4.以融资租赁租入的固定资产，其成本按照租赁协议或者合同确定的租赁价款、相关税费以及固定资产交付使用前所发生的可归属于该项资产的运输费、途中保险费、安装调试费等确定。

5.接受捐赠、无偿调入的固定资产，其成本按照有关凭据注明的金额加上相关税费、运输费等确定；没有相关凭据的，其成本比照同类或类似固定资产的市场价格加上相关税费、运输费等确定；没有相关凭据、同类或类似固定资产的市场价格也无法可靠取得的，该项固定资产按照名义金额入账。

6.盘盈的固定资产，按照同类或类似固定资产的市场价格确定入账价值；同类或类似固定资产的市场价格无法可靠取得的，按照名义金额入账。

三、事业单位固定资产的账务处理

事业单位设置"固定资产"科目核算事业单位固定资产的原价。固定资产的增加记借方，减少记贷方，期末借方余额反映事业单位固定资产的原价。对于应用软件，如果其构成相关硬件不可缺少的组成部分，应当将该软件价值包括在所属硬件价值中，一并作为固定资产进行核算；如果其不构成相关硬件不可缺少的组成部分，应当将该软件作为无形资产核算。事业单位以经营租赁租入的固定资产，不作为固定资产核算，应当另设备查簿进行登记。购入需要安装的固定资产，应当先通过"在建工程"科目核算，安装完毕交付使用时再转入本科目核算。

事业单位固定资产的账务处理采用"双分录"形式。

（一）固定资产增加的账务处理

事业单位固定资产的增加方式主要有购入、自建、改扩建、捐入、融资租入、盘盈等。

1.购入固定资产的账务处理。

（1）购入不需安装的固定资产，按照确定的固定资产成本，借记本科目，贷记"非流动资产基金——固定资产"科目；同时，按照实际支付的金额，借记"事业支出""经营支出""专用基金——修购基金"等科目，贷记"财政补助收入""零余额账户用款额度""银行存款"等科目。

借：固定资产

　　贷：非流动资产基金——固定资产

同时，

借：事业支出/经营支出/专用基金——修购基金等

　　贷：财政补助收入/零余额账户用款额度/银行存款等

说明：借方科目选择原则：采用非基金购买且用于事业活动时，选择"事业支出"科目；采用非基金购买且用于经营活动时，选择"经营支出"科目；采用修购基金购买时，选择"专用基金——修购基金"科目。（后文同）

【例18-49】某事业单位购入一台不需安装的设备用于事业活动，价款7万元，增值税11 900元，运杂费800元。支付款项时，用修购基金5万元，其余通过财政授权支付方式支付。

借：固定资产　　　　　　　　　　　　　　　　　　　　　　82 700

　　贷：非流动资产基金——固定资产　　　　　　　　　　　　　　　82 700

借：事业支出　　　　　　　　　　　　　　　　　　　　　　32 700

　　专用基金——修购基金　　　　　　　　　　　　　　　50 000

　　贷：零余额账户用款额度　　　　　　　　　　　　　　　　　　82 700

（2）购入需要安装的固定资产，先通过"在建工程"科目核算。安装完工交付使用时，借记本科目，贷记"非流动资产基金——固定资产"科目；同时，借记"非流动资产基金——在建工程"科目，贷记"在建工程"科目。

借：固定资产

　　贷：非流动资产基金——固定资产

同时，

借：非流动资产基金——在建工程

　　贷：在建工程

【例18-50】假设【例18-49】中的设备需要安装，发生安装费200元，用现金支付。

（1）收到设备时：

借：在建工程　　　　　　　　　　　　　　　　　　　82 700

　　贷：非流动资产基金——固定资产　　　　　　　　　　　　　　82 700

借：事业支出　　　　　　　　　　　　　　　　　　　32 700

　　专用基金——修购基金　　　　　　　　　　　　　50 000

　　贷：零余额账户用款额度　　　　　　　　　　　　　　　　　82 700

（2）安装时：

借：在建工程　　　　　　　　　　　　　　　　　　　　　200

　　贷：非流动资产基金——在建工程　　　　　　　　　　　　　　　200

借：事业支出　　　　　　　　　　　　　　　　　　　　　200

　　贷：库存现金　　　　　　　　　　　　　　　　　　　　　　　200

（3）安装完成交付使用时：

借：固定资产　　　　　　　　　　　　　　　　　　　82 900

　　贷：非流动资产基金——固定资产　　　　　　　　　　　　　　82 900

借：非流动资产基金——在建工程　　　　　　　　　　82 900

　　贷：在建工程　　　　　　　　　　　　　　　　　　　　　　82 900

　　（3）购入固定资产扣留质量保证金的，应当在取得固定资产时，按照确定的成本，借记本科目（不需安装）或"在建工程"科目（需要安装），贷记"非流动资产基金——固定资产或在建工程"科目。同时，取得固定资产全款发票的，应当同时按照构成资产成本的全部支出金额，借记"事业支出""经营支出""专用基金——修购基金"等科目，按照实际支付的金额，贷记"财政补助收入""零余额账户用款额度""银行存款"等科目，按照扣留的质量保证金，贷记"其他应付款"（扣留期在1年以内（含1年））或"长期应付款"（扣留期超过1年）科目；取得的发票金额不包括质量保证金的，应当同时按照不包括质量保证金的支出金额，借记"事业支出""经营支出""专用基金——修购基金"等科目，贷记"财政补助收入""零余额账户用款额度""银行存款"等科目。质保期满支付质量保证金时，借记"其他应付款"或"长期应付款"科目，或者借记"事业支出""经营支出""专用基金——修购基金"等科目，贷记"财政补助收入""零余额账户用款额度""银行存款"等科目。

　　①取得固定资产时：

　　借：固定资产（不需安装）或在建工程（需要安装）

　　　　贷：非流动资产基金——固定资产或在建工程

　　第一种情况，取得固定资产全款发票的，同时按照构成资产成本的全部支出金额：

　　借：事业支出/经营支出/专用基金——修购基金等

　　　　贷：财政补助收入/零余额账户用款额度/银行存款等

　　　　　　其他应付款（1年及以内）或长期应付款（超过1年）

【例18-51】假设【例18-49】中，在支付款项时，扣留质量保证金3 000元，质保期为1年。收到供应商开具的全额发票一张。

借：固定资产　82 700

　　贷：非流动资产基金——固定资产　82 700

借：事业支出　32 700

　　专用基金——修购基金　50 000

　　　贷：零余额账户用款额度　79 700

　　　　其他应付款　3 000

　　第二种情况，取得的发票金额不包括质量保证金的，应当同时按照不包括质量保证金的支出金额：

　　借：事业支出/经营支出/专用基金——修购基金等

　　　贷：财政补助收入/零余额账户用款额度/银行存款等

　　【例18-52】假设【例18-51】中，供应商开具的是不包括质量保证金的发票。

借：固定资产　82 700

　　贷：非流动资产基金——固定资产　82 700

借：事业支出　29 700

　　专用基金——修购基金　50 000

　　　贷：零余额账户用款额度　79 700

　　②质保期满支付质量保证金时：

　　借：其他应付款或长期应付款

　　或者借：事业支出/经营支出/专用基金——修购基金等

　　　贷：财政补助收入/零余额账户用款额度/银行存款等

　　【例18-53】接【例18-51】和【例18-52】，质保期满，没有出现质量问题，采用授权支付方式补付质保金。

　　（1）之前收到的是全额发票的：

借：其他应付款　3 000

　　贷：零余额账户用款额度　3 000

　　（2）之前收到的是不包括质保金发票的：

借：事业支出　3 000

　　贷：零余额账户用款额度　3 000

　　2. 自行建造固定资产的账务处理。自行建造的固定资产，工程完工交付使用时，按照自行建造过程中发生的实际支出，借记本科目，贷记"非流动资产基金——固定资产"科目；同时，借记"非流动资产基金——在建工程"科目，贷记"在建工程"科目。已交付使用但尚未办理竣工决算手续的固定资产，按照估计价值入账，待确定实际成本后再进行调整。

　　借：固定资产

　　　贷：非流动资产基金——固定资产

　　同时，

　　借：非流动资产基金——在建工程

　　　贷：在建工程

　　【例18-54】某事业单位自行建造一栋办公用房，已完工交付使用，但尚未办理竣工决算手续，暂估价1 000万元。

借：固定资产　　　　　　　　　　　　　　　　　　　　　　10 000 000

　　贷：非流动资产基金——固定资产　　　　　　　　　　　　　　　10 000 000

借：非流动资产基金——在建工程　　　　　　　　　　　　　10 000 000

　　贷：在建工程　　　　　　　　　　　　　　　　　　　　　　　10 000 000

【例18-55】接【例18-54】，该项工程1个月后办理了竣工结算手续，实际造价1 050万元。

借：固定资产　　　　　　　　　　　　　　　　　　　　　　500 000

　　贷：非流动资产基金——固定资产　　　　　　　　　　　　　　　500 000

借：非流动资产基金——在建工程　　　　　　　　　　　　　500 000

　　贷：在建工程　　　　　　　　　　　　　　　　　　　　　　　500 000

3.改建、扩建、修缮固定资产的账务处理。在原有固定资产基础上进行改建、扩建、修缮固定资产，将固定资产转入改建、扩建、修缮时，按照固定资产的账面价值，借记"在建工程"科目，贷记"非流动资产基金——在建工程"科目；同时，按照固定资产对应的非流动资产基金，借记"非流动资产基金——固定资产"科目，按照固定资产的已计提折旧，借记"累计折旧"科目，按照固定资产的账面余额，贷记本科目。

工程完工交付使用时，借记本科目，贷记"非流动资产基金——固定资产"科目；同时，借记"非流动资产基金——在建工程"科目，贷记"在建工程"科目。

（1）将固定资产转入改建、扩建、修缮时：

借：在建工程

　　贷：非流动资产基金——在建工程

同时，

借：非流动资产基金——固定资产

　　累计折旧

　　贷：固定资产

（2）工程完工交付使用时：

借：固定资产

　　贷：非流动资产基金——固定资产

同时，

借：非流动资产基金——在建工程

　　贷：在建工程

【例18-56】某事业单位为提高固定资产的使用效能，对一经营用门面房进行改建，该门面房的账面原值为200万元，已累计折旧50万元。改建过程中支付相关费用60万元。工程已完工交付使用。

（1）将固定资产转入改建时：

借：在建工程　　　　　　　　　　　　　　　　　　　　　1 500 000

　　贷：非流动资产基金——在建工程　　　　　　　　　　　　　　1 500 000

借：非流动资产基金——固定资产　　　　　　　　　　　　1 500 000

　　累计折旧　　　　　　　　　　　　　　　　　　　　　　500 000

　　贷：固定资产 2 000 000

（2）改建过程中支付费用时：

借：在建工程 600 000

　　贷：非流动资产基金——在建工程 600 000

借：经营支出 600 000

　　贷：银行存款 600 000

（3）工程完工交付使用时：

借：固定资产 2 100 000

　　贷：非流动资产基金——固定资产 2 100 000

借：非流动资产基金——在建工程 2 100 000

　　贷：在建工程 2 100 000

　　4.融资租入固定资产的账务处理。融资租入的固定资产，按照确定的成本，借记本科目（不需安装）或"在建工程"科目（需要安装），按照租赁协议或者合同确定的租赁价款，贷记"长期应付款"科目，按照其差额，贷记"非流动资产基金——固定资产或在建工程"科目。同时，按照实际支付的相关税费、运输费、途中保险费、安装调试费等，借记"事业支出""经营支出"等科目，贷记"财政补助收入""零余额账户用款额度""银行存款"等科目。

　　定期支付租金时，按照支付的租金金额，借记"事业支出""经营支出"等科目，贷记"财政补助收入""零余额账户用款额度""银行存款"等科目；同时，借记"长期应付款"科目，贷记"非流动资产基金——固定资产"科目。

（1）租入固定资产时：

借：固定资产（不需安装）或在建工程（需要安装）

　　贷：长期应付款

　　　　非流动资产基金——固定资产或在建工程

同时，

借：事业支出/经营支出等

　　贷：财政补助收入/零余额账户用款额度/银行存款等

（2）定期支付租金时：

借：事业支出/经营支出等

　　贷：财政补助收入/零余额账户用款额度/银行存款等

同时，

借：长期应付款

　　贷：非流动资产基金——固定资产

　　【例18-57】某事业单位以融资租赁形式租入一事业活动用固定资产，按照租赁协议规定，设备的价款为100万元，租期10年，每年以授权支付方式支付租金10万元。另外以授权支付方式支付运杂费3 000元。该项固定资产不需安装。

（1）租入固定资产时：

借：固定资产 1 003 000

　　贷：非流动资产基金——固定资产 3 000

　　贷：长期应付款 1 000 000
　借：事业支出 3 000
　　贷：零余额账户用款额度 3 000
（2）每年支付租金时：
　借：事业支出 100 000
　　贷：零余额账户用款额度 100 000
　借：长期应付款 100 000
　　贷：非流动资产基金——固定资产 100 000

　　5.跨年度分期付款购入固定资产的账务处理。跨年度分期付款购入固定资产的账务处理，参照融资租入固定资产。

　　6.接受捐赠、无偿调入固定资产的账务处理。接受捐赠、无偿调入的固定资产，按照确定的固定资产成本，借记本科目（不需安装）或"在建工程"科目（需要安装），贷记"非流动资产基金——固定资产或在建工程"科目；同时，按照发生的相关税费、运输费等，借记"其他支出"科目，贷记"银行存款"等科目。

　借：固定资产（不需安装）或在建工程（需要安装）
　　贷：非流动资产基金——固定资产或在建工程
　同时，
　借：其他支出
　　贷：银行存款等

　　【例18-58】某事业单位接受外单位捐赠电脑20台，发票单据注明每台电脑4 500元。该单位自行负担运杂费1 000元，通过银行存款转账支付。

　借：固定资产 91 000
　　贷：非流动资产基金——固定资产 91 000
　借：其他支出 1 000
　　贷：银行存款 1 000

　　7.盘盈固定资产的账务处理。盘盈的固定资产，按照确定的入账价值，借记本科目，贷记"非流动资产基金——固定资产"科目。

　借：固定资产
　　贷：非流动资产基金——固定资产

　　【例18-59】某事业单位在年末固定资产清查盘存中，盘盈设备一台，该设备同类产品市场价格为5万元。

　借：固定资产 50 000
　　贷：非流动资产基金——固定资产 50 000

（二）固定资产减少的账务处理

　　事业单位固定资产减少的方式主要有出售、无偿调出、捐出、对外投资转出、盘亏、毁损、报废等。

　　1.出售、无偿调出、对外捐赠固定资产的账务处理。

　　出售、无偿调出、对外捐赠固定资产，转入待处置资产时，按照待处置固定资产的账面价值，借记"待处置资产损溢"科目，按照已计提折旧，借记"累计折旧"科目，按照固定资产的账面余额，贷记本科目。

实际出售、调出、捐出时，按照处置固定资产对应的非流动资产基金，借记"非流动资产基金——固定资产"科目，贷记"待处置资产损溢"科目。

出售固定资产过程中取得价款，借记"库存现金""银行存款"等科目，贷记"待处置资产损溢——处置净收入"科目。

出售、无偿调出、对外捐赠固定资产过程中发生相关税费，借记"待处置资产损溢——处置净收入"科目，贷记"库存现金""银行存款"等科目。

处置完毕，按照处置收入扣除相关处置费用后的净收入，借记"待处置资产损溢——处置净收入"科目，贷记"应缴国库款"等科目。

（1）转入待处置资产时：

借：待处置资产损溢

　　累计折旧

　　贷：固定资产

（2）实际出售、调出、捐出时：

借：非流动资产基金——固定资产

　　贷：待处置资产损溢

（3）出售取得价款时：

借：库存现金/银行存款等

　　贷：待处置资产损溢——处置净收入

（4）发生相关税费时：

借：待处置资产损溢——处置净收入

　　贷：库存现金/银行存款等

（5）处置完毕结转净收入时：

借：待处置资产损溢——处置净收入

　　贷：应缴国库款等

【例18-60】某事业单位将一台不需用的小轿车对外出售，该车账面原值为18万元，已计提折旧8万元，双方协定售价为5万元，出售过程中发生相关费用2 000元。款项均通过银行存款转账支付。

（1）转入待处置资产时：

借：待处置资产损溢——处置资产价值　　　　　　　　　　　　　　　100 000

　　累计折旧　　　　　　　　　　　　　　　　　　　　　　　　　　 80 000

　　贷：固定资产　　　　　　　　　　　　　　　　　　　　　　　　 180 000

（2）实际出售时：

借：非流动资产基金——固定资产　　　　　　　　　　　　　　　　 100 000

　　贷：待处置资产损溢——处置资产价值　　　　　　　　　　　　　100 000

（3）出售取得价款时：

借：银行存款　　　　　　　　　　　　　　　　　　　　　　　　　　50 000

　　贷：待处置资产损溢——处置净收入　　　　　　　　　　　　　　 50 000

（4）发生相关费用时：

借：待处置资产损溢——处置净收入 2 000

  贷：银行存款 2 000

（5）出售完毕时：

借：待处置资产损溢——处置净收入 48 000

  贷：应缴国库款 48 000

2.以固定资产对外投资的账务处理。以固定资产对外投资的账务处理，参见"长期投资"科目的账务处理。

3.盘亏或者毁损、报废固定资产的账务处理。盘亏或者毁损、报废的固定资产，转入待处置资产时，按照待处置固定资产的账面价值，借记"待处置资产损溢"科目，按照已计提折旧，借记"累计折旧"科目，按照固定资产的账面余额，贷记本科目。

报经批准予以处置时，按照处置固定资产对应的非流动资产基金，借记"非流动资产基金——固定资产"科目，贷记"待处置资产损溢"科目。

处置毁损、报废固定资产过程中所取得的收入、发生的相关费用，以及处置收入扣除相关费用后的净收入的账务处理，参见出售固定资产的账务处理。

（1）转入待处置资产时：

借：待处置资产损溢

  累计折旧

  贷：固定资产

（2）报经批准予以处置时：

借：非流动资产基金——固定资产

  贷：待处置资产损溢

盘亏或者毁损、报废固定资产账务处理的例解，参见【例18-60】。

（三）固定资产后续支出的账务处理

与固定资产有关的后续支出，应分以下情况处理：

1.为增加固定资产使用效能或延长其使用年限而发生的改建、扩建或修缮等后续支出，应当计入固定资产成本，通过"在建工程"科目核算，完工交付使用时转入本科目。有关账务处理，参见改建、扩建或修缮固定资产的账务处理。

2.为维护固定资产的正常使用而发生的日常修理等后续支出，应当计入当期支出但不计入固定资产成本，借记"事业支出""经营支出"等科目，贷记"财政补助收入""零余额账户用款额度""银行存款"等科目。

借：事业支出/经营支出等

  贷：财政补助收入/零余额账户用款额度/银行存款等

【例18-61】某事业单位对事业活动用固定资产进行日常修理，该修理并不增加固定资产的效能，也不能延长其使用年限。发生修理费1 000元，由单位零余额账户支付。

借：事业支出 1 000

  贷：零余额账户用款额度 1 000

四、事业单位固定资产的折旧

（一）固定资产折旧的管理

1.固定资产折旧的概念。折旧是指在固定资产使用寿命内，按照确定的方法对应折旧金额进行系统分摊。

事业单位应当按照《事业单位财务规则》或相关财务制度的规定确定是否对固定资产计提折旧。对固定资产计提折旧的，按照《事业单位会计制度》的规定处理。不对固定资产计提折旧的，不设置《事业单位会计制度》规定的"累计折旧"科目，在进行账务处理时不考虑该制度其他科目说明中涉及的"累计折旧"科目。

2.固定资产折旧的范围。计提折旧的事业单位应当对除下列各项资产以外的其他固定资产计提折旧：文物和陈列品；动植物；图书、档案；以名义金额计量的固定资产。

3.固定资产折旧的管理要求。事业单位的固定资产折旧应当遵循以下管理要求：

（1）事业单位应当根据固定资产的性质和实际使用情况，合理确定其折旧年限。省级以上财政部门、主管部门对事业单位固定资产折旧年限作出规定的，从其规定。

（2）事业单位一般应当采用年限平均法或工作量法计提固定资产折旧。

（3）事业单位固定资产的应折旧金额为其成本，计提固定资产折旧不考虑预计净残值。

（4）事业单位一般应当按月计提固定资产折旧。当月增加的固定资产，当月不提折旧，从下月起计提折旧；当月减少的固定资产，当月照提折旧，从下月起不提折旧。

（5）固定资产提足折旧后，无论能否继续使用，均不再计提折旧；提前报废的固定资产，也不再补提折旧。已提足折旧的固定资产，可以继续使用的，应当继续使用，规范管理。

（6）计提融资租入固定资产折旧时，应当采用与自有固定资产相一致的折旧政策。能够合理确定租赁期届满时将会取得租入固定资产所有权的，应当在租入固定资产尚可使用年限内计提折旧；无法合理确定租赁期届满时能够取得租入固定资产所有权的，应当在租赁期与租入固定资产尚可使用年限两者中较短的期间内计提折旧。

（7）固定资产因改建、扩建或修缮等原因而延长其使用年限的，应当按照重新确定的固定资产的成本以及重新确定的折旧年限，重新计算折旧额。

（二）固定资产折旧的账务处理

事业单位设置"累计折旧"科目核算其固定资产计提的累计折旧。累计折旧的增加记贷方，减少记借方，期末贷方余额反映事业单位计提的固定资产折旧累计数。本科目应当按照所对应固定资产的类别、项目等进行明细核算。

1.按月计提折旧的账务处理。按月计提固定资产折旧时，按照应计提折旧金额，借记"非流动资产基金——固定资产"科目，贷记本科目。

借：非流动资产基金——固定资产

　　贷：累计折旧

【例18-62】某事业单位固定资产采用年限平均法。某年8月，根据规定对上月增加的某设备进行折旧，该设备账面原值9万元，预计使用年限10年。

借：非流动资产基金——固定资产

贷：累计折旧

2.处置固定资产的账务处理。固定资产处置时，按照所处置固定资产的账面价值，借记"待处置资产损溢"科目，按照已计提折旧，借记本科目，按照固定资产的账面余额，贷记"固定资产"科目。

借：待处置资产损溢——固定资产
　　累计折旧
贷：固定资产

该项内容的账务处理，参见固定资产的相关账务处理。

第五节　在建工程的核算

一、在建工程概述

在建工程是指事业单位已经发生必要支出，但尚未完工交付使用的各种建筑（包括新建、改建、扩建、修缮等）和设备安装工程。

事业单位在建工程包括基本建设项目和一般性项目。其中，基本建设项目投资应当按照国家有关规定单独建账、单独核算，同时按照《事业单位会计制度》的规定至少按月并入"在建工程"科目及其他相关科目反映。事业单位应当在"在建工程"科目下设置"基建工程"明细科目，核算由基建账套并入的在建工程成本。有关基建并账的具体账务处理另行规定。简言之，基建项目的资金运动由基建会计核算反映，并至少按月并入事业单位会计一般账中来，并入时通过"在建工程——基建工程"科目核算。

《事业单位会计制度》只对非基本建设项目"在建工程"科目的账务处理进行相关规定。

二、在建工程的账务处理

事业单位设置"在建工程"科目核算事业单位已经发生必要支出，但尚未完工交付使用的各种建筑（包括新建、改建、扩建、修缮等）和设备安装工程的实际成本。在建工程的增加记借方，减少记贷方，期末借方余额反映事业单位尚未完工的在建工程发生的实际成本。本科目应当按照工程性质和具体工程项目等进行明细核算。

（一）建筑工程

非基本建设项目的建筑工程主要是事业单位固定资产的改建、扩建或大型修缮等工程。具体过程如下：

1.将固定资产转入改建、扩建或修缮等时，按照固定资产的账面价值，借记本科目，贷记"非流动资产基金——在建工程"科目；同时，按照固定资产对应的非流动资产基金，借记"非流动资产基金——固定资产"科目，按照已计提折旧，借记"累计折旧"科目，按照固定资产的账面余额，贷记"固定资产"科目。

借：在建工程
　　贷：非流动资产基金——在建工程
同时，

借：非流动资产基金——固定资产
　　　累计折旧
　　贷：固定资产

2.根据工程价款结算账单与施工企业结算工程价款时，按照实际支付的工程价款，借记本科目，贷记"非流动资产基金——在建工程"科目；同时，借记"事业支出""经营支出"等科目，贷记"财政补助收入""零余额账户用款额度""银行存款"等科目。

借：在建工程
　　贷：非流动资产基金——在建工程
同时，
借：事业支出/经营支出等
　　贷：财政补助收入/零余额账户用款额度/银行存款等

3.事业单位为建筑工程借入的专门借款的利息，属于建设期间发生的，计入在建工程成本，借记本科目，贷记"非流动资产基金——在建工程"科目；同时，借记"其他支出"科目，贷记"银行存款"科目。

借：在建工程
　　贷：非流动资产基金——在建工程
同时，
借：其他支出
　　贷：银行存款

4.工程完工交付使用时，按照建筑工程所发生的实际成本，借记"固定资产"科目，贷记"非流动资产基金——固定资产"科目；同时，借记"非流动资产基金——在建工程"科目，贷记本科目。

借：固定资产
　　贷：非流动资产基金——固定资产
同时，
借：非流动资产基金——在建工程
　　贷：在建工程
建筑工程账务处理的例解，参见固定资产改建、扩建或修缮账务处理。

（二）设备安装

非基本建设项目的设备安装工程主要是指事业单位购入或融资租入固定资产的安装。具体过程如下：

1.购入需要安装的设备，按照确定的成本，借记本科目，贷记"非流动资产基金——在建工程"科目；同时，按照实际支付的金额，借记"事业支出""经营支出"等科目，贷记"财政补助收入""零余额账户用款额度""银行存款"等科目。

借：在建工程
　　贷：非流动资产基金——在建工程
同时，
借：事业支出/经营支出等
　　贷：财政补助收入/零余额账户用款额度/银行存款等

融资租入需要安装的设备，按照确定的成本，借记本科目，按照租赁协议或者合同确定的租赁价款，贷记"长期应付款"科目，按照其差额，贷记"非流动资产基金——在建工程"科目。同时，按照实际支付的相关税费、运输费、途中保险费等，借记"事业支出""经营支出"等科目，贷记"财政补助收入""零余额账户用款额度""银行存款"等科目。

借：在建工程
　　贷：长期应付款
　　　　非流动资产基金——在建工程
同时，
借：事业支出/经营支出等
　　贷：财政补助收入/零余额账户用款额度/银行存款等

2.发生安装费用时，借记本科目，贷记"非流动资产基金——在建工程"科目；同时，借记"事业支出""经营支出"等科目，贷记"财政补助收入""零余额账户用款额度""银行存款"等科目。

借：在建工程
　　贷：非流动资产基金——在建工程
同时，
借：事业支出/经营支出等
　　贷：财政补助收入/零余额账户用款额度/银行存款等

3.设备安装完工交付使用时，借记"固定资产"科目，贷记"非流动资产基金——固定资产"科目；同时，借记"非流动资产基金——在建工程"科目，贷记本科目。

借：固定资产
　　贷：非流动资产基金——固定资产
同时，
借：非流动资产基金——在建工程
　　贷：在建工程

设备安装账务处理的例解，参见固定资产相关账务处理。

第六节　无形资产和摊销的核算

一、无形资产的概念及特点

无形资产是指事业单位持有的没有实物形态的可辨认非货币性资产，包括专利权、商标权、著作权、土地使用权、非专利技术等。事业单位购入的不构成相关硬件不可缺少组成部分的应用软件，应当作为无形资产核算。无形资产具有以下特点：

1.不具有实物形态。不具有实物形态是无形资产区别于其他资产的显著特点。

2.单位长期受益。无形资产能够在较长时期内为单位带来权益和效益，但受益年限及受益程度难以确定。

3.具有排他专用性和使用权共享性。无形资产由法律或合同所赋予，受法律的保护，因此具有排他专用性。但其使用权在某些情况下可能被几个单位所同时拥有，又具有使用权的共享性。

4.可辨认性。无形资产能够单独用于出售或转让等。

二、无形资产的计价

事业单位无形资产的来源渠道不同，计价方法也不同。

1.外购的无形资产，其成本包括购买价款、相关税费以及可归属于该项资产达到预定用途所发生的其他支出。

2.委托软件公司开发软件，视同外购无形资产进行处理。

3.自行开发并按法律程序申请取得的无形资产，按照依法取得时发生的注册费、聘请律师费等费用作为无形资产入账价值。

4.接受捐赠、无偿调入的无形资产，其成本按照有关凭据注明的金额加上相关税费等确定；没有相关凭据的，其成本比照同类或类似无形资产的市场价格加上相关税费等确定；没有相关凭据、同类或类似无形资产的市场价格也无法可靠取得的，该项资产按照名义金额入账。

三、无形资产的账务处理

事业单位设置"无形资产"科目核算事业单位无形资产的原价。无形资产的增加记借方，减少记贷方，期末借方余额反映事业单位无形资产的原价。本科目应当按照无形资产的类别、项目等进行明细核算。

（一）无形资产增加的账务处理

事业单位无形资产的增加方式主要有外购、自行开发、委托开发、接受捐赠等。

1.外购的无形资产，按照确定的无形资产成本，借记本科目，贷记"非流动资产基金——无形资产"科目；同时，按照实际支付的金额，借记"事业支出"等科目，贷记"财政补助收入""零余额账户用款额度""银行存款"等科目。

借：无形资产

　　贷：非流动资产基金——无形资产

同时，

借：事业支出等

　　贷：财政补助收入/零余额账户用款额度/银行存款等

【例18-63】某事业单位购入一套软件，价款5万元，其他费用2 000元。款项通过单位零余额账户支付。

借：无形资产 52 000

　　贷：非流动资产基金——无形资产 52 000

借：事业支出 52 000

　　贷：零余额账户用款额度 52 000

2.委托软件公司开发软件视同外购无形资产进行处理。支付软件开发费时，按照实际支付金额，借记"事业支出"等科目，贷记"财政补助收入""零余额账户用款额度""银行存款"等科目。软件开发完成交付使用时，按照软件开发费总额，借记本科目，贷记

"非流动资产基金——无形资产"科目。

（1）支付软件开发费时：

借：事业支出等

  贷：财政补助收入/零余额账户用款额度/银行存款等

（2）开发完成交付使用时：

借：无形资产

  贷：非流动资产基金——无形资产

【例18-64】某事业单位委托软件开发公司开发软件用于经营活动，共支付开发费用20万元。开发完成后通过验收。款项通过银行存款转账支付。

（1）支付开发费用时：

借：经营支出   200 000

  贷：银行存款   200 000

（2）交付使用时：

借：无形资产   200 000

  贷：非流动资产基金——无形资产   200 000

3.自行开发并按法律程序申请取得的无形资产，按照依法取得时发生的注册费、聘请律师费等费用，借记本科目，贷记"非流动资产基金——无形资产"科目；同时，借记"事业支出"等科目，贷记"财政补助收入""零余额账户用款额度""银行存款"等科目。

借：无形资产

  贷：非流动资产基金——无形资产

同时，

借：事业支出等

  贷：财政补助收入/零余额账户用款额度/银行存款等

依法取得前所发生的研究开发支出，应于发生时直接计入当期支出，借记"事业支出"等科目，贷记"财政补助收入""零余额账户用款额度""银行存款"等科目。

借：事业支出等

  贷：财政补助收入/零余额账户用款额度/银行存款等

【例18-65】某事业单位自行开发经营活动用专利权一项，在申请注册前共发生支出费用35万元，开发成功申请注册过程中发生各项费用1万元。款项均通过银行存款转账支付。

（1）开发成功前发生各项支出时：

借：经营支出   350 000

  贷：银行存款   350 000

（2）开发成功发生注册费等费用时：

借：经营支出   10 000

  贷：银行存款   10 000

借：无形资产   10 000

  贷：非流动资产基金——无形资产   10 000

4.接受捐赠、无偿调入的无形资产，按照确定的无形资产成本，借记本科目，贷记

"非流动资产基金——无形资产"科目;同时,按照发生的相关税费等,借记"其他支出"科目,贷记"银行存款"等科目。

借:无形资产

　　贷:非流动资产基金——无形资产

同时,

借:其他支出

　　贷:银行存款等

【例18-66】某事业单位接受外单位捐赠的非专利技术一项,捐赠者提供的凭据注明金额为13万元。接受捐赠过程中发生相关费用1 300元。

借:无形资产　　　　　　　　　　　　　　　　　　　　　131 300

　　贷:非流动资产基金——无形资产　　　　　　　　　　　　131 300

借:其他支出　　　　　　　　　　　　　　　　　　　　　　1 300

　　贷:银行存款　　　　　　　　　　　　　　　　　　　　　1 300

(二)无形资产减少的账务处理

事业单位无形资产减少的方式主要有转让、无偿调出、对外捐赠、对外投资转出及核销等。

1.转让、无偿调出、对外捐赠无形资产,转入待处置资产时,按照待处置无形资产的账面价值,借记"待处置资产损溢——处置资产价值"科目,按照已计提摊销,借记"累计摊销"科目,按照无形资产的账面余额,贷记本科目。

实际转让、调出、捐出时,按照处置无形资产对应的非流动资产基金,借记"非流动资产基金——无形资产"科目,贷记"待处置资产损溢——处置资产价值"科目。

转让无形资产过程中取得价款时,按照取得的价款,借记"银行存款"等科目,贷记"待处置资产损溢——处置净收入"科目。

发生相关税费时,借记"待处置资产损溢——处置净收入"科目,贷记"银行存款"等科目。

出售价款扣除相关税费后的净收入净值,借记"待处置资产损溢——处置净收入"科目,贷记"应缴国库款"科目。

(1)转入待处置资产时:

借:待处置资产损溢——处置资产价值

　　累计摊销

　　贷:无形资产

(2)实际转让、调出、捐出时:

借:非流动资产基金——无形资产

　　贷:待处置资产损溢——处置资产价值

(3)取得价款时:

借:银行存款等

　　贷:待处置资产损溢——处置净收入

(4)发生费用时:

借:待处置资产损溢——处置净收入

贷：银行存款等

（5）处置完毕时：

借：待处置资产损溢——处置净收入

　　贷：应缴国库款

【例18-67】某事业单位将一专用权对外出售，该项专用权账面原值为35万元，已摊销5万元。出售过程中取得价款28万元，发生相关税费15 000元。

（1）转入待处置资产时：

借：待处置资产损溢——处置资产价值　　　　　　　　　　　　　　300 000

　　累计摊销　　　　　　　　　　　　　　　　　　　　　　　　50 000

　　　贷：无形资产　　　　　　　　　　　　　　　　　　　　　　　　350 000

（2）实际售出时：

借：非流动资产基金——无形资产　　　　　　　　　　　　　　　300 000

　　　贷：待处置资产损溢——处置资产价值　　　　　　　　　　　　　300 000

（3）取得价款时：

借：银行存款　　　　　　　　　　　　　　　　　　　　　　　280 000

　　　贷：待处置资产损溢——处置净收入　　　　　　　　　　　　　　280 000

（4）发生税费时：

借：待处置资产损溢——处置净收入　　　　　　　　　　　　　　15 000

　　　贷：银行存款　　　　　　　　　　　　　　　　　　　　　　　15 000

（5）处置完毕时：

借：待处置资产损溢——处置净收入　　　　　　　　　　　　　　265 000

　　　贷：应缴国库款　　　　　　　　　　　　　　　　　　　　　　265 000

2.以已入账无形资产对外投资，按照评估价值加上相关税费作为投资成本，借记"长期投资"科目，贷记"非流动资产基金——长期投资"科目，按照发生的相关税费，借记"其他支出"科目，贷记"银行存款""应缴税费"等科目。同时，按照投出无形资产对应的非流动资产基金，借记"非流动资产基金——无形资产"科目，按照投出无形资产的已计提摊销，借记"累计摊销"科目，按照投出无形资产的账面余额，贷记本科目。

借：长期投资

　　贷：非流动资产基金——长期投资

借：其他支出

　　贷：银行存款/应缴税费等

同时，

借：非流动资产基金——无形资产

　　累计摊销

　　贷：无形资产

该项内容例解，详见【例18-43】和【例18-44】。

3.无形资产预期不能为事业单位带来服务潜力或经济利益的，应当按照规定报经批准后将该无形资产的账面价值予以核销。

转入待处置资产时，按照待核销无形资产的账面价值，借记"待处置资产损溢"科目，按照已计提摊销，借记"累计摊销"科目，按照无形资产的账面余额，贷记本科目。

报经批准予以核销时，按照核销无形资产对应的非流动资产基金，借记"非流动资产基金——无形资产"科目，贷记"待处置资产损溢"科目。

（1）转入待处置资产时：

借：待处置资产损溢

　　累计摊销

　　贷：无形资产

（2）报经批准予以核销时：

借：非流动资产基金——无形资产

　　贷：待处置资产损溢

【例18-68】某事业单位预期一无形资产不能给单位带来服务潜力，也不能带来经济效益，该无形资产的账面原值为9万元，已摊销6万元。报经批准将该无形资产予以核销。

借：待处置资产损溢　　　　　　　　　　　　　　　　　　　　30 000

　　累计摊销　　　　　　　　　　　　　　　　　　　　　　　60 000

　　　贷：无形资产　　　　　　　　　　　　　　　　　　　　　　　90 000

借：非流动资产基金——无形资产　　　　　　　　　　　　　　30 000

　　　贷：待处置资产损溢　　　　　　　　　　　　　　　　　　　　30 000

（三）无形资产后续支出的账务处理

1.为增加无形资产的使用效能而发生的后续支出，如对软件进行升级改造或扩展其功能等所发生的支出，应当计入无形资产的成本，借记本科目，贷记"非流动资产基金——无形资产"科目；同时，借记"事业支出"等科目，贷记"财政补助收入""零余额账户用款额度""银行存款"等科目。

借：无形资产

　　贷：非流动资产基金——无形资产

同时，

借：事业支出等

　　贷：财政补助收入/零余额账户用款额度/银行存款等

【例18-69】某事业单位对一套软件进行升级改造，改造过程中发生相关支出共计2万元，通过单位零余额账户支付。

借：无形资产　　　　　　　　　　　　　　　　　　　　　　　20 000

　　贷：非流动资产基金——无形资产　　　　　　　　　　　　　　　20 000

借：事业支出　　　　　　　　　　　　　　　　　　　　　　　20 000

　　贷：零余额账户用款额度　　　　　　　　　　　　　　　　　　　20 000

2.为维护无形资产的正常使用而发生的后续支出，如对软件进行漏洞修补、技术维护等所发生的支出，应当计入当期支出但不计入无形资产成本，借记"事业支出"等科目，贷记"财政补助收入""零余额账户用款额度""银行存款"等科目。

借：事业支出等

贷：财政补助收入/零余额账户用款额度/银行存款等

【例18-70】假设【例18-69】中的支出仅仅是软件维护支出，并未对软件进行升级，也未扩大效能。

借：事业支出 20 000

　　贷：零余额账户用款额度 20 000

四、无形资产的累计摊销

（一）事业单位无形资产摊销的管理要求

摊销是指在无形资产使用寿命内，按照确定的方法对应摊销金额进行系统分摊。事业单位应当对无形资产进行摊销，以名义金额计量的无形资产除外。摊销过程中应当遵循以下要求：

1.事业单位应当按照如下原则确定无形资产的摊销年限：法律规定有效年限的，按照法律规定的有效年限作为摊销年限；法律没有规定有效年限的，按照相关合同或单位申请书中的受益年限作为摊销年限；法律没有规定有效年限、相关合同或单位申请书也没有规定受益年限的，按照不少于10年的期限摊销。

2.事业单位应当采用年限平均法对无形资产进行摊销。

3.事业单位无形资产的应摊销金额为其成本。

4.事业单位应当自无形资产取得当月起，按月计提无形资产摊销。

5.因发生后续支出而增加无形资产成本的，应当按照重新确定的无形资产成本，重新计算摊销额。

（二）事业单位无形资产摊销的账务处理

事业单位设置"累计摊销"科目核算其无形资产计提的累计摊销。累计摊销的增加记贷方，减少记借方，期末贷方余额反映事业单位计提的无形资产摊销累计数。本科目应当按照对应无形资产的类别、项目等进行明细核算。

1.按月计提无形资产摊销时，按照应计提摊销金额，借记"非流动资产基金——无形资产"科目，贷记本科目。

借：非流动资产基金——无形资产

　　贷：累计摊销

【例18-71】某事业单位本月新增一项无形资产，账面原值30万元，预计使用年限10年。本月对该项无形资产进行摊销并入账。

借：非流动资产基金——无形资产 2 500

　　贷：累计摊销 2 500

2.无形资产处置时，按照所处置无形资产的账面价值，借记"待处置资产损溢"科目，按照已计提摊销，借记本科目，按照无形资产的账面余额，贷记"无形资产"科目。

借：待处置资产损溢

　　累计摊销

　　贷：无形资产

处置无形资产账务处理的例解，参见无形资产相关账务处理。

第七节　待处置资产损溢的核算

一、待处置资产损溢概述

待处置资产损溢是指事业单位待处置资产的价值及处置损溢。事业单位资产处置包括资产的出售、出让、转让、对外捐赠、无偿调出、盘亏、报废、毁损以及货币性资产损失核销等。

事业单位发生资产的出售、出让、转让、对外捐赠、无偿调出、盘亏、报废、毁损以及货币性资产损失核销等情况时，需要先将待处置资产的价值转入"待处置资产损溢"账户，经申报批准后再从"待处置资产损溢"账户转出，对资产进行核销。在处置过程中发生的损溢也先通过"待处置资产损溢"账户进行核算，待结算出净损溢并报经批准后进行处理。

二、待处置资产损溢的账务处理

事业单位设置"待处置资产损溢"科目核算事业单位待处置资产的价值及处置损溢。待处置资产价值及损失的增加记借方，待处置资产价值减少及收益记贷方，期末如为借方余额反映尚未处置完毕的各种资产价值及净损失，期末如为贷方余额反映尚未处置完毕的各种资产净溢余。年度终了，报经批准处理后，本科目一般应无余额。本科目应当按照待处置资产项目进行明细核算；对于处置过程中取得相关收入、发生相关费用的处置项目，还应当设置"处置资产价值""处置净收入"明细科目，进行明细核算。

（一）按规定报经批准予以核销的应收及预付款项、长期股权投资、无形资产

1.转入待处置资产时，借记本科目（核销无形资产的，还应借记"累计摊销"科目），贷记"应收账款""预付账款""其他应收款""长期投资""无形资产"等科目。

借：待处置资产损溢
　　　累计摊销（核销无形资产时）
　　贷：应收账款/预付账款/其他应收款/长期投资/无形资产等

2.报经批准予以核销时，借记"其他支出"（应收及预付款项核销）或"非流动资产基金——长期投资/无形资产"（长期投资、无形资产核销）科目，贷记本科目。

借：其他支出或非流动资产基金——长期投资/无形资产
　　贷：待处置资产损溢

（二）盘亏或者毁损、报废的存货、固定资产

1.转入待处置资产时，借记本科目（处置资产价值）（处置固定资产的，还应借记"累计折旧"科目），贷记"存货""固定资产"等科目。

借：待处置资产损溢——处置资产价值
　　　累计折旧（处置固定资产时）
　　贷：存货/固定资产等

2.报经批准予以处置时,借记"其他支出"(处置存货)或"非流动资产基金——固定资产"(处置固定资产)科目,贷记本科目(处置资产价值)。

借:其他支出或非流动资产基金——固定资产

　　贷:待处置资产损溢——处置资产价值

3.处置毁损、报废存货、固定资产过程中收到残值变价收入、保险理赔和过失人赔偿等,借记"库存现金""银行存款"等科目,贷记本科目(处置净收入)。

借:库存现金/银行存款等

　　贷:待处置资产损溢——处置净收入

4.处置毁损、报废存货、固定资产过程中发生相关费用,借记本科目(处置净收入),贷记"库存现金""银行存款"等科目。

借:待处置资产损溢——处置净收入

　　贷:库存现金/银行存款等

5.处置完毕,按照处置收入扣除相关处置费用后的净收入,借记本科目(处置净收入),贷记"应缴国库款"等科目。

借:待处置资产损溢——处置净收入

　　贷:应缴国库款等

(三)对外捐赠、无偿调出的存货、固定资产、无形资产

1.转入待处置资产时,借记本科目(捐赠、调出固定资产、无形资产的,还应借记"累计折旧""累计摊销"科目),贷记"存货""固定资产""无形资产"等科目。

借:待处置资产损溢

　　累计折旧(捐赠、调出固定资产时)

　　累计摊销(捐赠、调出无形资产时)

　　贷:存货/固定资产/无形资产等

2.实际捐出、调出时,借记"其他支出"(捐出、调出存货)或"非流动资产基金——固定资产/无形资产"(捐出、调出固定资产、无形资产)科目,贷记本科目。

借:其他支出或非流动资产基金——固定资产/无形资产

　　贷:待处置资产损溢

(四)转让(出售)的长期股权投资、固定资产、无形资产

1.转入待处置资产时,借记本科目(处置资产价值)(转让固定资产、无形资产的,还应借记"累计折旧""累计摊销"科目),贷记"长期投资""固定资产""无形资产"等科目。

借:待处置资产损溢——处置资产价值

　　累计折旧(转让固定资产时)

　　累计摊销(转让无形资产时)

　　贷:长期投资/固定资产/无形资产等

2.实际转让时,借记"非流动资产基金——长期投资/固定资产/无形资产"科目,贷记本科目(处置资产价值)。

借:非流动资产基金——长期投资/固定资产/无形资产

　　贷:待处置资产损溢——处置资产价值

3.转让过程中取得价款、发生相关税费，以及转让价款扣除相关税费后的净收入的账务处理，按照国家有关规定，比照本科目有关毁损、报废存货、固定资产进行处理。

待处置资产损溢各项账务处理的例解，参见各相关资产部分账务处理，这里不再赘述。

思考与练习题

一、思考题

1.什么是事业单位的资产？其主要内容有哪些？

2.事业单位资产有哪些管理要求？

3.事业单位资产的计量有哪些规定？

4.简述事业单位存货的定义及内容。

5.事业单位存货的计价原则有哪些？

6.简述事业单位对外投资的定义及类别。

7.简述事业单位固定资产的定义及内容。

8.事业单位固定资产的入账价值有哪些规定？

9.简述事业单位固定资产后续支出的情况及账务处理。

10.简述事业单位固定资产折旧的概念及管理要求。

11.简述事业单位无形资产后续支出的情况及账务处理。

12.什么是无形资产摊销？其管理要求有哪些？

二、单项选择题

1.事业单位现金清查时，若出现现金短款且无法查明原因的，经批准作（　　）处理。

A.其他应收款　　　　B.其他应付款　　　　C.其他收入　　　　D.其他支出

2.事业单位发生外币业务的，应当按照业务发生当日（或当期期初，下同）的（　　）将外币金额折算为人民币记账。

A.即期汇率　　　　B.市场汇率　　　　C.固定汇率　　　　D.浮动汇率

3.事业单位"银行存款日记账"应定期与"银行对账单"核对，至少（　　）核对一次。

A.每天　　　　B.每旬　　　　C.每月　　　　D.每季

4.事业单位下达授权支付额度的凭证是（　　）。

A.授权支付额度到账通知书　　　　B.预算资金拨款凭证

C.预算申请书　　　　　　　　　　D.用款申请书

5."应收票据"科目核算事业单位因开展（　　）销售产品、提供有偿服务等而收到的商业汇票。

A.经营活动　　　　　　　　　　B.主要业务活动

C.主要业务辅助活动　　　　　　D.A 或 B

6."应收账款"科目核算事业单位因开展（　　）销售产品、提供有偿服务等而应收取的款项。

A.经营活动

B.主要业务活动

C.主要业务辅助活动

D.A 或 B

7.事业单位符合核销条件的应收及预付款项予以核销时,借记（　　）科目。

A."其他支出"

B."待处置资产损溢"

C."待处理财产损溢"

D."其他收入"

8.事业单位随买随用零星办公用品,账务处理时借记（　　）科目。

A."事业支出"或"经营支出"

B."存货"

C."办公用品"

D."固定资产"

9.事业单位购入存货时,以不含税价计入存货成本的是（　　）。

A.小规模纳税人购入自用材料

B.小规模纳税人购入非自用材料

C.一般纳税人购入自用材料

D.一般纳税人购入非自用材料

10.事业单位处置资产过程中取得变价收入时,记入（　　）。

A.相关收入科目

B.相关支出科目

C."待处置资产损溢"科目

D.以上都不是

11.事业单位固定资产计提折旧时,贷记（　　）科目。

A."管理费用"

B."事业支出"

C."经营支出"

D."非流动资产基金"

三、多项选择题

1.下列资产属于事业流动资产的有（　　）。

A.货币资金

B.长期投资

C.存货

D.应收及预付款项

2.下列资产属于事业单位非流动资产的有（　　）。

A.在建工程

B.固定资产

C.无形资产

D.应收及预付款项

3.每日终了,事业单位应当计算当日的（　　）。

A.现金收入合计数

B.现金支出合计数

C.现金结余数

D.实际现金数

4.事业单位发生外币业务的,应当按照业务发生（　　）的即期汇率,将外币金额折算为人民币记账。

A.当日

B.当月

C.当期期初

D.当期期末

5."应收票据"科目核算事业单位因开展经营活动销售产品、提供有偿服务等而收到的商业汇票,包括（　　）。

A.单位承兑汇票

B.银行承兑汇票

C.企业承兑汇票

D.商业承兑汇票

6.事业单位进行商业汇票贴现时,计算贴现净值过程中涉及的指标值有（　　）。

A.到期值

B.银行贴现率

C.贴现期限

D.有效期限

7.事业单位预付账款核销应同时满足下列（　　）条件。

A.逾期3年或以上　　　　　　　　　B.有确凿证据表明无法收到所购物资

C.无法收回预付款　　　　　　　　　D.经审核批准

8.事业单位符合规定的条件，经报批可以销售的应收及预付款项有（　　）。

A.应收账款　　　　　　　　　　　　B.应收票据

C.预付账款　　　　　　　　　　　　D.其他应收款

9.发生自行加工存货业务的事业单位，应当在"存货"科目下设置"生产成本"明细科目，归集核算自行加工存货所发生的实际成本，包括（　　）。

A.耗用的直接材料费用　　　　　　　B.发生的直接人工费用

C.分配的管理费用　　　　　　　　　D.分配的其他间接费用

10.事业单位购入存货时，以含税价计入存货成本的有（　　）。

A.小规模纳税人购入自用材料　　　　B.小规模纳税人购入非自用材料

C.一般纳税人购入自用材料　　　　　D.一般纳税人购入非自用材料

11.事业单位存货发生下列情况，需要先转入"待处置资产损溢"账户的有（　　）。

A.盘盈　　　　　B.盘亏　　　　　C.毁损　　　　　D.报废

12.事业投资短期投资在取得时，应当按照其实际成本作为投资成本，包括（　　）。

A.购买价款　　　B.税金　　　　　C.手续费　　　　D.其他相关税费

13.事业单位接受捐赠的固定资产，其成本计价方法包括（　　）。

A.按照有关凭据注明的金额加上相关税费、运输费等确定

B.比照同类或类似固定资产的市场价格加上相关税费、运输费等确定

C.按照评估价值加上相关税费、运输费等确定

D.按照名义金额入账

14.事业单位盘盈的固定资产，按照（　　）确定入账价值。

A.凭据上注明的价格　　　　　　　　B.同类或类似固定资产的市场价格

C.评估价格　　　　　　　　　　　　D.名义金额

15.下列资产属于事业单位无形资产的有（　　）。

A.专利权　　　　B.商标权　　　　C.著作权　　　　D.土地使用权

四、业务分录题

某事业单位（一般纳税人）20××年发生以下经济业务，请编写各经济业务的相关会计分录。

1.签发现金支票一张，从银行提取现金30 000元备用。

2.单位职工张三出差，预借差旅费现金7 000元。

3.张三出差回来，报销差旅费6 700元，并交回现金300元。

4.因开展主营业务及辅助需要对外购买服务，支付现金230元。

5.某日对本单位库存现金进行清查时，发现现金实有数比账面金额多1 000元。经查实，其中800元属于应付给本单位职工费用，200元无法查明原因。

6.某日进行现金清查时，发现现金实有数比账面金额少230元。经查实，其中200元属于应收未收本单位职工款项，30元无法查明原因。

7.进口B材料一批，通过银行转账支付8 000美元，当期汇率为6.25，材料已验收入

库（不考虑税）。

8.为外商提供技术服务，收取劳务费 35 000 美元，当期汇率为 6.21，款已收讫。

9.收到代理银行盖章的"授权支付到账通知书"，列示授权支付额度 50 万元。

10.通过授权支付形式支付外聘专家讲座费 3 600 元（不考虑税）。

11.通过授权支付方式购买的材料发生如下退回业务：退回上年直接列支事业支出购入的 A 材料，取得时价款为 17 万元；退回上年完工项目多余的 B 材料，取得时价款为 14 万元；退回本年购入作为存货进行核算的 C 材料，取得时价款为 21 万元（不考虑税）。

12.销售一批产品给甲公司，货已发，收到甲公司开来的一张 90 天到期的银行承兑汇票，面值 23 400 元（不考虑税）。

13.贴现商业票据一张，面值 21 万元，期限 90 天，持票 60 天，年贴现率 12%。

14.购得材料一批，价款 21 万元，用面值为 21 万元的商业承兑汇票背书支付（不考虑税）。

15.一张面值 19 万元的无息商业汇票到期，付款人无力支付票款，收到银行退回的商业承兑汇票等资料。

16.从事经营活动对外销售商品一批，销售额 65 000 元。款项 7 天后才收讫（不考虑税）。

17.一笔 57 000 元的应收账款已超过 3 年，有确凿证据表明无法收回，经批准予以核销。

18.第 17 题核销的应收账款 3 个月后又收回，并存入银行。

19.采用预付款方式向某公司购买 B 材料一批，按合同规定预付 4 000 元。几天后材料收到并验收入库，实际价款为 20 000 元，通过直接支付方式补付余款（不考虑税）。

20.通过直接支付购买一台不需要安装的办公设备，预付款项 3 000 元，实际成交金额 15 000 元。几天后收到设备，并补付余款。

21.预付给某公司的款项 3 600 元，期限已超过 3 年，有确凿证据表明所购货物无法收到，该款项也无法收回，经批准予以核销。

22.购入自用材料一批，价款 45 000 元，增值税 7 650 元，各项费用 1 150 元，以存款支付，材料已验收入库。

23.购入非自用材料一批，价款 200 000 元，增值税 34 000 元，各项费用 1 500 元，以存款支付，材料已验收入库。

24.自行加工存货一批，加工过程中领用材料 78 000 元，发生直接人工费用 5 000 元，分担间接费用 2 500 元。加工成品已验收入库。

25.接受捐赠 D 材料一批，根据发票记载，该批材料价款 32 000 元。该事业单位用现金自行支付运杂费 500 元，材料已验收入库。

26.对外捐赠不需用材料一批，账面价值 37 000 元。

27.报废非自用 E 材料一批，该批材料账面价值 37 000 元，经批准给予注销处置。处置过程中取得变价收入 3 000 元，处置费用 320 元。

28.用货币资金购买国库券 1 000 张，每张 120 元买进，共支付价款 12 万元，另支付佣金、税金等共 1 200 元。债券面值 10 万元，距到期尚有 6 个月，该批国库券年利率为 6%，每季度支付一次利息。持有 3 个月后，因急需资金将持有的该批国库券出售，取得价款

11.5万元。所有款项均通过银行转账进行。

29.以货币资金300万元投入某企业，取得长期股权性质的投资，款项通过银行转账支付。

30.以账面原值为270万元的机器设备作账，与其他单位合资兴办企业，经评估确认该批机器价值为290万元。该批机器已累计计提折旧70万元，发生运费3 000元。款项通过银行存款支付。

31.以已入账的一项无形资产对某企业进行投资，该项无形资产账面原值为130万元，已累计摊销13万元，评估价值为110万元。

32.假设第31题的无形资产未入账。

33.从进行股权投资的企业分得利润30万元存入银行。

34.将账面原值为390万元的一项长期股权投资转让给其他单位，取得转让价款420万元，发生转让费用9 000元。

35.有确凿证据表明本单位一项价值230万元的长期股权投资，因被投资单位破产，该项投资无法收回，经批准予以核销。

36.购入期限为3年，面值为50万元的国债，购入时支付手续费2 000元。该国债年利率为6%，每年支付一次利息。3年后该债券到期收回本息。

37.购入一台需要安装的设备用于事业活动，价款5万元，增值税8 500元，运杂费500元，安装费200元。支付款项时，用修购基金3万元，其余通过财政授权支付方式支付。

38.通过直接支付购入一台不需安装的设备用于事业活动，价款17万元，增值税28 900元，运杂费1 700元。支付款项时，扣留质量保证金17 000元，质保期1年。供应商开出全额发票。

39.假设第38题供应商开出的是差额发票，发票金额扣除了质量保证金。

40.自行建造一栋办公用房，已完工交付使用且已办理竣工决算手续，建造总价值为2 000万元。

41.为提高固定资产的使用效能，对一事业活动用办公楼进行改建，该办公楼账面原值为1 200万元，已累计折旧720万元。改建过程中支付相关费用160万元。工程已完工交付使用。

42.以融资租赁形式租入一不需安装的事业活动用固定资产，按照租赁协议规定，设备价款为90万元，租期10年，每年以授权支付方式支付租金9万元。另外以授权支付方式支付运杂费3 000元。

43.接受外单位捐赠设备8台，该批设备既无票据，也无同类商品可比照。自行负担运杂费800元，以现金支付。

44.车改中将小轿车对外拍卖，该车账面原值为15万元，已计提折旧5万元，出售价为6万元。出售过程中发生拍卖等相关费用1 800元。款项均通过银行转账进行。

45.对事业活动用固定资产进行日常修理，该修理并不增加固定资产的效能，也不延长其使用年限。共发生修理费23 000元，由单位零余额账户支付。

46.购入一套软件，价款13万元，其他费用2 000元。款项通过单位零余额账户支付。

47.委托软件开发公司开发软件用于经营活动，共支付开发费用30万元。开发完成后通过验收，款项通过银行存款转账支付。

48.自行开发经营活动用专利权一项，申请注册前共发生支出费用25万元，开发成功申请注册过程中发生各项费用1万元。款项均通过银行存款转账支付。

49.接受外单位捐赠的非专利技术一项，捐赠者提供凭据注明的金额为67万元。接受捐赠过程中发生相关费用2 300元。

50.将一专用权对外出售，该项专用权账面原值为15万元，已摊销5万元。出售过程中取得价款20万元，发生相关税费13 000元。

51.6月新增一项无形资产，账面原值为77万元，预计使用年限10年。本月对该项无形资产进行摊销并入账。

52.年末固定资产清查盘存时，盘盈设备一台，该设备同类产品市场价格为35 000元。

53.年末进行国库集中支付余额注销，本年度财政授权支付预算数273万元，实际收到代理银行"授权支付到账通知书"所列金额总计268万元，本年度实际支用授权支付额度251万元。本年度财政直接支付预算指标数与当年直接支付实际支出数的差额为130万元。

第十九章

事业单位负债的核算

☞ **学习目的**

通过本章的学习，掌握事业单位负债的概念及内容，以及各类负债科目的管理与核算。

第一节 事业单位负债概述

一、事业单位负债的概念及内容

事业单位负债是指事业单位所承担的能以货币计量，需要以资产或者劳务偿还的债务，包括借入款项、应付款项、暂存款项、应缴款项等。事业单位应当对不同性质的负债分类管理，及时清理并按照规定办理结算，保证各项负债在规定期限内归还。

事业单位的负债按照流动性，分为流动负债和非流动负债。其中，流动负债是指预计在1年内（含1年）偿还的负债；非流动负债是指流动负债以外的负债。事业单位流动负债和非流动负债的具体内容如下：

1.流动负债包括短期借款、应付及预收款项、应付职工薪酬、应缴款项等。

短期借款是指事业单位借入的期限在1年内（含1年）的各种借款。

应付及预收款项是指事业单位在开展业务活动中发生的各项债务，包括应付票据、应付账款、其他应付款等应付款项和预收账款。

应付职工薪酬是指事业单位应付未付的职工工资、津贴补贴等。

应缴款项是指事业单位应缴未缴的各种款项，包括应当上缴国库或者财政专户的款项、应缴税费，以及其他按照国家有关规定应当上缴的款项。

2.非流动负债包括长期借款、长期应付款等。

长期借款是指事业单位借入的期限超过1年（不含1年）的各种借款。

长期应付款是指事业单位发生的偿还期限超过1年（不含1年）的应付款项，主要指事业单位融资租入固定资产发生的应付租赁款。

二、事业单位负债的计价

根据2013年开始实施的《事业单位会计准则》规定，事业单位的负债应当按照合同金额或实际发生额进行计量。在具体的账务处理过程中，负债计价应当遵循以下两项原则：第一，各项负债应当按照实际发生额记账；第二，负债已经发生而数额需要预计的，应当合理预计，待实际数额确定以后再进行调整。

三、事业单位负债会计科目表

事业单位负债类会计科目见表19–1。

表19–1   事业单位负债科目表

序号	科目编号	科目名称	核算内容
1	2001	短期借款	核算事业单位借入的期限在1年内（含1年）的各种借款
2	2101	应缴税费	核算事业单位按照税法等规定计算应缴纳的各种税费，包括增值税、城市维护建设税、教育费附加、车船税、房产税、城镇土地使用税、企业所得税等。事业单位代扣代缴的个人所得税，也通过本科目核算
3	2102	应缴国库款	核算事业单位按照规定应缴入国库的款项（应缴税费除外）
4	2103	应缴财政专户款	核算事业单位按照规定应缴入财政专户的款项
5	2201	应付职工薪酬	核算事业单位按照有关规定应付给职工及为职工支付的各种薪酬，包括基本工资、绩效工资、国家统一规定的津贴补贴、社会保险费、住房公积金等
6	2301	应付票据	核算事业单位因购买材料、物资等而开出、承兑的商业汇票，包括银行承兑汇票和商业承兑汇票
7	2302	应付账款	核算事业单位因购买材料、物资等而应付的款项
8	2303	预收账款	核算事业单位按照合同规定预收的款项
9	2305	其他应付款	核算事业单位除应缴税费、应缴国库款、应缴财政专户款、应付职工薪酬、应付票据、应付账款、预收账款之外的其他各项偿还期限在1年内（含1年）的应付及暂收款项，如存入保证金等
10	2401	长期借款	核算事业单位借入的期限超过1年（不含1年）的各种借款
11	2402	长期应付款	核算事业单位发生的偿还期限超过1年（不含1年）的应付款项，如以融资租赁租入固定资产的租赁费、跨年度分期付款购入固定资产的价款等

第二节　事业单位借入款项的核算

一、借入款项的概念与管理要求

事业单位的借入款项是指事业单位从财政部门、上级主管部门、金融机构等借入的有偿使用的款项。事业单位的借入款项包括短期借款和长期借款两种。其核算特点有：一般不预计利息支出；实际支付利息时，记入当期的"其他支出"账户。事业单位的借入款项应当遵循的管理要求如下：

1.贷款要有批准的计划。借入款项应事先编报计划，按批准的计划组织借款。

2.借款要有相应的偿还能力。借入款项应相应落实偿还借款的资金来源，不得盲目举债。

3.借款必须有明显的效益。借款到期要还本付息，因此借款时必须考虑借款可能带来的未来现金流量，不得举借无效益的款项。

4.借款要符合政策和恪守信用。借入的款项必须符合国家政策，按规定的用途合理使用。必须按照合同规定及时偿还本息，不得拖欠违约，要恪守信用。

5.应当建立健全财务风险控制机制，规范和加强借入款项管理，严格执行审批程序，不得违反规定举借债务和提供担保。

二、短期借款的账务处理

短期借款是指事业单位借入的期限在1年内（含1年）的各种借款。事业单位设置"短期借款"科目核算其借入的期限在1年内（含1年）的各种借款。短期借款的增加记贷方，减少记借方，期末贷方余额反映事业单位尚未偿还的短期借款本金。本科目应当按照贷款单位和贷款种类进行明细核算。

1.借入各种短期借款时，按照实际借入的金额，借记"银行存款"科目，贷记本科目。

借：银行存款

　　贷：短期借款

【例19-1】某事业单位在开展事业活动中出现临时性资金周转困难，决定向上级单位借入款项20万元，借款期限为6个月，月利率为0.5%，到期还本付息。

借：银行存款　　　　　　　　　　　　　　　　　　　　　　200 000

　　贷：短期借款——上级单位　　　　　　　　　　　　　　　　200 000

2.银行承兑汇票到期，本单位无力支付票款的，按照银行承兑汇票的票面金额，借记"应付票据"科目，贷记本科目。

借：应付票据

　　贷：短期借款

【例19-2】某事业单位签发的10万元银行承兑汇票到期，本单位无力支付票款，银行承兑10万元给收款人。

借：应付票据　　　　　　　　　　　　　　　　　　　　　　100 000

贷：短期借款——×银行   100 000

3.支付短期借款利息时，借记"其他支出"科目，贷记"银行存款"科目。

借：其他支出

　　贷：银行存款

4.归还短期借款时，借记本科目，贷记"银行存款"科目。

借：短期借款

　　贷：银行存款

【例19-3】接【例19-1】，向上级单位借入的短期借款到期，归还借款本金及利息。

（1）归还本金部分：

借：短期借款——上级单位   200 000

　　贷：银行存款   200 000

（2）归还利息部分：

借：其他支出（200 000×0.5%×6）   6 000

　　贷：银行存款   6 000

三、长期借款的账务处理

长期借款是指事业单位借入的期限超过1年（不含1年）的各种借款。事业单位设置"长期借款"科目核算其借入的期限超过1年（不含1年）的各种借款。长期借款的增加记贷方，减少记借方，期末贷方余额反映事业单位尚未偿还的长期借款本金。本科目应当按照贷款单位和贷款种类进行明细核算。对于基建项目借款，还应当按照具体项目进行明细核算。

1.借入各项长期借款时，按照实际借入的金额，借记"银行存款"科目，贷记本科目。

借：银行存款

　　贷：长期借款

【例19-4】某事业单位向银行借入款项100万元，贷款期限为2年，年利率为6%，每年支付利息一次，借入款项已存入银行账户。

借：银行存款   1 000 000

　　贷：长期借款——×银行   1 000 000

2.为购建固定资产支付的专门借款利息，分以下情况进行处理：

（1）属于工程项目建设期间支付的，计入工程成本，按照支付的利息，借记"在建工程"科目，贷记"非流动资产基金——在建工程"科目；同时，借记"其他支出"科目，贷记"银行存款"科目。

借：在建工程

　　贷：非流动资产基金——在建工程

同时，

借：其他支出

　　贷：银行存款

（2）属于工程项目完工交付使用后支付的，计入当期支出但不计入工程成本，按照支付的利息，借记"其他支出"科目，贷记"银行存款"科目。

借：其他支出

　　贷：银行存款

【例19-5】某事业单位为建造固定资产向银行借入专门款项800万元，期限为3年，年利率为10%，每年支付利息一次，借款已到账。

借：银行存款　　　　　　　　　　　　　　　　　　　　　　　　　8 000 000

　　贷：长期借款——×银行　　　　　　　　　　　　　　　　　　　8 000 000

【例19-6】接【例19-5】，该事业单位在支付该项借款第二次利息后，项目建设完工并交付使用，到第3年继续支付第三次利息。

（1）前两次支付利息时：

借：在建工程　　　　　　　　　　　　　　　　　　　　　　　　　800 000

　　贷：非流动资产基金——在建工程　　　　　　　　　　　　　　800 000

借：其他支出　　　　　　　　　　　　　　　　　　　　　　　　　800 000

　　贷：银行存款　　　　　　　　　　　　　　　　　　　　　　　800 000

（2）第三次支付利息时：

借：其他支出　　　　　　　　　　　　　　　　　　　　　　　　　800 000

　　贷：银行存款　　　　　　　　　　　　　　　　　　　　　　　800 000

3.其他长期借款利息，按照支付的利息金额，借记"其他支出"科目，贷记"银行存款"科目。

借：其他支出

　　贷：银行存款

【例19-7】接【例19-4】，该事业单位按年支付该项借款利息。

借：其他支出　　　　　　　　　　　　　　　　　　　　　　　　　60 000

　　贷：银行存款　　　　　　　　　　　　　　　　　　　　　　　60 000

4.归还长期借款时，借记本科目，贷记"银行存款"科目。

借：长期借款

　　贷：银行存款

【例19-8】接【例19-4】，该笔借款到期，偿还本金。

借：长期借款——×银行　　　　　　　　　　　　　　　　　　　　1 000 000

　　贷：银行存款　　　　　　　　　　　　　　　　　　　　　　　1 000 000

第三节 事业单位应缴款项的核算

一、事业单位应缴款项概述

应缴款项是指事业单位应缴未缴的各种款项，包括应当上缴国库或者财政专户的款项、应缴税费，以及其他按照国家有关规定应当上缴的款项。一般而言，应上缴国库的款项为应缴国库款，应上缴财政专户的款项为应缴财政专户款，应缴纳的各种税费为应缴税费。

二、应缴国库款

（一）事业单位应缴国库款的内容

事业单位应缴国库款是指事业单位按规定取得的应缴入国库的各种偿还性款项，应缴税费除外。其具体内容如下：

1.代收纳入预算管理的政府性基金。事业单位代行政府职能收取的纳入国家预算管理的政府性基金收入，如电力建设基金、三峡工程建设基金、养路费等。

2.行政事业收费收入。属于规费收入，按国家规定，各级科研、医疗卫生、学校、广播电视、体育等部门所发放的证照、簿册，向有关单位和个人收取的工本费、手续费、商标注册费等。

3.罚没收入。各事业单位依法查处应上缴国库的各种罚款收入和没收物品的变价收入等。

4.无主财物变价收入。应上缴财政部门的无人认领财物的变价收入。

5.其他按预算管理规定应上缴国库的款项。

上述各项收入是国家预算收入的重要组成部分，是由事业单位代行政府职能收取的，因此不能作为事业单位开展事业活动或经营活动取得的收入，而是应上缴的财政款。事业单位在取得这些款项还未上缴时，就形成了事业单位应缴性质的债务。

（二）事业单位应缴国库款的账务处理

事业单位设置"应缴国库款"科目核算其按规定应缴入国库的款项（应缴税费除外）。应缴国库款的增加记贷方，减少记借方，期末贷方余额反映事业单位应缴入国库但尚未缴纳的款项。本科目应当按照应缴国库的各款项类别进行明细核算。

1.按规定计算确定或实际取得应缴国库的款项时，借记有关科目，贷记本科目。

借：银行存款

　　贷：应缴国库款

【例19-9】某事业单位收到一笔纳入预算管理的政府性基金收入3万元。

借：银行存款　　　　　　　　　　　　　　　　　　　　　　　30 000

　　贷：应缴国库款　　　　　　　　　　　　　　　　　　　　　　30 000

2.事业单位处置资产取得的应上缴国库的处置净收入的账务处理，参见"待处置资产损溢"科目。

借：待处置资产损溢等

　　贷：应缴国库款——处置净收入

该项内容的例解，参见各相关资产处置的账务处理。

3.上缴款项时，借记本科目，贷记"银行存款"等科目。

借：应缴国库款

　　贷：银行存款等

【例19-10】接【例19-9】，将收到的政府性基金缴入国库。

借：应缴国库款　　　　　　　　　　　　　　　　　　　　　　30 000

　　贷：银行存款　　　　　　　　　　　　　　　　　　　　　　　30 000

三、应缴财政专户款

（一）事业单位应缴财政专户款的内容

事业单位应缴财政专户款是指事业单位按规定代收的应缴入财政专户的款项。纳入财政专户管理的资金属于改革前的预算外资金，对于该部分资金实行"收支两条线"管理，即事业单位按规定收取的纳入财政专户管理的资金应按规定上缴财政专户，支用专户资金时，向财政部门提出申请，经批准后再由财政部门由专户返还给事业单位。简言之，坚持收支脱钩原则，进行收支分开管理。

（二）事业单位应缴财政专户款的账务处理

事业单位设置"应缴财政专户款"科目核算事业单位按规定应缴入财政专户的款项。应缴财政专户款的增加记贷方，减少记借方，期末贷方余额反映事业单位应缴入财政专户但尚未缴纳的款项。本科目应当按照应缴财政专户的各款项类别进行明细核算。

1.取得应缴财政专户的款项时，借记有关科目，贷记本科目。

借：银行存款

　　贷：应缴财政专户款

2.上缴款项时，借记本科目，贷记"银行存款"等科目。

借：应缴财政专户款

　　贷：银行存款等

【例19-11】某事业单位收到应缴入财政专户的款项5 000元，并上缴财政专户。

（1）取得款项时：

借：银行存款　　　　　　　　　　　　　　　　　　　　　　5 000

　　贷：应缴财政专户款　　　　　　　　　　　　　　　　　　　　5 000

（2）上缴专户时：

借：应缴财政专户款　　　　　　　　　　　　　　　　　　　5 000

　　贷：银行存款　　　　　　　　　　　　　　　　　　　　　　　5 000

四、应缴税费

（一）事业单位应缴税费的内容

事业单位应缴税费是指事业单位按税法规定应缴纳的各种税费，包括增值税、城市维护建设税、教育费附加、车船税、房产税、城镇土地使用税、企业所得税等。

事业单位代扣代缴的个人所得税属于应缴税费范畴，但应缴纳的印花税不需要预提应缴税费，不属于应缴税费范畴。

（二）事业单位应缴税费的账务处理

事业单位设置"应缴税费"科目核算其按税法等规定计算应缴纳的各种税费，包括增值税、城市维护建设税、教育费附加、车船税、房产税、城镇土地使用税、企业所得税等。应缴税费的增加记贷方，减少记借方，期末借方余额反映事业单位多缴纳的税费金额，期末贷方余额反映事业单位应缴未缴的税费金额。事业单位代扣代缴的个人所得税，也通过本科目核算。事业单位应缴纳的印花税不需要预提应缴税费，直接通过支出等有关科目核算，不在本科目核算。

本科目应当按照应缴纳的税费种类进行明细核算。属于增值税一般纳税人的事业单位，其应缴增值税明细账中应当设置"进项税额""已交税金""销项税额""进项税额转出""简易计税"等专栏。

1.应缴增值税①、城市维护建设税和教育费附加的账务处理。发生增值税、城市维护建设税、教育费附加纳税义务的，按税法规定计算的应缴税费金额，借记"待处置资产损溢——处置净收入"科目（出售不动产应缴的税费）或有关支出科目，贷记本科目。实际缴纳时，借记本科目，贷记"银行存款"科目。

（1）出售不动产应缴的税费。

第一，属于增值税一般纳税人的事业单位转让其2016年4月30日前取得（不含自建）的不动产，可以选择适用简易计税方法计税，以取得的全部价款和价外费用扣除不动产购置原价或者取得不动产时作价后的余额为销售额，按照5%的征收率计算应纳税额。

发生应缴税费时：

借：待处置资产损溢——处置净收入

  贷：应缴税费——简易计税

      ——应缴城市维护建设税

      ——应缴教育费附加

实际缴纳时：

借：应缴税费——简易计税

     ——应缴城市维护建设税

     ——应缴教育费附加

  贷：银行存款

第二，属于增值税一般纳税人的事业单位转让其2016年4月30日前自建的不动产，可以选择适用简易计税方法计税，以取得的全部价款和价外费用为销售额，按照5%的征收率计算应纳税额。

发生应缴税费时：

借：待处置资产损溢——处置净收入

  贷：应缴税费——简易计税

      ——应缴城市维护建设税

      ——应缴教育费附加

实际缴纳时：

借：应缴税费——简易计税

     ——应缴城市维护建设税

     ——应缴教育费附加

  贷：银行存款

第三，属于增值税一般纳税人的事业单位转让其2016年4月30日前取得（不含自建）的不动产，选择适用一般计税方法计税的，以取得的全部价款和价外费用为销售额，按照11%的税率计算应纳税额。

---

① 这部分增值税是指营改增后由营业税改征的增值税。

发生应缴税费时：

借：待处置资产损溢——处置净收入

　　贷：应缴税费——应缴增值税（销项税额）

　　　　　　　　——应缴城市维护建设税

　　　　　　　　——应缴教育费附加

实际缴纳时：

借：应缴税费——应缴增值税（已交税金）

　　　　　　——应缴城市维护建设税

　　　　　　——应缴教育费附加

　　贷：银行存款

第四，属于增值税一般纳税人的事业单位转让其2016年4月30日前自建的不动产，选择适用一般计税方法计税的，以取得的全部价款和价外费用为销售额，按照11%的税率计算应纳税额。

发生应缴税费时：

借：待处置资产损溢——处置净收入

　　贷：应缴税费——应缴增值税（销项税额）

　　　　　　　　——应缴城市维护建设税

　　　　　　　　——应缴教育费附加

实际缴纳时：

借：应缴税费——应缴增值税（已交税金）

　　　　　　——应缴城市维护建设税

　　　　　　——应缴教育费附加

　　贷：银行存款

第五，属于增值税一般纳税人的事业单位转让其2016年5月1日后取得（不含自建）的不动产，适用一般计税方法，以取得的全部价款和价外费用为销售额，按照11%的税率计算应纳税额。

发生应缴税费时：

借：待处置资产损溢——处置净收入

　　贷：应缴税费——应缴增值税（销项税额）

　　　　　　　　——应缴城市维护建设税

　　　　　　　　——应缴教育费附加

实际缴纳时：

借：应缴税费——应缴增值税（已交税金）

　　　　　　——应缴城市维护建设税

　　　　　　——应缴教育费附加

　　贷：银行存款

第六，属于增值税一般纳税人的事业单位转让其2016年5月1日后自建的不动产，适用一般计税方法，以取得的全部价款和价外费用为销售额，按照11%的税率计算应纳税额。

发生应缴税费时：

借：待处置资产损溢——处置净收入

　　贷：应缴税费——应缴增值税（销项税额）

　　　　　　　　——应缴城市维护建设税

　　　　　　　　——应缴教育费附加

实际缴纳时：

借：应缴税费——应缴增值税（已交税金）

　　　　　　——应缴城市维护建设税

　　　　　　——应缴教育费附加

　　贷：银行存款

第七，属于增值税小规模纳税人的事业单位转让其取得（不含自建）的不动产，以取得的全部价款和价外费用扣除不动产购置原价或者取得不动产时的作价后的余额为销售额，按照5%的征收率计算应纳税额。

发生应缴税费时：

借：待处置资产损溢——处置净收入

　　贷：应缴税费——应缴增值税

　　　　　　　　——应缴城市维护建设税

　　　　　　　　——应缴教育费附加

实际缴纳时：

借：应缴税费——应缴增值税

　　　　　　——应缴城市维护建设税

　　　　　　——应缴教育费附加

　　贷：银行存款

第八，小规模纳税人转让其自建的不动产，以取得的全部价款和价外费用为销售额，按照5%的征收率计算应纳税额。

发生应缴税费时：

借：待处置资产损溢——处置净收入

　　贷：应缴税费——应缴增值税

　　　　　　　　——应缴城市维护建设税

　　　　　　　　——应缴教育费附加

实际缴纳时：

借：应缴税费——应缴增值税

　　　　　　——应缴城市维护建设税

　　　　　　——应缴教育费附加

　　贷：银行存款

【例19-12】某事业单位（一般纳税人）出售2016年5月1日之后自建房屋一栋，收到价款500万元。增值税税率11%，城建税税率7%，教育费附加3%。假设可抵扣的进项税额为17万元。

按照相关规定计算如下：

应税销售额＝500÷（1+11%）＝450（万元）

销项税额＝450×11%＝49.5（万元）

应缴增值税＝销项税额−进项税额＝49.5−17＝32.5（万元）

应缴城市维护建设税＝32.5×7%＝2.275（万元）

应缴教育费附加＝32.5×3%＝0.975（万元）

（1）收到价款时：

借：银行存款　　　　　　　　　　　　　　　　　　　　　　　　5 000 000

　　贷：待处置资产损溢——处置净收入　　　　　　　　　　　　　　5 000 000

（2）计算应缴各项税费时：

借：待处置资产损溢——处置净收入　　　　　　　　　　　　　　527 500

　　贷：应缴税费——应缴增值税（销项税额）　　　　　　　　　　　495 000

　　　　　　　　——应缴城市维护建设税　　　　　　　　　　　　22 750

　　　　　　　　——应缴教育费附加　　　　　　　　　　　　　　9 750

（3）结转净收入时：

借：待处置资产损溢——处置净收入　　　　　　　　　　　　　　4 472 500

　　贷：应缴国库款　　　　　　　　　　　　　　　　　　　　　4 472 500

（4）上缴税费时：

借：应缴税费——应缴增值税（已交税金）　　　　　　　　　　　325 000

　　　　　　——应缴城市维护建设税　　　　　　　　　　　　　22 750

　　　　　　——应缴教育费附加　　　　　　　　　　　　　　　9 750

　　贷：银行存款　　　　　　　　　　　　　　　　　　　　　　357 500

【例19-13】某事业单位（小规模纳税人）出售2016年5月1日之后自建房屋一栋，收到价款500万元。增值税征收率5%，城建税税率7%，教育费附加3%。

按照相关规定计算如下：

应税销售额＝500÷（1+5%）＝476（万元）

应缴增值税＝476×5%＝23.8（万元）

应缴城市维护建设税＝23.8×7%＝1.666（万元）

应缴教育费附加＝23.8×3%＝0.714（万元）

（1）收到价款时：

借：银行存款　　　　　　　　　　　　　　　　　　　　　　　　5 000 000

　　贷：待处置资产损溢——处置净收入　　　　　　　　　　　　　　5 000 000

（2）计算应缴各项税费时：

借：待处置资产损溢——处置净收入　　　　　　　　　　　　　　261 800

　　贷：应缴税费——应缴增值税　　　　　　　　　　　　　　　　238 000

　　　　　　　　——应缴城市维护建设税　　　　　　　　　　　　16 660

　　　　　　　　——应缴教育费附加　　　　　　　　　　　　　　7 140

（3）结转净收入时：

借：待处置资产损溢——处置净收入　　　　　　　　　　　　　　4 738 200

　　贷：应缴国库款　　　　　　　　　　　　　　　　　　　　　4 738 200

（4）上缴税费时：

借：应缴税费——应缴增值税 238 000

    ——应缴城市维建设税 16 660

    ——应缴教育费附加 7 140

 贷：银行存款 261 800

（2）提供应税劳务应缴的税费。

第一，事业单位提供应税劳务应缴增值税的账务处理同下面的"2.应缴增值税的账务处理。"

第二，事业单位提供应税劳务应缴城市维护建设税和应缴教育费附加的账务处理如下：

发生应缴税费时：

借：事业支出/经营支出等

 贷：应缴税费——应缴城市维护建设税

    ——应缴教育费附加

实际缴纳时：

借：应缴税费——应缴城市维护建设税

    ——应缴教育费附加

 贷：银行存款

【例19-14】某事业单位开展经营活动提供应税劳务，取得劳务收入8万元。假设该项业务应缴增值税2 330元。城市维护建设税税率7%，教育费附加3%。

按照相关规定计算如下：

应缴城市维护建设税=2 330×7%=163（元）

应缴教育费附加=2 330×3%=70（元）

（1）计提税费时：

借：经营支出 233

 贷：应缴税费——应缴城市维护建设税 163

    ——应缴教育费附加 70

（2）实际缴纳税费时：

借：应缴税费——应缴城市维护建设税 163

    ——应缴教育费附加 70

 贷：银行存款 233

2.应缴增值税的账务处理。增值税的纳税人分为一般纳税人和小规模纳税人，材料分为自用和非自用。纳税人的种类不同、购买的材料不同，应缴增值税的账务处理方式也不同。其具体内容如下：

（1）属于增值税一般纳税人的事业单位购入非自用材料的，按照确定的成本（不含增值税进项税额），借记"存货"科目，按照增值税专用发票上注明的增值税税额，借记本科目（应缴增值税——进项税额），按照实际支付或应付的金额，贷记"银行存款""应付账款"等科目。

借：存货

 应缴税费——应缴增值税（进项税额）

贷：银行存款/应付账款等

该项内容例解，参见第十八章【例18-33】。

（2）属于增值税一般纳税人的事业单位所购进的非自用材料发生盘亏、毁损、报废、对外捐赠、无偿调出等税法规定不得从增值税销项税额中抵扣进项税额的，将所购进的非自用材料转入待处置资产时，按照材料的账面余额与相关增值税进项税额转出金额的合计金额，借记"待处置资产损溢"科目，按照材料的账面余额，贷记"存货"科目，按照转出的增值税进项税额，贷记本科目（应缴增值税——进项税额转出）。

借：待处置资产损溢

　　贷：存货

　　　　应缴税费——应缴增值税（进项税额转出）

该项内容例解，参见第十八章【例18-39】。

（3）属于增值税一般纳税人的事业单位销售应税产品或提供应税服务，按照包含增值税的价款总额，借记"银行存款""应收账款""应收票据"等科目，按照扣除增值税销项税额后的价款金额，贷记"经营收入"等科目，按照增值税专用发票上注明的增值税金额，贷记本科目（应缴增值税——销项税额）。

借：银行存款/应收账款/应收票据等

　　贷：经营收入等

　　　　应缴税费——应缴增值税（销项税额）

该项内容例解，参见第二十章【例20-19】。

（4）属于增值税一般纳税人的事业单位实际缴纳增值税时，借记本科目（应缴增值税——已交税金），贷记"银行存款"科目。

借：应缴税费——应缴增值税（已交税金）

　　贷：银行存款

（5）属于增值税小规模纳税人的事业单位销售应税产品或提供应税服务，按照实际收到或应收的价款，借记"银行存款""应收账款""应收票据"等科目，按照实际收到或应收的价款扣除增值税税额后的金额，贷记"经营收入"等科目，按照应缴增值税的金额，贷记本科目（应缴增值税）。实际缴纳增值税时，借记本科目（应缴增值税），贷记"银行存款"科目。

取得销售收入时：

借：银行存款/应收账款/应收票据等（含税价款）

　　贷：经营收入（扣除税款后金额）

　　　　应缴税费——应缴增值税

实际缴纳增值税时：

借：应缴税费——应缴增值税

　　贷：银行存款

该项内容例解，参见第二十章【例20-18】。

3.应缴所得税的账务处理。所得税包括个人所得税和企业所得税，两者账务处理方式不同。

（1）代扣代缴个人所得税的，按照税法规定计算应代扣代缴的个人所得税金额，借记

"应付职工薪酬"科目，贷记本科目。实际缴纳时，借记本科目，贷记"银行存款"科目。

代扣时：

借：应付职工薪酬

　　贷：应缴税费——应缴个人所得税

实际缴纳时：

借：应缴税费——应缴个人所得税

　　贷：银行存款

该项内容例解，参见【例19-18】。

（2）发生企业所得税纳税义务的，按照税法规定计算的应缴税金数额，借记"非财政补助结余分配"科目，贷记本科目。实际缴纳时，借记本科目，贷记"银行存款"科目。

计提应缴税金数额时：

借：非财政补助结余分配

　　贷：应缴税费——应缴企业所得税

实际缴纳时：

借：应缴税费——应缴企业所得税

　　贷：银行存款

该项内容例解，参见第二十二章【例22-13】。

4.应缴房产税、城镇土地使用税、车船税的账务处理。发生房产税、城镇土地使用税、车船税纳税义务的，按照税法规定计算的应缴税金数额，借记有关科目，贷记本科目。实际缴纳时，借记本科目，贷记"银行存款"科目。

（1）计算应缴税金数额时：

借：事业支出/经营支出等

　　贷：应缴税费——应缴房产税

　　　　　　　　——应缴城镇土地使用税

　　　　　　　　——应缴车船税

（2）实际缴纳时：

借：应缴税费——应缴房产税

　　　　　　　——应缴城镇土地使用税

　　　　　　　——应缴车船税

　　贷：银行存款

【例19-15】某事业单位为开展事业活动购置一台专用车辆，按税法规定，应缴纳车船税450元。

借：事业支出　　　　　　　　　　　　　　　　　　　　　　450

　　贷：应缴税费——应缴车船税　　　　　　　　　　　　　　　450

【例19-16】某事业单位将一闲置的仓库用于经营活动，取得租金收入5万元。按税法规定实行从租计征房产税，税率为12%。

借：经营支出　　　　　　　　　　　　　　　　　　　　　6 000

　　贷：应缴税费——应缴房产税　　　　　　　　　　　　　　6 000

【例19-17】接【例19-14】和【例19-16】，该事业单位缴纳应缴税款。

借：应缴税费——应缴车船税　　　　　　　　　　　　　　　450

　　　　　　——应缴房产税　　　　　　　　　　　　　6 000

　　贷：银行存款　　　　　　　　　　　　　　　　　　6 450

5.其他纳税义务。事业单位发生除增值税、房产税、城建税、车船税、城镇土地使用税、所得税等之外的其他纳税义务的，按照应缴纳的税费金额，借记有关科目，贷记本科目。实际缴纳时，借记本科目，贷记"银行存款"等科目。

其他纳税义务的账务处理同房产税等的账务处理相似。

第四节　事业单位应付职工薪酬的核算

一、事业单位应付职工薪酬概述

应付职工薪酬是指事业单位应付未付的职工工资、津贴补贴等，包括基本工资、绩效工资、国家统一规定的津贴补贴、社会保险费、住房公积金及其他个人收入等。

1.基本工资，即事业单位人员所得工资额的基本组成部分，包括岗位工资、薪金工资等。其由用人单位按照规定的工资标准支付，较之工资额的其他组成部分具有相对稳定性。

2.绩效工资，即通过对员工的工作业绩、工作态度、工作技能等方面的综合考核评估，以科学的绩效考核制度为基础制定的工资，属于事业单位员工工资总额中最具变动性的部分。

3.国家统一规定的津贴补贴。津贴是为了补偿员工特殊或额外的劳动消耗和因其他特殊原因而额外支出的工资补充形式，包括高温津贴、艰苦气象台站津贴、保健津贴等。补贴是为了保证员工工资水平不受物价影响而给予的物价补贴等。

4.社会保险费，即事业单位按照规定的数额和期限向社会保险管理机构缴纳的费用。现行的社会保险主要包括社会养老保险、社会医疗保险、失业保险、工伤保险、生育保险五种。

5.住房公积金，即事业单位按照规定的基准和比例计算，向住房公积金管理机构缴存的住房公积金。

6.其他个人收入，即事业单位按照国家规定发放给个人的其他收入，包括误餐费、出差人员伙食补助费、市内交通费等。

事业单位应加强和规范应付职工薪酬的管理，按照国家规定的岗位工资、薪金工资以及津贴补贴标准等，全面、准确地核算发放业务；对代扣代缴的个人所得税、社会保险费、住房公积金等，按照国家规定的税率和计算标准等，及时、准确地加以计算确认；对绩效工资、其他个人收入等，在符合国家有关规定的基础上，结合本单位的实际情况科学、合理地确定发放标准，以保障日常工作的有效运行。事业单位发放职工工资（离退休费）和应付地方（部门）津贴补贴时，应以银行卡的方式发放，尤其是中央和省级事业单位应严格遵照执行银行卡的发放形式，不允许以现金的方式发放。事业单位对按照规定发放的工资（离退休费）、地方（部门）津贴补贴以及其他个人收入等，除在部门决算中单独反映外，还应按规定设置专门的账簿加以反映和监督。

二、事业单位应付职工薪酬的账务处理

事业单位设置"应付职工薪酬"科目核算其按有关规定应付给职工及为职工支付的各种薪酬，包括基本工资、绩效工资、国家统一规定的津贴补贴、社会保险费、住房公积金等。应付职工薪酬的增加记贷方，减少记借方，期末贷方余额反映事业单位应付未付的职工薪酬。本科目应当根据国家有关规定按照"工资（离退休费）""地方（部门）津贴补贴""其他个人收入""社会保险费""住房公积金"等科目进行明细核算。

1.计算当期应付职工薪酬，借记"事业支出""经营支出"等科目，贷记本科目。

借：事业支出/经营支出等

　　贷：应付职工薪酬

【例19-18】某事业单位计算本月应发放本单位职工薪酬，计算出应发放工资总额为375 000元，其中基本工资300 000元，地方津贴补贴40 000元，其他个人收入35 000元。基本工资中，在职人员220 000元，离休人员20 000元，退休人员60 000元；地方津贴补贴中，在职人员24 000元，离休人员4 000元，退休人员12 000元；其他个人收入中，在职人员30 000元，离休人员2 000元，退休人员3 000元。

借：事业支出——基本支出——基本工资	300 000
——津贴补贴	40 000
——其他工资福利支出	35 000
贷：应付职工薪酬——工资（离退休费）——在职人员	220 000
——离休人员	20 000
——退休人员	60 000
——地方津贴补贴——在职人员	24 000
——离休人员	4 000
——退休人员	12 000
——其他个人收入——在职人员	30 000
——离休人员	2 000
——退休人员	3 000

2.向职工支付工资、津贴补贴等薪酬，借记本科目，贷记"财政补助收入""零余额账户用款额度""银行存款"等科目。

借：应付职工薪酬

　　贷：财政补助收入/零余额账户用款额度/银行存款等

3.按照税法规定代扣代缴个人所得税，借记本科目，贷记"应缴税费——应缴个人所得税"科目。

借：应付职工薪酬

　　贷：应缴税费——应缴个人所得税

【例19-19】接【例19-18】，该事业单位通过单位零余额账户支付工资329 000元，代扣代缴个人所得税10 000元，代扣各类保险费6 000元，代扣个人住房公积金30 000元。

借：应付职工薪酬——工资（离退休费）——在职人员 220 000
　　　　　　　　　　　　　　　——离休人员 20 000
　　　　　　　　　　　　　　　——退休人员 60 000
　　　　　　　　　——地方津贴补贴——在职人员 24 000
　　　　　　　　　　　　　　　——离休人员 4 000
　　　　　　　　　　　　　　　——退休人员 12 000
　　　　　　　　　——其他个人收入——在职人员 30 000
　　　　　　　　　　　　　　　——离休人员 2 000
　　　　　　　　　　　　　　　——退休人员 3 000
　　贷：零余额账户用款额度 329 000
　　　　应缴税费——应缴个人所得税 10 000
　　　　其他应付款——社会保险费（个人） 6 000
　　　　　　　　　——住房公积金（个人） 30 000

4.按照国家有关规定缴纳职工社会保险费和住房公积金，借记本科目，贷记"财政补助收入""零余额账户用款额度""银行存款"等科目。

借：应付职工薪酬
　　贷：财政补助收入/零余额账户用款额度/银行存款等

【例19-20】接【例19-18】和【例19-19】，该事业单位按照规定比例计算应承担的职工社会保险费8 000元，住房公积金30 000元。已通过授权支付方式支付该笔款项。

借：事业支出——基本支出——社会保险费（单位） 8 000
　　　　　　　　　　　　——住房公积金（单位） 30 000
　　贷：应付职工薪酬——社会保险费（单位） 8 000
　　　　　　　　　　——住房公积金（单位） 30 000

借：应付职工薪酬——社会保险费（单位） 8 000
　　　　　　　　——住房公积金（单位） 30 000
　　贷：零余额账户用款额度 38 000

5.从应付职工薪酬中支付其他款项，借记本科目，贷记"财政补助收入""零余额账户用款额度""银行存款"等科目。

借：应付职工薪酬
　　贷：财政补助收入/零余额账户用款额度/银行存款等

【例19-21】接【例19-18】，该事业单位通过授权支付方式缴纳代扣代缴的个人所得税、社会保险费和住房公积金等。

借：应缴税费——应缴个人所得税 10 000
　　其他应付款——社会保险费（个人） 6 000
　　　　　　　——住房公积金（个人） 30 000
　　贷：零余额账户用款额度 46 000

第五节　事业单位应付及预收款项的核算

应付及预收款项是指事业单位在开展业务活动中发生的各项债务，包括应付票据、应付账款、其他应付款等应付款项和预收账款。

一、应付票据

应付票据是指事业单位对外发生债务时，按照国家规定允诺在一定日期，支付一定数额的款项给持票人的书面凭证。应付票据通常因购买材料、物资等而开出，也可以因抵付应付账款而出具。应付票据包括银行承兑汇票和商业承兑汇票。事业单位设置"应付票据"科目核算其因购买材料、物资等而开出、承兑的商业汇票。应付票据的增加记贷方，减少记借方，期末贷方余额反映事业单位开出、承兑的尚未到期的商业汇票票面金额。本科目应当按照债权单位进行明细核算。

1.开出、承兑商业汇票时，借记"存货"等科目，贷记本科目。以承兑商业汇票抵付应付账款时，借记"应付账款"科目，贷记本科目。

（1）开出、承兑商业汇票时：

借：存货等

　　贷：应付票据

（2）以承兑商业汇票抵付应付账款时：

借：应付账款

　　贷：应付票据

【例19-22】某事业单位为了开展事业活动购买甲材料一批，开出4个月到期的带息银行承兑汇票一张，面值4万元，月利率0.5%，同时支付银行承兑手续费50元。

（1）开出汇票时：

借：存货——甲材料　　　　　　　　　　　　　　　　　　　　40 000

　　贷：应付票据　　　　　　　　　　　　　　　　　　　　　　40 000

（2）支付银行手续费时：

借：事业支出　　　　　　　　　　　　　　　　　　　　　　　　50

　　贷：银行存款　　　　　　　　　　　　　　　　　　　　　　　50

2.支付银行承兑汇票的手续费时，借记"事业支出""经营支出"等科目，贷记"银行存款"等科目。

借：事业支出/经营支出等

　　贷：银行存款等

该项内容例解，参见【例19-22】。

3.商业汇票到期时，应分以下情况进行处理：

（1）收到银行支付到期票据的付款通知时，借记本科目，贷记"银行存款"科目。

借：应付票据

　　贷：银行存款

（2）银行承兑汇票到期，本单位无力支付票款的，按照汇票票面金额，借记本科目，贷记"短期借款"科目。

　　借：应付票据

　　　　贷：短期借款

　　（3）商业承兑汇票到期，本单位无力支付票款的，按照汇票票面金额，借记本科目，贷记"应付账款"科目。

　　借：应付票据

　　　　贷：应付账款

　　【例19-23】接【例19-22】，该事业单位开出的银行承兑汇票到期，收到银行支付汇票本息的付款通知。

　　借：应付票据　　　　　　　　　　　　　　　　　　　　　　　　40 000

　　　　其他支出（40 000×0.5%×4）　　　　　　　　　　　　　　　 800

　　　　贷：银行存款　　　　　　　　　　　　　　　　　　　　　　40 800

　　【例19-24】接【例19-22】，该事业单位开出的银行承兑汇票到期，但该事业单位无力支付票款。

　　借：应付票据　　　　　　　　　　　　　　　　　　　　　　　　40 000

　　　　其他支出（40 000×0.5%×4）　　　　　　　　　　　　　　　 800

　　　　贷：短期借款　　　　　　　　　　　　　　　　　　　　　　40 800

　　【例19-25】某事业单位（一般纳税人）为开展经营活动购入B材料一批，价款6万元，增值税发票注明税款10 200元，开出为期90天无息的商业承兑汇票一张。

　　借：存货——B材料　　　　　　　　　　　　　　　　　　　　　60 000

　　　　应缴税费——应缴增值税（进项税额）　　　　　　　　　　 10 200

　　　　贷：应付票据　　　　　　　　　　　　　　　　　　　　　　70 200

　　【例19-26】接【例19-25】，该事业单位开出的商业承兑汇票到期，但该事业单位无力偿付款项。

　　借：应付票据　　　　　　　　　　　　　　　　　　　　　　　　70 200

　　　　贷：应付账款　　　　　　　　　　　　　　　　　　　　　　70 200

　　此外，事业单位应当设置"应付票据备查簿"，详细登记每一应付票据的种类、号数、出票日期、到期日、票面金额、交易合同号、收款人姓名或单位名称，以及付款日期和金额等资料。应付票据到期结清票款后，应当在备查簿内逐笔注销。

二、应付账款

　　应付账款是指事业单位因购买材料、物资或接受劳务供应而发生应付给供应单位的款项。应付账款与应付票据虽然都是由于交易活动引起的负债，但应付账款是尚未结算的债务，而应付票据是一种期票，是延期付款的证明。应付账款通常在购入货物的产权转移或收到发票时按发票金额入账。事业单位设置"应付账款"科目核算其因购买材料、物资等而应付的款项。应付账款的增加记贷方，减少记借方，期末贷方余额反映事业单位尚未支付的应付账款。本科目应当按照债权单位（或个人）进行明细核算。

　　1.购入材料、物资等已验收入库但货款尚未支付的，按照应付未付的金额，借记"存货"等科目，贷记本科目。

借：存货等

　　贷：应付账款

【例19-27】某事业单位（一般纳税人）为开展事业活动从A公司购买材料一批，价款8 000元，增值税1 360元，材料已验收入库，款项尚未支付。

借：存货　　　　　　　　　　　　　　　　　　　　　　　　　　　　　8 000

　　应缴税费——应缴增值税（进项税额）　　　　　　　　　　　　　　1 360

　　贷：应付账款——A公司　　　　　　　　　　　　　　　　　　　　　　　9 360

2.偿付应付账款时，按照实际支付的款项金额，借记本科目，贷记"银行存款"等科目。

借：应付账款

　　贷：银行存款等

【例19-28】接【例19-27】，该事业单位通过单位零余额账户支付该笔材料欠款。

借：应付账款　　　　　　　　　　　　　　　　　　　　　　　　　　　9 360

　　贷：零余额账户用款额度　　　　　　　　　　　　　　　　　　　　　　　9 360

3.开出、承兑商业汇票抵付应付账款，借记本科目，贷记"应付票据"科目。

【例19-29】接【例19-27】，该事业单位开出一张9 360元的商业汇票，抵付A公司的材料欠款。

借：应付账款——A公司　　　　　　　　　　　　　　　　　　　　　　9 360

　　贷：应付票据　　　　　　　　　　　　　　　　　　　　　　　　　　　　9 360

4.无法偿付或债权人豁免偿还的应付账款，借记本科目，贷记"其他收入"科目。

借：应付账款

　　贷：其他收入

【例19-30】接【例19-27】，A公司豁免了该事业单位的材料欠款9 360元。

借：应付账款——A公司　　　　　　　　　　　　　　　　　　　　　　9 360

　　贷：其他收入　　　　　　　　　　　　　　　　　　　　　　　　　　　　9 360

三、预收账款

预收账款是指事业单位按照合同规定向购货单位或接受劳务单位预收的款项。在商品交易和提供劳务的过程中，事业单位有时在产品销售或劳务提供以前，要求购货单位或接受劳务单位按合同约定预付部分或全部款项，这种预收的款项构成一项负债。事业单位按合同规定如期交付货物或提供劳务时，预收账款转化为收入，债务才得以解除。如果事业单位到期无法履行合同，不能向购货单位或接受劳务单位交付货物或提供劳务，预收的货款应如数退回。事业单位设置"预收账款"科目核算其按合同规定预收的款项。预收账款的增加记贷方，减少记借方，期末贷方余额反映事业单位按合同规定预收但尚未实际结算的款项。本科目应当按照债权单位（或个人）进行明细核算。

1.从付款方预收款项时，按照实际预收的金额，借记"银行存款"等科目，贷记本科目。

借：银行存款等

　　贷：预收账款

【例19-31】某事业单位（一般纳税人）在开展经营活动中，与B公司签订销货合同一份，销售一批产品给B公司，价税合计117 000元。根据合同约定，先预收B公司交易总额20%的款项，款项已存入银行。

借：银行存款　　　　　　　　　　　　　　　　　　　　　　　　　　23 400
　　贷：预收账款——B公司　　　　　　　　　　　　　　　　　　　　　　　　23 400

2.确认有关收入时，借记本科目，按照应确认的收入金额，贷记"经营收入"等科目，按照付款方补付或退回付款方的金额，借记或贷记"银行存款"等科目。

借：预收账款
　　银行存款等
　　贷：经营收入等

【例19-32】接【例19-31】，该事业单位按合同约定已交货给B公司，B公司已验收入库。余款已到账。

借：预收账款——B公司　　　　　　　　　　　　　　　　　　　　　23 400
　　银行存款　　　　　　　　　　　　　　　　　　　　　　　　　　93 600
　　贷：经营收入　　　　　　　　　　　　　　　　　　　　　　　　　　　100 000
　　　　应缴税费——应缴增值税（销项税额）　　　　　　　　　　　　　　17 000

3.无法偿付或债权人豁免偿还的预收账款，借记本科目，贷记"其他收入"科目。

借：预收账款
　　贷：其他收入

【例19-33】接【例19-31】，假设B公司不再需要购买该事业单位的产品，经协商合同不再履行，B公司豁免了该事业单位预收的款项。

借：预收账款——B公司　　　　　　　　　　　　　　　　　　　　　23 400
　　贷：其他收入　　　　　　　　　　　　　　　　　　　　　　　　　　　23 400

四、其他应付款

其他应付款是指事业单位除应缴税费、应缴国库款、应缴财政专户款、应付职工薪酬、应付票据、应付账款、预收账款之外的其他各项偿还期限在1年内（含1年）的应付及暂收款项，如存入保证金等。事业单位设置"其他应付款"科目核算其除应缴税费、应缴国库款、应缴财政专户款、应付职工薪酬、应付票据、应付账款、预收账款之外的其他各项偿还期限在1年内（含1年）的应付及暂收款项。其他应付款的增加记贷方，减少记借方，期末贷方余额反映事业单位尚未支付的其他应付款。本科目应当按照其他应付款的类别以及债权单位（或个人）进行明细核算。

1.发生其他各项应付及暂收款项时，借记"银行存款"等科目，贷记本科目。

借：银行存款等
　　贷：其他应付款

【例19-34】某事业单位销售包装物应回收的产品给某公司，根据合同约定，收取包装押金3 000元存入银行。

借：银行存款　　　　　　　　　　　　　　　　　　　　　　　　　　3 000
　　贷：其他应付款　　　　　　　　　　　　　　　　　　　　　　　　　　3 000

2.支付其他应付款项时，借记本科目，贷记"银行存款"等科目。

借：其他应付款

　　贷：银行存款等

【例19-35】接【例19-34】，某公司交回包装物，该事业单位退回押金。

借：其他应付款　　　　　　　　　　　　　　　　　　　　　　3 000

　　贷：银行存款　　　　　　　　　　　　　　　　　　　　　　　　3 000

3.无法偿付或债权人豁免偿还的其他应付款项，借记本科目，贷记"其他收入"科目。

借：其他应付款

　　贷：其他收入

【例19-36】某事业单位一笔2 500元的其他应付款，由于债权人不明无法偿付，经报批予以核销。

借：其他应付款　　　　　　　　　　　　　　　　　　　　　　2 500

　　贷：其他收入　　　　　　　　　　　　　　　　　　　　　　　　2 500

第六节　事业单位长期应付款的核算

一、长期应付款概述

长期应付款是指事业单位发生的偿还期限超过1年（不含1年）的应付款项，主要是指事业单位融资租入固定资产发生的应付租赁款。事业单位设置"长期应付款"科目核算其借入的期限超过1年（不含1年）的各种借款。长期应付款的增加记贷方，减少记借方，期末贷方余额反映事业单位尚未偿还的长期借款本金。本科目应当按照贷款单位和贷款种类进行明细核算。对于基建项目借款，还应当按照具体项目进行明细核算。

二、长期应付款的账务处理

（一）长期应付款发生的账务处理

发生长期应付款时，借记"固定资产""在建工程"等科目，贷记本科目、"非流动资产基金"等科目。

借：固定资产/在建工程等

　　贷：长期应付款/非流动资产基金等

【例19-37】某事业单位以分期付款的方式购入不需安装的设备一台，该设备总价款80万元，合同约定分4年付清，每年付20万元。设备已运回交付使用。在购买过程中另用银行存款支付各项运杂费，共计2 800元。

借：固定资产　　　　　　　　　　　　　　　　　　　　　　802 800

　　贷：长期应付款　　　　　　　　　　　　　　　　　　　　　800 000

　　　　非流动资产基金——固定资产　　　　　　　　　　　　　　2 800

借：经营支出　　　　　　　　　　　　　　　　　　　　　　　2 800

　　贷：银行存款　　　　　　　　　　　　　　　　　　　　　　　　2 800

（二）长期应付款支付的账务处理

支付长期应付款时，借记"事业支出""经营支出"等科目，贷记"银行存款"等科目；同时，借记本科目，贷记"非流动资产基金"科目。

借：事业支出/经营支出等

　　贷：银行存款等

同时，

借：长期应付款

　　贷：非流动资产基金

【例19-38】接【例19-37】，该事业单位每年通过银行转账形式偿付货款20万元。

借：经营支出　　　　　　　　　　　　　　　　　　　　　　200 000

　　贷：银行存款　　　　　　　　　　　　　　　　　　　　　　　200 000

借：长期应付款　　　　　　　　　　　　　　　　　　　　　200 000

　　贷：非流动资产基金——固定资产　　　　　　　　　　　　　　200 000

（三）长期应付款核销的账务处理

无法偿付或债权人豁免偿还的长期应付款，借记本科目，贷记"其他收入"科目。

借：长期应付款

　　贷：其他收入

【例19-39】接【例19-37】，该事业单位偿付三次货款后，销售商豁免了其余款。

借：长期应付款　　　　　　　　　　　　　　　　　　　　　200 000

　　贷：其他收入　　　　　　　　　　　　　　　　　　　　　　　200 000

思考与练习题

一、思考题

1.简述事业单位负债的定义及内容。

2.应缴国库款和应缴财政专户款有什么联系和区别？

3.什么是事业单位的借入款项？其管理要求有哪些？

4.事业单位应缴国库款主要包括哪些内容？

5.事业单位应缴税费核算范围的规定是怎样的？

6.事业单位应付职工薪酬的内容有哪些？

7.事业单位签发的商业汇票到期时有哪些情况？如何进行账务处理？

二、单项选择题

1.事业单位收到应纳入预算管理的政府性基金时，贷方记入（　　）账户。

A."应缴国库款"　　　　　　　　　　　B."应缴财政专户款"

C."应缴税费"　　　　　　　　　　　　D."其他应付款"

2.事业单位处置资产产生的处置净收入，应转入（　　）账户。

A."应缴国库款"　　　　　　　　　　　B."应缴财政专户款"

C."应缴税费"　　　　　　　　　　　　D."其他应付款"

3.下列税种发生应缴税款时，不需要通过"应缴税费"科目核算的是（　　）。

A.增值税　　　　　　B.土地增值税　　　　C.印花税　　　　　　D.房产税

4.属于增值税一般纳税人的事业单位所购进的非自用材料发生盘亏、毁损、报废、对外捐赠、无偿调出等情况时，对增值税应作（　　）处理。

A.抵扣进项税额　　　　　　　　　B.计算销项税额

C.转出进项税额　　　　　　　　　D.不作任何处理

5.属于增值税小规模纳税人的事业单位销售应税产品或提供应税服务时，按照（　　）金额记入"应缴增值税"的贷方。

A.实际收到或应收的价款乘以17%　　B.实际收到或应收的价款乘以3%

C.实际收到或应收的价款乘以13%　　D.0

6.事业单位发放本单位职工工资代扣个人所得税和发放外单位人员劳务费代扣个人所得税，在账务处理时，借方（　　）科目。

A.都记入"事业支出"　　　　　　　B.都记入"应付职工薪酬"

C.都记入"经营支出"　　　　　　　D.记入不同

7.事业单位在计算应缴所得税税额时，借方记入（　　）科目。

A."利润分配"　　　　　　　　　　B."事业支出"

C."非财政补助结余分配"　　　　　D."经营支出"

8.事业单位代扣本单位职工社会保险费时，记入（　　）科目贷方。

A."应缴税费"　　　　　　　　　　B."其他应付款"

C."应付账款"　　　　　　　　　　D."预收账款"

9.事业单位签发的商业汇票到期时，如果本单位无力支付票款，商业承兑汇票和银行承兑汇票的应付票款（　　）科目。

A.都转入"应付账款"　　　　　　　B.都转入"短期借款"

C.都转入"其他应付款"　　　　　　D.转入不同

10.事业单位由于债权人豁免无法偿付应付及预收款项时，贷方记入（　　）科目。

A."其他收入"　　　　　　　　　　B."其他支出"

C."应缴国库款"　　　　　　　　　D."应缴财政专户款"

三、多项选择题

1.事业单位的借入款项是指事业单位从（　　）等借入的有偿使用的款项。

A.财政部门　　　　B.上级主管部门　　　C.金融机构　　　　D.企业

2.事业单位的借入款项包括（　　）。

A.银行承兑汇票　　B.短期借款　　　　　C.长期借款　　　　D.企业债券

3.应缴款项是指事业单位应缴未缴的各种款项，包括（　　）。

A.应当上缴国库的款项　　　　　　B.应当上缴财政专户的款项

C.应缴税费　　　　　　　　　　　D.其他按照国家有关规定应当上缴的款项

4.事业单位属于增值税一般纳税人的，其应缴增值税明细账中应设置（　　）专栏。

A."进项税额"　　　　　　　　　　B."已交税金"

C."销项税额"　　　　　　　　　　D."进项税额转出"

5.事业单位的应付职工薪酬是指事业单位应付未付的职工工资、津贴补贴等，包括（　　）等。

A.基本工资　　　　B.绩效工资　　　　C.国家统一规定的津贴补贴

D.社会保险费　　　E.住房公积金

6."应付职工薪酬"科目应当根据国家有关规定，按照（　　）等进行明细核算。

A."工资（离退休费）"　　　　　　　B."地方（部门）津贴补贴"

C."其他个人收入"　　　　　　　　　D."社会保险费"

E."住房公积金"

7.事业单位的长期应付款是指事业单位发生的偿还期限超过1年（不含1年）的应付款项，主要包括（　　）发生的长期应付款项。

A.融资租赁租入固定资产　　　　　　B.分期付款购入固定资产

C.经营租赁租入固定资产　　　　　　D.长期贷款购入固定资产

8.事业单位无法偿付或债权人豁免导致不用偿付的债务有（　　）。

A.长期应付款　　B.应付账款　　　C.其他应付款　　　D.应付票据

9.事业单位通过"应付职工薪酬"科目核算应付职工社会保险费时，资金来源包括（　　）。

A.从本单位职工工资中扣缴　　　　　B.从本单位预算资金中支付

C.由财政统一安排　　　　　　　　　D.其他

10.事业单位一般不预计利息支出，当利息实际发生直接予以列支的借款包括（　　）。

A.长期借款　　　B.短期借款　　　C.长期债券　　　D.短期债券

四、业务分录题

某事业单位（一般纳税人）20××年发生以下经济业务，请编写各经济业务的相关会计分录。

1.开展事业活动出现临时性资金周转困难，决定向上级单位借入90万元，借款期限为6个月，月利率为0.5%，到期还本付息。

2.本单位签发的一张20万元银行承兑汇票到期，本单位无力支付票款，银行按票面金额承兑给收款人。

3.第1题向上级单位借入的短期借款到期，归还借款本金及利息。

4.向银行借入款项200万元，贷款期限为2年，年利率为6%，每年支付利息一次，贷款已转入本单位银行账户。

5.偿还前年向银行借入的2年期借款本息，共计90万元。

6.收到一笔纳入预算管理的政府性基金收入24 000元，2天后予以上缴。

7.收到一笔应缴入财政专户的款项8 000元，并上缴财政专户。

8.出售2016年5月1日之后自建房屋一栋，收到价款350万元。增值税税率11%，城建税税率7%，教育费附加率3%。假设可抵扣的进项税额为11万元。

9.开展经营活动提供应税劳务，取得劳务收入10万元。

10.对外销售产品，价款10 000元，增值税1 700元，款项已收讫。

11.实际缴纳上季应缴增值税13 600元，款项已转。

12.支付外聘专家劳务费4 000元，代扣个人所得税640元。

13.为开展经营活动购置一台专用车辆，按税法规定，应缴纳车船税1 500元。

14.将一闲置的门面对外出租，年租金6万元，取得当年租金收入。按税法规定实行从租计征房产税，税率为12%。

15.5月计算本月应发放本单位职工薪酬，计算出应发放工资总额为380 000元，其中基本工资300 000元，地方津贴补贴40 000元，其他个人收入40 000元。基本工资中，在职人员221 000元，离休人员19 000元，退休人员60 000元；地方津贴补贴中，在职人员25 000元，离休人员3 500元，退休人员11 500元；其他个人收入中，在职人员33 000元，离休人员3 000元，退休人员4 000元。

16.通过财政直接支付5月工资326 500元，代扣代缴个人所得税11 000元，代扣各类保险费6 500元，代扣个人住房公积金36 000元。1周后，将代扣各款项通过直接方式拨付给各管理机构。

17.按照规定比例计算发放5月职工工资时，本单位应承担的职工社会保险费6 500元，住房公积金36 000元。通过授权支付方式支付该笔款项。

18.为开展事业活动购买甲材料一批，开出3个月到期的带息银行承兑汇票一张，面值8万元，月利率0.5%，同时支付银行承兑手续费100元。

19.为开展经营活动购入乙材料一批，价款10万元，增值税发票注明税款17 000元，开出为期90天无息的商业承兑汇票一张。

20.支付第18、19题到期的商业汇票到期款项。

21.为开展事业活动从A公司购买材料一批，价款90 000元，增值税15 300元，材料已验收入库，款项尚未支付。

22.开出无息商业汇票一张，抵付第21题应付款项。

23.第22题商业汇票到期，本单位仍无力偿付货款，A公司给予债务豁免。

24.在开展经营活动中，与B公司签订销货合同一份，销售一批产品给B公司，价税合计234 000元。根据合同约定，先预收B公司交易总额20%的款项，款项已存入银行。

25.发出第24题产品给B公司，B公司已验收入库，并补付了余款。

26.销售包装物应回收的产品给C公司，根据合同约定，收取包装押金5 000元存入银行。

27.第26题C公司由于管理不善损坏了部分包装物，表明不再收回押金。

28.以分期付款的方式购入需要安装的设备一台，该设备总价款120万元，合同约定分5年付清，每年付24万元。设备已运回，在购买过程中另用银行存款支付各项运杂费共计2 800元。安装完成，发生安装费用1万元，用银行存款付讫。

29.年终，非财政结余分配税前贷方余额为487 000元。

第二十章 事业单位收入的核算

☞ 学习目的

通过本章的学习，了解事业单位收入的组成、确认原则，掌握各收入科目的核算方法。

第一节 事业单位收入概述

一、事业单位收入的内容

事业单位收入是指事业单位为开展业务及其他活动依法取得的非偿还性资金，包括财政补助收入、事业收入、上级补助收入、附属单位上缴收入、经营收入和其他收入等。

财政补助收入是指事业单位从同级财政部门取得的各类财政拨款，包括基本支出补助和项目支出补助。

事业收入是指事业单位开展专业业务活动及其辅助活动取得的收入。其中，按照国家有关规定应当上缴国库或者财政专户的资金，不计入事业收入；从财政专户核拨给事业单位的资金和经核准不上缴国库或者财政专户的资金，计入事业收入。

上级补助收入是指事业单位从主管部门和上级单位取得的非财政补助收入。

附属单位上缴收入是指事业单位附属独立核算单位按照有关规定上缴的收入。

经营收入是指事业单位在专业业务活动及其辅助活动之外开展非独立核算经营活动取得的收入。

其他收入是指财政补助收入、事业收入、上级补助收入、附属单位上缴收入和经营收入以外的各项收入，包括投资收益、利息收入、捐赠收入等。

需要注意的是，事业单位对取得的资金进行核算时，应区分其偿还性。取得的需要偿还的各项资金，如应缴国库款、应缴财政专户款等，不属于事业单位的收入，应作为负债进行核算；作为事业单位收入进行核算的，应属于取得的不需要偿还的资金。

二、事业单位收入的确认

事业单位应当将各项收入全部纳入单位预算，统一核算、统一管理。事业单位的收入一般应当在收到款项时予以确认，并按照实际收到的金额进行计量。

采用权责发生制确认的收入，应当在提供服务或者发出存货，同时收讫价款或者取得索取价款凭据时予以确认，并按照实际收到的金额或者有关凭据注明的金额进行计量。

三、事业单位收入会计科目表

事业单位收入类会计科目见表20-1。

表20-1   事业单位收入科目表

序号	科目编号	科目名称	核算内容
1	4001	财政补助收入	核算事业单位从同级财政部门取得的各类财政拨款，包括基本支出补助和项目支出补助
2	4101	事业收入	核算事业单位开展专业业务活动及其辅助活动取得的收入
3	4201	上级补助收入	核算事业单位从主管部门和上级单位取得的非财政补助收入
4	4301	附属单位上缴收入	核算事业单位附属独立核算单位按照有关规定上缴的收入
5	4401	经营收入	核算事业单位在专业业务活动及其辅助活动之外开展非独立核算经营活动取得的收入
6	4501	其他收入	核算事业单位除财政补助收入、事业收入、上级补助收入、附属单位上缴收入、经营收入以外的各项收入，包括投资收益、银行存款利息收入、租金收入、捐赠收入、现金盘盈收入、存货盘盈收入、收回已核销应收及预付款项、无法偿付的应付及预收款项等

第二节 事业单位转移性收入的核算

事业单位转移性收入是指事业单位按照规定从同级财政部门取得的补助性收入，以及在系统内部进行相互调剂从其他单位取得的调剂性收入，包括财政补助收入、上级补助收入和附属单位上缴收入。

一、财政补助收入

财政补助收入是指事业单位从同级财政部门取得的各类财政拨款，包括基本支出补助和项目支出补助。事业单位设置"财政补助收入"科目核算其从同级财政部门取得的各类财政拨款。财政补助收入的增加记贷方，减少记借方，平时余额在贷方，期末结账后，本科目应无余额。

本科目应当设置"基本支出"和"项目支出"两个明细科目，两个明细科目下按照《政府收支分类科目》中"支出功能分类"的相关科目进行明细核算；同时，在"基本支出"明细科目下按照"人员经费"和"日常公用经费"进行明细核算，在"项目支出"明细科目下按照具体项目进行明细核算。

（一）财政直接支付方式下的账务处理

1.发生财政直接支付支出。财政直接支付方式下，对财政直接支付的支出，事业单位根据财政国库支付执行机构委托代理银行转来的"财政直接支付入账通知"书及原始凭证，按照通知书中的直接支付入账金额，借记有关科目，贷记本科目。

借：事业支出/经营支出/存货等

　　贷：财政补助收入

【例20-1】某事业单位（一般纳税人）通过财政直接支付方式购买自用甲材料一批，价款5 000元，增值税850元，运杂费200元。材料已验收入库。

借：存货——甲材料　　　　　　　　　　　　　　　　　　　　　6 050

　　贷：财政补助收入　　　　　　　　　　　　　　　　　　　　　6 050

【例20-2】某事业单位在开展事业活动中，通过财政直接支付方式支付外单位专家劳务费2 000元（不考虑税）。

借：事业支出　　　　　　　　　　　　　　　　　　　　　　　　2 000

　　贷：财政补助收入　　　　　　　　　　　　　　　　　　　　　2 000

2.年终财政直接支付余额注销。年度终了，根据本年度财政直接支付预算指标数与当年财政直接支付实际支出数的差额，借记"财政应返还额度——财政直接支付"科目，贷记本科目。

借：财政应返还额度——财政直接支付

　　贷：财政补助收入

【例20-3】某事业单位年度终了进行余额核销，本年度财政直接支付预算指标数为500万元，实际支出数为470万元。

借：财政应返还额度——财政直接支付　　　　　　　　　　　　　300 000

　　贷：财政补助收入　　　　　　　　　　　　　　　　　　　　　300 000

3.发生财政直接支付款项退回。因购货退回等发生国库直接支付款项退回的，属于以前年度支付的款项，按照退回金额，借记"财政应返还额度"科目，贷记"财政补助结转""财政补助结余""存货"等有关科目；属于本年度支付的款项，按照退回金额，借记本科目，贷记"事业支出""存货"等有关科目。

（1）属于以前年度支付的款项：

借：财政应返还额度——财政直接支付

　　贷：财政补助结转/财政补助结余/存货等

说明：贷方科目的选择原则：退回款项属于基本支出和未完工项目资金时，贷方记入"财政补助结转"科目；退回款项属于完工项目资金时，贷方记入"财政补助结余"科目；属于购货退回时，贷方记入"存货"科目。（后文同）

【例20-4】某事业单位发生上年度财政直接支付的一笔劳务费退回业务，该笔劳务费为1 800元。

借：财政应返还额度——财政直接支付　　　　　　　　　　　　　　1 800

　　贷：财政补助结转　　　　　　　　　　　　　　　　　　　　　　　　　1 800

【例20-5】某事业单位上年度购买的一批自用材料发现质量问题，经与供货商协商予以退回，该批材料资金总额为7 020元，货款已到账。

借：财政应返还额度——财政直接支付　　　　　　　　　　　　　　7 020

　　贷：存货——×材料　　　　　　　　　　　　　　　　　　　　　　　　7 020

（2）属于本年度支付的款项：

借：财政补助收入

　　贷：事业支出/存货等

【例20-6】某事业单位发生本年度财政直接支付的一笔事业支出3 000元退回业务。

借：财政补助收入　　　　　　　　　　　　　　　　　　　　　　　3 000

　　贷：事业支出　　　　　　　　　　　　　　　　　　　　　　　　　　　3 000

（二）财政授权支付方式下的账务处理

1.收到"授权支付到账通知书"。财政授权支付方式下，事业单位根据代理银行转来的"授权支付到账通知书"，按照通知书中的授权支付额度，借记"零余额账户用款额度"科目，贷记本科目。

借：零余额账户用款额度

　　贷：财政补助收入

【例20-7】某事业单位收到代理银行转来的"授权支付到账通知书"，授权支付用款额度为300万元。

借：零余额账户用款额度　　　　　　　　　　　　　　　　　　3 000 000

　　贷：财政补助收入　　　　　　　　　　　　　　　　　　　　　　　3 000 000

2.年终授权支付余额注销。年度终了，事业单位本年度财政授权支付预算指标数大于零余额账户用款额度下达数的，根据未下达的用款额度，借记"财政应返还额度——财政授权支付"科目，贷记本科目。

借：财政应返还额度——财政授权支付

　　贷：财政补助收入

【例20-8】某事业单位年终进行财政授权支付余额注销，本年度财政授权支付预算指标数为800万元，已下达用款额度760万元。

借：财政应返还额度——财政授权支付　　　　　　　　　　　　　400 000

　　贷：财政补助收入　　　　　　　　　　　　　　　　　　　　　　　400 000

（三）其他方式下的账务处理

其他方式（即非国库集中支付）下，实际收到财政补助收入时，按照实际收到的金额，借记"银行存款"等科目，贷记本科目。

借：银行存款等

　　贷：财政补助收入

【例20-9】某事业单位从同级财政部门收到非国库集中支付的补助资金70万元，款项已存入银行。

借：银行存款　　　　　　　　　　　　　　　　　　　　　　　700 000

　　贷：财政补助收入　　　　　　　　　　　　　　　　　　　　　　　　700 000

（四）年终转账的账务处理

　　期末，将本科目本期发生额转入财政补助结转，借记本科目，贷记"财政补助结转"科目。

　　借：财政补助收入
　　　　贷：财政补助结转

　　【例20-10】某事业单位年终结账时，"财政补助收入"账户贷方余额为1 000万元，对所有余额进行转账。

　　借：财政补助收入　　　　　　　　　　　　　　　　　　　　10 000 000
　　　　贷：财政补助结转　　　　　　　　　　　　　　　　　　　　　　10 000 000

二、上级补助收入

　　上级补助收入是指事业单位从主管部门和上级单位取得的非财政补助收入。事业单位设置"上级补助收入"科目核算其从主管部门和上级单位取得的非财政补助收入。上级补助收入的增加记贷方，减少记借方，平时余额在贷方，期末结账后，本科目应无余额。

　　本科目应当按照发放补助单位、补助项目、《政府收支分类科目》中"支出功能分类"相关科目等进行明细核算。上级补助收入中如有专项资金收入，还应当按照具体项目进行明细核算。

（一）收到上级补助收入

　　收到上级补助收入时，按照实际收到的金额，借记"银行存款"等科目，贷记本科目。

　　借：银行存款等
　　　　贷：上级补助收入

　　【例20-11】某事业单位收到上级单位拨来的非财政补助资金100万元，款项已存入银行。

　　借：银行存款　　　　　　　　　　　　　　　　　　　　　　1 000 000
　　　　贷：上级补助收入　　　　　　　　　　　　　　　　　　　　　1 000 000

（二）年终转账

　　期末，将本科目本期发生额中的专项资金收入结转入非财政补助结转，借记本科目下各专项资金收入明细科目，贷记"非财政补助结转"科目；将本科目本期发生额中的非专项资金收入结转入事业结余，借记本科目下各非专项资金收入明细科目，贷记"事业结余"科目。

　　1.结转专项资金收入：

　　借：上级补助收入——专项资金收入明细科目
　　　　贷：非财政补助结转

　　2.结转非专项资金收入：

　　借：上级补助收入——非专项资金收入明细科目
　　　　贷：事业结余

【例20-12】某事业单位进行年终结账，将"上级补助收入"账户的贷方余额800万元全部进行结转，其中480万元为专项资金收入，320万元为非专项资金收入。

借：上级补助收入   8 000 000

 贷：非财政补助结转   4 800 000

  事业结余   3 200 000

三、附属单位上缴收入

附属单位上缴收入是指事业单位附属独立核算单位按照有关规定上缴的收入。事业单位设置"附属单位上缴收入"科目核算其附属独立核算单位按照有关规定上缴的收入。附属单位上缴收入的增加记贷方，减少记借方，平时余额在贷方，期末结账后，本科目应无余额。本科目应当按照附属单位、缴款项目、《政府收支分类科目》中"支出功能分类"相关科目等进行明细核算。附属单位上缴收入中如有专项资金收入，还应当按照具体项目进行明细核算。

（一）收到附属单位上缴款项

收到附属单位缴来款项时，按照实际收到的金额，借记"银行存款"等科目，贷记本科目。

借：银行存款等

 贷：附属单位上缴收入

【例20-13】某事业单位收到独立核算的附属A单位上缴的一笔款项39万元，款项存入银行。

借：银行存款   390 000

 贷：附属单位上缴收入——A单位   390 000

（二）年终转账

期末，将本科目本期发生额中的专项资金收入结转入非财政补助结转，借记本科目下各专项资金收入明细科目，贷记"非财政补助结转"科目；将本科目本期发生额中的非专项资金收入结转入事业结余，借记本科目下各非专项资金收入明细科目，贷记"事业结余"科目。

1.结转专项资金收入：

借：附属单位上缴收入——专项资金收入明细科目

 贷：非财政补助结转

2.结转非专项资金收入：

借：附属单位上缴收入——非专项资金收入明细科目

 贷：事业结余

【例20-14】某事业单位进行年终结账，将"附属单位上缴收入"账户的贷方余额190万元全部进行结转，其中110万元为专项资金收入，80万元为非专项资金收入。

借：附属单位上缴收入   1 900 000

 贷：非财政补助结转   1 100 000

  事业结余   800 000

第三节　事业单位自行组织收入的核算

事业单位自行组织收入是指事业单位开展专业业务活动及其辅助活动以及从事经营活动中自行组织取得的各项非偿还性收入，包括事业收入、经营收入和其他收入。

一、事业收入

事业收入是指事业单位开展专业业务活动及其辅助活动取得的收入。其中，按照国家有关规定应当上缴国库或者财政专户的资金，不计入事业收入；从财政专户核拨给事业单位的资金和经核准不上缴国库或者财政专户的资金，计入事业收入。事业收入的核算范围包括两方面的内容：一是开展专业业务活动及其辅助活动取得的非偿还性收入；二是从财政专户核拨给事业单位的资金和经核准不上缴国库或者财政专户的资金。事业单位对财政专户管理资金实行"收支两条线"管理，取得按照国家有关规定应当上缴财政专户的资金时，作负债"应缴财政专户款"核算；取得从财政专户核拨或经核准不上缴财政专户的资金时，作收入"事业收入"核算。

事业单位设置"事业收入"科目核算其开展专业业务活动及其辅助活动取得的非偿还性收入以及从财政专户核拨给事业单位的资金和经核准不上缴国库或者财政专户的资金。事业收入的增加记贷方，减少记借方，平时余额在贷方，期末结账后，本科目应无余额。本科目应当按照事业收入类别、项目、《政府收支分类科目》中"支出功能分类"相关科目等进行明细核算。事业收入中如有专项资金收入，还应当按照具体项目进行明细核算。

（一）采用财政专户返还方式管理的事业收入

1.收到应上缴财政专户的事业收入时，按照收到的款项金额，借记"银行存款""库存现金"等科目，贷记"应缴财政专户款"科目。

借：银行存款/库存现金等

　　贷：应缴财政专户款

2.向财政专户上缴款项时，按照实际上缴的款项金额，借记"应缴财政专户款"科目，贷记"银行存款"等科目。

借：应缴财政专户款

　　贷：银行存款等

收到应上缴财政专户事业收入及上缴财政专户款项的账务处理例解，参见第十九章【例19-11】。

3.收到从财政专户返还的事业收入时，按照实际收到的返还金额，借记"银行存款"等科目，贷记本科目。

借：银行存款等

　　贷：事业收入

【例20-15】某事业单位收到从财政专户返还的事业收入78万元，款项已存入银行。

借：银行存款　　　　　　　　　　　　　　　　　　　　780 000

　　贷：事业收入　　　　　　　　　　　　　　　　　　　　　　780 000

（二）其他事业收入

收到事业收入时，按照收到的款项金额，借记"银行存款""库存现金"等科目，贷记本科目。

借：银行存款/库存现金等

　　贷：事业收入

【例20-16】某事业单位收到不需要上缴财政专户的事业收入23万元存入银行。

借：银行存款　　　　　　　　　　　　　　　　　　　　　　　230 000

　　贷：事业收入　　　　　　　　　　　　　　　　　　　　　　　230 000

涉及增值税业务的相关账务处理，参照"经营收入"科目。

（三）年终转账

期末，将本科目本期发生额中的专项资金收入结转入非财政补助结转，借记本科目下各专项资金收入明细科目，贷记"非财政补助结转"科目；将本科目本期发生额中的非专项资金收入结转入事业结余，借记本科目下各非专项资金收入明细科目，贷记"事业结余"科目。

1.结转专项资金收入：

借：事业收入——专项资金收入明细科目——×项目

　　贷：非财政补助结转

2.结转非专项资金收入：

借：事业收入——非专项资金收入明细科目

　　贷：事业结余

【例20-17】某事业单位进行年终结账，将"事业收入"账户的贷方余额980万元全部结转，其中专项资金收入700万元，非专项资金收入280万元。

借：事业收入　　　　　　　　　　　　　　　　　　　　　　9 800 000

　　贷：非财政补助结转　　　　　　　　　　　　　　　　　　　7 000 000

　　　　事业结余　　　　　　　　　　　　　　　　　　　　　　2 800 000

二、经营收入

经营收入是指事业单位在专业业务活动及其辅助活动之外开展非独立核算经营活动取得的收入。属于经营收入核算范围的收入必须同时满足两个条件：一是开展的活动是经营活动；二是开展的是非独立核算的活动。事业单位设置"经营收入"科目核算其在专业业务活动及其辅助活动之外开展非独立核算经营活动取得的收入。经营收入的增加记贷方，减少记借方，平时余额在贷方，期末结账后，本科目应无余额。本科目应当按照经营活动类别、项目、《政府收支分类科目》中"支出功能分类"相关科目等进行明细核算。

（一）取得经营收入

经营收入应当在提供服务或者发出存货，同时收讫价款或者取得索取价款凭据时，按照实际收到或应收的金额确认收入。实现经营收入时，按照确定的收入金额，借记"银行存款""应收账款""应收票据"等科目，贷记本科目。

借：银行存款/应收账款/应收票据等

　　贷：经营收入

1.属于增值税小规模纳税人的事业单位实现经营收入，按照实际出售价款，借记"银行存款""应收账款""应收票据"等科目，按照出售价款扣除增值税税额后的金额，贷记本科目，按照应缴增值税金额，贷记"应缴税费——应缴增值税"科目。

　　借：银行存款/应收账款/应收票据等
　　　　贷：经营收入
　　　　　　应缴税费——应缴增值税

【例20-18】某事业单位（小规模纳税人）从事经营活动中对外提供应税劳务，取得含税收入8 240元，增值税税率3%。款项已存入银行。

　　借：银行存款　　　　　　　　　　　　　　　　　　　　　　　　　　　8 240
　　　　贷：经营收入　　　　　　　　　　　　　　　　　　　　　　　　　　8 000
　　　　　　应缴税费——应缴增值税　　　　　　　　　　　　　　　　　　　240

2.属于增值税一般纳税人的事业单位实现经营收入，按照包含增值税的价款总额，借记"银行存款""应收账款""应收票据"等科目，按照扣除增值税销项税额后的价款金额，贷记本科目，按照增值税专用发票上注明的增值税金额，贷记"应缴税费——应缴增值税（销项税额）"科目。

　　借：银行存款/应收账款/应收票据等
　　　　贷：经营收入
　　　　　　应缴税费——应缴增值税（销项税额）

【例20-19】某事业单位（一般纳税人）从事经营活动中对外销售产品一批，增值税专用发票上注明价款9 000元，增值税1 530元。款项已存入银行。

　　借：银行存款　　　　　　　　　　　　　　　　　　　　　　　　　　10 530
　　　　贷：经营收入　　　　　　　　　　　　　　　　　　　　　　　　　9 000
　　　　　　应缴税费——应缴增值税（销项税额）　　　　　　　　　　　　1 530

（二）年终转账

期末，将本科目本期发生额转入经营结余，借记本科目，贷记"经营结余"科目。

　　借：经营收入
　　　　贷：经营结余

【例20-20】某事业单位进行年终结账，将"经营收入"账户的贷方余额650万元全部进行结转。

　　借：经营收入　　　　　　　　　　　　　　　　　　　　　　　　　6 500 000
　　　　贷：经营结余　　　　　　　　　　　　　　　　　　　　　　　　6 500 000

三、其他收入

其他收入是指财政补助收入、事业收入、上级补助收入、附属单位上缴收入和经营收入以外的各项收入，包括投资收益、利息收入、捐赠收入等。事业单位设置"其他收入"科目核算其除财政补助收入、事业收入、上级补助收入、附属单位上缴收入、经营收入以外的各项收入，包括投资收益、银行存款利息收入、租金收入、捐赠收入、现金盘盈收入、存货盘盈收入、收回已核销应收及预付款项、无法偿付的应付及预收款项等。其他收入的增加记贷方，减少记借方，平时余额在贷方，期末结账后，本科目应无余额。本科目应当按照其他收入的类别、《政府收支分类科目》中"支出功能分类"相关科目等进行明细核算。对于事业单位对外投资实现的投资净损益，还应当单设"投资收益"明细科目进行核算；其他收入中如有专项资金收入（如限定用途的捐赠收入），还应当按照具体项目进行明细核算。

（一）投资收益

1.对外投资持有期间收到利息、利润等时，按照实际收到的金额，借记"银行存款"等科目，贷记本科目（投资收益）。

借：银行存款等

　　贷：其他收入——投资收益

2.出售或到期收回国债投资本息时，按照实际收到的金额，借记"银行存款"等科目，按照出售或收回国债投资的成本，贷记"短期投资""长期投资"科目，按照其差额，贷记或借记本科目（投资收益）。

借：银行存款

　　贷：短期投资/长期投资

　　　　其他收入——投资收益

该项内容例解，参见第十八章【例18-40】、【例18-45】和【例18-48】。

（二）银行存款利息收入、租金收入

收到银行存款利息、资产承租人支付的租金，按照实际收到的金额，借记"银行存款"等科目，贷记本科目。

借：银行存款等

　　贷：其他收入——利息收入等

【例20-21】某事业单位接到其开户行通知，本期银行存款利息已计提并转入单位账户，共计5 000元。

借：银行存款　　　　　　　　　　　　　　　　　　　　　　　　　5 000

　　贷：其他收入——利息收入　　　　　　　　　　　　　　　　　　5 000

【例20-22】某事业单位对外出租事业活动用固定资产，取得租金10 000元，已存入银行。

借：银行存款　　　　　　　　　　　　　　　　　　　　　　　　10 000

　　贷：其他收入——租金收入　　　　　　　　　　　　　　　　　10 000

（三）捐赠收入

1.接受捐赠现金资产，按照实际收到的金额，借记"银行存款"等科目，贷记本科目。

借：银行存款等

　　贷：其他收入——捐赠收入

【例20-23】某事业单位接受A公司捐赠现金100万元，款项已存入银行。

借：银行存款　　　　　　　　　　　　　　　　　　　　　　1 000 000

　　贷：其他收入——捐赠收入　　　　　　　　　　　　　　　1 000 000

2.接受捐赠的存货验收入库，按照确定的成本，借记"存货"科目，按照发生的相关税费、运输费等，贷记"银行存款"等科目，按照其差额，贷记本科目。

借：存货
　　贷：银行存款等
　　　　其他收入——捐赠收入

【例20-24】某事业单位接受B公司捐赠的低值易耗品一批，原成本80万元，本单位自行承担运杂费等2 000元。该批产品已验收入库。

借：存货　　　　　　　　　　　　　　　　　　　　　　　　802 000
　　贷：银行存款　　　　　　　　　　　　　　　　　　　　　　2 000
　　　　其他收入——捐赠收入　　　　　　　　　　　　　　　800 000

注意：接受捐赠的固定资产、无形资产等非流动资产，不通过本科目核算。

（四）现金盘盈收入

每日现金账款核对中如发现现金溢余，属于无法查明原因的部分，借记"库存现金"科目，贷记本科目。

借：库存现金
　　贷：其他收入

该项内容例解，参见第十八章【例18-7】。

（五）存货盘盈收入

盘盈的存货，按照确定的入账价值，借记"存货"科目，贷记本科目。

借：存货
　　贷：其他收入

该项内容例解，参见第十八章【例18-38】。

（六）收回已核销应收及预付款项

已核销应收账款、预付账款、其他应收款在以后期间收回的，按照实际收回的金额，借记"银行存款"等科目，贷记本科目。

借：银行存款等
　　贷：其他收入

该项内容例解，参见第十八章【例18-24】、【例18-27】和【例18-30】。

（七）无法偿付应付及预收款项

无法偿付或债权人豁免偿还的应付账款、预收账款、其他应付款及长期应付款，借记"应付账款""预收账款""其他应付款""长期应付款"等科目，贷记本科目。

借：应付账款/预收账款/其他应付款/长期应付款等
　　贷：其他收入

该项内容例解，参见第十九章【例19-29】、【例19-32】和【例19-35】。

（八）年终转账

期末，将本科目本期发生额中的专项资金收入结转入非财政补助结转，借记本科目下各专项资金收入明细科目，贷记"非财政补助结转"科目；将本科目本期发生额中的非专项资金收入结转入事业结余，借记本科目下各非专项资金收入明细科目，贷记"事业结余"科目。

1.结转专项资金收入：

借：其他收入——专项资金收入明细科目

贷：非财政补助结转

2.结转非专项资金收入：

借：其他收入——非专项资金收入明细科目

贷：事业结余

【例20-25】某事业单位进行年终结账，将"其他收入"账户的所有贷方余额180万元全部结转，其中专项资金收入120万元，非专项资金收入60万元。

借：其他收入   1 800 000

贷：非财政补助结转   1 200 000

事业结余   600 000

思考与练习题

一、思考题

1.事业单位收入内容有哪些？

2.事业单位收入的确认有哪些规定？

3.事业单位"财政补助收入"科目的明细核算有哪些规定？

4.事业单位的事业收入是什么？其内容有哪些？

5.事业单位经营收入与附属单位上缴收入的区别与联系是什么？

6.事业单位"其他收入"科目有哪些核算规定？

二、单项选择题

1.事业单位从上级主管部门取得的非财政补助款，记入（ ）科目。

A."非财政补助收入"   B."事业收入"

C."上级补助收入"   D."其他收入"

2.事业单位"财政补助收入"科目的资金来源于（ ）。

A.非同级财政部门   B.同级财政部门   C.财政部门   D.上级主管部门

3.下列项目中，不属于事业单位"经营收入"科目明细科目的是（ ）。

A.经营活动类别   B.项目

C.支出功能分类相关科目   D.支出经济分类相关科目

4.下列收入中，不属于事业单位非偿还性资金的是（ ）。

A.行政事业性收费收入   B.财政补助收入

C.上级补助收入   D.其他收入

5.下列不属于事业单位其他收入核算范围的是（ ）。

A.上级拨入的补助款   B.固定资产租金收入

C.债券利息收入   D.投资收益

三、多项选择题

1.下列事项中，属于事业单位其他收入的有（ ）。

A.投资收益   B.利息收入   C.捐赠收入   D.豁免债务

2.事业单位取得的下列款项中，属于事业单位非偿还性资金的有（ ）。

A.行政事业性收费   B.事业收入

C.纳入预算的政府性基金　　　　　　　　D.上级补助款

3.事业单位"财政补助收入"科目同时在"基本支出"明细科目下按照（　　）进行明细核算。

A.人员经费　　　　　　　　　　　　　　B.日常公用经费

C.支出功能分类相关科目　　　　　　　　D.支出经济分类相关科目

4.事业单位"上级补助收入"科目应当按照（　　）进行明细核算。

A.发放补助单位　　　　　　　　　　　　B.补助项目

C.支出功能分类相关科目　　　　　　　　D.支出经济分类相关科目

5.事业单位"附属单位上缴收入"科目应当按照（　　）等进行明细核算。

A.附属单位　　　　　　　　　　　　　　B.缴款项目

C.支出功能分类相关科目　　　　　　　　D.支出经济分类相关科目

四、业务分录题

某事业单位（一般纳税人）20××年发生以下经济业务，请编写各经济业务的相关会计分录。

1.通过财政直接支付方式购买自用甲材料一批，价款85 000元，增值税14 450元，运杂费850元。材料已验收入库。

2.通过财政直接支付方式支付外单位专家劳务费8 000元，代扣个人所得税1 280元。

3.发生财政直接支付的外聘专家讲座费退回业务两笔，一笔是上年度支付的3 000元，另一笔是本年度支付的5 000元。

4.收到代理银行转来的"授权支付到账通知书"，授权支付用款额度为540万元。

5.从同级财政部门收到非国库集中支付的补助资金23万元，款项已存入银行。

6.收到上级单位拨来的非财政补助资金110万元，款项已存入银行。

7.收到独立核算的附属甲单位上缴的管理费8万元，款项已存入银行。

8.收到从财政专户返还的事业收入34万元，款项已存入银行。

9.收到不需要上缴财政专户的事业收入12万元存入银行。

10.从事经营活动中，对外销售产品一批，增值税专用发票上注明价款56 000元，增值税9 520元，款项已存入银行。

11.接到开户行通知，本期银行存款利息已计提并转入单位账户，共计67 000元。

12.对外出租事业活动用固定资产，取得租金20万元，已存入银行。

13.接受C公司捐款120万元。

14.年度终了进行国库集中支付余额核销，本年度财政直接支付预算指标数为150万元，实际支出数为123万元；本年度财政授权支付预算指标数为85万元，下达用款额度数为78万元，实际支出数为76万元。

15.年末进行年终结账时，各收入类科目的贷方余额分别为："财政补助收入"科目230万元，其中基本支出80万元，项目支出150万元；"上级补助收入"科目87万元，其中专项资金53万元，非专项资金34万元；"事业收入"科目35万元，其中专项资金13万元，非专项资金22万元；"附属单位上缴收入"科目60万元，其中专项资金46万元，非专项资金14万元；"经营收入"科目900万元；"其他收入"科目10万元，其中专项资金8万元，非专项资金2万元。

第二十一章

事业单位支出的核算

☞ **学习目的**

通过本章的学习，了解事业单位支出的内容和管理原则，掌握各支出科目的核算方法。

第一节 事业单位支出概述

一、事业单位支出的内容

事业单位支出是指事业单位开展业务及其他活动发生的资金耗费和损失，包括事业支出、经营支出、对附属单位补助支出、上缴上级支出和其他支出等。

1.事业支出，指事业单位开展专业业务活动及其辅助活动发生的基本支出和项目支出。基本支出是指事业单位为了保障其正常运转、完成日常工作任务而发生的人员支出和公用支出。项目支出是指事业单位为了完成特定工作任务和事业发展目标，在基本支出之外所发生的支出。

2.经营支出，指事业单位在专业业务活动及其辅助活动之外开展非独立核算经营活动发生的支出。

3.对附属单位补助支出，指事业单位用财政补助收入之外的收入对附属单位补助发生的支出。

4.上缴上级支出，指事业单位按照财政部门和主管部门的规定上缴上级单位的支出。

5.其他支出，指上述规定范围以外的各项支出，包括利息支出、捐赠支出等。

二、事业单位支出的管理原则

事业单位应当将各项支出全部纳入单位预算，建立健全支出管理制度。事业单位在支出管理中应当遵循以下原则：

　　1.严格执行国家财务制度和财经纪律。事业单位的支出应当严格执行国家有关财务规章制度规定的开支范围及开支标准；国家有关财务规章制度没有统一规定的，由事业单位规定，报主管部门和财政部门备案。事业单位的规定违反法律制度和国家政策的，主管部门和财政部门应当责令改正。

　　2.合理归集、分摊各类活动支出。事业单位在开展非独立核算经营活动中，应当正确归集实际发生的各项费用数；不能归集的，应当按照规定的比例合理分摊。经营支出应当与经营收入配比。

　　3.按照要求单独管理专项资金。事业单位从财政部门和主管部门取得的有指定项目和用途的专项资金，应当专款专用、单独核算，并按照规定向财政部门或者主管部门报送专项资金使用情况；项目完成后，应当报送专项资金支出决算和使用效果的书面报告，接受财政部门或者主管部门的检查、验收。

　　4.加强经济核算。事业单位应当加强经济核算，可以根据开展业务活动及其他活动的实际需要，实行内部成本核算办法。

　　5.严格执行相关制度规定。事业单位应当严格执行国库集中支付制度和政府采购制度等有关规定。

　　6.加强绩效管理。事业单位应当加强支出的绩效管理，提高资金使用的有效性。

　　7.加强支出票据管理。事业单位应当依法加强各类票据管理，确保票据来源合法、内容真实、使用正确，不得使用虚假票据。

三、事业单位支出的核算口径

　　事业单位对支出进行账务处理时，应当按照实际支出的数额列报，不能以拨作支，包括事业支出、经营支出等。

四、事业单位支出会计科目表

　　事业单位支出类会计科目见表21-1。

表21-1　　　　　　　　　　　　　　　　事业单位支出科目表

序号	科目编号	科目名称	核算内容
1	5001	事业支出	核算事业单位开展专业业务活动及其辅助活动发生的基本支出和项目支出
2	5101	上缴上级支出	核算事业单位按照财政部门和主管部门的规定上缴上级单位的支出
3	5201	对附属单位补助支出	核算事业单位用财政补助收入之外的收入对附属单位补助发生的支出
4	5301	经营支出	核算事业单位在专业业务活动及其辅助活动之外开展非独立核算经营活动发生的支出
5	5401	其他支出	核算事业单位除事业支出、上缴上级支出、对附属单位补助支出、经营支出以外的各项支出，包括利息支出、捐赠支出、现金盘亏损失、资产处置损失、接受捐赠（调入）非流动资产发生的税费支出等

第二节 事业单位消耗性支出的核算

事业单位消耗性支出是指事业单位在开展本单位的专业业务活动及其辅助活动和经营活动过程中发生的支出，包括事业支出、经营支出和其他支出。

一、事业支出

事业支出是指事业单位开展专业业务活动及其辅助活动（即事业活动）发生的基本支出和项目支出。事业单位设置"事业支出"科目核算其开展专业业务活动及其辅助活动发生的基本支出和项目支出。事业支出的增加记借方，减少记贷方，平时余额在借方，期末结账后，本科目应无余额。本科目应当按照"基本支出"和"项目支出"，"财政补助支出"、"非财政专项资金支出"和"其他资金支出"等层级进行明细核算，并按照《政府收支分类科目》中"支出功能分类"相关科目进行明细核算。"基本支出"和"项目支出"明细科目下应当按照《政府收支分类科目》中"支出经济分类"款级科目进行明细核算，同时在"项目支出"明细科目下按照具体项目进行明细核算。

（一）计提事业活动人员薪酬

为从事专业业务活动及其辅助活动人员计提的薪酬等，借记本科目，贷记"应付职工薪酬"等科目。

借：事业支出
    贷：应付职工薪酬等

【例21-1】某事业单位计提事业活动人员本月薪酬，计算出应发薪酬总额为178万元。

借：事业支出——基本支出　　　　　　　　　　　　　　　1 780 000
    贷：应付职工薪酬　　　　　　　　　　　　　　　　　　　　1 780 000

（二）领用事业活动存货

开展专业业务活动及其辅助活动领用的存货，按照领用存货的实际成本，借记本科目，贷记"存货"科目。

借：事业支出
    贷：存货

【例21-2】某事业单位开展事业活动中，领用自用材料一批用于日常办公，成本为8 000元。

借：事业支出——基本支出　　　　　　　　　　　　　　　8 000
    贷：存货——×材料　　　　　　　　　　　　　　　　　　　8 000

（三）事业活动中发生的其他各项支出

开展专业业务活动及其辅助活动中发生的其他各项支出，借记本科目，贷记"库存现金""银行存款""零余额账户用款额度""财政补助收入"等科目。

借：事业支出
    贷：库存现金/银行存款/零余额账户用款额度/财政补助收入等

【例21-3】某事业单位在开展事业活动中，通过单位零余额账户支付专家费1 600元。

借：事业支出——基本支出　　　　　　　　　　　　　　　　　　　　1 600

贷：零余额账户用款额度　　　　　　　　　　　　　　　　　　　　　1 600

（四）年终转账

期末，将本科目（财政补助支出）本期发生额结转入"财政补助结转"科目，借记"财政补助结转——基本支出结转/项目支出结转"科目，贷记本科目（财政补助支出——基本支出/项目支出）或本科目（基本支出——财政补助支出、项目支出——财政补助支出）；将本科目（非财政专项资金支出）本期发生额结转入"非财政补助结转"科目，借记"非财政补助结转"科目，贷记本科目（非财政专项资金支出）或本科目（项目支出——非财政专项资金支出）；将本科目（其他资金支出）本期发生额结转入"事业结余"科目，借记"事业结余"科目，贷记本科目（其他资金支出）或本科目（基本支出——其他资金支出、项目支出——其他资金支出）。

1.结转财政补助支出：

借：财政补助结转

贷：事业支出——财政补助支出

2.结转非财政专项资金支出：

借：非财政补助结转

贷：事业支出——非财政专项资金支出

3.结转其他资金支出：

借：事业结余

贷：事业支出——其他资金支出

【例21-4】某事业单位进行年终结账，将"事业支出"账户的借方余额650万元全部结转。其中，基本支出300万元（财政补助支出230万元，其他资金支出70万元）；项目支出350万元（财政补助支出180万元，非财政专项资金支出130万元，其他资金支出40万元）。

借：财政补助结转——基本支出结转　　　　　　　　　　　　2 300 000

　　　　　　　——项目支出结转　　　　　　　　　　　　1 800 000

贷：事业支出——财政补助支出——基本支出　　　　　　　　　2 300 000

　　　　　　　　　　　　——项目支出　　　　　　　　　　1 800 000

借：非财政补助结转　　　　　　　　　　　　　　　　　　1 300 000

贷：事业支出——非财政专项资金支出——项目支出　　　　　　1 300 000

借：事业结余　　　　　　　　　　　　　　　　　　　　　1 100 000

贷：事业支出——其他资金支出——基本支出　　　　　　　　　　700 000

　　　　　　　　　　　——项目支出　　　　　　　　　　　　400 000

二、经营支出

经营支出是指事业单位在专业业务活动及其辅助活动之外开展非独立核算经营活动（即经营活动）发生的支出。事业单位设置"经营支出"科目核算其在专业业务活动及其辅助活动之外开展非独立核算经营活动发生的支出。经营支出的增加记借方，减少记贷方，平时余额在借方，期末结账后，本科目应无余额。本科目应当按照经营活动类别、项目、《政府收支分类科目》中"支出功能分类"相关科目等进行明细核算。

（一）计提经营活动人员薪酬

为在专业业务活动及其辅助活动之外开展非独立核算经营活动人员计提的薪酬等，借记本科目，贷记"应付职工薪酬"等科目。

借：经营支出

　　贷：应付职工薪酬等

【例21-5】某事业单位计提经营活动人员的本月薪酬，计算出应发薪酬总额为35 000元。

借：经营支出——基本支出　　　　　　　　　　　　　　　　35 000

　　贷：应付职工薪酬　　　　　　　　　　　　　　　　　　　　35 000

（二）开展经营活动领用、发出存货

在专业业务活动及其辅助活动之外开展非独立核算经营活动领用、发出的存货，按照领用、发出存货的实际成本，借记本科目，贷记"存货"科目。

借：经营支出

　　贷：存货

【例21-6】某事业单位从事经营活动中，领用办公用品，实际成本为500元。

借：经营支出——基本支出　　　　　　　　　　　　　　　　　500

　　贷：存货　　　　　　　　　　　　　　　　　　　　　　　　500

【例21-7】某事业单位（一般纳税人）从事经营活动中，销售产成品一批，价款7 000元，增值税1 190元。该批产成品成本为5 000元。货款已存入银行。

（1）取得销售收入时：

借：银行存款　　　　　　　　　　　　　　　　　　　　　8 190

　　贷：经营收入　　　　　　　　　　　　　　　　　　　　　7 000

　　　　应缴税费——应缴增值税（销项税额）　　　　　　　　1 190

（2）结转产品成本时：

借：经营支出　　　　　　　　　　　　　　　　　　　　　5 000

　　贷：存货——×产成品　　　　　　　　　　　　　　　　　5 000

（三）开展经营活动发生的其他各项支出

在专业业务活动及其辅助活动之外开展非独立核算经营活动中发生的其他各项支出，借记本科目，贷记"库存现金""银行存款""应缴税费"等科目。

借：经营支出

　　贷：库存现金/银行存款/应缴税费等

【例21-8】某事业单位从事经营活动中，购买设备一台，价款共计30 000元，运杂费200元。通过银行存款转账支付。

借：经营支出——基本支出　　　　　　　　　　　　　　　30 200

　　贷：银行存款　　　　　　　　　　　　　　　　　　　　30 200

借：固定资产——×设备　　　　　　　　　　　　　　　　30 200

　　　　贷：非流动资产基金——固定资产　　　　　　　　　　　　　　　　　　30 200

（四）年终转账

期末，将本科目本期发生额转入经营结余，借记"经营结余"科目，贷记本科目。

　　借：经营结余

　　　　贷：经营支出

【例21-9】某事业单位进行年终结账，将"经营支出"账户的借方余额756万元全部结转。

　　借：经营结余　　　　　　　　　　　　　　　　　　　　　　　　　　7 560 000

　　　　贷：经营支出　　　　　　　　　　　　　　　　　　　　　　　　　7 560 000

三、其他支出

其他支出是指除事业支出、对附属单位补助支出、上缴上级支出和经营支出以外的各项支出，包括利息支出、捐赠支出等。事业单位设置"其他支出"科目核算其除事业支出、对附属单位补助支出、上缴上级支出、经营支出以外的各项支出，包括利息支出、捐赠支出、现金盘亏损失、资产处置损失、接受捐赠（调入）非流动资产发生的税费支出等。其他支出的增加记借方，减少记贷方，平时余额在借方，期末结账后，本科目应无余额。本科目应当按照其他支出的类别、《政府收支分类科目》中"支出功能分类"相关科目等进行明细核算。其他支出中如有专项资金支出，还应当按照具体项目进行明细核算。

（一）利息支出

支付银行借款利息时，借记本科目，贷记"银行存款"科目。

　　借：其他支出

　　　　贷：银行存款

【例21-10】某事业单位支付银行一般性贷款利息2 000元，由银行直接从本单位账户扣除。

　　借：其他支出——利息支出　　　　　　　　　　　　　　　　　　　　2 000

　　　　贷：银行存款　　　　　　　　　　　　　　　　　　　　　　　　　2 000

（二）捐赠支出

1.对外捐赠现金资产，借记本科目，贷记"银行存款"等科目。

　　借：其他支出

　　　　贷：银行存款等

【例21-11】某事业单位在某次救灾中捐出现金30万元，款项通过银行转账支付。

　　借：其他支出——捐赠支出　　　　　　　　　　　　　　　　　　　　300 000

　　　　贷：银行存款　　　　　　　　　　　　　　　　　　　　　　　　　300 000

2.对外捐出存货，借记本科目，贷记"待处置资产损溢"科目。

　　借：其他支出

　　　　贷：待处置资产损溢

【例21-12】某事业单位（一般纳税人）向灾区捐出救灾物资一批，该批物资为该单位购入的非自用材料，账面余额为50 000元，另用现金支付运杂费800元。

　　借：待处置资产损溢——处置资产价值　　　　　　　　　　　　　　58 500
　　　贷：存货　　　　　　　　　　　　　　　　　　　　　　　　　50 000
　　　　应缴税费——应缴增值税（进项税额转出）　　　　　　　　　8 500
　　借：其他支出　　　　　　　　　　　　　　　　　　　　　　　　58 500
　　　贷：待处置资产损溢——处置资产价值　　　　　　　　　　　　58 500
　　借：待处置资产损溢——处置净收入　　　　　　　　　　　　　　800
　　　贷：库存现金　　　　　　　　　　　　　　　　　　　　　　　800
　　注意：对外捐赠的固定资产、无形资产等非流动资产，不通过本科目核算。

（三）现金盘亏损失

　　每日现金账款核对中如发现现金短缺，属于无法查明原因的部分，报经批准后，借记本科目，贷记"库存现金"科目。

　　借：其他支出
　　　贷：库存现金

　　该项内容例解，参见第十八章【例18-8】。

（四）资产处置损失

　　报经批准核销应收及预付款项、处置存货，借记本科目，贷记"待处置资产损溢"科目。

　　借：其他支出
　　　贷：待处置资产损溢

　　该项内容例解，参见第十八章【例18-24】、【例18-27】、【例18-30】和【例18-39】。

（五）接受捐赠（调入）非流动资产发生的税费支出

　　接受捐赠、无偿调入非流动资产发生的相关税费、运输费等，借记本科目，贷记"银行存款"等科目。

　　借：其他支出
　　　贷：银行存款等

　　【例21-13】某事业单位接受外单位捐赠设备一台，本单位承担运杂费2 300元。款项通过银行存款支付。

　　借：其他支出　　　　　　　　　　　　　　　　　　　　　　　2 300
　　　贷：银行存款　　　　　　　　　　　　　　　　　　　　　　2 300

　　需要注意的是，以固定资产、无形资产取得长期股权投资，所发生的相关税费记入本科目，具体账务处理参见"长期投资"科目。

（六）年终转账

　　期末，将本科目本期发生额中的专项资金支出结转入非财政补助结转，借记"非财政补助结转"科目，贷记本科目下各专项资金支出明细科目；将本科目本期发生额中的非专项资金支出结转入事业结余，借记"事业结余"科目，贷记本科目下各非专项资金支出明细科目。

　　1.结转专项资金支出：
　　借：非财政补助结转
　　　贷：其他支出——专项资金支出明细科目

2.结转非专项资金支出：

借：事业结余

　　贷：其他支出——非专项资金支出明细科目

【例21-14】某事业单位进行年终结账，将"其他支出"账户的借方余额5 800元全部进行结转。其中，专项资金支出3 500元，非专项资金支出2 300元。

借：非财政补助结转　　　　　　　　　　　　　　　　　　3 500

　　事业结余　　　　　　　　　　　　　　　　　　　　　2 300

　　贷：其他支出　　　　　　　　　　　　　　　　　　　　　5 800

第三节　事业单位转移性支出的核算

事业单位转移性支出是指事业单位根据自身业务的需要，按照规定在系统内部进行的调剂性支出，包括上缴上级支出和对附属单位补助支出。

一、上缴上级支出

上缴上级支出是指事业单位按照财政部门和主管部门的规定上缴上级单位的支出。事业单位设置"上缴上级支出"科目核算其按照财政部门和主管部门的规定上缴上级单位的支出。上缴上级支出的增加记借方，减少记贷方，平时余额在借方，期末结账后，本科目应无余额。本科目应当按照收缴款项单位、缴款项目、《政府收支分类科目》中"支出功能分类"相关科目等进行明细核算。

（一）将款项上缴上级单位

根据规定将款项上缴上级单位，按照实际上缴的金额，借记本科目，贷记"银行存款"等科目。

借：上缴上级支出

　　贷：银行存款等

【例21-15】某事业单位根据规定上缴上级单位款项5 000元，款项通过银行存款转账支付。

借：上缴上级支出　　　　　　　　　　　　　　　　　　5 000

　　贷：银行存款　　　　　　　　　　　　　　　　　　　　5 000

（二）年终转账

期末，将本科目本期发生额转入事业结余，借记"事业结余"科目，贷记本科目。

借：事业结余

　　贷：上缴上级支出

【例21-16】某事业单位进行年终结账，将"上缴上级支出"账户的借方余额53万元全部进行结转。

借：事业结余　　　　　　　　　　　　　　　　　　　530 000

　　贷：上缴上级支出　　　　　　　　　　　　　　　　　530 000

二、对附属单位补助支出

对附属单位补助支出是指事业单位用财政补助收入之外的收入对附属单位补助发生的支出。事业单位设置"对附属单位补助支出"科目核算其用财政补助收入之外的收入对附属单位补助发生的支出。对附属单位补助支出的增加记借方，减少记贷方，平时余额在借方，期末结账后，本科目应无余额。本科目应当按照接受补助单位、补助项目、《政府收支分类科目》中"支出功能分类"相关科目等进行明细核算。

（一）发生对附属单位补助支出

发生对附属单位补助支出，按照实际支出的金额，借记本科目，贷记"银行存款"等科目。

借：对附属单位补助支出

　　贷：银行存款等

【例21—17】某事业单位对附属单位拨付补助款24 000元，款项通过银行转账支付。

借：对附属单位补助支出　　　　　　　　　　　　　　　　24 000

　　贷：银行存款　　　　　　　　　　　　　　　　　　　　　24 000

（二）年终转账

期末，将本科目本期发生额转入事业结余，借记"事业结余"科目，贷记本科目。

借：事业结余

　　贷：对附属单位补助支出

【例21—18】某事业单位进行年终结账，将"对附属单位补助支出"账户的借方余额76万元全部进行结转。

借：事业结余　　　　　　　　　　　　　　　　　　　　760 000

　　贷：对附属单位补助支出　　　　　　　　　　　　　　　　760 000

思考与练习题

一、思考题

1.什么是事业单位支出？其内容有哪些？

2.事业单位支出管理应遵循哪些原则？

3.事业单位"事业支出"科目的明细核算有哪些规定？

4.事业单位"其他支出"科目如何进行明细核算？

5.事业单位年终转入"事业结余"科目的支出内容与收入内容有什么相同点和不同点？

二、单项选择题

1.事业单位购入下列物资中，直接列支的是（　　）。

A.即买即用的零星办公用品　　　　　　B.为耗用而储存的办公用品

C.图书　　　　　　　　　　　　　　　D.动植物

2.事业单位购入下列物资中，在领用时列支的是（　　）。

A.即买即用的零星办公用品　　　　　　B.为耗用而储存的办公用品

C.档案　　　　　　　　　　　　　　　D.固定资产

3.事业单位下列项目中，不属于主要业务及其辅助活动范围的是（　　　）。

A.对外开培训班　　　　　　　　　　　B.本单位非独立核算食堂

C.本单位职工活动室　　　　　　　　　D.开展公务活动

4.事业单位下列项目中，不属于"其他支出"科目核算范围的是（　　　）。

A.现金短缺无法查明原因　　　　　　　B.利息支出

C.捐赠支出　　　　　　　　　　　　　D.资产处置损失

5.下列账户中，年终转账后有余额的是（　　　）。

A.事业收入　　　　　B.事业支出　　　　　C.事业基金　　　　　D.事业结余

三、多项选择题

1.事业单位支出数按产生的过程不同，可分为（　　　）。

A.财政拨款数　　　　B.银行支出数　　　　C.实际支出数　　　　D.其他支出

2.事业单位下列事项中，属于"其他支出"科目核算范围的有（　　　）。

A.核销应收及预付款项　　　　　　　　B.利息支出

C.捐赠支出　　　　　　　　　　　　　D.资产毁损

3.事业单位"事业支出"科目按资金来源性质可设明细科目，包括（　　　）。

A.财政补助支出　　　　　　　　　　　B.非财政专项资金支出

C.其他资金支出　　　　　　　　　　　D.具体项目名称

4.事业单位"事业支出"科目按使用性质可设明细科目，包括（　　　）。

A.财政补助支出　　　　B.基本支出　　　　C.项目支出　　　　D.非财政补助支出

5.下列各项中，期末年终结账时转入事业结余的有（　　　）。

A.事业支出的其他资金支出　　　　　　B.其他支出的其他资金支出

C.上缴上级支出　　　　　　　　　　　D.对附属单位补助支出

四、业务分录题

某事业单位（一般纳税人）20××年发生以下经济业务，请编写各经济业务的相关会计分录。

1.计提事业活动人员本月薪酬，计算出应发薪酬总额为200万元。

2.开展事业活动，领用自用材料一批用于日常办公，成本为3 000元。

3.开展事业活动，通过单位零余额账户支付专家税后费3 600元。

4.计提经营活动人员4月薪酬，计算出应发薪酬总额为42万元。

5.从事经营活动，领用办公用品，实际成本为2 300元。

6.从事经营活动，销售产成品一批，价款17 000元，增值税2 890元。该批产成品成本为9 000元。货款已存入银行。

7.从事经营活动，发生资料打印费2 000元。

8.支付银行一般性贷款利息2 300元，由银行直接从本单位账户扣除。

9.在某次救灾中捐出现金45万元，款项通过银行转账支付。

10.接受外单位捐赠设备一台，捐赠单位提供的凭据上注明设备价值30 000元，本单位承担运杂费300元，用现金支付。

11.根据规定上缴上级单位管理费8 000元，款项通过银行存款转账支付。

12.对附属单位拨付补助款50万元，款项通过银行转账支付。

13.年末进行结账时，各支出科目余额分别为："事业支出"科目730万元，其中基本支出320万元（财政补助支出230万元，其他资金支出90万元），项目支出410万元（财政补助支出210万元，非财政专项资金支出155万元，其他资金支出45万元）；"经营支出"科目475万元；"其他支出"科目80万元，其中专项资金支出65万元，非专项资金支出15万元；"上缴上级支出"科目27万元；"对附属单位补助支出"科目97万元。

第二十二章

事业单位净资产的核算

☞ **学习目的**

通过本章的学习，了解事业单位资产的定义及内容，了解事业单位净资产的特点，掌握事业单位净资产各科目的管理要求及核算方法。

第一节 事业单位净资产概述

一、事业单位净资产的内容

事业单位净资产是指事业单位资产扣除负债后的余额，包括事业基金、非流动资产基金、专用基金、财政补助结转结余、非财政补助结转结余等。

1. 事业基金，指事业单位拥有的非限定用途的净资产，其来源主要为非财政补助结余扣除结余分配后滚存的金额。

2. 非流动资产基金，指事业单位非流动资产占用的金额。

3. 专用基金，指事业单位按规定提取或者设置的具有专门用途的净资产。

4. 财政补助结转结余，指事业单位各项财政补助收入与其相关支出相抵后剩余滚存的、须按规定管理和使用的结转和结余资金。

5. 非财政补助结转结余，指事业单位除财政补助收支以外的各项收入与各项支出相抵后的余额。其中，非财政补助结转是指事业单位除财政补助收支以外的各专项资金收入与其相关支出相抵后剩余滚存的、须按规定用途使用的结转资金；非财政补助结余是指事业单位除财政补助收支以外的各非专项资金收入与各非专项资金支出相抵后的余额。

二、事业单位净资产的特点

为方便理解事业单位的净资产，下面将对事业单位的净资产与企业的所有者权益进行比较。两者的相同点在于都是资产减去负债后的余额，两者的不同点在于：

1.所有者涵盖的范围不同。企业所有者的范围要比事业单位所有者的范围大，构成也更复杂。

2.所有者投资的目的不同。企业是以营利为目的的组织，追求经济效益是其本能，它希望从向其客户提供的产品或劳务中赚取利润，从而获得投资收益。而事业单位一般不以营利为目的，其所有者投资的目的是使事业单位能履行一定的社会义务，为社会提供公共产品来满足社会的公共需求，其追求的目标是社会效益。

3.投资者对净资产的要求权不同。企业的投资人作为企业的所有者，有权在企业盈利时按其拥有的投资份额分得利润，也有权在企业清算时，按投资份额收回企业剩余资产。而事业单位作为非营利组织，一般不接受投资人的投资，也不向投资人分配利润，其净资产通常因为从资产提供者那里获得资产而增加，资产提供者并不希望偿还，也不希望取得与其所出资产数额等比的经济利益。

4.收支相抵后的余额的确认不同。企业经营活动形成的收支相抵后的余额称为利润，通常要向所有者分配。而事业单位开展业务活动及其辅助活动形成的收支相抵后的余额称为结余，只表示收支后的余额，甚至是应办而未办事项的资金结存，非财政补助结余分配在缴纳所得税和提取职工福利基金后，转入事业基金满足事业单位发展的资金需要。

5.确认的会计基础不同。企业利润的会计基础是权责发生制。而事业单位除经营结余采用权责发生制外，事业结余、非财政补助结余分配、财政补助结转、财政补助结余和非财政补助结转均以收付实现制为会计基础。

三、事业单位净资产的管理

1.财政补助结转和结余的管理，应当按照同级财政部门的规定执行。

2.非财政补助结转按照规定结转下一年度继续使用。非财政补助结余可以按照国家有关规定提取职工福利基金，剩余部分作为事业基金用于弥补以后年度单位收支差额；国家另有规定的，从其规定。

3.经营收支结转和结余应当单独反映。

4.事业基金管理应当遵循收支平衡的原则，统筹安排、合理使用，支出不得超出基金规模。

5.专用基金管理应当遵循先提后用、收支平衡、专款专用的原则，支出不得超出基金规模。各项专用基金的提取比例和管理办法，国家有统一规定的，按照统一规定执行；没有统一规定的，由主管部门会同同级财政部门确定。

四、事业单位净资产会计科目表

事业单位净资产类会计科目见表22-1。

表22-1   事业单位净资产科目表

序号	科目编号	科目名称	核算内容
1	3001	事业基金	核算事业单位拥有的非限定用途的净资产，主要为非财政补助结余扣除结余分配后滚存的金额
2	3101 310101 310102 310103 310104	非流动资产基金 　长期投资 　固定资产 　在建工程 　无形资产	核算事业单位长期投资、固定资产、在建工程、无形资产等非流动资产占用的金额
3	3201	专用基金	核算事业单位按规定提取或者设置的具有专门用途的净资产，主要包括修购基金、职工福利基金等
4	3301 330101 330102	财政补助结转 　基本支出结转 　项目支出结转	核算事业单位滚存的财政补助结转资金，包括基本支出结转和项目支出结转
5	3302	财政补助结余	核算事业单位滚存的财政补助项目支出结余资金
6	3401	非财政补助结转	核算事业单位除财政补助收支以外的各专项资金收入与其相关支出相抵后剩余滚存的、须按规定用途使用的结转资金
7	3402	事业结余	核算事业单位一定期间除财政补助收支、非财政专项资金收支和经营收支以外各项收支相抵后的余额
8	3403	经营结余	核算事业单位一定期间各项经营收支相抵后余额弥补以前年度经营亏损后的余额
9	3404	非财政补助结余分配	核算事业单位本年度非财政补助结余分配的情况和结果

第二节　事业单位财政补助结转结余的核算

一、财政补助结转结余的概念及内容

结转和结余是指事业单位年度收入与支出相抵后的余额。其中，结转资金是指当年预算已执行但未完成或者因故未执行，下一年度需要按照原用途继续使用的资金；结余资金是指当年预算工作目标已完成或者因故终止，当年剩余的资金。

财政补助结转结余是指事业单位各项财政补助收入与其相关支出相抵后剩余滚存的、须按规定管理和使用的结转和结余资金。

财政补助结转结余分为财政补助结转和财政补助结余。其中，财政补助结转是指事业单位滚存的财政补助结转资金，包括基本支出结转和项目支出结转；财政补助结余是指事业单位滚存的财政补助项目支出结余资金。

二、财政补助结转的账务处理

事业单位设置"财政补助结转"科目核算其滚存的财政补助结转资金，包括基本支出

结转和项目支出结转。财政补助结转的增加记贷方，减少记借方，期末贷方余额反映事业单位财政补助结转资金数额。本科目应当设置"基本支出结转"和"项目支出结转"两个明细科目，并在"基本支出结转"明细科目下按照"人员经费""日常公用经费"进行明细核算，在"项目支出结转"明细科目下按照具体项目进行明细核算，还应当按照《政府收支分类科目》中"支出功能分类科目"相关科目进行明细核算。事业单位发生需要调整以前年度财政补助结转的事项，通过本科目核算。

（一）年终转账

期末，将财政补助收入本期发生额结转入本科目，借记"财政补助收入——基本支出/项目支出"科目，贷记本科目（基本支出结转/项目支出结转）；将事业支出中财政补助支出本期发生额结转入本科目，借记本科目（基本支出结转/项目支出结转），贷记"事业支出——财政补助支出——基本支出/项目支出"或"事业支出——基本支出——财政补助支出、事业支出——项目支出——财政补助支出"科目。

借：财政补助收入——基本支出/项目支出

　　贷：财政补助结转——基本支出结转/项目支出结转

借：财政补助结转——基本支出结转/项目支出结转

　　贷：事业支出——财政补助支出——基本支出/项目支出

【例22-1】某事业单位年终结账前，"财政补助收入"账户的贷方余额为575 000元，其中基本支出475 000元，项目支出100 000元；"事业支出"账户中财政补助支出的借方余额为550 000元，其中基本支出470 000元，项目支出80 000元。

（1）结转"财政补助收入"账户余额：

借：财政补助收入——基本支出	475 000
——项目支出	100 000
贷：财政补助结转——基本支出结转	475 000
——项目支出结转	100 000

（2）结转"事业支出"账户中财政补助支出余额：

借：财政补助结转——基本支出结转	470 000
——项目支出结转	80 000
贷：事业支出——财政补助支出——基本支出	470 000
——项目支出	80 000

（二）清理财政补助结转

年末，完成上述（一）结转后，应当对财政补助各明细项目执行情况进行分析，按照有关规定将符合财政补助结余性质的项目余额转入财政补助结余，借记或贷记本科目（项目支出结转——×项目），贷记或借记"财政补助结余"科目。

借或贷：财政补助结转——项目支出结转——×项目

　　贷或借：财政补助结余

【例22-2】接【例22-1】，经分析发现，项目支出结转中符合财政补助结余性质的贷方余额为20 000元，该余额属于已完工B项目，将其转入"财政补助结余"账户。

借：财政补助结转——项目支出结转——B项目	20 000
贷：财政补助结余	20 000

（三）调剂财政补助结转

按照规定上缴财政补助结转资金或注销财政补助结转额度的，按照实际上缴资金数额或注销资金额度数额，借记本科目，贷记"财政应返还额度""零余额账户用款额度""银行存款"等科目。取得主管部门归集调入财政补助结转资金或额度的，作相反的会计分录。

1.上缴或注销财政补助结转：

借：财政补助结转

　　贷：财政应返还额度/零余额账户用款额度/银行存款等

【例22-3】某事业单位进行年终结账后，按照财政部门要求将财政补助的多余基本支出资金5 000元予以上缴，该笔补助以财政直接支付方式拨付。

借：财政补助结转——基本支出结转　　　　　　　　　　　　　　　　5 000

　　贷：财政应返还额度　　　　　　　　　　　　　　　　　　　　　　　5 000

2.归集调入财政补助结转：

借：财政应返还额度/零余额账户用款额度/银行存款等

　　贷：财政补助结转

【例22-4】某事业单位年终结账后，取得主管部门归集调入的财政补助结转资金30 000元，以弥补C项目建设资金的不足，款项存入银行账户。

借：银行存款　　　　　　　　　　　　　　　　　　　　　　　　　　30 000

　　贷：财政补助结转——项目支出结转——C项目　　　　　　　　　　30 000

三、财政补助结余的账务处理

事业单位设置"财政补助结余"科目核算其滚存的财政补助项目支出结余资金。财政补助结余的增加记贷方，减少记借方，期末贷方余额反映事业单位财政补助结余资金数额。本科目应当按照《政府收支分类科目》中"支出功能分类科目"相关科目进行明细核算。事业单位发生需要调整以前年度财政补助结余的事项，通过本科目核算。

（一）财政补助结转转入

年末，对财政补助各明细项目执行情况进行分析，按照有关规定将符合财政补助结余性质的项目余额转入财政补助结余，借记或贷记"财政补助结转——项目支出结转——×项目"科目，贷记或借记本科目。

借或贷：财政补助结转——项目支出结转——×项目

　　贷或借：财政补助结余

该项内容例解，参见【例22-2】。

（二）调剂财政补助结余

按照规定上缴财政补助结余资金或注销财政补助结余额度的，按照实际上缴资金数额或注销资金额度数额，借记本科目，贷记"财政应返还额度""零余额账户用款额度""银行存款"等科目。取得主管部门归集调入财政补助结余资金或额度的，作相反的会计分录。

1.上缴或注销财政补助结余：

借：财政补助结余

贷：财政应返还额度/零余额账户用款额度/银行存款等

【例22-5】某事业单位年终结账后，根据财政部门通知，将已完工项目的结余资金35 000元上缴，款项通过单位零余额账户划走。

借：财政补助结余   35 000

 贷：零余额账户用款额度   35 000

2.归集调入财政补助结余：

借：财政应返还额度/零余额账户用款额度/银行存款等

 贷：财政补助结余

【例22-6】某事业单位年终结账后，收到主管部门归集调入的财政补助结余资金20 000元，款项通过单位零余额账户调入。

借：零余额账户用款额度   20 000

 贷：财政补助结余   20 000

第三节 事业单位非财政补助结转结余及其分配的核算

一、非财政补助结转结余的概念及内容

非财政补助结转结余是指事业单位除财政补助收支以外的各项收入与各项支出相抵后的余额。

非财政补助结转结余分为非财政补助结转和非财政补助结余。其中，非财政补助结转是指事业单位除财政补助收支以外的各专项资金收入与其相关支出相抵后剩余滚存的、须按规定用途使用的结转资金；非财政补助结余是指事业单位除财政补助收支以外的各非专项资金收入与各非专项资金支出相抵后的余额。

非财政补助结余又分为事业结余和经营结余。其中，事业结余是指事业单位一定期间除财政补助收支、非财政专项资金收支和经营收支以外各项收支相抵后的余额；经营结余是指事业单位一定期间各项经营收支相抵后余额弥补以前年度经营亏损后的余额。

二、非财政补助结转的账务处理

事业单位设置"非财政补助结转"科目核算其除财政补助收支以外的各专项资金收入与其相关支出相抵后剩余滚存的、须按规定用途使用的结转资金。非财政补助结转的增加记贷方，减少记借方，期末贷方余额反映事业单位非财政补助专项结转资金数额。本科目应当按照非财政专项资金的具体项目进行明细核算。事业单位发生需要调整以前年度非财政补助结转的事项，通过本科目核算。

（一）年终转账

期末，将事业收入、上级补助收入、附属单位上缴收入、其他收入本期发生额中的专项资金收入结转入本科目，借记"事业收入""上级补助收入""附属单位上缴收入""其他收入"科目下各专项资金收入明细科目，贷记本科目；将事业支出、其他支出本期发生额中的非财政专项资金支出结转入本科目，借记本科目，贷记"事业支出——非财政专项资金支出"或"事业支出——项目支出——非财政专项资金支出"、"其他支出"科目下各

专项资金支出明细科目。

借：事业收入/上级补助收入/附属单位上缴收入/其他收入

　　贷：非财政补助结转

借：非财政补助结转

　　贷：事业支出——非财政专项资金支出——项目支出

　　　　其他支出

【例22-7】某事业单位进行年终结账时，各相关账户资料见表22-2。

表22-2　　　　　　　某事业单位结账前相关账户本期余额表　　　　　　　单位：元

账户名称	明细账户	贷方余额	账户名称	明细账户	借方余额
事业收入	专项资金收入	550 000	事业支出	非财政专项资金支出	188 000
	非专项资金收入	546 000		其他资金支出	144 700
上级补助收入	专项资金收入	10 000	上缴上级支出		250 000
	非专项资金收入	5 000			
附属单位上缴收入	专项资金收入	280 000	对附属单位补助支出		180 000
	非专项资金收入	200 000			
其他收入	专项资金收入	30 000	其他支出	非财政专项资金支出	24 000
	非专项资金收入	63 000		其他资金支出	46 000

对非财政补助结转的相关账户进行结账冲转，具体账务处理如下：

借：事业收入——×专项资金　　　　　　　　　　　　　　　　 550 000

　　上级补助收入——×专项资金　　　　　　　　　　　　　　　 10 000

　　附属单位上缴收入——×专项资金　　　　　　　　　　　　　 280 000

　　其他收入——×专项资金　　　　　　　　　　　　　　　　　 30 000

　　贷：非财政补助结转　　　　　　　　　　　　　　　　　　　 870 000

借：非财政补助结转　　　　　　　　　　　　　　　　　　　　 212 000

　　贷：事业支出——非财政专项资金支出——项目支出　　　　　 188 000

　　　　其他支出——×专项资金　　　　　　　　　　　　　　　 24 000

（二）结转清理

年末，完成上述（一）结转后，应当对非财政补助专项结转资金各项目情况进行分析，将已完成项目的项目剩余资金区分以下情况处理：缴回原专项资金拨入单位的，借记本科目（×项目），贷记"银行存款"等科目；留归本单位使用的，借记本科目（×项目），贷记"事业基金"科目。

1.缴回原专项资金拨入单位：

借：非财政补助结转——×项目

　　贷：银行存款等

2.留归本单位使用：

借：非财政补助结转——×项目

贷：事业基金

【例22-8】接【例22-7】，对非财政补助专项结转资金各项目进行分析，发现已完成项目的项目剩余资金分别为：A项目50 000元，按规定应缴回原专项资金拨款单位；B项目36 000元，按规定留归本单位使用。

借：非财政补助结转——A项目   50 000

   贷：银行存款   50 000

借：非财政补助结转——B项目   36 000

   贷：事业基金   36 000

三、非财政补助结余的账务处理

事业单位的非财政补助结余包括事业结余和经营结余。

（一）事业结余的账务处理

事业单位设置"事业结余"科目核算事业单位一定期间除财政补助收支、非财政专项资金收支和经营收支以外各项收支相抵后的余额。事业结余的增加记贷方，减少记借方，期末如为贷方余额反映事业单位自年初至报告期末累计实现的事业结余，期末如为借方余额反映事业单位自年初至报告期末累计发生的事业亏损。年末结账后，本科目应无余额。

1.期末，将事业收入、上级补助收入、附属单位上缴收入、其他收入本期发生额中的非专项资金收入结转入本科目，借记"事业收入""上级补助收入""附属单位上缴收入""其他收入"科目下各非专项资金收入明细科目，贷记本科目；将事业支出、其他支出本期发生额中的非财政、非专项资金支出，以及对附属单位补助支出、上缴上级支出的本期发生额结转入本科目，借记本科目，贷记"事业支出——其他资金支出"或"事业支出——基本支出——其他资金支出、事业支出——项目支出——其他资金支出"、"其他支出"科目下各非专项资金支出明细科目以及"对附属单位补助支出"、"上缴上级支出"科目。

借：事业收入/上级补助收入/附属单位上缴收入/其他收入

   贷：事业结余

借：事业结余

   贷：事业支出——基本支出/项目支出——其他资金支出

     其他支出

【例22-9】接【例22-7】，对事业结余相关账户结转。

借：事业收入——非专项资金收入   546 000

   上级补助收入——非专项资金收入   5 000

   附属单位上缴收入——非专项资金收入   200 000

   其他收入——非专项资金收入   63 000

   贷：事业结余   814 000

借：事业结余   190 700

   贷：事业支出——其他资金支出   144 700

     其他支出——其他资金支出   46 000

2.年末，完成上述期末结转后，将本科目余额结转入"非财政补助结余分配"科目，借记或贷记本科目，贷记或借记"非财政补助结余分配"科目。

借或贷：事业结余

　贷或借：非财政补助结余分配

【例22-10】接【例22-9】，完成结转后，将事业结余转入"非财政补助结余分配"科目。

借：事业结余　　　　　　　　　　　　　　　　　　　　　　　623 300

　贷：非财政补助结余分配　　　　　　　　　　　　　　　　　　　623 300

（二）经营结余的账务处理

事业单位设置"经营结余"科目核算事业单位一定期间各项经营收支相抵后余额弥补以前年度经营亏损后的余额。经营结余的增加记贷方，减少记借方，期末如为贷方余额反映事业单位自年初至报告期末累计实现的经营结余弥补以前年度经营亏损后的经营结余，期末如为借方余额反映事业单位截至报告期末累计发生的经营亏损。年末结账后，本科目一般无余额；如为借方结余，反映事业单位累计发生的经营亏损。

1.期末，将经营收入本期发生额结转入本科目，借记"经营收入"科目，贷记本科目；将经营支出本期发生额结转入本科目，借记本科目，贷记"经营支出"科目。

（1）经营收入结转：

借：经营收入

　贷：经营结余

（2）经营支出结转：

借：经营结余

　贷：经营支出

【例22-11】接【例22-7】，结账前"经营收入"账户的贷方余额为1 879 400元，"经营支出"账户的借方余额为470 000元。对经营收支结账冲转。

借：经营收入　　　　　　　　　　　　　　　　　　　　　1 879 400

　贷：经营结余　　　　　　　　　　　　　　　　　　　　　　1 879 400

借：经营结余　　　　　　　　　　　　　　　　　　　　　470 000

　贷：经营支出　　　　　　　　　　　　　　　　　　　　　　470 000

2.年末，完成上述期末结转后，如本科目为贷方余额，将本科目余额结转入"非财政补助结余分配"科目，借记本科目，贷记"非财政补助结余分配"科目；如本科目为借方余额，为经营亏损，不予结转。

（1）如本科目为贷方余额：

借：经营结余

　贷：非财政补助结余分配

（2）如本科目为借方余额，则不予结转，不作会计分录。

【例22-12】接【例22-11】，该事业单位经营收支结转后为贷方余额，继续结转转入"非财政补助结余分配"账户。

借：经营结余　　　　　　　　　　　　　　　　　　　　　1 409 400

　贷：非财政补助结余分配　　　　　　　　　　　　　　　　　1 409 400

四、非财政补助结余分配的账务处理

事业单位设置"非财政补助结余分配"科目核算其本年度非财政补助结余分配的情况和结果。非财政补助结余分配的增加记贷方，减少记借方，年末结账后，本科目应无余额。

1.年末，将"事业结余"科目余额结转入本科目，借记或贷记"事业结余"科目，贷记或借记本科目；将"经营结余"科目贷方余额结转入本科目，借记"经营结余"科目，贷记本科目。

（1）事业结余结转：

借或贷：事业结余

　贷或借：非财政补助结余分配

（2）经营结余结转：

借：经营结余

　贷：非财政补助结余分配

该项内容例解，参见【例22-10】和【例22-12】。

2.有企业所得税缴纳义务的事业单位计算出应缴纳的企业所得税，借记本科目，贷记"应缴税费——应缴企业所得税"科目。

借：非财政补助结余分配

　贷：应缴税费——应缴企业所得税

【例22-13】接【例22-10】和【例22-12】，该事业单位按25%的税率缴纳企业所得税。该事业单位按年度缴纳企业所得税。

应纳所得税税额=（623 300+1 409 400）×25%=508 175（元）

借：非财政补助结余分配　　　　　　　　　　　508 175

　贷：应缴税费——应缴企业所得税　　　　　　　　508 175

3.按照有关规定提取职工福利基金的，按照提取的金额，借记本科目，贷记"专用基金——职工福利基金"科目。

借：非财政补助结余分配

　贷：专用基金——职工福利基金

【例22-14】接【例22-10】、【例22-12】和【例22-13】，该事业单位按税后结余的20%计提职工福利基金。

应提职工福利基金=［（623 300+1 409 400）-508 175］×20%=304 905（元）

借：非财政补助结余分配　　　　　　　　　　　304 905

　贷：专用基金——职工福利基金　　　　　　　　304 905

4.年末，按照规定完成上述1至3处理后，将本科目余额结转入事业基金，借记或贷记本科目，贷记或借记"事业基金"科目。

借或贷：非财政补助结余分配

　贷或借：事业基金

【例22-15】接【例22-14】，将非财政补助结余分配剩余金额转入"事业基金"账户。

借：非财政补助结余分配　　　　　　　　　　　　　　　1 219 620

　贷：事业基金　　　　　　　　　　　　　　　　　　　　　　　1 219 620

第四节　事业单位基金的核算

　　事业单位的基金是指资产提供者实际投入事业单位的各种资产的货币价值，可以是货币资产，也可以是实物资产或无形资产，包括事业基金、非流动资产基金和专用基金。

一、事业基金

（一）事业基金概述

　　事业基金是指事业单位拥有的非限定用途的净资产，其来源主要为非财政补助结余扣除结余分配后滚存的金额。由于事业基金没有限制使用方向，所以具有较强的流动性，可用于支持事业活动的开展。事业基金主要来源于以下几个方面：

　　1.历年的滚存结余资金。滚存结余资金是指事业单位历年未分配结余和历年留归单位使用的非财政专项资金的剩余资金，可分为留归单位的事业结余、经营结余和非财政专项资金结余三部分。年度终了，除非财政专项资金剩余资金转入外，事业单位在扣除财政补助收支、非财政专项收支以及经营收支后其他各项收支相抵后形成的事业结余，以及各项经营收支相抵后形成的经营结余在弥补以前年度亏损后要遵照有关规定计算缴纳所得税，随后按一定比例提取职工福利基金，剩余的便是本年度结存的事业基金。由于事业单位的持续运行性，当年的事业基金不仅有上年度的结转数，还有当期未分配结余的转入数。

　　2.投资产权。投资产权是指事业单位通过长期投资形成的产权。事业单位以货币资金取得长期投资、对外转让或到期收回长期投资，都将影响事业基金的增减变化。

　　3.资产所有者提供。资产所有者提供是指资产所有者提供给事业单位未限定用途的资产，这种资产也影响事业基金的增减变化。

　　4.以前年度会计事项调整或者变更转入。年终结账后，事业单位发生以前年度会计事项调整或变更，涉及以前年度非财政补助结余的，一般应直接转入或冲减事业基金。国家另有规定的，从其规定。

　　事业基金主要用于弥补以后年度收支差额，也可以补助所属单位。在确定年初预算时，如果支出安排出现缺口，也可以直接安排一部分事业基金用于弥补差额。但事业基金不能直接安排各项支出，不得弥补经营亏损，也不得弥补职工福利方面的开支不足。在事业单位资金运动过程中，事业基金可用来调节各年度之间收入水平，如某年度支出大于收入，即可以用以前年度的事业基金弥补其差额；如某年度收入大于支出，剩余结余可转入补充事业基金。因此，事业基金具有平衡预算的功能，调节本单位资金供求的作用。

（二）事业基金的账务处理

　　事业单位设置“事业基金”科目核算其拥有的非限定用途的净资产，主要为非财政补助结余扣除结余分配后滚存的金额。事业基金的增加记贷方，减少记借方，期末贷方余额反映事业单位历年积存的非限定用途净资产的金额。事业单位发生需要调整以前年度非财政补助结余的事项，通过本科目核算。国家另有规定的，从其规定。

　　1.年末，将“非财政补助结余分配”科目余额转入事业基金，借记或贷记“非财政补助结余分配"科目，贷记或借记本科目。

借：非财政补助结余分配

　　贷：事业基金

该项内容例解，参见【例22-15】。

2.年末，将留归本单位使用的非财政补助专项（项目已完成）剩余资金转入事业基金，借记"非财政补助结转——×项目"科目，贷记本科目。

借：非财政补助结转——×项目

　　贷：事业基金

该项内容例解，参见【例22-8】。

3.以货币资金取得长期股权投资、长期债券投资，按照实际支付的全部价款（包括购买价款以及税金、手续费等相关税费）作为投资成本，借记"长期投资"科目，贷记"银行存款"等科目；同时，按照投资成本的金额，借记本科目，贷记"非流动资产基金——长期投资"科目。

借：长期投资

　　贷：银行存款等

同时，

借：事业基金

　　贷：非流动资产基金——长期投资

该项内容例解，参见第十八章【例18-41】和【例18-48】。

4.对外转让或到期收回长期债券投资本息，按照实际收到的金额，借记"银行存款"等科目，按照收回长期投资的成本，贷记"长期投资"科目，按照其差额，贷记或借记"其他收入——投资收益"科目；同时，按照收回长期投资对应的非流动资产基金，借记"非流动资产基金——长期投资"科目，贷记本科目。

借：银行存款等

　　贷：长期投资

　　　　其他收入——投资收益

同时，

借：非流动资产基金——长期投资

　　贷：事业基金

该项内容例解，参见第十八章【例18-48】。

二、非流动资产基金

（一）非流动资产基金概述

非流动资产基金是指事业单位非流动资产占用的金额，包括长期投资、固定资产、在建工程和无形资产。

非流动资产基金是长期投资、固定资产、在建工程和无形资产的资金来源，是由国家财政或上级主管部门拨款、其他单位投入或单位自筹资金所形成的，是"物化"了的资金，反映了事业单位拥有相关非流动资产占用的货币价值。对需提取折旧和摊销的固定资产和无形资产，反映其账面净额占用的资金价值；对不存在计提折旧和摊销的长期投资、在建工程和无形资产，反映的是原始成本占用的资金价值。

非流动资产基金是事业单位开展业务活动的必要条件，是事业单位净资产的重要组成部分，它的多少影响着净资产占总资产的比重，反映了事业单位业务活动能力的强弱，因此要加强对非流动资产基金的管理与核算。

非流动资产基金应当在取得长期投资、固定资产、在建工程、无形资产等非流动资产或发生相关支出时予以确认。

（二）非流动资产基金的账务处理

事业单位设置"非流动资产基金"科目核算其长期投资、固定资产、在建工程、无形资产等非流动资产占用的金额。非流动资产基金的增加记贷方，减少记借方，期末贷方余额反映事业单位非流动资产占用的金额。本科目应当设置"长期投资""固定资产""在建工程""无形资产"等科目进行明细核算。

1.取得相关资产或发生相关支出时，借记"长期投资""固定资产""在建工程""无形资产"等科目，贷记本科目等有关科目；同时或待以后发生相关支出时，借记"事业支出"等有关科目，贷记"财政补助收入""零余额账户用款额度""银行存款"等科目。

借：长期投资/固定资产/在建工程/无形资产等

　　贷：非流动资产基金——长期投资/固定资产/在建工程/无形资产等

同时，

借：事业支出等

　　贷：财政补助收入/零余额账户用款额度/银行存款等

2.计提固定资产折旧、无形资产摊销时，应当冲减非流动资产基金。计提固定资产折旧、无形资产摊销时，按照计提的折旧、摊销金额，借记本科目（固定资产/无形资产），贷记"累计折旧""累计摊销"科目。

借：非流动资产基金——固定资产/无形资产

　　贷：累计折旧/累计摊销

3.处置长期投资、固定资产、无形资产，以及以固定资产、无形资产对外投资时，应当冲销该资产对应的非流动资产基金。

（1）以固定资产、无形资产对外投资，按照评估价值加上相关税费作为投资成本，借记"长期投资"科目，贷记本科目（长期投资），按照发生的相关税费，借记"其他支出"科目，贷记"银行存款"等科目；同时，按照投出固定资产、无形资产对应的非流动资产基金，借记本科目（固定资产/无形资产），按照投出资产已提折旧、摊销，借记"累计折旧""累计摊销"科目，按照投出资产的账面余额，贷记"固定资产""无形资产"科目。

借：长期投资

　　贷：非流动资产基金——长期投资

借：其他支出

　　贷：银行存款等

同时，

借：非流动资产基金——固定资产/无形资产

　　　累计折旧/累计摊销

贷：固定资产/无形资产

（2）出售或以其他方式处置长期投资、固定资产、无形资产，转入待处置资产时，借记"待处置资产损溢"、"累计折旧"（处置固定资产）或"累计摊销"（处置无形资产）科目，贷记"长期投资""固定资产""无形资产"等科目。

借：待处置资产损溢
　　累计折旧（处置固定资产）/累计摊销（处置无形资产）
　　贷：长期投资/固定资产/无形资产等

实际处置时，借记本科目（有关资产明细科目），贷记"待处置资产损溢"科目。

借：非流动资产基金——长期投资/固定资产/无形资产等
　　贷：待处置资产损溢

非流动资产基金的例解，参见各相关资产账户账务处理。

三、专用基金

（一）专用基金的内容及特点

专用基金是指事业单位按照规定提取或者设置的有专门用途的资金。事业单位的专用基金包括：

1.修购基金，即按照事业收入和经营收入的一定比例提取，并按照规定在相应的购置和修缮科目中列支（各列50%），以及按照其他规定转入，用于事业单位固定资产维修和购置的资金。事业收入和经营收入较少的事业单位可以不提取修购基金，实行固定资产折旧的事业单位不提取修购基金。

2.职工福利基金，即按照非财政拨款结余的一定比例提取，以及按照其他规定提取转入，用于单位职工的集体福利设施、集体福利待遇等的资金。

3.其他基金，即按照其他有关规定提取或者设置的专用资金。

事业单位的专用基金按照规定一般不直接参加业务经营活动，与其他为开展正常业务活动所需资金相比，其运动过程具有相对独立的特点：

（1）按专门的规定取得。有的专用基金是按收入的一定比例提取，并列入有关支出而取得的，如修购基金；有的专用基金是根据结余的一定比例提取转入的，如职工福利基金。

（2）有专门的用途和使用范围。除财务制度另有规定外，专用基金一般不得互相占用、挪用。

（3）属一次性消耗使用。专用基金不能循环周转使用，不可能通过专用基金支出直接取得补偿。

（二）专用基金的管理原则

专用基金管理应当遵循"先提后用、收支平衡、专款专用"的原则，支出不得超出基金规模。"先提后用"是指各项专用基金必须遵循规定的来源渠道，在取得资金以后，才能安排使用；"收支平衡"是指各项专用基金支出不得超过基金规模；"专款专用"是指各项专用基金都按规定的用途和使用范围安排开支，保证专用基金合理、合法使用。

（三）专用基金的账务处理

事业单位设置"专用基金"科目核算其按规定提取或者设置的具有专门用途的净资

产，主要包括修购基金、职工福利基金等。专用基金的增加记贷方，减少记借方，期末贷方余额反映事业单位专用基金余额。本科目应当按照专用基金的类别进行明细核算。

1.提取修购基金。按规定提取修购基金的，按照提取金额，借记"事业支出""经营支出"科目，贷记本科目（修购基金）。

借：事业支出/经营支出

　　贷：专用基金——修购基金

【例22-16】某事业单位年度事业收入为200万元，经营收入为90万元，按规定提取修购基金，事业收入、经营收入的提取比例分别为5%和6%。

修购基金提取额=2 000 000×5%+900 000×6%=100 000+54 000=154 000（元）

借：事业支出——设备购置费	50 000
——大修理费	50 000
经营支出——设备购置费	27 000
——大修理费	27 000
贷：专用基金——修购基金	154 000

2.提取职工福利基金。年末，按规定从本年度非财政补助结余中提取职工福利基金的，按照提取金额，借记"非财政补助结余分配"科目，贷记本科目（职工福利基金）。

借：非财政补助结余分配

　　贷：专用基金——职工福利基金

该项内容例解，参见【例22-14】。

3.提取、设置其他专用基金。

（1）若有按规定提取的其他专用基金，按照提取金额，借记有关支出科目、"非财政补助结余分配"等科目，贷记本科目。

借：有关支出科目/非财政补助结余分配等

　　贷：专用基金——×基金

（2）若有按规定设置的其他专用基金，按照实际收到基金金额，借记"银行存款"等科目，贷记本科目。

借：银行存款等

　　贷：专用基金——×基金

4.使用专用基金。按规定使用专用基金时，借记本科目，贷记"银行存款"等科目；使用专用基金形成固定资产的，还应借记"固定资产"科目，贷记"非流动资产基金——固定资产"科目。

借：专用基金——×基金

　　贷：银行存款等

同时，

借：固定资产

　　贷：非流动资产基金——固定资产

【例22-17】某事业单位利用修购基金购买设备一台，该设备价款总计3万元。设备已交付使用。

借：专用基金——修购基金	30 000

贷：银行存款　　　　　　　　　　　　　　　　　　　　　　　　　　30 000

借：固定资产　　　　　　　　　　　　　　　　　　　　　　30 000

贷：非流动资产基金——固定资产　　　　　　　　　　　　　　　　30 000

思考与练习题

一、思考题

1.什么是事业单位净资产？其内容有哪些？

2.事业单位净资产有哪些特点？

3.事业单位对净资产的管理应遵循哪些要求？

4.什么是事业单位财政补助结转结余？其包括哪些内容？

5.事业单位"财政补助结转"科目如何设置明细科目？

6.事业单位非财政补助结转结余的概念是什么？其具体内容有哪些？

7.简述事业单位专用基金的内容及特点。

二、单项选择题

1.事业单位财政补助结转和结余的管理，应当按照（　　　）的规定执行。

A.同级财政部门　　　　　　　　　　　B.同级政府

C.国务院　　　　　　　　　　　　　　D.同级人大及其常委会

2.事业单位非财政补助结转，按照规定（　　　）。

A.转入非财政补助结余　　　　　　　　B.转入财政补助结余

C.转入财政补助结转　　　　　　　　　D.结转下一年度继续使用

3.事业单位下列净资产中，年终结账完毕后无余额的是（　　　）。

A.财政补助结转　　　B.财政补助结余　　　C.非财政补助结转　　　D.事业结余

4.事业单位下列基金中，不属于专用基金的是（　　　）。

A.修购基金

B.职工福利基金

C.按规定设置的其他具有专款专用特性的基金

D.非流动资产基金

5.事业单位按规定提取修购基金时，借方记入（　　　）科目。

A.支出类　　　　　B.净资产类　　　　　C.收入类　　　　　D.资产类

三、多项选择题

1.事业单位非财政拨款结余，可以用于（　　　）。

A.按照国家有关规定提取职工福利基金

B.剩余部分作为事业基金用于弥补以后年度单位收支差额

C.发放个人福利

D.国家另有规定的，从其规定

2.事业单位专用基金管理，应当遵循（　　　）的原则。

A.先用后提　　　　B.先提后用　　　　C.收支平衡　　　　D.专款专用

3.事业单位下列科目中，影响"财政补助结转"账户余额大小的科目有（　　　）。

A.财政补助收入　　B.财政补助支出　　C.事业支出　　　　D.事业收入

4.事业单位下列科目中,影响"非财政补助结转"账户余额大小的收入科目有（　　）。

A.事业收入　　　　　　　　　B.上级补助收入

C.附属单位上缴收入　　　　　D.其他收入

5.事业单位下列科目中,影响"非财政补助结转"账户余额大小的支出科目有（　　）。

A.事业支出　　　　　　　　　B.上缴上级单位支出

C.对附属单位补助支出　　　　D.其他支出

6.事业单位下列科目中,影响"事业结余"账户余额大小的收入科目有（　　）。

A.事业收入　　　　　　　　　B.上级补助收入

C.附属单位上缴收入　　　　　D.其他收入

7.事业单位下列科目中,影响"事业结余"账户余额大小的支出科目有（　　）。

A.事业支出　　　　　　　　　B.上缴上级单位支出

C.对附属单位补助支出　　　　D.其他支出

四、业务分录题

某事业单位（一般纳税人）20××年发生以下经济业务,请编写各经济业务的相关会计分录。

1.对非财政补助专项结转资金各项目进行分析,发现已完成项目的项目剩余资金为23万元,其中20万元按规定应缴回原专项资金拨款单位,3万元按规定留归本单位使用。

2.期末收支转账完成后,"事业结余"科目的贷方余额为9万元,"经营结余"科目的贷方余额为78万元,全部转入"非财政补助结余分配"科目。

3.计提所得税,适用税率为25%。

4.计提职工福利基金,提取率为20%。

5.结转"非财政补助结余分配"科目余额。

6.年度事业收入为180万元,经营收入为120万元,按规定提取修购基金,事业收入、经营收入的提取比例分别为5%和6%。

7.用修购基金购买设备一台,该设备价款总计5万元。设备已交付使用。

第二十三章

事业单位财务会计报告

☞ 学习目的

通过本章的学习，了解事业单位财务会计报告及年终清理的内容，掌握年终结账的步骤、会计报表的组成及编制。

第一节　事业单位财务会计报告概述

一、事业单位财务报告的概念及组成

事业单位财务报告是反映事业单位一定时期财务状况和事业成果的总结性书面文件。事业单位应当定期向主管部门和财政部门以及其他有关的报表使用者提供财务报告。事业单位报送的年度财务报告包括资产负债表、收入支出表、财政拨款收入支出表、固定资产投资决算报表等主表，有关附表以及财务情况说明书等。

财务情况说明书，主要说明事业单位收入及其支出、结转、结余及其分配、资产负债变动、对外投资、资产出租出借、资产处置、固定资产投资、绩效考评的情况，对本期或者下期财务状况发生重大影响的事项，以及需要说明的其他事项。

二、事业单位财务会计报告的概念及组成

财务会计报告是反映事业单位某一特定日期的财务状况和某一会计期间的事业成果、预算执行等会计信息的文件。事业单位的财务会计报告包括财务报表和其他应当在财务会计报告中披露的相关信息和资料。财务报表是对事业单位财务状况、事业成果、预算执行情况等的结构性表述。财务报表由会计报表及其附注构成。

会计报表至少应当包括资产负债表、收入支出表或者收入费用表和财政补助收入支出表。

三、事业单位会计报表的分类与编制要求

（一）会计报表的分类

1.按性态分类。事业单位会计报表按照性态分类，可分为静态会计报表和动态会计报表。静态会计报表是指综合反映事业单位资产、负债和净资产的会计报表，如资产负债表。动态会计报表是指反映事业单位一定时期收支情况的报表，如收入支出表。

2.按编报时间分类。事业单位会计报表按照编报时间分类，可分为月报和年报。

3.按编报范围分类。事业单位会计报表按照编报范围分类，可分为本级报表和汇总报表。本级报表是指反映本单位预算执行情况和资金活动情况的报表。汇总报表是指各主管部门对本单位和所属单位的报表进行汇总后编制的报表。基层会计单位只编制本级报表，二级单位和主管会计单位要先编制本级报表，然后编报汇总报表。

4.按服务对象分类。事业单位会计报表按照服务对象分类，可分为内部报表和外部报表。内部报表是指为适应组织内部经营管理需要而编制的、不对外公开的会计报表。外部报表是指依据有关制度要求编制的、对外公布和向有关部门报送的会计报表，它有统一规定的格式与指标体系，必须按规定和要求编制。

5.按反映内容分类。事业单位会计报表按照反映内容分类，可分为资产负债表、收入支出表、财政补助收入支出表和附注。资产负债表是指反映事业单位在某一特定日期财务状况的报表。收入支出表是指反映事业单位在某一会计期间事业成果及其分配情况的报表。财政补助收入支出表是指反映事业单位在某一会计期间财政补助收入、支出、结转及结余情况的报表。附注是指对在会计报表中列示项目的文字描述或明细资料，以及对未能在会计报表中列示项目的说明等。

（二）会计报表的编制要求

事业单位财务报表应当根据登记完整、核对无误的账簿记录和其他有关资料编制，做到数字真实、计算准确、内容完整、报送及时。

1.数字真实。会计报表中各项数据指标必须真实、可靠。会计报表的数字要根据经审核无误的会计账簿汇总填制，切实做到账表相符、有据可依，不得估列代编。

2.计算准确。会计报表中各项指标数字的计算必须正确无误，相互衔接。

3.内容完整。会计报表必须按《事业单位会计制度》规定填报的种类、项目进行填制，各类报表项目必须填列完整、齐全，不能漏报。会计报表中未能反映的重要事项，应当在会计报表附注中作必要的说明。

4.报送及时。会计报表应按规定的期限编制完成，并按规定的时间向有关部门报送。根据会计制度规定，月份会计报表应于月份终了后3日内报出；年度会计报表应按财政部门决算通知规定及主管部门要求的格式和期限内报出，年报应抄报同级国有资产管理部门。

（三）会计报表编制的基本方法

事业单位会计报表各项目的经济内容和单位设置会计账簿的实际情况决定了会计报表的编制方法。编制会计报表的基本方法主要有两种：

1.直接填列法。直接填列法是指直接根据账户余额或发生额填列报表项目的方法。报表中的项目可以直接根据总账余额、发生额填列，也可以根据明细账户余额或发生额填列。

2.分析计算填列法。分析计算填列法是指根据账户余额或发生额经过计算分析后填列报表项目的方法。报表中有的项目根据账户余额或发生额计算填列，有的项目根据报表项目关系填列。

第二节　事业单位财务会计报告的编制

一、事业单位年报编制前的准备工作

事业单位月报编制前不需要结转相关的收入和支出。但年报编制前需要将累积的收入和支出以及发生的经济事项，经过年终清理和年终结账的账务处理，才能编制年度会计报表。年报编制前的准备工作包括两部分：年终清理和年终结账。

（一）年终清理

事业单位在年度终了前，应当根据财政部门或主管部门的决算编制工作要求，对各项收支账目、往来款项、货币资金和财产物资等进行全面的年终清理结算。清理结算是年终结账的基础。

所谓清理是指清楚了解账目的记录是否真实、完整，通过清查确定各项财产物资的实际结存数量，并与账面记录相互核对、消除差异，以求账存与实存保持一致。这种对账存和实存进行清查核对的方法，称为清理。

所谓结算是指因经济往来而引起货币资金的收付行为。年终结算则是指在年终结账之前，清理各种往来账项，并结清各种债权债务关系而产生的货币收付行为。

通过上述的清理和结算工作，使账面记录和实际情况保持一致，能够真实、准确地反映事业单位的全部财产，为年终编制决算报告做好准备工作。年终清理结算的主要事项包括：

1.清理核对年度预算资金的收支和各项缴拨款项。事业单位在年度终了前，对财政部门、上级单位和所属单位之间的全部预算数（包括追加、追减和上、下划拨数）以及应上缴、拨补的款项等，都应按规定逐笔进行清理和结算，保证上、下级之间的年度预算数，领拨经费数和上缴、下拨数保持一致。真实、准确地反映预算资金实际情况，为编制年度决算报告作准备。为了准确反映各项收支数额，凡属本年度的应拨、应缴款项，应在12月31日之前汇达对方。实行分级管理、分级核算的事业单位，对所属二级单位的拨款，应截止到12月25日，逾期者一般不再下拨。对于实行国库集中支付的事业单位，应将财政预算数与财政实际下达数进行核对，应按预算数确认本年度的财政补助收入。

2.清理核对各项收支款项。在年终结账之前，凡属本年度的各项收入，均应及时入账。本年度的各项应缴款项，要在年终前全部上缴。凡属本年度的各项支出，都应按规定的用途和使用范围，如实列报。事业单位的年终决算，一律以截止到12月31日的实际收支为准。

3.清理结算往来账项。为了真实、准确、合理地反映事业单位财产的实有数，在年终结账之前，应清理各种往来账项，并结清各种往来账项。应收的款项要如数收回并入账，应付的款项要如数偿付并入账，按规定应转作各项收入的账项或应转作各项支出的账项要及时转入有关账户，其目的是将这些收支编入本年决算之中。总之，对各种债权、债务关系，要及时清理并进行款项的结算。如果有清理不完的往来账项，应分析具体原因，在决算报告中予以说明。

4.清理核对货币资产。事业单位在年度终了前，要与开户银行核对账目。银行存款账面余额要同银行对账单核对相符；现金账面余额要同库存现金核对相符。

5.清理盘点财产物资。事业单位在年终结账之前，应对各项财产物资进行实地盘点清查。如发现有盘盈、盘亏的情况，应及时查明原因，按规定作出会计处理，并及时调整账面记录，做到账实相符、账账相符，使年终决算报告能够真实反映该单位的财产物资情况。

（二）年终结账

事业单位在年终清理结算的基础上进行年终结账工作。年终结账包括年终转账、结清旧账和记入新账三个环节。

1.年终转账。年终清理结算完毕，全部账目核对无误后，进行年终转账。年终转账又分为三个步骤：第一步，计算出各账户借方或贷方的12月份合计数和全年累计数，结出12月末的余额；第二步，编制结账前的"资产负债表"，并试算平衡；第三步，将应对冲结转的各收支账户的余额按年终冲转办法，填制12月31日的记账凭单并办理结账冲转。

2.结清旧账。将转账后无余额的账户结出全年总累计数，然后在下面划双红线，表示本账户全部结清。对年终有余额的账户，在"全年累计数"下行的"摘要"栏内注明"结转下年"字样，再在下面划双红线，表示年终余额转入新账，旧账结束。

3.记入新账。根据本年度各账户余额，编制年终决算的"资产负债表"和有关明细表。将表列各账户的年终余额数（不编制记账凭单），直接记入新年度相应的各有关账户，并在"摘要"栏注明"上年结转"字样，以区别新年度发生数。

事业单位的决算经财政部门或上级单位审批后，需调整决算数字的，应作相应调整。

（三）事业单位会计年终转账冲转的程序

与行政单位会计和财政总预算会计相比，事业单位会计办理年终转账冲转的程序要复杂得多（如图23-1所示），涉及的账户及步骤都要多一些，为了便于掌握，此处专门对该程序进行介绍。

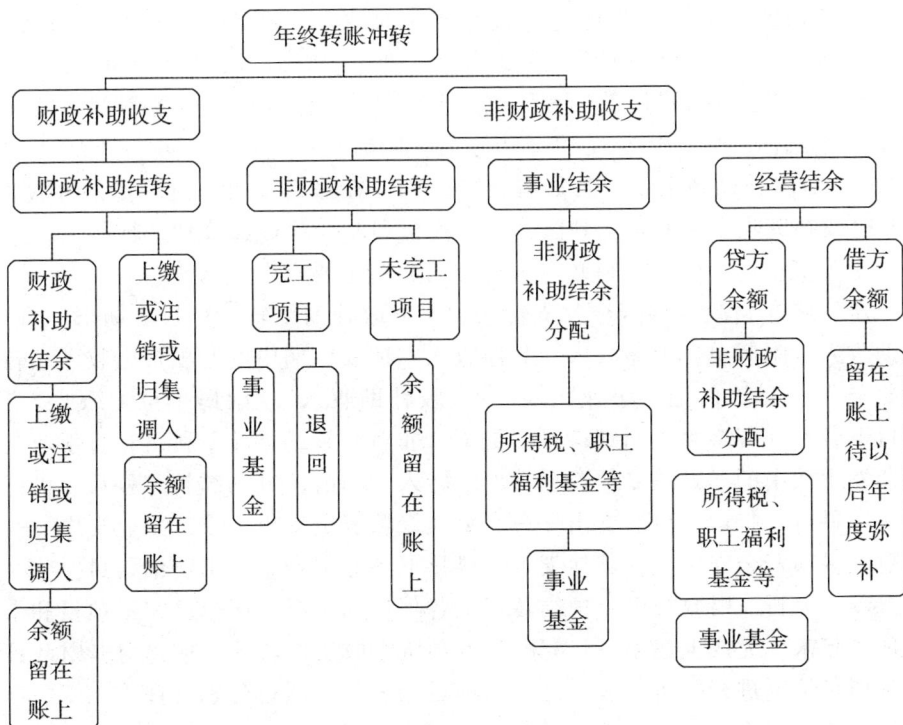

图23-1　事业单位会计年终转账冲转程序图

事业单位会计年终转账冲转工作，区分财政补助收支和非财政补助收支分别进行。

1.财政补助收支的冲转。其主要有以下三步：

第一步，将财政补助收支转入"财政补助结转"科目。期末，将财政补助收入本期发生额结转入"财政补助结转"科目，借记"财政补助收入——基本支出/项目支出"科目，贷记"财政补助结转——基本支出结转/项目支出结转"科目；将事业支出中的财政补助支出本期发生额结转入"财政补助结转"科目，借记"财政补助结转——基本支出结转/项目支出结转"科目，贷记"事业支出——财政补助支出——基本支出/项目支出"或"事业支出——基本支出——财政补助支出、事业支出——项目支出——财政补助支出"科目。

第二步，将符合财政补助结余性质的项目余额转入"财政补助结余"科目。年末，完成上述第一步财政补助收支结转后，应当对财政补助各明细项目执行情况进行分析，按照有关规定将符合财政补助结余性质的项目余额转入财政补助结余，借记或贷记"财政补助结转——项目支出结转——×项目"科目，贷记或借记"财政补助结余"科目。

第三步，财政补助结转结余的上缴、注销或归集调入。财政补助结转结余的上缴、注销或归集调入又区分财政补助结转和财政补助结余分别进行。

（1）财政补助结转。按照规定上缴财政补助结转资金或注销财政补助结转额度的，按照实际上缴资金数额或注销资金额度数额，借记"财政补助结转"科目，贷记"财政应返还额度""零余额账户用款额度""银行存款"等科目。取得主管部门归集调入财政补助结转资金或额度的，作相反的会计分录。上缴、注销或归集调入完成，"财政补助结转"科目如有余额，则留在账上不再作进一步的冲转工作。

（2）财政补助结余。按照规定上缴财政补助结余资金或注销财政补助结余额度的，按照实际上缴资金数额或注销资金额度数额，借记"财政补助结余"科目，贷记"财政应返还额度""零余额账户用款额度""银行存款"等科目。取得主管部门归集调入财政补助结余资金或额度的，作相反的会计分录。同财政补助结转一样，上缴、注销或归集调入完成，"财政补助结余"科目如有余额，则留在账上不再作进一步的冲转工作。

2.非财政补助收支的冲转。其区分专项资金和非专项资金分别进行。

（1）专项资金的冲转。非财政专项资金的冲转主要有以下两步：

第一步，将非财政专项资金收支转入"非财政补助结转"科目。期末，将事业收入、上级补助收入、附属单位上缴收入、其他收入本期发生额中的专项资金收入结转入"非财政补助结转"科目，借记"事业收入""上级补助收入""附属单位上缴收入""其他收入"科目下各专项资金收入明细科目，贷记"非财政补助结转"科目；将事业支出、其他支出本期发生额中的非财政专项资金支出结转入"非财政补助结转"科目，借记"非财政补助结转"科目，贷记"事业支出——非财政专项资金支出"或"事业支出——项目支出——非财政专项资金支出"、"其他支出"科目下各专项资金支出明细科目。

第二步，分析非财政补助专项结转资金各项目的情况，区分已完工项目和未完工项目分别处理。年末，完成上述第一步非财政专项资金收支结转后，应当对非财政补助专项结转资金各项目情况进行分析，区分已完工项目和未完工项目分别处理。

①已完工项目余额。对于已完成项目的项目剩余资金又区分不同情况进行相应处理。将已完成项目的项目剩余资金区分以下情况处理：缴回原专项资金拨入单位的，借记"非

财政补助结转——×项目"科目,贷记"银行存款"等科目;留归本单位使用的,借记"非财政补助结转——×项目"科目,贷记"事业基金"科目。

②未完工项目余额。对于未完工项目的余额仍留在"非财政补助结转"科目账上,不再作进一步的冲转工作。

(2)非专项资金的冲转。非财政补助的非专项资金的冲转主要有以下四步:

第一步,非专项资金收支转入相关结余科目。非财政补助的非专项资金收支的冲转又区分事业活动、经营活动分别转入"事业结余"和"经营结余"科目。

①事业活动中的非专项资金收支转入"事业结余"科目。期末,将事业收入、上级补助收入、附属单位上缴收入、其他收入本期发生额中的非专项资金收入结转入"事业结余"科目,借记"事业收入""上级补助收入""附属单位上缴收入""其他收入"科目下各非专项资金收入明细科目,贷记"事业结余"科目;将事业支出、其他支出本期发生额中的非财政、非专项资金支出,以及对附属单位补助支出、上缴上级支出的本期发生额结转入"事业结余"科目,借记"事业结余"科目,贷记"事业支出——其他资金支出"或"事业支出——基本支出——其他资金支出、事业支出——项目支出——其他资金支出"科目、"其他支出"科目下各非专项资金支出明细科目以及"对附属单位补助支出"、"上缴上级支出"科目。

②经营活动收支转入"经营结余"科目。期末,将经营收入本期发生额结转入"经营结余"科目,借记"经营收入"科目,贷记"经营结余"科目;将经营支出本期发生额结转入"经营结余"科目,借记"经营结余"科目,贷记"经营支出"科目。

第二步,将结余余额转入"非财政补助结余分配"科目。完成上述第一步的收支结转后,"事业结余"和"经营结余"科目区分情况转入"非财政补助结余分配"科目。

①对于"事业结余"。年末,完成第一步收支期末结转后,将"事业结余"科目余额结转入"非财政补助结余分配"科目,借记或贷记"事业结余"科目,贷记或借记"非财政补助结余分配"科目。

②对于"经营结余"。年末,完成第一步收支期末结转后,如"经营结余"科目为贷方余额,则将"经营结余"科目余额结转入"非财政补助结余分配"科目,借记"经营结余"科目,贷记"非财政补助结余分配"科目;如"经营结余"科目为借方余额,为经营亏损,不予结转,留在账上待以后年度用经营结余进行弥补亏损。

第三步,对非财政补助结余进行分配。将"事业结余"和"经营结余"科目的相关余额转入"非财政补助结余分配"科目后,对结余进行分配。分配内容主要包括:①有企业所得税缴纳义务的事业单位计算出应缴纳的企业所得税,借记"非财政补助结余分配"科目,贷记"应缴税费——应缴企业所得税"科目。②按照有关规定提取职工福利基金的,按照提取的金额,借记"非财政补助结余分配"科目,贷记"专用基金——职工福利基金"科目。

第四步,未分配结余转入"事业基金"科目。年末,按规定完成上述分配处理后,将"非财政补助结余分配"科目余额结转入事业基金,借记或贷记"非财政补助结余分配"科目,贷记或借记"事业基金"科目。

二、事业单位会计报表的编制

(一)事业单位会计报表的种类

事业单位会计报表的主要类别及编制期要求见表23-1。

表23-1 事业单位会计报表类别及编制期

编号	财务报表名称	编制期
会事业01表	资产负债表	月度、年度
会事业02表	收入支出表	月度、年度
会事业03表	财政补助收入支出表	年度
	附 注	年度

（二）资产负债表的编制

资产负债表是指反映事业单位在某一特定日期的财务状况的报表。资产负债表应当按照资产、负债和净资产分类列示，其中资产和负债应当分为流动资产和非流动资产、流动负债和非流动负债列示，见表23-2。

表23-2 资产负债表 会事业01表

编制单位： 年 月 日 单位：元

资产	期末余额	年初余额	负债和净资产	期末余额	年初余额
流动资产：			流动负债：		
货币资金			短期借款		
短期投资			应缴税费		
财政应返还额度			应缴国库款		
应收票据			应缴财政专户款		
应收账款			应付职工薪酬		
预付账款			应付票据		
其他应收款			应付账款		
存货			预收账款		
其他流动资产			其他应付款		
流动资产合计			其他流动负债		
非流动资产：			流动负债合计		
长期投资			非流动负债：		
固定资产			长期借款		
固定资产原价			长期应付款		
减：累计折旧			非流动负债合计		
在建工程			负债合计		
无形资产			净资产：		
无形资产原价			事业基金		
减：累计摊销			非流动资产基金		
待处置资产损溢			专用基金		
非流动资产合计			财政补助结转		
			财政补助结余		
			非财政补助结转		
			非财政补助结余		
			1.事业结余		
			2.经营结余		
			净资产合计		
资产总计			负债和净资产总计		

1.资产负债表"年初余额"栏内各项数字，应当根据上年年末资产负债表"期末余额"栏内数字填列。如果本年度资产负债表规定的各项目的名称和内容同上年度不一致，应当对上年年末资产负债表各项目的名称和数字按照本年度的规定进行调整，填入本表"年初余额"栏内。

2.资产负债表"期末余额"栏各项目的内容和填列方法：

（1）资产类项目。

①"货币资金"项目，反映事业单位期末库存现金、银行存款和零余额账户用款额度的合计数。本项目应当根据"库存现金""银行存款""零余额账户用款额度"科目的期末余额合计填列。

②"短期投资"项目，反映事业单位期末持有的短期投资成本。本项目应当根据"短期投资"科目的期末余额填列。

③"财政应返还额度"项目，反映事业单位期末财政应返还额度的金额。本项目应当根据"财政应返还额度"科目的期末余额填列。

④"应收票据"项目，反映事业单位期末持有的应收票据的票面金额。本项目应当根据"应收票据"科目的期末余额填列。

⑤"应收账款"项目，反映事业单位期末尚未收回的应收账款余额。本项目应当根据"应收账款"科目的期末余额填列。

⑥"预付账款"项目，反映事业单位预付给商品或者劳务供应单位的款项。本项目应当根据"预付账款"科目的期末余额填列。

⑦"其他应收款"项目，反映事业单位期末尚未收回的其他应收款余额。本项目应当根据"其他应收款"科目的期末余额填列。

⑧"存货"项目，反映事业单位期末为开展业务活动及其他活动耗用而储存的各种材料、燃料、包装物、低值易耗品及达不到固定资产标准的用具、装具、动植物等的实际成本。本项目应当根据"存货"科目的期末余额填列。

⑨"其他流动资产"项目，反映事业单位除上述各项之外的其他流动资产，如将在1年内（含1年）到期的长期债券投资。本项目应当根据"长期投资"等科目的期末余额分析填列。

⑩"长期投资"项目，反映事业单位持有时间超过1年（不含1年）的股权和债权性质的投资。本项目应当根据"长期投资"科目期末余额减去其中将于1年内（含1年）到期的长期债券投资余额后的金额填列。

⑪"固定资产"项目，反映事业单位期末各项固定资产的账面价值。本项目应当根据"固定资产"科目期末余额减去"累计折旧"科目期末余额后的金额填列。

"固定资产原价"项目，反映事业单位期末各项固定资产的原价。本项目应当根据"固定资产"科目的期末余额填列。

"累计折旧"项目，反映事业单位期末各项固定资产的累计折旧。本项目应当根据"累计折旧"科目的期末余额填列。

⑫"在建工程"项目，反映事业单位期末尚未完工交付使用的在建工程发生的实际成本。本项目应当根据"在建工程"科目的期末余额填列。

⑬"无形资产"项目，反映事业单位期末持有的各项无形资产的账面价值。本

项目应当根据"无形资产"科目期末余额减去"累计摊销"科目期末余额后的金额填列。

"无形资产原价"项目，反映事业单位期末持有的各项无形资产的原价。本项目应当根据"无形资产"科目的期末余额填列。

"累计摊销"项目，反映事业单位期末各项无形资产的累计摊销。本项目应当根据"累计摊销"科目的期末余额填列。

⑭"待处置资产损溢"项目，反映事业单位期末待处置资产的价值及处置损溢。本项目应当根据"待处置资产损溢"科目的期末借方余额填列；如"待处置资产损溢"科目期末为贷方余额，则以"-"号填列。

⑮"非流动资产合计"项目，按照"长期投资""固定资产""在建工程""无形资产""待处置资产损溢"项目金额的合计数填列。

（2）负债类项目。

①"短期借款"项目，反映事业单位借入的期限在1年内（含1年）的各种借款。本项目应当根据"短期借款"科目的期末余额填列。

②"应缴税费"项目，反映事业单位应交未交的各种税费。本项目应当根据"应缴税费"科目的期末贷方余额填列；如"应缴税费"科目期末为借方余额，则以"-"号填列。

③"应缴国库款"项目，反映事业单位按规定应缴入国库的款项（应缴税费除外）。本项目应当根据"应缴国库款"科目的期末余额填列。

④"应缴财政专户款"项目，反映事业单位按规定应缴入财政专户的款项。本项目应当根据"应缴财政专户款"科目的期末余额填列。

⑤"应付职工薪酬"项目，反映事业单位按有关规定应付给职工及为职工支付的各种薪酬。本项目应当根据"应付职工薪酬"科目的期末余额填列。

⑥"应付票据"项目，反映事业单位期末应付票据的金额。本项目应当根据"应付票据"科目的期末余额填列。

⑦"应付账款"项目，反映事业单位期末尚未支付的应付账款金额。本项目应当根据"应付账款"科目的期末余额填列。

⑧"预收账款"项目，反映事业单位期末按合同规定预收但尚未实际结算的款项。本项目应当根据"预收账款"科目的期末余额填列。

⑨"其他应付款"项目，反映事业单位期末应付未付的其他各项应付及暂收款项。本项目应当根据"其他应付款"科目的期末余额填列。

⑩"其他流动负债"项目，反映事业单位除上述各项之外的其他流动负债，如承担的将于1年内（含1年）偿还的长期负债。本项目应当根据"长期借款""长期应付款"等科目的期末余额分析填列。

⑪"长期借款"项目，反映事业单位借入的期限超过1年（不含1年）的各项借款本金。本项目应当根据"长期借款"科目的期末余额减去其中将于1年内（含1年）到期的长期借款余额后的金额填列。

⑫"长期应付款"项目，反映事业单位发生的偿还期限超过1年（不含1年）的各种应付款项。本项目应当根据"长期应付款"科目的期末余额减去其中将于1年内（含1

年）到期的长期应付款余额后的金额填列。

（3）净资产类项目。

①"事业基金"项目，反映事业单位期末拥有的非限定用途的净资产。本项目应当根据"事业基金"科目的期末余额填列。

②"非流动资产基金"项目，反映事业单位期末非流动资产占用的金额。本项目应当根据"非流动资产基金"科目的期末余额填列。

③"专用基金"项目，反映事业单位按规定设置或提取的具有专门用途的净资产。本项目应当根据"专用基金"科目的期末余额填列。

④"财政补助结转"项目，反映事业单位滚存的财政补助结转资金。本项目应当根据"财政补助结转"科目的期末余额填列。

⑤"财政补助结余"项目，反映事业单位滚存的财政补助项目支出结余资金。本项目应当根据"财政补助结余"科目的期末余额填列。

⑥"非财政补助结转"项目，反映事业单位滚存的非财政补助专项结转资金。本项目应当根据"非财政补助结转"科目的期末余额填列。

⑦"非财政补助结余"项目，反映事业单位自年初至报告期末累计实现的非财政补助结余弥补以前年度经营亏损后的余额。本项目应当根据"事业结余""经营结余"科目的期末余额合计填列；如"事业结余""经营结余"科目的期末余额合计为亏损数，则以"－"号填列。在编制年度资产负债表时，本项目金额一般应为"0"；若不为"0"，本项目金额应为"经营结余"科目的期末借方余额（"－"号填列）。

"事业结余"项目，反映事业单位自年初至报告期末累计实现的事业结余。本项目应当根据"事业结余"科目的期末余额填列；如"事业结余"科目的期末余额为亏损数，则以"－"号填列。在编制年度资产负债表时，本项目金额应为"0"。

"经营结余"项目，反映事业单位自年初至报告期末累计实现的经营结余弥补以前年度经营亏损后的余额。本项目应当根据"经营结余"科目的期末余额填列；如"经营结余"科目的期末余额为亏损数，则以"－"号填列。在编制年度资产负债表时，本项目金额一般应为"0"；若不为"0"，本项目金额应为"经营结余"科目的期末借方余额（"－"号填列）。

（三）收入支出表的编制

收入支出表是指反映事业单位在某一会计期间的事业成果及其分配情况的报表。收入支出表应当按照收入、支出的构成和非财政补助结余分配情况分项列示，见表23-3。

1.收入支出表"本月数"栏反映各项目的本月实际发生数。在编制年度收入支出表时，应当将本栏改为"上年数"栏，反映上年度各项目的实际发生数。如果本年度收入支出表规定的各项目的名称和内容同上年度不一致，应当对上年度收入支出表各项目的名称和数字按照本年度的规定进行调整，填入本年度收入支出表的"上年数"栏。

本表"本年累计数"栏反映各项目自年初起至报告期末止的累计实际发生数。编制年度收入支出表时，应当将本栏改为"本年数"栏。

2.收入支出表"本月数"栏各项目的内容和填列方法：

（1）本期财政补助结转结余。

表23-3   **收入支出表**   会事业02表

编制单位：   年   月   单位：元

项目	本月数	本年累计数
一、本期财政补助结转结余		
财政补助收入		
减：事业支出（财政补助支出）		
二、本期事业结转结余		
（一）事业类收入		
1.事业收入		
2.上级补助收入		
3.附属单位上缴收入		
4.其他收入		
其中：捐赠收入		
减：（二）事业类支出		
1.事业支出（非财政补助支出）		
2.上缴上级支出		
3.对附属单位补助支出		
4.其他支出		
三、本期经营结余		
经营收入		
减：经营支出		
四、弥补以前年度亏损后的经营结余		
五、本年非财政补助结转结余		
减：非财政补助结转		
六、本年非财政补助结余		
减：应缴企业所得税		
提取专用基金		
七、转入事业基金		

① "本期财政补助结转结余"项目，反映事业单位本期财政补助收入与财政补助支出相抵后的余额。本项目应当按照本表中"财政补助收入"项目金额减去"事业支出（财政补助支出）"项目金额后的余额填列。

② "财政补助收入"项目，反映事业单位本期从同级财政部门取得的各类财政拨款。

本项目应当根据"财政补助收入"科目的本期发生额填列。

③"事业支出（财政补助支出）"项目，反映事业单位本期使用财政补助发生的各项事业支出。本项目应当根据"事业支出——财政补助支出"科目的本期发生额填列，或者根据"事业支出——基本支出——财政补助支出""事业支出——项目支出——财政补助支出"科目的本期发生额合计填列。

（2）本期事业结转结余。

④"本期事业结转结余"项目，反映事业单位本期除财政补助收支、经营收支以外的各项收支相抵后的余额。本项目应当按照本表中"事业类收入"项目金额减去"事业类支出"项目金额后的余额填列；如为负数，则以"－"号填列。

⑤"事业类收入"项目，反映事业单位本期事业收入、上级补助收入、附属单位上缴收入、其他收入的合计数。本项目应当按照本表中"事业收入""上级补助收入""附属单位上缴收入""其他收入"项目金额的合计数填列。

"事业收入"项目，反映事业单位开展专业业务活动及其辅助活动取得的收入。本项目应当根据"事业收入"科目的本期发生额填列。

"上级补助收入"项目，反映事业单位从主管部门和上级单位取得的非财政补助收入。本项目应当根据"上级补助收入"科目的本期发生额填列。

"附属单位上缴收入"项目，反映事业单位附属独立核算单位按照有关规定上缴的收入。本项目应当根据"附属单位上缴收入"科目的本期发生额填列。

"其他收入"项目，反映事业单位除财政补助收入、事业收入、上级补助收入、附属单位上缴收入、经营收入以外的其他收入。本项目应当根据"其他收入"科目的本期发生额填列。

"捐赠收入"项目，反映事业单位接受现金、存货捐赠取得的收入。本项目应当根据"其他收入"科目所属相关明细科目的本期发生额填列。

⑥"事业类支出"项目，反映事业单位本期事业支出（非财政补助支出）、上缴上级支出、对附属单位补助支出、其他支出的合计数。本项目应当按照本表中"事业支出（非财政补助支出）""上缴上级支出""对附属单位补助支出""其他支出"项目金额的合计数填列。

"事业支出（非财政补助支出）"项目，反映事业单位使用财政补助以外的资金发生的各项事业支出。本项目应当根据"事业支出——非财政专项资金支出""事业支出——其他资金支出"科目的本期发生额合计填列，或者根据"事业支出——基本支出——其他资金支出""事业支出——项目支出——非财政专项资金支出/其他资金支出"科目的本期发生额合计填列。

"上缴上级支出"项目，反映事业单位按照财政部门和主管部门的规定上缴上级单位的支出。本项目应当根据"上缴上级支出"科目的本期发生额填列。

"对附属单位补助支出"项目，反映事业单位用财政补助收入之外的收入对附属单位补助发生的支出。本项目应当根据"对附属单位补助支出"科目的本期发生额填列。

"其他支出"项目，反映事业单位除事业支出、上缴上级支出、对附属单位补助支出、经营支出以外的其他支出。本项目应当根据"其他支出"科目的本期发生额填列。

（3）本期经营结余。

⑦ "本期经营结余"项目，反映事业单位本期经营收支相抵后的余额。本项目应当按照本表中"经营收入"项目金额减去"经营支出"项目金额后的余额填列；如为负数，则以"－"号填列。

⑧ "经营收入"项目，反映事业单位在专业业务活动及其辅助活动之外开展非独立核算经营活动取得的收入。本项目应当根据"经营收入"科目的本期发生额填列。

⑨ "经营支出"项目，反映事业单位在专业业务活动及其辅助活动之外开展非独立核算经营活动发生的支出。本项目应当根据"经营支出"科目的本期发生额填列。

（4）弥补以前年度亏损后的经营结余。

⑩ "弥补以前年度亏损后的经营结余"项目，反映事业单位本年度实现的经营结余扣除本年年初未弥补经营亏损后的余额。本项目应当根据"经营结余"科目年末转入"非财政补助结余分配"科目前的余额填列；如该年末余额为借方余额，则以"－"号填列。

（5）本年非财政补助结转结余。

⑪ "本年非财政补助结转结余"项目，反映事业单位本年除财政补助结转结余之外的结转结余金额。如本表中"弥补以前年度亏损后的经营结余"项目为正数，本项目应当按照本表中"本期事业结转结余""弥补以前年度亏损后的经营结余"项目金额的合计数填列；如为负数，则以"－"号填列。如本表中"弥补以前年度亏损后的经营结余"项目为负数，本项目应当按照本表中"本期事业结转结余"项目金额填列；如为负数，则以"－"号填列。

⑫ "非财政补助结转"项目，反映事业单位本年除财政补助收支外的各专项资金收入减去各专项资金支出后的余额。本项目应当根据"非财政补助结转"科目本年贷方发生额中专项资金收入转入金额合计数减去本年借方发生额中专项资金支出转入金额合计数后的余额填列。

（6）本年非财政补助结余。

⑬ "本年非财政补助结余"项目，反映事业单位本年除财政补助之外的其他结余金额。本项目应当按照本表中"本年非财政补助结转结余"项目金额减去"非财政补助结转"项目金额后的余额填列；如为负数，则以"－"号填列。

⑭ "应缴企业所得税"项目，反映事业单位按照税法规定应缴纳的企业所得税金额。本项目应当根据"非财政补助结余分配"科目的本年发生额分析填列。

⑮ "提取专用基金"项目，反映事业单位本年按规定提取的专用基金金额。本项目应当根据"非财政补助结余分配"科目的本年发生额分析填列。

（7）转入事业基金。

⑯ "转入事业基金"项目，反映事业单位本年按规定转入事业基金的非财政补助结余资金。本项目应当按照本表中"本年非财政补助结余"项目金额减去"应缴企业所得税""提取专用基金"项目金额后的余额填列；如为负数，则以"－"号填列。

上述⑩至⑯项目，只有在编制年度收入支出表时才填列；编制月度收入支出表时，可以不设置这7个项目。

（四）财政补助收入支出表的编制

财政补助收入支出表是指反映事业单位在某一会计期间财政补助收入、支出、结转及结余情况的报表，见表23-4。

表 23-4　　　　　　　　　　　　　**财政补助收入支出表**　　　　　　　　会事业 03 表

编制单位：　　　　　　　　　　　　　　年度　　　　　　　　　　　　　单位：元

项目	本年数	上年数
一、年初财政补助结转结余		—
（一）基本支出结转		—
1.人员经费		—
2.日常公用经费		—
（二）项目支出结转		—
××项目		—
（三）项目支出结余		—
二、调整年初财政补助结转结余		—
（一）基本支出结转		—
1.人员经费		—
2.日常公用经费		—
（二）项目支出结转		—
××项目		—
（三）项目支出结余		—
三、本年归集调入财政补助结转结余		
（一）基本支出结转		
1.人员经费		
2.日常公用经费		
（二）项目支出结转		
××项目		
（三）项目支出结余		
四、本年上缴财政补助结转结余		
（一）基本支出结转		
1.人员经费		
2.日常公用经费		
（二）项目支出结转		
××项目		
（三）项目支出结余		
五、本年财政补助收入		
（一）基本支出		
1.人员经费		
2.日常公用经费		
（二）项目支出		
××项目		
六、本年财政补助支出		
（一）基本支出		
1.人员经费		
2.日常公用经费		
（二）项目支出		
××项目		
七、年末财政补助结转结余		—
（一）基本支出结转		—
1.人员经费		—
2.日常公用经费		—
（二）项目支出结转		—
××项目		—
（三）项目支出结余		—

1.财政补助收入支出表"上年数"栏内各项数字，应当根据上年度财政补助收入支出表"本年数"栏内数字填列。

2.财政补助收入支出表"本年数"栏各项目的内容和填列方法：

（1）"年初财政补助结转结余"项目及其所属各明细项目，反映事业单位本年年初财政补助结转和结余余额。各项目应当根据上年度财政补助收入支出表中"年末财政补助结转结余"项目及其所属各明细项目"本年数"栏内数字填列。

（2）"调整年初财政补助结转结余"项目及其所属各明细项目，反映事业单位因本年发生需要调整以前年度财政补助结转结余的事项，而对年初财政补助结转结余的调整金额。各项目应当根据"财政补助结转""财政补助结余"科目及其所属明细科目的本年发生额分析填列；如调整减少年初财政补助结转结余，则以"－"号填列。

（3）"本年归集调入财政补助结转结余"项目及其所属各明细项目，反映事业单位本年度取得主管部门归集调入的财政补助结转结余资金或额度金额。各项目应当根据"财政补助结转""财政补助结余"科目及其所属明细科目的本年发生额分析填列。

（4）"本年上缴财政补助结转结余"项目及其所属各明细项目，反映事业单位本年度按规定实际上缴的财政补助结转结余资金或额度金额。各项目应当根据"财政补助结转""财政补助结余"科目及其所属明细科目的本年发生额分析填列。

（5）"本年财政补助收入"项目及其所属各明细项目，反映事业单位本年度从同级财政部门取得的各类财政拨款金额。各项目应当根据"财政补助收入"科目及其所属明细科目的本年发生额填列。

（6）"本年财政补助支出"项目及其所属各明细项目，反映事业单位本年度发生的财政补助支出金额。各项目应当根据"事业支出"科目所属明细科目本年发生额中的财政补助支出数填列。

（7）"年末财政补助结转结余"项目及其所属各明细项目，反映事业单位截至本年年末的财政补助结转和结余余额。各项目应当根据"财政补助结转""财政补助结余"科目及其所属明细科目的年末余额填列。

（五）会计报表附注

附注是指对在会计报表中列示项目的文字描述或明细资料，以及对未能在会计报表中列示项目的说明等。事业单位的会计报表附注至少应当披露下列内容：

1.遵循《事业单位会计准则》《事业单位会计制度》的声明；

2.单位整体财务状况、业务活动情况的说明；

3.会计报表中列示的重要项目的进一步说明，包括其主要构成、增减变动情况等；

4.重要资产处置情况的说明；

5.重大投资、借款活动的说明；

6.以名义金额计量的资产名称、数量等情况，以及以名义金额计量理由的说明；

7.以前年度结转结余调整情况的说明；

8.有助于理解和分析会计报表需要说明的其他事项。

三、财务情况说明书的编写

财务情况说明书是指事业单位在对一定期间（通常为一个会计年度）内收入和支出、

结转、结余及其分配、资产负债变动、对外投资、资产出租出借、资产处置、绩效考评的情况、对本期或者下期账务状况发生重大影响的事项，以及需要说明的其他事项进行分析总结的基础上所作的数字和文字的说明。除上述内容之外，还应包括以下几个方面：（1）预算或财务收支计划的完成情况；（2）预算或账务收支计划执行过程中存在的问题；（3）收支增减变化的情况和原因；（4）在改善业务活动的管理、增收节支方面所作的努力和取得的成绩；（5）目前在收入和支出管理方面存在的问题以及今后改进工作的建议；（6）结余及其分配情况。

财务情况说明书通过文字和数字的形式明确而具体地揭示了事业单位财务收支活动的全过程及取得的成绩和存在的问题等。因此，财务情况说明书是会计报表使用者了解和评价事业单位财务收支情况、进行有关决策的重要参考资料。

第三节　事业单位会计报表的审核与分析

一、会计报表的审核

事业单位会计报表应经过自下而上的审核过程，即事业单位将编制好的会计报表经严格审核无误后才能上报，上级单位还要按照相关的制度政策及其预算对所属单位上报的会计报表再一次进行审核。会计报表的审核包括政策性审核和技术性审核两方面。

（一）政策性审核

政策性审核主要是审查会计报表中反映的预算执行情况和资金收支是否符合国家政策、法规、制度，有无违反财经纪律的现象。

收入方面着重审核的内容包括：（1）各项收入的取得是否符合有关财经法规的规定，应缴财政专户款、应缴国库款是否及时足额上缴国库，有无截留；（2）事业单位开展的各项业务活动取得的收入是否合法、合规；（3）是否将社会效益放在首位并有利于本单位事业的健康发展；（4）取得的各项收入是否依法纳税等。

支出方面着重审核的内容包括：（1）各项开支是否严格执行国家财政财务制度并遵守财经纪律；（2）是否按照计划、预算规定的范围和开支标准办理支出；（3）安排的各项支出是否合理、有效，有无挪用、转移资金及各种浪费现象；（4）各项支出结构是否合理，是否保证了正常业务开支的需要等。

（二）技术性审核

技术性审核主要是审核会计报表的数字是否正确，规定的报表是否齐全，表内项目是否按规定填报，有无漏报、错报情况，报送是否及时，报表上各项签章是否齐全等。其着重审核的内容包括：（1）资产负债表的资产部类与负债部类总计数额是否一致，年初数是否与上年的年末数一致；（2）财政各项预算支出与所属单位汇总的财政补助收入是否一致；（3）对附属单位补助支出与所属单位汇总的上级补助收入是否一致；（4）附属单位上缴收入与所属单位汇总的上缴上级支出是否一致；（5）收入支出表的各项收支数额与资产负债表中净资产的相关结转结余数额是否一致；（6）财政补助收入支出表的各项收支及结转结余数额与收入支出表的相关收支及结转结余数额是否一致。

除对收入、支出进行上述审核外，还应审核会计报表的编制手续是否完备，制表人、财务负责人、单位负责人等有关人员是否签章，会计报表是否加盖本单位的公章等。

二、会计报表的分析

（一）会计报表的分析内容

会计报表分析是指运用事业计划、会计报表、其他有关核算资料，以预算为依据，在国家有关方针政策的指导下对事业单位的财务状况和收支情况进行综合比较、分析和研究，在总结以上结果的基础上作出正确评价，提出合理建议和措施的一种方法。事业单位进行会计报表分析涉及事业单位财务管理及相关活动的各个方面，概括起来主要有以下几个方面：

1.分析单位预算的编制和执行情况。主要是分析单位的预算编制是否符合国家有关方针政策和财务制度规定、事业计划和工作任务的要求，是否贯彻了量力而行、尽力而为的原则，预算编制的计算依据是否充分可靠；在预算执行过程中，分析预算执行进度与事业计划进度是否一致，与以前各期相比，有无特殊变化及其变化的原因。

2.分析资产、负债的构成及资产使用情况。主要是分析单位的资产构成是否合理，固定资产的保管和使用是否恰当，账实是否相符，各种材料有无超定额储备，有无资产流失等问题；分析单位房屋建筑物和设备等固定资产利用情况；分析流动资产周转情况；分析负债来源是否符合规定，负债水平是否合理以及负债构成情况等。通过分析，及时发现存在的问题，有针对性地采取措施，保证资产的合理有效使用。

3.分析收入、支出情况及经费自给水平。一方面要了解掌握单位的各项收入是否符合有关规定，是否执行了国家规定的收费标准，是否完成了核定的收入计划，各项应缴收入收费是否及时足额上缴，超收或短收的主客观因素是什么，是否有能力增加收入；另一方面要了解掌握各项支出是否按进度进行，是否按规定的用途、标准使用，支出结构是否合理等，找出支出管理中存在的问题，提出加强管理的措施，以节约支出，提高资金使用效益。在分析收入、支出有关情况的同时，还要分析单位经费自给水平，以及单位组织收入的能力和满足经常性支出的程度，分析经费自给率和变化情况及原因。

4.分析定员定额情况。主要是分析单位人员是否控制在国家核定的编制以内，有无超编人员，超编的原因是什么，内部人员安排是否合理；分析单位各项支出定额是否完善，是否先进合理，定额执行情况如何等。

5.分析财务管理情况。主要是分析单位各项财务管理制度是否健全，各项管理措施是否符合国家有关规定和单位的实际情况，措施落实情况怎样；同时，要找出存在的问题，进一步健全和完善各项财务规章制度和管理措施，提高财务管理水平。

（二）会计报表的分析方法

1.比较分析法。比较分析法是指将两个或两个以上相关指标（可比指标）进行对比，测算出相互间的差异，从中进行分析找出问题的一种方法。这种分析方法是为了说明财务信息的数量关系与数量差异，为进一步的分析指明方向。这种比较可以是将实际与预算相比，可以是将本期与历史同期相比，也可以是将本单位与同业其他单位相比。运用比较分析法，可以看到实际执行情况与既定标准的差距，但要找到形成差距的原因，还要结合其他分析方法。所以，这种分析方法一般不单独采用。

2.比率分析法。比率分析法是指将两个经济内容相同或者相关的指标以除法的形式计算相对数分析的一种方法。这种分析方法通过计算有关比率指标发现指标之间的相互关系，掌握事物发展的规律。比率分析又分为相关比率分析、构成比率分析和趋势比率分析。

3.因素分析法。因素分析法是指在几个相互联系的因素中，以数值来测定各个因素的变动对总差异影响程度的一种方法。这种分析方法是为了分析几个相关因素对某一财务指标的影响程度，通过逐个替换找出影响程度最大的因素，一般要借助差异分析的方法。

上述各方法有一定程度的重合，在实际工作中，比率分析法应用最广。

（三）会计报表分析评价指标

会计报表分析的账务指标包括预算收入和支出完成率、人员支出与公用支出占事业支出的比率、人均基本支出、资产负债率等。主管部门和事业单位可以根据本单位的业务特点增加财务分析指标。

1.预算收入和支出完成率，衡量事业单位收入和支出总预算及分项预算完成的程度。其计算公式为：

预算收入完成率=年终执行数÷（年初预算数±年中预算调整数）×100%

上述公式中，年终执行数不含上年结转和结余收入数。

预算支出完成率=年终执行数÷（年初预算数±年中预算调整数）×100%

上述公式中，年终执行数不含上年结转和结余支出数。

预算收入和支出完成率越高，说明预算执行情况越好，但会受客观环境的影响，应具体情况具体分析。

2.人员支出与公用支出占事业支出的比率，衡量事业单位事业支出结构。其计算公式为：

人员支出比率=人员支出÷事业支出×100%

公用支出比率=公用支出÷事业支出×100%

从总体上看，人员支出比率不宜过高，否则会减少公用支出，从而导致不利于事业单位发展的结果。

3.人均基本支出，衡量事业单位按照实际在编人数平均的基本支出水平。其计算公式为：

人均基本支出=（基本支出-离退休人员支出）÷实际在编人数

人均基本支出应当根据客观情况的变化而有所变化，保持一个科学合理的水平。

4.资产负债率，衡量事业单位利用债权人提供资金开展业务活动的能力，以及反映债权人提供资金的安全保障程度。其计算公式为：

资产负债率=负债总额÷资产总额×100%

从事业单位的主体性质上看，资产负债率保持在一个较低的比例，较为合适。

思考与练习题

一、思考题

1.什么是事业单位财务报告？其具体包括哪些内容？

2.什么是事业单位财务会计报告？其具体包括哪些内容？

3.事业单位会计报表有哪些类别？

4.事业单位会计报表有哪些编制要求？

5.事业单位会计报表附注至少应披露哪些内容？

6.事业单位如何编制财务情况说明书？

7.事业单位财务报表的审批包括哪些内容？

8.事业单位会计报表分析主要涉及哪些内容？

9.事业单位会计报表的分析方法主要有哪些？

10.事业单位会计报表分析评价指标有哪些？其计算公式分别是什么？

二、单项选择题

1.事业单位财政补助收入支出表，只需要编制（　　）。

A.旬报　　　　　　B.月报　　　　　　C.季报　　　　　　D.年报

2.事业单位达不到固定资产标准的用具、装具、动植物等的实际成本，列入资产负债表中的（　　）项目。

A.“存货”　　　　　　　　　　　B.“固定资产”

C.“其他流动资产”　　　　　　　D.“其他非流动资产”

3.事业单位在编制年度资产负债表时，“经营结余”项目金额一般应为“0”，若不为“0”则说明（　　）。

A.当年经营亏损　　　　　　　　B.以前年度经营亏损

C.期末为借方余额　　　　　　　D.年终转账未完成

4.事业单位在编制（　　）时，应当按照收入、支出的构成和非财政补助结余分配情况分项列示。

A.资产负债表　　　　　　　　　B.收入支出表

C.财政补助收入支出表　　　　　D.预算执行情况表

5.事业单位未分配的非财政补助结余分配，应全部转入（　　）科目。

A.“事业结余”　　B.“经营结余”　　C.“事业基金”　　D.“专用基金”

三、多项选择题

1.事业单位会计报表按反映的内容，可分为（　　）。

A.资产负债表　　B.收入支出表　　C.财政补助收入支出表　　D.附注

2.事业单位会计报表的编制要求，可概括为（　　）。

A.数字真实　　　　B.计算准确　　　　C.内容完整　　　　D.报送及时

3.事业单位会计报表编制前的准备工作包括（　　）。

A.填写记账凭证　　B.编制业务会计分录　　C.年终清理　　D.年终结账

4.事业单位年终结账的工作步骤分为（　　）。

A.年终结账　　　　B.年终转账　　　　C.结清旧账　　　　D.记入新账

5.事业单位资产负债表的编制，可分为（　　）。

A.旬报　　　　　　B.月报　　　　　　C.季报　　　　　　D.年报

6.事业单位资产负债表应当按照（　　）分类列示。

A.资产　　　　　　B.负债　　　　　　C.净资产　　　　　　D.收支

7.事业单位资产负债表中的资产和负债应当按照（　　）分别列示。

A.流动资产和非流动资产   B.流动负债和非流动负债

C.应缴款项和借款   D.应收及预付款项和应付及预收款项

8.事业单位资产负债表中的"货币资金"项目,应当根据( )科目的期末余额合计填列。

A."零余额账户存款"   B."库存现金"

C."银行存款"   D."零余额账户用款额度"

9.事业单位收入支出表中的"事业类收入"项目,反映事业单位本期( )的合计数。

A.事业收入   B.上级补助收入

C.附属单位上缴收入   D.其他收入

10.事业单位收入支出表中的"事业类支出"项目,反映事业单位本期( )的合计数。

A.事业支出(非财政补助支出)   B.上缴上级支出

C.对附属单位补助支出   D.其他支出

四、综合训练题

阐述事业单位会计年终转账冲转的程序,并写出相应的账务处理方式。

综合测试题

一、单项选择题（共10题，每题1分，共10分）

1.财政总预算会计的主体为（　　　）。

A.各级政府　　　　B.政府机关　　　　C.财政部门　　　　D.各级财政

2.不具备独立核算条件的单位作（　　　）管理。

A.主管会计单位　　　　　　　　B.二级会计单位

C.报账单位　　　　　　　　　　D.基层会计单位

3.行政单位出售材料，其销售收入记入（　　　）科目。

A."待处理财产损溢"　　　　　　B."经费支出"

C."其他收入"　　　　　　　　　D."资产基金"

4.事业单位计提折旧时，其贷方记入（　　　）科目。

A."专用基金"　　B."累计折旧"　　C."成本费用"　　D."事业基金"

5.财政总会计人员办公所用经费，属于（　　　）的核算范围。

A.财政总预算会计　　　　　　　B.行政单位会计

C.事业单位会计　　　　　　　　D.国库会计

6.属于一般纳税人的事业单位，购买材料时，在（　　　）情况下，存货入账价值含税。

A.自用　　　　　B.非自用　　　　C.自用或非自用　　D.自用和非自用

7.各级政府总预算资金的出纳机构是（　　　）。

A.财政部门　　　B.税务机关　　　C.各预算单位　　　D.国库

8."已结报支出"属于（　　　）类科目。

A.支出　　　　　B.资产　　　　　C.净资产　　　　　D.负债

9.事业单位出租固定资产取得的收入，记入（　　　）科目。

A."其他收入"　　B."事业收入"　　C."经营收入"　　　D."专用基金"

10.行政单位出租固定资产，业务已发生但未取得租金时，其会计分录为（　　　）。

A.借：银行存款　　　　　　　　　B.借：预付账款

　　贷：其他收入　　　　　　　　　　贷：其他收入

C.借：应收账款　　　　　　　　　D.借：应收账款

　　贷：其他应付款　　　　　　　　　贷：应缴预算款

二、多项选择题（共10题，每题2分，共20分）

1.下列属于我国预算会计组成部分的有（　　　）。

A.国库会计　　　　　B.基建会计　　　　　C.税务会计

D.财政总预算会计　　E.行政单位会计

2.下列属于我国预算会计静态会计要素的有（　　　）。

A.资产　　　　　　　　　　B.负债　　　　　　　　　　C.净资产

D.收入　　　　　　　　　　E.支出

3.行政单位下列固定资产中，不能计提折旧的有（　　　）。

A.文物与陈列品　　　　　　　　　　B.图书、档案

C.动植物　　　　　　　　　　D.以名义金额入账的固定资产

E.境外持有能与房屋及建筑物分开的土地

4.预算会计年终结账工作一般分为（　　　）步骤。

A.年终清理　　　　　　B.年终结算　　　　　　C.年终转账

D.结清旧账　　　　　　E.记入新账

5.行政单位下列负债中，需要通过"待偿债净资产"科目核算反映的有（　　　）。

A.应缴财政款　　　　　B.应缴税费　　　　　　C.应付账款

D.预收账款　　　　　　E.长期应付款

6.事业单位下列资产中，需要通过"非流动资产基金"科目反映其占有净资产价值的有（　　　）。

A.存货　　　　　　　　B.固定资产　　　　　　C.预付账款

D.无形资产　　　　　　E.长期投资

7.下列属于财政总预算会计货币性资产的有（　　　）。

A.国库存款　　　　　　B.库存现金　　　　　　C.其他财政存款

D.银行存款　　　　　　E.国库现金管理存款

8.下列属于财政总预算会计净资产类科目的有（　　　）。

A."专用基金"　　　　　B."预算周转金"　　　　　C."预算稳定调节基金"

D."资产基金"　　　　　E."待偿债净资产"

9.财政总预算会计在编制汇总会计报表时，属于对应科目的有（　　　）。

A."补助收入"与"补助支出"　　　　　B."上解收入"与"上解支出"

C."与上级往来"与"与下级往来"　　　　　D."债务转贷收入"与"债务转贷支出"

E."借入款项"与"借出款项"

10.我国预算单位会计报表编制要求，可概括为（　　　）。

A.信息真实　　　　　　B.计算准确　　　　　　C.内容完整

D.报送及时　　　　　　E.数字真实

三、判断题（对的打"√"，错的打"×"，不用改正，共10题，每题1分，共10分）

1.行政单位变价处理固定资产，取得的收入调整相关支出科目。（　　　）

2.财政总预算会计有时也需要进行实物资产的核算。（　　　）

3.事业单位报废固定资产过程中发生的清理费用，列入相关支出科目。（　　　）

4.我国预算会计采用"双分录"方法来达到其既满足财务管理又满足预算管理需要的双会计目标。（　　　）

5.不管固定资产的后续支出是资本化，还是作为当期费用，账务处理时均应列支。（　　　）

6.行政单位库存现金出现短缺或溢余时，应先转入"待处理财产损溢"账户。

（　　）

7.行政单位购买存货发生的运杂费，不计入存货的入账价值。　　（　　）

8.省级以下（不含省级）财政部门取得政府债券转贷资金时，记入"债务收入"科目。　　（　　）

9.事业单位零星购买直接使用的办公用品，记入"存货"科目。　　（　　）

10.资产负债表是反映会计主体某一特定日期财务状况的会计报表。（　　）

四、简答题（共2题，每题5分，共10分）

1.简述我国预算会计的特点。

2.我国预算会计的会计要素有哪些？其关系如何（用等式表示所有可能的关系）？

五、业务分录题（每笔业务2分，共30分）

1.某市财政20××年发生的部分业务如下，请编写相关会计分录。

（1）某日收到国库报来的预算收入日报表，列示收到增值税收入10万元。

（2）通过支付中心直接支付某预算单位办公经费2 000元。

（3）收到粮食风险基金50万元，以专户储存。

（4）应解未解省财政预算资金30万元。

（5）收到省财政转贷给本市的政府债券100万元，存入国库。

2.某行政单位20××年发生的部分业务如下，请编写相关会计分录。

（1）单位李某出差，预借现金2 000元。

（2）以直接支付方式大批量购买材料一批，买价3 000元，增值税510元，运杂费100元，差旅费50元，该批材料已验收入库。

（3）接受捐赠电脑8台，每台4 000元，用现金支付运杂费、安装费1 000元。

（4）出售专用权一项，其账面原值50万元，已摊销20万元，取得销售价款35万元，发生相关费用3 500元。款项已付讫（不考虑税）。

（5）以授权支付方式支付劳务费3 000元，代扣个人所得税440元。

3.某事业单位为一般纳税人，20××年发生的部分业务如下，请编写相关会计分录。

（1）从事主要业务活动发生一项美元业务，金额为6万美元，业务发生当天汇率为6.52，期末汇率为6.53，请编写期末汇兑损益分录。

（2）购买非自用材料一批，价款5 000元，增值税850元，运杂费200元，差旅费100元，均以转账方式支付，材料已验收入库。

（3）融资租入不需安装生产用机器一台，协议价20万元，当年支付租金4万元，其余租金以后分4年付清。

（4）以直接支付方式支付本单位职工工资，共计300万元（不包括待扣事项）。

（5）收到纳入预算管理的政府性基金21万元。

六、综合题（共1题，20分）

中央财政对某省实行定额上解的并轨年终资金结算办法，20××年全年有关资料如下：（1）该省上划中央消费税和增值税（以下简称"两税"）48 000万元，其中中央下划收入7 000万元，该省净上划"两税"41 000万元，税收返还比例为1∶0.3；（2）该省上划"两税"平时资金返还按实际缴入中央国库"两税"收入的40%划转省国库；（3）该省上划"两税"年终结算实际完成 52 800 万元，增长 10%；（4）该省全年向中央财政借款余额为 2 000 万元；（5）该省体制定额上解 19 920 万元，年终结算事项专项上解 308 万元；（6）当年中央财政追加专项拨款 1 200 万元，年终结算事项补助 520 万元；（7）该省当年决算财政收入 24 385 万元，决算支出 36 703 万元，上年滚存结余 1 149 万元，年终决算上级财政批准该省动用结余增设预算周转金 150 万元。

要求：（1）试计算下列指标：该省应得补助数，该省已得补助数，该省应上解数，收入合计，支出合计，年终滚存净结余，最终结算中央财政应退补数。（16分）

（2）编制该省与中央财政办理结算的会计分录。（2分）

（3）编制中央财政与该省办理结算的会计分录。（2分）

综合测试题参考答案

一、单项选择题（共10题，每题1分，共10分）

1.A；2.C；3.A；4.B；5.B；6.A；7.D；8.D；9.A；10.C

二、多项选择题（共10题，每题2分，共20分）

1.ABCDE；2.ABC；3.ABCDE；4.CDE；5.CE；6.BDE；7.ACE；8.BCDE；9.ABCD；10.BCDE

三、判断题（对的打"√"，错的打"×"，不用改正，共10题，每题1分，共10分）

1.×；2.×；3.×；4.√；5.√；6.√；7.×；8.×；9.×；10.√

四、简答题（共2题，每题5分，共10分）

1.（1）我国预算会计具有公共性。预算会计的会计主体为公共部门，属于公共部门会计。（1分）（2）我国预算会计具有非营利性。公共部门的生存和发展依靠的是公共权力，其资金主要通过税收等强制和无偿方式来获得，不用通过出售其产品和服务来弥补生产成本。公共部门提供的公共产品也不可能用营利价格来出售产品。（1分）（3）我国预算会计具有财政性。预算会计的财政性特点包括三层意思：一是预算会计本身就是财政管理的延伸，是财政管理不可或缺的一部分；二是预算会计必须严格遵守财政指令和财经纪律；三是预算会计所管理的资金绝大部分属于财政性资金。（3分）

2.（1）预算会计有五大类会计要素：资产，负债，净资产，收入和支出。（2分）

（2）可用以下三个等式来表示它们之间的关系：

静态等式：资产=负债+净资产（1分）

动态等式：收入-支出=结余（1分）

基本等式：资产+支出=负债+净资产+收入（1分）

五、业务分录题（每笔业务2分，共30分）

1.某市财政总预算会计相关会计分录如下：

（1）借：国库存款　　　　　　　　　　　　　　　　　　　　　100 000

　　　　贷：一般公共预算本级收入——税收收入——增值税　　　　　　100 000

（2）借：一般公共预算本级支出——财政直接支付　　　　　　　　2 000

　　　　贷：国库存款　　　　　　　　　　　　　　　　　　　　　　2 000

（3）借：其他财政存款　　　　　　　　　　　　　　　　　　　500 000

　　　　贷：专用基金收入　　　　　　　　　　　　　　　　　　　500 000

（4）借：上解支出   300 000

       贷：与上级往来   300 000

（5）借：国库存款   1 000 000

       贷：债务转贷收入   1 000 000

借：待偿债净资产——应付地方政府债券转贷款   1 000 000

       贷：应付地方政府债券转贷款   1 000 000

2.某行政单位相关会计分录如下：

（1）借：其他应收款——李某   2 000

       贷：库存现金   2 000

（2）借：存货——×材料   3 660

       贷：资产基金——存货   3 660

借：经费支出   3 660

     贷：银行存款   3 660

（3）借：固定资产   33 000

       贷：资产基金——固定资产   33 000

借：经费支出   1 000

     贷：库存现金   1 000

（4）借：待处理财产损溢——待处理财产价值   300 000

          累计摊销   200 000

       贷：无形资产——×专利技术   500 000

借：资产基金——无形资产   300 000

       贷：待处理财产损溢——待处理财产价值   300 000

借：银行存款   350 000

     贷：待处理财产损溢——处理净收入   350 000

借：待处理财产损溢——处理净收入   3 500

     贷：银行存款   3 500

借：待处理财产损溢——处理净收入   346 500

     贷：应缴财政款   346 500

（5）借：经费支出   3 000

       贷：零余额账户用款额度   2 560

          应缴税费——代扣个人所得税   440

3.某事业单位相关会计分录如下：

（1）借：银行存款——美元户   600

       贷：事业支出   600

（2）借：存货——×材料   5 300

        应缴税费——应缴增值税（进项税额）   850

       贷：银行存款   6 150

（3）借：固定资产   200 000

       贷：长期应付款   200 000

借：经营支出 40 000
　贷：银行存款 40 000
借：长期应付款 40 000
　贷：非流动资产基金——固定资产 40 000
（4）借：应付职工薪酬 3 000 000
　　贷：财政补助收入 3 000 000
（5）借：银行存款 210 000
　　贷：应缴国库款 210 000

六、综合题（共1题，20分）

解：税收返还基数=该省净上划"两税"数=41 000万元

（1）该省应得补助数=税收应返还数＋中央追加数＋中央结算补助数
=41 000×（1＋10%×0.3）＋1 200＋520=43 950（万元）（3分）

该省已得补助数=税收已返还数=上划"两税"年终结算实际完成数×返还比例
=52 800×40%=21 120（万元）（2分）

该省应上解数=原体制上解数＋专项结算上解数
=19 920＋308=20 228（万元）（2分）

收入合计=地方财政收入＋税收返还收入＋中央专项补助收入＋中央结算补助收入＋上年滚存结余
=24 385＋42 230＋1 200＋520＋1 149=69 484（万元）（2分）

支出合计=决算支出数＋原体制上解数＋专项结算上解数
=36 703＋19 920＋308=56 931（万元）（2分）

年终滚存净结余=收入合计－支出合计－增设预算周转金
=69 484－56 931－150=12 403（万元）（2分）

最终结算中央财政应退（补）数=该省应得补助数－该省已得补助数－该省应上解数－向中央财政借款数
=43 950－21 120－20 228－2 000=602（万元）

正数为中央欠拨该省补助数。（3分）

（2）省财政总会计分录（2分）：
借：与上级往来 439 500 000
　贷：补助收入 439 500 000
借：上解支出 202 280 000
　贷：与上级往来 202 280 000

（3）中央财政总会计分录（2分）：
借：补助支出 439 500 000
　贷：与下级往来 439 500 000
借：与下级往来 202 280 000
　贷：上解收入 202 280 000

参 考 文 献

［1］张建国. 预算会计［M］. 2版. 西安：西安电子科技大学出版社，2014.

［2］王金秀. 政府和非营利组织会计［M］. 大连：东北财经大学出版社，2015.

［3］财政部. 关于印发《财政总预算会计制度》的通知（财库〔2015〕192号）［EB/OL］.（2015-10-23）［2015-10-10］. http：//gks.mof.gov.cn/zhengfuxinxi/guizhangzhidu/201510/t20151022_1517735.html.

［4］财政部. 中华人民共和国财政部令第78号——政府会计准则——基本准则［EB/OL］.（2015-10-23）［2015-11-02］. http：//www.mof.gov.cn/mofhome/tfs/zhengwuxinxi/caizhengbuling/201511/t20151102_1536662.html.

［5］财政部. 关于印发《事业单位会计制度》的通知（财库〔2012〕22号）［EB/OL］.（2012-12-19）［2013-01-05］. http：//kjs.mof.gov.cn/zhengwuxinxi/zhengcefabu/201301/t20130105_724904.html.

［6］财政部. 中华人民共和国财政部令第72号——事业单位会计准则［EB/OL］.（2012-12-06）［2012-12-13］. http：//kjs.mof.gov.cn/zhengwuxinxi/zhengcefabu/201212/t20121213_715256.html.

［7］财政部. 中华人民共和国财政部令第68号——事业单位财务规则［EB/OL］.（2012-02-07）［2012-02-22］. http：//www.mof.gov.cn/mofhome/tfs/zhengwuxinxi/caizhengbuling/201202/t20120222_629892.html.

［8］财政部. 关于印发《行政单位会计制度》的通知（财库〔2013〕218号）［EB/OL］.（2013-12-18）［2013-12-25］. http：//gks.mof.gov.cn/zhengfuxinxi/guizhangzhidu/201312/t20131225_1029251.html.

［9］财政部. 中华人民共和国财政部令第71号——行政单位财务规则［EB/OL］.（2012-12-06）［2012-12-10］. http：//tfs.mof.gov.cn/zhengwuxinxi/caizhengbuling/201212/t20121210_713164.html.

［10］财政部. 关于印发《增值税会计处理规定》的通知（〔2016〕22号）［EB/OL］.（2016-12-03）［2017-03-13］. http：//kjs.mof.gov.cn/zhengwuxinxi/zhengcefabu/201612/t20161212_2479869.html.

［11］国家税务总局. 关于发布《纳税人转让不动产增值税征收管理暂行办法》的公告（国家税务总局公告2016年第14号）［EB/OL］.（2016-03-31）［2017-03-13］. http://www.chinatax.gov.cn/n810341/n810755/c2061553/content.html.